权威·前沿·原创

皮书系列为
“十二五”“十三五”国家重点图书出版规划项目

中国法院信息化发展报告 No.2（2018）

ANNUAL REPORT ON INFORMATIZATION OF CHINESE COURTS No.2 (2018)

主　编／李　林　田　禾
执行主编／吕艳滨
副 主 编／胡昌明

社会科学文献出版社
SOCIAL SCIENCES ACADEMIC PRESS (CHINA)

图书在版编目（CIP）数据

中国法院信息化发展报告. No. 2，2018 / 李林，田禾主编. --北京：社会科学文献出版社，2018. 2
（法治蓝皮书）
ISBN 978-7-5201-2178-1

Ⅰ. ①中… Ⅱ. ①李… ②田… Ⅲ. ①法院-信息管理-研究报告-中国-2018 Ⅳ. ①D926. 2

中国版本图书馆 CIP 数据核字（2018）第 016598 号

法治蓝皮书
中国法院信息化发展报告 No. 2（2018）

主　　编 / 李　林　田　禾
执行主编 / 吕艳滨
副 主 编 / 胡昌明

出 版 人 / 谢寿光
项目统筹 / 王　绯　曹长香
责任编辑 / 曹长香

出　　版 / 社会科学文献出版社 · 社会政法分社（010）59367156
地址：北京市北三环中路甲 29 号院华龙大厦　邮编：100029
网址：www. ssap. com. cn
发　　行 / 市场营销中心（010）59367081　59367018
印　　装 / 北京季蜂印刷有限公司

规　　格 / 开 本：787mm × 1092mm　1/16
印 张：26. 5　字 数：402 千字
版　　次 / 2018 年 2 月第 1 版　2018 年 2 月第 1 次印刷
书　　号 / ISBN 978-7-5201-2178-1
定　　价 / 118. 00 元

皮书序列号 / PSN B-2017-604-3/3

《中国法院信息化发展报告》编委会

官方微博　@法治蓝皮书（新浪）

官方微信　法治蓝皮书（lawbluebook）、法治指数（lawindex）

主要编撰者简介

主　　编：李　林

中国社会科学院学部委员，法学研究所研究员。

主要研究领域：法理学、宪法学、立法学、法治与人权理论。

主　　编：田　禾

中国社会科学院国家法治指数研究中心主任，法学研究所研究员。

主要研究领域：刑法学、司法制度、实证法学。

执行主编：吕艳滨

中国社会科学院法学研究所研究员、法治国情调研室主任。

主要研究领域：行政法、信息法、实证法学。

副 主 编：胡昌明

中国社会科学院法学研究所助理研究员。

主要研究领域：法理学、司法制度、实证法学。

摘　要

2017 年全国法院大力推进信息化建设转型升级，在基础设施、深化应用、资源整合、安全保障四个方面实现新的发展；加快建设四大司法公开平台，全面推进审判执行工作信息化，努力以信息化促进审判体系和审判能力现代化，建设规划日益完善，建设质效显著提升，法院信息化整体达到世界先进水平，很多方面已经处于领先位置。2018 年，法院信息化要在切实解决现存问题的前提下谋求进一步的发展，以顺利完成“2020 年深化完善人民法院信息化 3.0 版”的任务目标。具体而言，法院信息化应以服务司法为中心，实现系统间数据互通和集成化，改进系统易用性，提升系统安全性，融合技术与业务，主动拥抱现代科技。

法治蓝皮书《中国法院信息化发展报告 No. 2（2018）》还从建设“智慧法院”助力司法改革、拓宽诉讼服务、破解执行难题以及司法大数据运用等方面总结了全国法院信息化的进展，分析了地方法院信息化建设、信息化提升司法质效、优化诉讼服务、提高执行能力的现状。

关键词： 法院信息化　人工智能　司法改革　司法大数据

摘 要

目 录

Ⅰ 总报告

Ⅱ 专题报告

Ⅲ　地方法院信息化

Ⅳ　信息化助力提升司法质效

Ⅴ 信息化拓宽诉讼服务

Ⅵ 信息化提升执行能力

Ⅶ 信息化助力司法大数据运用

Ⅷ 附录

皮书数据库阅读**使用指南**

总报告

General Reports

B.1 2017年中国法院信息化发展与2018年展望

中国社会科学院法学研究所法治指数创新工程项目组*

摘　要： 中国法院信息化建设自启动以来获得长足发展，信息技术日渐为人民法院各项工作提供诸多便利，为解决“案多人少”矛盾提供了可靠出路。全国法院信息化建设在2.0版基础上取得突破性进展，其重要地位日益凸显，建设规划日益完善，建设质效明显提升。信息化助力人民法院提供更加优质的司法服务，实现审判智能化、服务精准化、管理自动化，并助

* 项目组负责人：田禾，中国社会科学院国家法治指数研究中心主任、法学研究所研究员；吕艳滨，中国社会科学院法学研究所研究员、法治国情调研室主任。项目组成员：王小梅、栗燕杰、胡昌明、徐斌、刘雁鹏、王祎茗、赵千羚、刘迪、田纯才、王洋、王昱翰、葛冰、冯迎迎等。执笔人：王祎茗，中国社会科学院法学研究所助理研究员；田禾。深圳市中级人民法院王芳、广州市中级人民法院周冠宇参与了部分内容写作。

力法院“基本解决执行难”行动。2017 年人民法院信息化建设取得显著成效，“全业务网上办理、全流程依法公开、全方位智能服务”的“网络化”“阳光化”“智能化”智慧法院初步建成，人民法院信息化 3.0 版的主体框架已然确立。2018 年人民法院信息化建设仍需在观念、理论、技术、安全等方面持续发力，实现既定目标。

关键词： 法院信息化　人工智能　智慧法院

信息化随信息技术的兴起迅速席卷全球，推动整个人类社会实现由工业社会向信息社会的飞跃式转变。物联网等新技术拓展网络空间边界，从人人互联向万物互联演进；“互联网 +”、大数据、云计算、人工智能等新名词迅速占领日常用语排行榜前列；数字化、网络化、智能化服务无处不在，从根本上改变了人民的生活。大到整个行业，小到一个个人，都因信息技术的普及而逐步告别传统的生产生活方式。人类发展史上的这场告别倏忽而至，却意义深远。近年来，人工智能（Artificial Intelligence，AI）的飞速发展推动信息化迈入崭新的纪元，甚至发生了质变。有人将人工智能称为继蒸汽革命、电力革命以及信息革命之后的第四次工业革命的核心和首要推动力，更有甚者直接将人工智能定义为第四次工业革命本身。信息化、大数据及其应用是人工智能革命的前奏和基础，目前中国正身处全球信息化建设洪流之中。中国的信息化建设虽在起步时未占领先机，但党和国家高度重视，各行各业积极参与，后来居上。特别是党的十八大将“信息化”列为中国特色新型“四化”道路之一，并将“到 2020 年信息化水平大幅提升”作为全面建成小康社会的重要标志，自此中国的信息化建设速度大幅提升，信息技术与经济社会融合的广度和深度都发生了质的飞跃。改革开放以来，中国的信息化建设经过摸索、融合、创新的艰辛历程，已取得举世瞩目的成就。信息化为国家经济腾飞、社会发展、人民生活改善作出突出贡献，这是每个国民的切身体会，这种体会成为中国未来坚持信息化发展道路的基础和动力。

2016 年 7 月和 12 月，《国家信息化发展战略纲要》和《“十三五”国家信息化规划》相继出台，成为指导新时期中国信息化建设的指针，引领新的发展方向。2017 年中国信息化建设进一步提速，信息技术作为新的生产力在各领域引领创新和驱动转型的作用日益凸显，由此带来的红利继续惠及相关行业和普通百姓。2017 年 8 月，国家发展改革委印发《“十三五”国家政务信息化工程建设规划》，提出建设民主法治信息化工程，要求“构建以案件为主线的公安机关、检察机关、审判机关、司法行政机关各司其职的行为留痕机制，依法实现过程透明，强化侦查权、检察权、审判权、执行权相互配合和制约的信息能力，全面提高司法公信和司法公正水平”。2017 年 10 月，中国共产党第十九次全国代表大会提出了加快建设创新型国家的任务目标，为建设科技强国、质量强国、航天强国、网络强国、交通强国、数字中国、智慧社会提供了有力支撑。十九大报告同时指出，推动新型信息化是坚持创新发展理念的体现。

信息化给司法领域带来不同于以往的巨大变迁。21 世纪以来，中国法院的信息化建设获得长足发展，信息技术为人民法院的工作提供了诸多便利，为解决“案多人少”矛盾提供了可靠的出路。全国各级法院深入贯彻党的十八大和十八届三中、四中、五中、六中全会精神，以习近平总书记系列重要讲话精神和治国理政新理念、新思想、新战略为指南，充分认识到信息时代为司法工作提供的新机遇，确切把握智慧法院建设面临的新形势，以智慧法院建设为目标大力推进人民法院信息化，促进审判体系和审判能力现代化。进一步言之，人民法院信息化推进司法为民、公正司法，为实现“努力让人民群众在每一个司法案件中感受到公平正义”的目标提供了坚实的保障。党的十九大报告重申了上述目标，对于人民法院信息化建设而言既是压力也是动力，激励法院信息化的建设者们以更加饱满的热情和精益求精的工作让信息技术更好地服务审判执行，让司法工作不负党中央的重托，真正做到令人民满意。

人民法院信息化建设负重起步、砥砺前行。在 2016 年已经建成以互联

互通为特征的人民法院信息化 2.0 版的基础上，2017 年在基础设施、深化应用、资源整合、安全保障四个方面实现新的发展，加快建设四大司法公开平台，全面推进审判执行工作信息化、智能化水平，努力以信息化促进审判体系和审判能力现代化。全国法院继续深化网上办案，电子卷宗随案生成系统和电子卷宗远程调阅能力得到推广应用，全国法院积极建设执行指挥中心，网络化基本格局已经形成；信息化程度较高的诉讼服务业务日益接近全流程网上办理的目标，四大信息公开平台建设全方位保障群众对司法审判的知情权、参与权和监督权，智慧法院全业务网上办理的基本格局已经形成，全流程依法公开基本实现，全方位智能服务方向已经明确并展现出广阔前景。

一　2017年人民法院信息化新态势

（一）重要地位日益凸显

人民法院信息化建设的重要意义应置于国家战略的大格局中予以评价。信息化国家战略开展如火如荼，为 2017 年各行业信息化建设取得新进展奠定了坚实的基础，也为人民法院信息化建设作出了明确的指引。人民法院信息化建设的根本目的是为统筹推进中国特色社会主义事业“五位一体”总体布局、中央“四个全面”战略布局提供强有力的司法服务和法治保障。2017 年，在最高人民法院统一部署和大力推动下，全国法院信息化建设在 2.0 版基础上又取得突破性进展。四大司法公开平台（审判流程、庭审、执行信息、裁判文书）建设成效显著，迈向“全流程依法公开”，继续推进“阳光化”；司法服务日益便捷、高效，迈向“全业务网上办理”，继续推进“网络化”；审判管理更加精准、科学，迈向“全方位智能服务”，继续推进“智能化”。人民法院的审判执行质效和司法公信力进一步提升。目前智慧法院建设基本格局业已形成，有力地推动了审判体系和审判能力现代化，为探索中国特色司法运行模式、发展中国特色社会主义司法文明、服务国家战略发挥了重要作用。

（二）建设规划日趋完善

2017 年智慧法院建设蓝图明确提出，“智慧法院是依托现代人工智能，围绕司法为民、公正司法，坚持司法规律、体制改革与技术变革相融合，以高度信息化方式支持司法审判、诉讼服务和司法管理，实现全业务网上办理、全流程依法公开、全方位智能服务的人民法院组织、建设、运行和管理形态”。

2017 年人民法院信息化建设注重规划引领，发挥顶层设计的统筹前瞻功能。习近平总书记关于司法体制改革的重要指示中强调，要遵循司法规律，把深化司法体制改革和现代科技应用结合起来，不断完善和发展中国特色社会主义司法制度。2016 年 7 月中共中央办公厅、国务院办公厅印发《国家信息化发展战略纲要》，作为规范和指导未来十年国家信息化发展的纲领性文件。该纲要要求信息化要服务民主法治建设，要“建设‘智慧法院’，提高案件受理、审判、执行、监督等各环节信息化水平，推动执法司法信息公开，促进司法公平正义”。2016 年 12 月国务院印发《“十三五”国家信息化规划》，专门提出“支持‘智慧法院’建设，推行电子诉讼，建设完善公正司法信息化工程”，并将其作为重点任务予以列出。上述文件对“智慧法院”建设的高度关注为 2017 年人民法院信息化建设工作指明了方向，确定了重点，标志着“智慧法院”建设已纳入国家信息化发展整体战略和规划。最高人民法院研究并通过了《人民法院信息化建设五年发展规划（2017 ~ 2021）》《最高人民法院信息化建设五年发展规划（2016 ~ 2020）》作为配套规定，以指导全国法院的信息化建设工作，便于最高人民法院对全国法院信息化建设进行统筹管理。

2017 年 3 月，最高人民法院网络安全和信息化工作领导小组召开 2017 年第一次全体会议，审议并原则通过了《最高人民法院信息化建设工作领导小组 2016 年工作报告及 2017 年工作重点》《最高人民法院关于加快建设智慧法院的意见》《人民法院信息化项目建设管理办法》《最高人民法院信息化项目建设管理办法》《法院信息化基本术语》等文件。2017 年 9 月，最高人民法院网络安全和信息化工作领导小组召开2017年第二次全体会议，审议并原则通过了《智慧法院建设评价指标体系（2017年版）》《人民法院信息化标准制定工作管理办法》及10项人民法院信息化标准。顶层设计的完善为设想初衷切实落地、后续工作有条不紊运行提供了坚实保障，有效避免了前进中的偏差弯路，确保信息化建设优质高效。

（三）建设质效明显提升

2016年，人民法院信息化建设在“三全”（全业务网上办理、全流程依法公开、全方位智能服务）“三化”（网络化、阳光化、智能化）等方面取得明显成效，法院工作呈现服务便捷、审判智能、执行高效、公开常态、管理科学、决策精准等趋势和特征。2017年各级法院在已有基础上，充分利用上一年度第三方评估结果，保持成绩，找准问题，锐意进取；坚持目标导向、问题导向、需求导向，突出主攻方向，着力在重点领域取得突破；不断理顺工作体制机制，内外贯通形成有效合力，推进信息化建设迈上新的台阶。

2017年，最高人民法院作为智慧法院建设的直接领导者和责任人不断加强统筹协调，从自身做起，充分发挥示范引领作用，全国智慧法院建设的基础性资源和信息系统得以持续完善，为如期实现智慧法院建设目标提供了组织保障和全方位支持。各级法院紧紧围绕最高人民法院工作部署，总结经验、发扬成绩、改进不足，狠抓工作落实，有效推动智审等系统的实际应用。

在信息化的有力支撑下，人民法院工作能力得以全方位提高，地区间发展不平衡的问题得到初步解决。

首先，审判智能化持续深入。随着信息化技术部门配合业务部门不断完善案件流程管理系统、信访系统，以及辅助法官办案的“法信”“智审”等智能化平台、系统在各级法院的推广和应用，审判工作的智能化支持力度明显加大，针对一线法官的智能化服务水平大幅提升。

其次，执行工作日趋高效。信息化手段的应用是基本解决执行难的重要途径。基本建成覆盖四级法院、内外联动、规范高效、反应快捷的执行指挥体系，有力促进执行工作体系和能力走向现代化。

再次，管理自动化优势显现。法院数据管理机制完善，技术标准出台并得以贯彻落实，电子卷宗汇聚应用向便捷化规范化发展，完善可视化运维平台。在此基础上，司法大数据的开发应用更加得心应手。司法案例研究院、司法大数据研究院等部门在海量资源中开展专题分析研究，较好地服务司法决策和国家治理。

最后，司法服务更加优质。最高人民法院要高度重视和加强信息化战略在基层的落地，大力支持基层信息化建设，基层法院信息化建设水平明显提升，群众获得感增强。电子诉讼的普及应用让诉讼日益高效便捷，切实减轻了人民群众诉累。司法公开力度进一步加大，司法公开集成和监管平台建设走向成熟，司法公信力提升。此外，人民法院就信息化工作完善自身工作质效评价体系，对智慧法院建设过程和成效开展内部检视，对目前状况做到了然于心。同时，根据《最高人民法院关于加快建设智慧法院的意见》和《人民法院信息化建设五年发展规划（2017～2021）》的要求，新一轮第三方评估工作顺利开展，助力人民法院信息化建设。各级法院积极配合指标评估工作。内外结合的工作评价机制各有侧重、形成对照，尽可能保障了评估结果的准确客观，对人民法院信息化建设继往开来具有深远意义。

二　2017年人民法院信息化新进展

（一）优质服务

司法为民体现在构建涵盖全部司法辅助服务功能的诉讼服务体系，推进“大立案、大服务、大调解”三大机制建设，最终实现一站式、综合性、全方位的诉讼服务。人民法院致力于通过信息化手段提供更加优质的诉讼服务，进一步打造“互联网+”司法服务体系，为审判执行提供科技办案支持，注重司法数据共享，并以信息技术的发展为契机大力提升司法公开水平。

诉讼服务中心建设是人民法院践行司法为民的重要举措，也是人民法院信息化的重要工作之一。各级人民法院积极建设诉讼服务大厅、诉讼服务网、12368 诉讼服务热线，构建面向各类社会公众的多渠道、一站式、综合性“三位一体”诉讼服务中心，努力实现“让信息多跑路、让群众少跑腿”，网上办案的成效日益显现。

网上立案是诉讼服务中心的重要功能之一。诉讼服务中心配置有电脑，当事人可以在中心进行网上立案，减少等待时间。各地法院通过“两微一端”在线宣传、现场指导等方式引导当事人进行网上立案，有效节省当事人时间成本。

2017 年3 月，最高人民法院决定在全国推行跨域立案诉讼服务，确定北京、上海、浙江、江苏、山东、福建、四川等7 地高级人民法院和黑龙江大庆、广东佛山、陕西安康、宁夏银川、湖南常德、江西南昌、湖北恩施等7 地中级人民法院作为跨域立案诉讼服务试点法院。“互联网＋”为异地立案插上“信息之翼”，各试点法院迅速作出反应，跨域立案服务很快落到实处。在最早试点的福建省，跨域立案已覆盖辖区内所有法院。在浙江省跨域立案诉讼服务已在105 家法院和238 个法庭全面开展。在北京、天津、河北等14 个省份辖区法院已全面实现跨域立案，有效地缓解了当事人跨域立案的奔波劳苦。截至2017 年底，全国范围内实现跨域立案的法院已有1575 家，超过法院总数的45%。

除了网上立案外，网上审判也成为现实。2017 年6 月26 日，中央全面深化改革领导小组第三十六次会议审议通过《关于设立杭州互联网法院的方案》；8 月8 日，最高人民法院印发《关于设立杭州互联网法院的方案》，提出试点设立专门审理涉互联网案件的杭州互联网法院。8 月18 日，全国首家互联网法院——杭州互联网法院正式揭牌，中国在法治化治理互联网空间的道路上迈出了领先的一步。

杭州互联网法院以“网上案件网上审、网上纠纷不落地”为目标，探索运用互联网审理与互联网相关的案件。互联网纠纷有其特殊性，纠纷起于网络，跨越时空，传统案件管辖界定标准中的住所、纠纷所在地等地域因素已不合时宜。在互联网法院，当事人只需登录“杭州互联网法院诉讼平台”就能享受到“网购”般便利的诉讼服务，起诉、立案、举证、开庭、裁判、送达……案件审理全流程在线完成，任何步骤即时记录、实时留痕，当事人得以“零在途时间”“零差旅费用支出”完成诉讼。

将“互联网＋法院”全面升级为“互联网法院”是人民法院信息化建设的“重大创新举措，意义深远”。截至2017年12月31日，杭州互联网法院共立案4859件，审结3064件，已经实现100%在线开庭审理，开庭审理平均用时25分钟，审理期限平均48天，在线判决、网上送达推进有力，彰显以信息化手段审理互联网案件的效率、公开、便民优势。

现代化的科学技术也逐渐融入多元化纠纷解决机制。各级法院认真贯彻落实中共中央办公厅、国务院办公厅《关于完善矛盾纠纷多元化解机制的意见》，运用网络平台的集约化优势推动纠纷多元化解工作。深圳市福田区人民法院开发融平台（即多元化纠纷解决机制信息化平台），用科技手段把多元纠纷解决机制从线下搬到线上，突破时间及空间限制，纠纷化解工作更便捷高效，为广大群众提供更智能化的法律服务。“融平台”对诉前调解案件进行全流程信息化管理，具有在线立案、在线调解、在线司法确认、在线评议、类案推送、调解“一键”转诉讼立案等六大功能。此外，当事人就近在街道办事处、派出所等设立的人民调解室，可通过视频连线法院，由法官实时见证，完成司法确认、文书制作和送达工作。该平台还具备类案繁简分值自动生成、案件状态变更短信自动发送等功能，也能有效优化审判资源、减轻当事人诉累。

最高人民法院为落实全国司法体制改革工作推进会、全国社会治安综合治理表彰大会精神，进一步推广道路交通纠纷的系统化、智能化、科学化解决方案，以“余杭模式”为代表的道路交通事故损害赔偿纠纷“网上数据一体化处理”试点为妥善处理道路交通纠纷、维护群众合法权益、推进社会治理创新开创了新的路径。余杭道路交通事故网上数据一体化处理平台，通过数据共享，实现人民法院、公安交警、司法行政、人力社保、保险行业、鉴定机构、保险公司等多部门联动，处理道路交通案件高效透明，实现快处快赔，将司法便民落到实处。

海量司法数据的开放与共享是司法服务的新载体、新形式。2017年8月国家发展改革委印发《“十三五”国家政务信息化工程建设规划》，要求“政务数据共享开放及社会大数据融合应用取得突破性进展，显著提升政务治理和公共服务的精准性和有效性”。2016年3月31日，中国最大的法律知识与案例应用平台——法信（法院内网版）上线，该平台是中国首家深度融合法律知识服务与案例大数据服务的数字化网络平台，有中国人自己的“万律”（Westlaw）之美誉。法信平台的建成是智慧法院建设的题中应有之义，为司法工作者提供了便利。但如此丰富的司法数据仅局限于内部应用不啻为资源的浪费，也难以满足全社会的法治数据资源需求。正因如此，2017年8月18日，法信（外网版）正式对社会公众开放，法律知识的便捷检索和获取惠及法官、全体法律人和社会公众，有助于法治观念层面共识的形成，未来该平台的发展目标是为社会公众提供智能找法问案、社会规则推送等功能。法信平台并未止步于此，2017年9月26日，法信（国际版）正式上线，国际版平台能够为海内外用户提供中英双语法律信息服务，一经上线迅速成为传播中华法律文化、促进中外法治文化交流的重要窗口，必将推动“一带一路”沿线各国法治交流互鉴，促进各国法治事业取得进步，从而造福沿线各国人民。

司法公开工作的飞速发展一直以来皆得益于人民法院信息化建设。中国庭审公开网的建成和投入使用，标志着审判流程、庭审活动、裁判文书、执行信息这“四大公开平台”共同构筑起司法公开工作的坚实基础。截至2017年12月底，中国庭审公开网累计直播案件568762件，全国各网站访问量达42亿余次。借助信息化支持，人民法院的各项工作实现了空前的阳光、透明，公开的范围不断拓展，以群众看得见的方式实现公平正义。同时，提高了公众对司法工作的参与度，继而形成有效的社会监督机制，及时回应群众的合理关切。信息技术支持下的司法公开工作让司法腐败无处藏身，极大地提升了司法公信力，树立了人民法院的权威。

各级人民法院充分利用新媒体及时沟通、实时参与的特点，建立了法院政务网站、法院微博微信、移动新闻客户端等，打造“指尖上的法院”“移动互联时代的法院”，不断拓宽人民群众获得司法信息的渠道。截至2017年12月31日，最高人民法院政务网站文稿发布量达2万余篇，访问量达1.6亿余人次。此外，最高人民法院英文网站作为对外发布的权威平台，充分发挥向世界讲述中国法治好故事、传播中国法治好声音的作用。至2017年底，全国共有3286个法院开通官方微博；最高人民法院微博粉丝总数超过3425万余人，累计发布微博2.9万余条；最高人民法院微信公众号已发布2500余期图文消息，订阅用户达61.4万余人。中国法院手机电视App在第一时间向社会传递人民法院重要新闻和重要案件庭审情况等司法信息。

2017年，各地法院还积极利用成熟的新媒体平台，拓展司法服务能力。广州市中级人民法院在微信平台上推出“广州微法院”小程序，该小程序设有公众服务、微诉讼、微执行、我的案件四个模块19项核心功能。利用该程序当事人可以“刷脸”查询案件的流程节点信息、在线阅卷等，无须输入账号密码等复杂程序。这一便利当事人的进步背后是新媒体平台、人脸识别技术和公安比对数据库实现对接的有效资源整合。当事人还可以利用微信“扫一扫”功能通过该程序缴纳诉讼费。此外，该程序实时发布广州经济形势、治安形势司法指数，数据每日更新，及时向公众发布。

（二）智能审判

《最高人民法院关于加快建设智慧法院的意见》指出，要“推动流程再造，促进审判高效有序运行”。辅助法官办案的法信平台、“智审”系统、裁判文书评查、同案不同判预警等智能化应用继续推广，受众越来越多，相关技能培训逐步到位。信息技术推动了审判工作的改革，有力促进了程序公正与实体公正的统一，全面提升了审判工作质效，有效规范了司法行为。2017年法院网上办公质量进一步提升。案件关联、法律法规推送、类案推送的准确性、全面性提高；法律文书辅助生成技术不断改进，电子卷宗随案

同步生成和深度应用得以推广；全国法院电子卷宗数据汇聚接口联通，实现全国法院电子档案、电子卷宗网上调阅服务，最高人民法院第五巡回法庭已经开始试用电子卷宗调阅；电子送达、电子签章的普及为法院“送达难”提供了有效的解决办法；以覆盖办理案件全流程的网上审判体系为基础，网上办案实现全程留痕、动态监督、审限预警等派生功能，立案信息、流程节点等审判提示精准及时；移动办公办案步入全面实践阶段，法官利用移动终端办公使得时间空间不再成为限制审判工作的障碍，巡回审判等得以实现，减轻法官奔波之苦，同时也打通了服务群众的“最后一公里”。

新技术的开发和应用有效减轻了法官工作负担。天津法院自主研发的法官自助终端采取软硬件结合手段，实现一站式、集约式打印服务，让打印文书表格像取火车票一样方便快捷。该终端统一了文书样式，提高了案件信息的填写质量，“一键式”批量化自助打印有效减少了一线审判人员的工作量，且实现了对专业打印设备的集约化管理。河南法院针对一线法官审判实践中对办案工具的需求，为法官办案提供 14 种行之有效的辅助工具。例如，裁判文书纠错敏感信息屏蔽工具、一键上网工具等，便利了法官办案，降低了法官的工作强度，有力提升了办案质效。

上海法院探索将大数据、人工智能等现代科技融入刑事诉讼活动中，研发了“上海刑事案件智能辅助办案系统”，系统运用图文识别、自然语言理解、智能语音识别、司法实体识别、实体关系分析、司法要素自动抽取等人工智能技术，有效整合典型案例、办案经验等司法信息资源，系统能够智能识别和准确提取各类数据，能够及时发现办案过程中的瑕疵，解决刑事案件办案中存在的证据标准适用不统一、办案程序不规范等问题。

苏州市中级人民法院引入“机器人”平台作为办案助手，目前已建立起 8 个平台，有 5 个相对成熟的平台，还有 3 个尚在加紧完善之中。电子卷宗随案生成系统的应用让法官立案时间平均减少 50% 以上；基于人工智能和语音大数据的庭审语音智能转写，已实现普通话庭审笔录完整度接近 100%，即使是带有口音的普通话语音识别正确率也能达到 90%；该法院开发的“随讲随翻”电子质证系统为全国首创，实现证据实时调取和审判活动无纸化；同样属于首创的还有“纸质文档智能管理云平台——云柜系统”，实现人机对话、全程留痕、安全可查；智能研判系统运用大数据，自动推送案例法条等参考资料，辅助法官办案；简易裁判文书自动生成系统在智能研判基础上，自动对案件分门别类，自动提取电子案卷信息，按照统一的审理规则和裁判尺度自动生成裁判文书，经过法官复核确认生效；建立起具体案件裁判模型，以海量司法大数据作为参照和计算依据，为法官提供类案判决结果作为参考，还具备重大偏离预警功能。

辽宁省锦州市中级人民法院利用高清数字化法庭，采取远程摇号的方式选择对外委托司法鉴定、评估、拍卖机构，案件承办法官及当事人可通过网络视频参与选择鉴定、评估、拍卖机构全过程，纪检监察部门派员现场监督，远程视频摇号全程录音、录像，并当庭刻录光盘存档，既节省了多次摇号的成本，又维护了选择司法鉴定机构的公平公正。

新型网络媒体的出现为解决审判工作中的难题（如“送达难”）提供了便利。2017 年 7 月 24 日，最高人民法院印发《关于进一步加强民事送达工作的若干意见》，该意见第 12 条规定：“采用短信、微信等方式送达的，送达人员应当记录收发手机号码、发送时间、送达诉讼文书名称，并将短信、微信等送达内容拍摄照片、存卷备查。”为法官摆脱传统送达方式束缚、提高送达速度和法律文书送达率提供了合法性依据。在该意见指导下，广东省深圳市中级人民法院在盐田人民法院试点运行“深圳法院微信送达平台”，该送达平台是“深圳法院诉讼服务”微信公众号的重要功能之一，是全国首个结合人脸识别技术实现微信送达的电子送达平台。该平台对于立案信息、分案排期等流程信息通知实时送达，相比以往 2 ~ 3 天的邮递时间，极大地提高了法院、当事人及其代理律师的沟通效率，既方便了法官，也解决了当事人及其代理律师获取案件办理进度信息困难的问题。此外，电子签章技术还解决了当事人及其代理律师签收电子送达文书困难的问题。

信息化还全方位推动了司法部门之间的业务协同。最高人民法院、最高人民检察院、司法部为贯彻落实党中央关于严格规范减刑假释工作，提高司法公信力的要求，联合建设了全国减刑假释信息化办案平台，该平台是跨部门、跨地区的全国性减刑假释网络化、阳光化、智能化办案平台。最高人民法院积极推进减刑假释信息化办案平台建设，将该重要举措写入人民法院“四五”改革纲要，并会同检察机关、刑罚执行机关在前期试点工作基础上，进一步深化减刑假释信息化办案平台建设试点工作，取得了重要成果。

（三）高效执行

“建立诚信档案和失信联合惩戒制度”是《“十三五”国家信息化规划》确定的重点任务之一。建立在大数据、信息化基础上的失信联合惩戒制度既是人民法院为实现基本解决执行难目标的有效手段，也是通过基本解决执行难推动社会诚信期望取得的成果。依托信息化能有效破解执行难题。

各地执行指挥中心建设迈上新台阶，截至2017年底，全国有2689家法院建立执行指挥中心，充分实现四级联动指挥，高效执行。现有执行指挥系统集执行会商、执行委托、案款管理、终本案件管理、舆情监管、绩效考核、数据分析等功能于一身，上下级法院间沟通迅速无障碍，形成上下一体、协调统一的执行工作运行机制。

2017年执行信息化工作取得新成绩。执行信息化体系以四级法院统一办案平台、案件流程节点管理平台为主，以执行查控系统、信用惩戒系统、网络拍卖平台为辅。该体系对各类执行信息进行归集、整合、加工，将各个环节达到可视化、数据化，从而将执行查控、信用惩戒、执行公开、执行会商、远程指挥等十余项具体功能真正赋予执行指挥中心，实现信息化基础上对执行案件的“统一指挥、统一协调、统一管理”。

人民法院进一步完善网络查控系统。网络查控的广度和力度得以全面提升，现有执行查控体系基本能够覆盖全国范围内所有财产形式，对被执行人财产“一网打尽”，彻底改变“登门临柜”的查人找物方式。执行案件线索关联功能以可视化的界面，关联展示执行案件的人案物关联关系、识别三角债关系，服务执行法官办案。网络执行查控系统不断扩展，已经覆盖3734

家银行，3408 家银行开通了网络冻结功能。可查询的信息种类从仅银行存款 1 类信息，扩展到 14 类信息，包括财付通账户存款信息、支付宝账户财产信息、京东金融平台的财产信息等新出现的财产形式信息。全国 3511 家法院上线使用网络执行查控系统覆盖率达 99.66%。截至 2017 年底，全国法院已经利用网络查控系统查询案件 3440 万余件、冻结案款 1800 余亿元，查询车辆 3100 余万辆、渔船和船舶 36.3 万艘、证券 522 亿股、互联网银行存款 32.59 亿元。纳入失信被执行人名单库 959 万例。在强大的查控能力基础上，对失信被执行人形成多部门多领域联合信用惩戒，信用惩戒系统实现与社会诚信体系的全面联动，在信用惩戒方面多维关联、扩大范围、加大力度。

南京市鼓楼区人民法院与软件公司配合研发了一套能通过执行网络查控系统自动查询当事人财产信息、自动反馈至审判系统的系列软件，并制定了《南京市鼓楼区人民法院关于执保字案件流程的操作实施规范》。该系统于 2017 年初正式运行，自使用以来极大地提升了保全的实效性，达到了以保全促送达、以保全促调解、以保全促履行的设计初衷。无锡中级人民法院积极探索“基本解决执行难”新举措，研发了“被执行人履行能力大数据分析系统”，运用“大数据”，计算“履行力”，实现执行工作的“人在干、数在转、云在算”。

人民法院建立四级法院统一的网络化办案及关键节点流程管理平台，将执行权的实施关进“数据铁笼”，为执行管理监督装上了“千里眼”和“显微镜”；借助案件流程信息管理平台，向当事人即时公开执行节点信息和流程，保障当事人知情权和参与权，也是主动接受当事人监督的重要途径。案件流程信息管理平台能够有效解决执行案件“管不住、监管不到位”等问题。

2017 年，深圳市中级人民法院开发并正式启用了“深圳法院 E 键确认平台”，解决了执行过程中大量的程序性文书自动化制作和送达问题。广州法院开发全国首个“移动执行”手机 App，案件管理、事项审批、节点管控均可在线操作，局庭领导可通过手机实时掌握全部执行案件动态及案款到账、发放等重要情况；执行法官可以随时查看电子卷宗，以文字、图片、视频等形式随时生成执行日志并同步回传，提高外出执行效率。

网络拍卖能够提高被执行财产处置效率，且公开透明，能够尽可能压缩权力寻租空间。互联网司法拍卖平台建设进一步加强，各级法院本着网拍优先原则，大力推广网络化司法拍卖，司法拍卖的成交率、溢价率得到大幅提高，同时流拍率和拍卖成本降低。2017 年网络拍卖系统建设走向完善，应用持续推广，全国法院网络司法拍卖工作渐入佳境。2017 年，全国法院通过网络共计拍卖 29.46 万次，拍卖标的物 20.52 万余件，成交额 2013.70 亿元，平均成交率达 85.15%，溢价率达 51.34%，为当事人节省佣金 61.72 亿元。

此外，信息技术辅助执行工作还表现在新社交媒体的应用上。吉林市高新技术产业开发区人民法院执行局微信公众平台正式启用，微信公众号的内容包括“执行案件、保全拍卖、留言板”三个主菜单，同时包括申请执行、执行进展、法官名录、拍卖信息、失信被执行人信息、提供执行线索、保全申请等子栏目。除发布基本信息外，微信订阅号将进一步扩大执行公开的事项范围，积极探索“微信执行的新模式”，进而方便当事人，节省司法资源，提高执行效率。

（四）科学管理

法院案件的信息化管理是提高审判执行工作效率的必然要求，管理信息技术在司法领域的应用有效破解了审立分离、审执分离、审监分离过程中遇到的难题，并以技术理性弥补纯粹人工司法之不足。为了使技术与业务充分融合，各级法院及其技术部门在提升案件信息管理系统专业性、易用性、安全性等方面不断创新，使信息技术与司法工作贴合得更为紧密、司法管理更为精准。案件信息管理平台各环节设计所依据的法律法规越来越明确，以建立在合法性基础上的规范性带动统一标准的制定，从而形成标准化的案件流程管理体系。该系统可以自动核对案件信息，并且具有提醒和纠错功能，从而保障了程序正义的实现。审判管理系统对法院各项业务数据自动进行统计，特别是高级查询的设置，通过设定不同查询条件，可以精准便捷地为用户提供所需的各种数据。同时，该系统拥有一定的数据智能分析能力。

2016 年法院专网即已实现对全国 3500 余家法院、1 万余个人民法庭和海事派出法庭的全面覆盖，但硬件设备的到位并不完全意味着信息化手段在审判活动中真正被应用。一方面，硬件设施在各地的配备水准参差不齐，软件设计也存在与司法工作脱节或操作不够流畅的问题；另一方面，受法官年龄和学历等因素的影响，部分法官从主观上排斥运用信息化手段辅助工作，仍沿用传统的办案模式。基于上述原因，部分地区法院信息资源出现闲置现象，上级法院和院庭长也无法运用信息数据对法院工作进行管理。一年来，各级法院根据上年度出现的问题出台有针对性的改进措施，业务庭、所有法官、所有案件基本实现在线办案，内部管理在线审批和公文流转通道日益顺畅，信息使用率提升。覆盖全国四级法院的执行流程信息管理系统、人事信息管理系统为法院内部的综合管理创造了有利条件。庭审自动巡查系统在一些地方的试点收效良好。

北京市通州区人民法院基于“视频 + 法院”的理念，采用“1 + 1 + N”（1 个数据运营中心、1 个数据可视化决策中心和 N 个可视化管理终端）的方式，建成兼具监管功能和司法公开集成功能的“慧眼平台”，实现司法公正可视化。依托“慧眼平台”可以将以前的监控电脑、数字法庭电脑以及其他设备精简到一个平板电脑，通过专用 App 随时调阅各类音视频图像；一键查看所属审判庭、立案窗口和诉讼服务大厅等工作场所；对审判、执行工作中的每个节点做到实时监控，法院内部监督管理由此成为常态。截至 2017 年，全国法院共建成科技法庭 2.9 万余个，其中 1.1 万余个科技法庭对接法眼平台，利用该平台实现庭审过程的远程巡查。最高人民法院建成信息化数据资源库，完善“法眼平台”可视化展现功能，建成信息化数据交换平台，完善信息化运行质效报告，逐步建立最高人民法院法眼平台信息化数据质量校验机制。

习近平同志在中共中央政治局就实施国家大数据战略进行第二次集体学

习时强调："要充分利用大数据平台，综合分析风险因素，提高对风险因素的感知、预测、防范能力。"以中国裁判文书公开网为主的司法大数据平台每天更新频率与速度惊人，大量案件信息得以实时汇聚，全国法院审判数据一目了然，且大数据平台有能力自动生成全国法院的司法统计报表，法院告别传统"人工统计"时代，所得出的各种数据自动关联相关案件，可供追溯，真实性、准确性提高，因而也更具有可供决策参考的价值。大数据平台汇集的相关信息能够为社会治理预警预防、司法资源合理配置、员额制改革等提供可靠的决策依据。智能庭审指挥系统便于上级法院和相关领导、院庭长等进行远程监督庭审、调取庭审录像情况等活动，有助于审判工作及时纠错、保障当事人合法权益、加强法院工作连接性。全面的司法人事数据有助于准确评价人员绩效，为司法资源合理配置提供定量、精细的数据支持。截至2017年12月31日，人民法院大数据管理和服务平台已经汇聚了全国法院1.33亿件案件信息，成为全世界最大的审判信息资源库。最高人民法院研发基于平台数据的专题辅助工具，通过自定义条件即时生成专题分析数据，短时间内可形成完整的数据报告。由此深化审判态势、司法统计等数据服务功能，完成五十余份常态化月度专题、深度专题、分析报告等，为中共中央办公厅、国家发展和改革委员会、人力资源和社会保障部以及本院各部门提供40余次数据统计服务。

2017年人民法院信息化建设具有如下特点。其一，法院信息化总体规划良性推进。智慧法院的基础架构已经搭建，在此基础上一些反映人民法院信息化建设成效的重点指标试点工作进展良好，向全国推广的条件日益成熟，全国智慧法院建设基本格局已经形成。其二，信息化整体布局全要素铺开。"全业务网上办理、全流程依法公开、全方位智能服务"预期目标涉及的全部要素在2017年全面铺开，为"三全"目标的顺利达成奠定了良好的基础。其三，信息化核心领域重点突破。各级法院坚持需求牵引，集中力量提升核心业务信息化水平，在电子卷宗随案同步生成、智能语音识别、执行指挥、网络查控、失信惩戒、互联网电子诉讼、多元纠纷化解等多方面取得突破性进展。其四，信息化补齐短板攻坚克难。人民法院信息化建设时刻面临诸多困难。例如，受制于社会经济发展不平衡、经费投入差异、人员主观认识水平参差不齐等因素，人民法院信息化建设呈现不平衡性。但以青海省为代表的地方法院虽然地处经济欠发达地区，高度重视信息化工作，信息化建设提速较快，有迎头赶上的趋势。其五，信息化建设成果多点开花。各级法院信息化建设取得的成就遍布审判执行工作的方方面面，多样化、个性化的进展满足了不同层级、不同地区人民法院工作与现代科技深度融合的不同现实需求。多点开花的工作成效也为法院信息化工作在全国范围内的进一步推广提供了可资借鉴的多个样板和多种路径选择。综上所述，2017 年人民法院信息化建设取得显著成效，全国法院第四次信息化工作会议上提出的“全业务网上办理、全流程依法公开、全方位智能服务”的“网络化”“阳光化”“智能化”智慧法院初步建成。

三　2018年人民法院信息化建设展望

人民法院信息化建设在 2017 年取得显著成效，回溯其从无到有直至优化的发展历程，基础之牢，进展之快，皆得益于各级法院的重视和每一位司法工作者一步一个脚印的扎实工作。但也正是因为现有的成就，下一步人民法院信息化建设站在了较高的起点上，欲保持原有增速不切实际，应在保持前进势头的同时循序沉潜，坚持问题导向和需求牵引，在切实解决现存问题的前提下谋求进一步的发展，以期顺利实现“2020 年深化完善人民法院信息化 3.0 版”的任务目标。

（一）省察信息化定位，以服务司法为中心

人工智能技术在办案系统中的应用早已不是新鲜事，人工智能为司法工作带来了一定的便捷。在一些先行先试的试点法院，人工智能改变了法官作出判断和决策的传统模式。智能辅助办案系统在上海等地已投入审判实践，其优势在于判决标准统一，极为接近“同案同判”的终极目标。法官写好

判决书录入系统，如该判决与大部分类似案件的判决出入较大，则系统会自动提示，询问法官是否坚持这一判决，若法官选择坚持，系统将自动把判决推送给庭长加以讨论。这一系统严格按照设计初衷运行，能有效避免法官自由裁量权的滥用。

应该警惕的是人工智能在司法领域的应用还有亟待解决的理论问题、立法缺失和潜在的伦理、社会风险。人工智能以大数据为先决条件，在大数据收集、分析技术尚未成熟的现阶段，人工智能过多介入审判工作还为时尚早。在制度层面，《刑事诉讼法》《民事诉讼法》《行政诉讼法》等诸多法律法规、司法解释构成的程序法体系可谓周密，能够形成对法官的有效规制，但对于人工智能参与司法的立法还处于空白状态，这一技术在司法领域的应用亟须充分的正当性、合法性证明，当务之急是通过制度界定其合理发挥作用的范围和边界，以及厘清一旦因技术问题导致司法工作出现错误时责任由谁承担的问题。如上述智能辅助办案系统在实际运行中可能出现变形，非但不能完全实现其原有设计，反而有可能因数据全面性、准确性等问题造成错误判断，对法官的自由裁量权形成干扰，如果因此出现错案，是由智能辅助审判系统和主审法官共同承担责任还是责罚其一？智能辅助审判系统的实际责任者如何界定？即使未造成错案，“迟来的正义非正义”，由此造成司法时效性差的责任又该如何确定？

同人工智能在医疗、制造等领域中的应用有本质区别的是，司法工作关乎社会公平正义的实现，关系到人民群众的切身利益甚至生命财产安全，因此在适用新技术时应牢记使命，不应盲目跟风，更要避免在追逐新浪潮的过程中迷失本职。在人民法院信息化建设如火如荼开展的同时，对这一司法实践的理论反思悄然兴起。法律实践中率先兴起的改革若想行稳致远离不开法学理论的支持。享受人工智能给审判工作带来便利的同时，也应警惕盲目跟风的苗头，避免陷入“唯技术论”误区，应坚持以人为本。人民法院的司法工作主体是人，工作对象是人，工作的终极目标是让人民群众感受到公平正义。因此，人民法院信息化建设应切实做到服务审执工作，将法官从烦琐的事务性工作中解脱出来，而不应喧宾夺主，要充分保证法官在感知、判断、经验等复杂过程中的自主性和工作空间；应切实做到在个案中充分考虑每一个诉讼参与人的利益，而不应以僵化的技术流程排除一切与人相关的因素；应切实做到司法为人民服务，为人民群众真正得到公平正义服务，而不应本末倒置以技术领域的求新求速为目标。以庭审直播为例，庭审直播是建设“阳光法院”的必然要求，便于人民群众和上级法院对审判工作的实时监督，但不应单纯以庭审直播比例作为衡量某级或某个法院信息化建设成效的标准。围绕庭审直播正当性的争论从未停息，在镜头之下，法官、当事人及其他诉讼参与人的一举一动都被不特定的人群尽收眼底，法官可能表现不自然甚至带有表演性，而法院面临的泄露当事人隐私的风险也大大提高，更为严重的结果是，庭审直播有可能因普通人对法律的不够了解而引发社会舆情。

另外，法院传统的工作方式与信息时代的工作方式并非全然对立，传统的工作方式在某种程度上有其合理性。以语音识别为例，据报道现有语音识别错误已接近人类水平，其准确性毋庸置疑，可以说极大减轻了书记员的负担，提升了其工作效率。但对于法官而言，没有经过书记员提炼精简的庭审笔录难免充斥着口头语、口误、重复、矛盾等问题，阅读起来耗时费力，对于二审法官尤其如此，甚至需要重听庭审录音，作为审判工作核心的法官的工作效率反而被拉低了。因此，如何平衡新旧工作方式是推进信息化建设必须预先考虑的问题。

（二）继续改变旧观念，主动拥抱现代科技

科学技术处于永恒的变动与发展之中，非技术领域追赶最新科学技术的步伐必然面临重重困难，而新科技本身也有其固有缺点，但绝不可因噎废食，就此将新科技排斥在外。习近平总书记一再强调，“科技是国之利器”“没有信息化就没有现代化”。正是由于人民法院信息化建设必须以人为中心，人的观念的革新问题才不是老生常谈，而是需要时刻关注的重点。在调研过程中发现，个别法官对信息化工作的重要性认识不到位，对信息化推进过程中可能带来的工作负担有怨言，甚至从内心深处排斥信息技术在审执工

作中的应用。这样的主观动向应予以警惕并及时纠正。要通过耐心、重复的培训和宣讲，让每一位法官都能深刻认识人民法院信息化建设的功能定位及其对贯彻落实国家重大发展战略、服务党和国家大局的重要意义。同时，有针对性地找到法官拒绝信息化的直接原因，因势利导，最终解决其心理问题。具体而言，首先，应积极开展需求调研，出台需求导向的调研报告，确保系统开发符合办案工作实际。其次，抽调审判业务骨干参与系统设计，参与类案识别与推送模型设计、审判执行流程优化设计、审判辅助小程序设计等工作，加强审判实务与技术部门的沟通。最后，由审判人员对系统进行测试。各类系统正式上线前，由审判业务人员内测并提出改进意见，确保正式投入使用时已经过多轮实践检验，适应审判需求和工作实际。

大数据是信息化的核心资源，数据思维和共享思维的培育不是一朝一夕之事。数据本身的准确性和完整性是司法工作人员接受新思维模式的前提，而数理逻辑向司法实践逻辑的转化则需要司法工作人员和技术人员的工作努力，资源、技术的共享则是大数据资源得以充分利用的后续保障。不同平台、网络、部门、法院之间存在数据共享和业务协同的现实需求，智慧法院建设者必须重视各类应用的集成和共享，打破现有数据应用协作藩篱，实现由内而外的有效对接。人民法院信息化建设的决策者还应以开放的心态看待地方创新，整齐划一固然是一种基于秩序和完美主义的追求，但地方法院信息化工作的创造性举措也应得到鼓励和重视，对因地制宜的举措应予以嘉奖，对能够有效解决共性问题的举措应在全国范围内进行推广。

（三）系统间数据互通，避免内部信息孤岛

人民法院信息化建设在立案、审判、执行、破产等司法程序及多元化纠纷解决等方面取得了极大的成就，各个业务领域的信息化建设亮点频现、特点突出。但是，在各平台、系统的功能不断优化、不断升级的过程中，也逐渐暴露出信息化建设中信息共享不足和“审、执”办案平台沟通不畅的问题，信息孤岛现象逐渐在法院内部各系统之间形成。人民法院的立案、审判、执行是不容分割的有机整体，但是目前的信息化建设重点，还都停留在

建立满足单项需求的平台，缺乏系统之间信息的共享机制。例如，根据法律规定，人民法院受理企业破产申请后，有关该企业的执行程序应当中止并将已查扣财产移交管理人。而实践中，由于审判和执行案件管理系统缺乏信息交换机制，导致某企业进入破产程序后，以其为被执行人的案件仍在继续进行，造成实践中大量需要协调执行法院执行回转的问题；再如，由于审判和执行案件系统互为“孤岛”，诉前或诉讼中的保全财产，无法通过办案系统自动与执行案件关联，导致执行案件立案后，如申请执行人未能主动提交保全财产信息，执行法官必须先进行一次网络查询工作，耗时耗力，还有可能造成超标的查封等情况。因此，在人民法院信息化发展的现阶段，虽然各地信息化发展层次不一，有些法院还停留在单项系统开发的初级阶段，但是对于已经有比较成熟的审判、执行系统的地区，应当加大信息共享、数据交换的体制机制建设，避免法院在内部形成“信息孤岛”。

（四）改进系统易用性，切实提升司法能力

人民法院信息化建设取得的成就举世瞩目，智慧法院目前的建设水准可以说世界领先，是中国智慧的表现形式之一，但这并不意味着现有系统已尽善尽美。技术与业务分离、系统不兼容、系统可操作性差等缺陷仍不同程度存在，这些缺陷可能抹杀信息化给司法工作带来的便利，同时徒增法官工作负累，这也是导致部分法官对此持负面评价，甚至在工作中排斥运用信息化手段的一大主因。特别是每个部门各自为政建设自己的系统，数据缺乏兼容性，迁移耗时且易产生错漏，既浪费了资源，又给司法工作造成阻滞。调研结果显示，全国法院中有12.13%尚未实现网上办公，部分地区一半以上的法院尚未安装办公平台，除了经济发展不平衡等因素以外，系统应用效果不佳亦是阻碍其普及的一大因素。

现有系统仍有继续改进的空间，其服务司法的潜力也有待进一步开发。作为快速配置整合资源的有效框架，法院系统现有各平台应继续进行技术革新，增强聚合性和系统运用流畅性。信息化对人民法院工作的全覆盖有待继续推动，应持续推进电子卷宗随案同步生成和深度应用；电子诉

讼方兴未艾，互联网电子诉讼和专网网上办案应继续推广；司法智能应用尚需精细化，须进一步提升类案推送的精准度，提高司法工作智能化水平；实现两到三年时间基本解决执行难的目标还需信息化的大力支持，全国执行案件数据的实时联动应进一步加强，信息基础在执行指挥、网络查控、失信惩戒等方面还大有可为。此外，司法大数据的开发和应用应迈上新的台阶。大数据是智能服务的基础和源泉，云计算、大数据、人工智能等先进的信息技术应充分与审判业务部门和研究部门、信息技术部门工作相融合，让大数据切实服务人民群众诉讼、服务法官办案、服务司法管理、服务国家治理。

在改进系统聚合性问题上同样可能存在矫枉过正的问题。从现在的情况来看，最高人民法院建设全国统一的信息化系统的愿望是好的，“全国一张网”的初衷会极大提升诉讼便捷性，但是以现有技术水平很难实现，端口和标准难以整齐划一，数据不太容易汇集，降低了司法工作效率。因此，由最高人民法院出台开放、共享的标准，高级人民法院或中级人民法院建系统并建好接口，因时因地制宜进行创新，可能是当前条件下较为妥当的系统整合思路。在地方层面，省高级人民法院与基层人民法院、同一法院不同业务庭室，在信息化系统工具的使用上也存在类似问题。不同地域、不同案件类型对于审判系统模块设计有个性化的需求，但过于烦琐的设计也会造成系统多头、可操作性差等问题，甚至影响裁判尺度的统一，统筹与创新的关系协调处理应贯彻到底。

（五）推动系统数据集成化，努力实现业务协同

智慧法院的网络化首先要求法院之间、法院内部各类应用系统的数据共享和业务协同，以理顺各部门关系，将各方能量叠加。据初步统计，最高人民法院已开发 117 个应用系统，北京、浙江等法院均已开发超过 110 个应用系统，未来这些数字会不断增加。随着应用系统的增加，系统互联互通需求越来越多、难度越来越大，不少法院缺少系统集成思维，对系统互联互通重视不够，或者推动不力，不但影响数据共享、业务协同，更从根本上影响了

法院信息化系统的建设质量。

法院信息化快速发展对政法部门之间的数据共享和业务协同要求也越来越高。减刑假释案件信息处理、道路交通纠纷网上数据一体化处理、刑事案件多方远程庭审等跨政法部门的信息平台应运而生。但这些平台仍未贯穿法院最为主要的审判执行业务领域，并且呈现区域不平衡性。正在全国法院推进的电子卷宗随案同步生成就迫切需要打通公检法的电子卷宗流转，正在贵州、上海试点的统一证据规则系统也需要建立公检法部门的共享平台。但目前此项工作在全国尚未全面推广。

（六）提升系统安全性，内外有别查漏补缺

没有完美的系统，安全系数不够高是各个领域应用信息技术时存在的通病，但司法工作涉及公平正义和人民群众的根本利益，不可忽视，如何增强法院信息系统的安全性就是永恒的议题。人民法院信息化建设始终高度重视信息安全，《人民法院信息安全保障总体建设方案》为信息安全建设提供了宏观指引；最高人民法院涉密内网日前完成分级保护测评，其办公区及巡回法庭实现涉密内网全覆盖；法院专网、互联网基础网络、重要应用系统等安全保护三级备案、测评，网间数据安全交换。

但影响系统正常运行和司法工作连续性的因素有很多，如物理安全、网络安全、系统安全、应用安全、数据安全等等。对当事人而言，系统是否安全主要与其隐私的保护密切相关，信息化在推动司法工作阳光化的同时必然面临在每一个案件中如何避免泄露当事人隐私的难题。对于人民法院而言，其内部工作人员中专门的技术人员所占比例很小，一些系统开发、软件设计工作势必要外包给技术公司，技术公司开发设计的系统软件是否安全判断起来有一定难度。更加需要警惕的是，技术公司一旦涉诉，由它们所掌握的证据数据存在被隐匿和销毁的风险。正是由于上述不确定因素的存在，在推进信息化过程中各级法院必须时刻牢记安全红线，提升系统容灾能力，将现有安全措施落实到人，实行责任制管理，还应在业务外包时对合作伙伴进行严格的资质审查并对其提

交的成果在投入运行前进行监督检查，对可能产生的风险提前进行防范与处置。

（七）融合技术与业务，消除“两张皮”现象

虽然法院信息化推进过程中已经开发了大量的系统，并在服务人民群众、服务审判执行、服务管理决策方面发挥了积极的作用，但也必须看到，不少系统的应用效果还不理想。这其中既有不少法院干警一时难以适应信息化给工作流程、工作方式带来的转变等原因，也存在不少信息化系统与业务需求脱节，未能有效满足干警办案、管理的实际需求的问题，这从根本上起因于当前的信息化推进模式，即干警不了解信息化，不能从信息化开发应用角度梳理自身需求，而开发人员又普遍不了解法院业务，不熟悉办案与管理流程，因此导致了技术与业务“两张皮”的问题。对此，一些法院注意转变了开发模式，推进业务与技术的融合。例如，深圳市中级人民法院首创应用 JEC 开发机制打造智慧法院的子项目。JEC 开发机制是以法官（Judge）为核心、以法院工程师（Engineer）为衔接、以外包服务公司（Company）为落脚的团队合作模式。其中，法官负责从业务需求的角度确定功能、制定客户端的操作规范。法院工程师一方面帮助法官梳理需求，形成数字化的实现路径；一方面通过招标选择适合的外包服务公司，将需求“翻译”成外包公司具体开发人员（程序员）可以听懂的“科技语言”，并负责项目的验收。而开发公司派驻的开发人员，具体负责将用“科技语言”表达的需求落实为模块程序的编写。这一模式的建立，使得人民法院的业务需求与系统开发和应用快速对接，以最少的时间成本、最少的内部消耗实现最大的需求价值。吉林省高级人民法院通过审判管理办公室推进信息化工作的经验对此问题的解决也有借鉴意义。在应用软件上线前，由审判管理办公室组织三级法院部分审判及审判管理业务专家进行专项评议，只有通过应用可行性论证的软件，才能投入法院实际网络环境。没有通过评议的应用软件，由评议小组提出软件修改意见，详细说明修改事项，由技术部门组织软件开发单位修改软件，直至达到使用要求。未来，法院信息化的系统开发、优化均应注意

进一步加大技术与业务的融合，一方面吸收和培养懂业务又懂技术的复合型人才；另一方面鼓励干警投入系统需求描述、系统研发等工作环节，真正实现以办案和管理需求为本位来推动法院信息化工作。

一年来，人民法院由上至下牢固树立政治意识、大局意识、核心意识、看齐意识，坚持政治上同党中央保持高度一致，将法院信息化工作自觉融入国家信息化战略大局，坚持党对各项工作的坚强领导，决策与行动自觉向党的理论和路线方针政策看齐，一手抓深化司法体制改革，一手抓现代科技应用，进一步坚持司法规律、体制改革与技术变革相融合，借助现代信息技术助推司法改革，促进国家治理体系和治理能力现代化。同时不忘增强“四个自信”，积极应对信息化世界潮流对司法工作提出的挑战，坚定不移地走中国特色社会主义法治道路，坚定不移地深化司法体制改革，在正确的道路上积极主动拥抱现代科技，促进信息技术与人民法院工作的深度融合，推动人民法院工作实现跨越式发展。在成绩面前还要清醒地认识到，人民群众的司法需求不断变化，科技发展日新月异，人民法院信息化建设永远在路上。

B.2

中国法院信息化第三方评估报告（2017）

中国社会科学院法学研究所法治指数创新工程项目组*

摘 要： 法院信息化是国家信息化的重要组成部分，是新时期人民法院维护社会公平正义、满足人民群众司法需求的关键。对中国法院信息化建设进行评估，有助于总结人民法院信息化建设的经验和成果，发现建设过程中面临的困难，探究人民法院信息化的发展方向。评估报告从审判、执行、监督管理和诉讼服务四个维度出发，对法院信息化应用效果进行了评估。总体来看，2017 年中国法院信息化建设突飞猛进，服务法官办案的智能化水平越来越高、司法便民利民措施不断创新，但在如何深度应用电子卷宗、推进多系统融合、加强对执行工作的支持力度、完善诉讼服务和引导、加强各地法院信息化的统筹建设等方面还需要作出更大的努力。

关键词： 法院信息化　第三方评估　大数据

习近平同志指出："没有信息化就没有现代化。"法院信息化是国家信

---

* 项目组负责人：田禾，中国社会科学院国家法治指数研究中心主任、法学研究所研究员；吕艳滨，中国社会科学院法学研究所研究员、法治国情调研室主任。项目组成员：王小梅、栗燕杰、胡昌明、徐斌、刘雁鹏、王祎茗、赵千玲、刘迪、田纯才、王洋、王昱翰、冯迎迎、葛冰等。执笔人：胡昌明，中国社会科学院法学研究所助理研究员；田禾、吕艳滨。

息化的重要组成部分，是新时期人民法院维护社会公平正义、满足人民群众司法需求的关键。法院信息化建设不仅是审判方式和管理模式的转变，更是提升审判体系和审判能力现代化的系统工程。

2017 年，人民法院信息化建设取得显著成效，人民法院信息化建设以《国家信息化发展战略纲要》《“十三五”国家信息化规划》为依据，实现了由被动到主动、由初级到高级、由局部到全面的转变，先进的网络技术正推动法院审判执行方式发生全局性变革，朝着“网络化”“阳光化”“智能化”的智慧法院目标大踏步前进。

一　法院信息化评估的意义

随着党的十九大报告提出深化司法体制综合配套改革的总体要求，国家对法院信息化建设如何辅助审判执行、如何加强审判管理以及如何提升诉讼服务水平提出了更高的要求。近年来，中国法院围绕全面推进依法治国战略部署，按照“大数据、大格局、大服务”理念，以服务人民群众、服务审判执行、服务司法管理为主线，推进人民法院信息化建设，在推动司法公开、深化司法为民、提升审判质效、规范司法管理方面取得了显著成效。总体来看，中国法院形成了以五大网络为纽带的信息基础设施和支持司法服务、审判执行和司法管理的十类应用，实现了审判执行、司法人事、司法政务、司法研究、信息化和外部数据的集中管理，正朝着以“网络化”“阳光化”“智能化”为主要特征的智慧法院目标大踏步前进。

对法院信息化应用成效进行科学评价，可以更加全面和深入地了解法院信息化的现状，对人民法院信息化在规范司法权运行、提升司法能力、落实司法为民方面的工作进行客观评估，总结人民法院信息化的成就，分析面临的困难，探究人民法院信息化的发展方向。为此，中国社会科学院国家法治指数研究中心以及中国社会科学院法学研究所法治指数创新工程项目组（以下简称“项目组”）继 2016 年设计了法院信息化第三方评估指标体系

后，2017 年在优化评估指标基础上，开展了首次评估，本报告对评估情况进行分析。

开展法院信息化第三方评估，一是有助于总结法院信息化建设取得的成绩。自 1996 年最高人民法院召开全国法院通信及计算机工作会议，人民法院信息化工作起步以来，中国法院信息化已经走过了二十多个年头，法院信息化取得了长足进步，从传统上案件管理依靠纸质档案、裁判文书依靠油印发展到在线办案、在线公开，有效提高了审判执行效率。通过第三方评估可以对法院信息化建设取得的成绩进行客观总结。二是有助于发现法院信息化建设面临的问题。法院在信息化建设过程中投入了大量的人力物力财力，开发了大量的系统和软件，其对服务审判执行、服务审判管理、服务人民群众、服务领导决策等是否切实起到作用，还面临哪些问题和困难，都有必要加以研究分析，以更好地推进下一步的工作。三是有助于精确衡量各地法院信息化发展水平。各地法院立足实际，积极创新，推出了一系列信息化建设成果，由点到面推进了全国法院信息化建设工作，但中国地域辽阔、地区间发展不平衡，各地法院信息化建设起步早晚不一、基础差别较大。通过评估可以科学合理地衡量各地法院信息化的发展状况，以推广先进经验，查找滞后原因，促进全国法院信息化建设均衡发展。

二　评估指标与评估方法

（一）评估原则

1. 依规评估

评估的指标体系设计坚持有规可循的原则，即所有指标均有国家和法院内部相关规定、要求、文件等依据或者原则性规定，不随意设置标准、拍脑袋进行评估，做到让评估对象与公众心服口服。近年来，在国家信息化发展战略的指引下，最高人民法院高度重视法院信息化工作，将其作为人民法院工作的重中之重，针对信息化建设发布了一系列文件和规定。因此，评估指标均依据《最高人民法院关于全面深化人民法院改革的意见——人民法院第四个五年改革纲要（2014～2018)》《人民法院信息化建设五年发展规划（2016～2020》（2017 年滚动修订为《人民法院信息化建设五年发展规划（2017～2021)》）以及《最高人民法院关于加快建设智慧法院的意见》等文件设定。

2. 客观评估

第三方评估的目的是评价各法院开展信息化建设工作的成效，应避免主观性评价，因此，评估将“好”与“坏”这样主观性、随意性较强的判断标准转化为客观且具备操作性的评估指标，着眼于法院的信息化建设是否实现了辅助法官审判执行、服务审判管理、提高诉讼服务水平。评估仅根据实际情况对各项评估内容作“有”和“无”的判断，最大限度地减少评估人员的自由裁量空间。

3. 重点突出

人民法院信息化 3.0 版的建设目标是促进审判体系和审判能力现代化，形成支持全业务互联网诉讼、全流程审判执行要素依法公开、面向用户按需提供全方位集成式司法审判信息资源服务和辅助决策支持的智慧法院。为有针对性地推动法院信息化工作，评估指标主要选择当前对促进提升法院审判质效、为当事人参与诉讼提供便利以及推动司法审判公开等较为重要的领域作为评估的重点。

4. 渐进引导

自 1996 年 5 月到 2015 年底，人民法院基本实现了四级法院专网全覆盖，全国 3500 余家法院已经通过法院专网实现了互联互通，《人民法院信息化建设五年发展规划（2017～2021)》勾勒出人民法院信息化 3.0 版的六个特征，这是一个不断发展进步的过程，对于法院信息化的评估也应该循序渐进。本次评估基于法院信息化的实际情况，并兼顾理想状态，设置评估指标，通过此次评估对法院信息化建设进行引导，促进法院信息化建设的规范化和实用性。

（二）评估对象

全国目前有法院3500余家，限于部分法院存在合署办公以及部分新设法院未全面开展办公办案业务等情况，此次评估对象为全国地方各级人民法院3445家，包括31家省（自治区、直辖市）高级人民法院（以下简称“高级法院”）以及新疆建设兵团分院（共计32家）、3413家中级、基层人民法院，并且在省级人民法院层面上予以综合统计，将辖区各中级人民法院、基层人民法院的信息化情况都纳入该地区人民法院的信息化评估中。本评估依据评估期间对此次评估对象所采集的数据进行分析，由于评估对象并未涵盖全部法院，故部分统计数据与本书总报告及专题报告中基于全国法院情况形成的统计数据有出入。

（三）评估指标

法院信息化的目标是多重的，不仅要助力构建新的审判权运行方式，也要提升便民服务水平、实现司法为民服务，因此，项目组从多个维度设定指标体系，以评估法院信息化的水平和成效。由于法院信息化建设的关键在于应用，只有以建设带动应用、以应用促进建设，才能实现信息化建设目的，因此，评估的重点不是信息化建设的技术问题，而是应用效果。

基于以上认识，本次评估确定了智能审判、高效执行、自动化管理和优质服务四个维度，并在这四个一级指标下设置了二级指标16项、三级指标46项（见表1）。

智能审判指标的设定着眼于信息化是否便于法官办案，减少不同审判部门法官的重复劳动，提高法官办案效率，减少同案不同判现象和司法瑕疵。该指标包括二级指标8项、三级指标16项。8项二级指标分别是案件关联、法规与类案推送、文书辅助生成、卷宗电子化、电子送达、电子签章、审判提示和移动办公办案。

高效执行指标设定则关注的是信息化是否提高了法院、法官的执行能力、查控能力，是否加强了执行内外部协同，并为基本解决执行难提供实质性的帮助。该指标包括二级指标 3 项、三级指标 7 项，3 项二级指标分别是网上执行、执行指挥中心建设和执行案件关联线索。

自动化管理指标设定则主要涉及法院信息化能否助力提升审判管理水平和能力，围绕法院审判监督、管理的完备度、自动化办公应用水平、大数据辅助决策能力等内容进行评估。该指标包括二级指标 2 项、三级指标 9 项，2 项二级指标分别是审判大数据分析和办公网络化水平。

优质服务指标设定主要与法院的信息化系统和手段能否体现司法的公开性和透明度，能否及时、完整、准确地展现法院工作，能否便于诉讼当事人和律师充分行使诉讼权利，立案、庭审是否便利有关。该指标包括二级指标 3 项、三级指标 14 项，3 项二级指标分别是司法公开、网站建设和远程服务。

表 1　法院信息化第三方评估指标体系

一级指标	二级指标	三级指标
1. 智能审判	案件关联	案件关联度
	法规与类案推送	法规推送
		类案推送
	文书辅助生成	文书规范生成支持度
		文书内容智能生成(种类与程度)
		文书智能上网
		刑事案件量刑规范化辅助
	卷宗电子化	电子卷宗随案同步生成
		电子案卷比例
		电子卷宗应用
		法院电子卷宗流转
	电子送达	电子送达内容和方式
	电子签章	电子签章运用情况
	审判提示	审判流程节点提示
		立案提示
	移动办公办案	移动办公办案能力

续表

一级指标	二级指标	三级指标
2. 高效执行	网上执行	网上查询系统
		网上冻结、扣划系统
		执行案件流程信息管理覆盖度
		网拍率
	执行指挥中心建设	失信惩戒平台
		执行指挥中心建设及应用
	执行案件关联线索	执行案件线索关联分析
3. 自动化管理	审判大数据分析	数据智能统计与分析
		庭审自动巡查
		案件警示
		人案关联分析
		大数据分析辅助决策
	办公网络化水平	法院办公网覆盖率
		在线办公应用
		业务系统融合性
		管理系统完备度
4. 优质服务	司法公开	庭审公开
		审判流程公开
		裁判文书公开
		执行信息公开
	网站建设	链接有效性
		信息更新性
	远程服务	网上立案
		网上缴费
		远程接访
		联系法官、反馈
		网上证据交换
		网上调解
		网上开庭
		智能诉讼引导

（四）评估方法

本次评估的数据采集时间为 2017 年 10 月 21 日至 2017 年 12 月 20 日。

在此期间，项目组借助评估对象的审判管理系统、政务网站等信息化平台获取相关评估数据。在最高人民法院和各高级法院信息化管理部门的支持下，项目组获取了各高级法院审判流程、网上办案、法规推送、执行查控、网上立案、电子送达、电子签章、电子卷宗等情况的一手材料及数据。此外，各高级法院统一汇集和提供了辖区中级人民法院和基层人民法院的审判信息数据，项目组还从各高级法院获取账号，对重点法院和重点指标进行实际验证和记录。此外，在法院相关部门和第三方技术公司的支持下，项目组对各评估对象网站建设、审务公开、审判公开、执行公开等内容也进行了技术检测或者第三方验证。

三　法院信息化建设的进展与成效

评估显示，人民法院信息化建设有不少值得关注的亮点和成效。

（一）信息化基础设施建设突飞猛进

自启动信息化建设以来，人民法院内外网、办公自动化等基础设施建设成就突出。人民法院内部实现了四级法院专网全覆盖，实现了互联互通，为人民法院各项全国性业务的应用奠定了坚实的网络基础。对外政务网站建设也日趋成熟。

1. 法院门户网站建设初具规模

政务网站是公众了解法院、接受法院司法服务的主要渠道之一。2017 年，法院的外网建设成效突飞猛进，各级法院普遍开通了政务网站。评估显示，通过最高人民法院法眼平台监测的 2498 家[①]法院政务网站有效比例较高，链接有效的 2277 家，占 91.15%，不能访问或者链接无效的有 221 家，占 8.85%。其中，北京、天津、浙江、吉林、山西、贵州、新疆等辖区内法院政务网站链接有效率均达 100%。测评的 2498 家法院

① 目前能够通过最高人民法院法眼平台网站进行自动监测的法院门户网站数量为 2498 个。

政务网站中，更新比较及时的2381家，占95.32%，半年以上没有更新的117家，占4.68%（见表2）。其中，北京、天津、吉林、黑龙江、河南、福建、贵州、青海、重庆、陕西、宁夏等辖区内法院政务网站的更新频率较高。

表2　法院政务网站更新频率

更新频率	7天以内	7~30天	31~90天	91~180天	180天以上
法院(家)	1546	487	266	82	117
占比(%)	61.89	19.50	10.65	3.28	4.68

2. 办公智能化水平大幅提升

办公的电子化和网络化是实现法院审判管理信息化的基础。评估显示，2017年，各地法院网上办公与管理的水平逐步提升。一是全国法院在线办公应用水平较高，3445家被评估法院中，有3027家具备公文起草、审批、查阅等网络办公管理能力，比例高达87.87%。其中，天津、河北、江苏、上海、重庆、安徽、新疆等辖区内的三级法院全部实现了网上公文起草等办公管理功能。二是法院的业务系统融合水平较高，31家高级法院和兵团分院中有31家实现了通过同一窗口登录审判管理、人事管理、档案管理、纪检监察等不同的业务平台，实现率高达96.88%。三是科技法庭数量多、比例高。科技法庭利用目前成熟的计算机网络技术、音视频编解码技术、图形图像处理技术以及通信与自动化技术，借助现代科学技术装备，对法庭审判过程的所有电子笔录、音频、视频、电子证物等信息进行数字化编码处理，并通过视频直播、点播、下载、光盘刻录等展现庭审过程。科技法庭的建设有助于法院工作人员、其他司法人员、普通公众借助信息化网络和信息终端实时了解庭审过程，并支持在线监督，体现了法院审判的公正与透明，充分展现和提升法院的司法形象，为实现法院办公智能化提供了基础设施。评估显示，全国已建成科技法庭28055个，占全部法庭数量的66.76%。其中，北京、青海和宁夏三地法院已经100%建成科技法庭，安徽、浙江、山东、广西、河北、四川、贵州、云南等辖区内科技法庭的建成率也均超过了90%（见表3）。

表3　法院数量、法庭数量、科技法庭数量及占比超过90%的法院情况

法院	法院数量	法庭数量	科技法庭数量	实现比例(%)
北京法院	23	1774	1774	100.0
青海法院	55	281	281	100.0
宁夏法院	29	345	345	100.0
安徽法院	126	1360	1341	98.6
浙江法院	105	2143	2078	97.0
山东法院	177	2719	2635	96.9
广西法院	130	1028	995	96.8
河北法院	190	2052	1986	96.8
四川法院	211	1480	1363	92.1
贵州法院	99	978	896	91.6
云南法院	149	1067	969	90.8

（二）司法便民利民措施不断创新

人民法院信息化工作突出的时代特征之一是便民利民。信息技术的运用，使各项工作更好地满足人民群众的多元司法需求，使当事人更加便利地参与诉讼，让司法更加贴近人民群众，让人民群众切实感受到公平正义。评估显示，各地法院在为当事人和律师提供便利的诉讼服务方面做了不少努力，借助信息化开辟了司法为民的新领域和新窗口，司法服务水平和能力都有了较大提升。

1. 让群众“少跑路少花钱少受累”

信息化时代诉讼服务的目的是要“让数据多跑路，让群众少跑腿，方便群众诉讼，降低诉讼成本”，努力实现人民群众的司法需求延伸到哪里，人民法院的司法服务就跟进到哪里，切实减轻当事人诉累。为此，法院通过信息化建设努力实现网上立案、网上缴费等功能。

评估显示，部分法院已经实现网上立案和网上缴费功能。评估对象中有

2479家法院已开始探索网上立案方式，其中北京、上海、浙江、安徽、湖南、吉林、广西等地已经在全辖区法院开通了网上立案功能。全国有934家法院开始探索网上缴费功能，占27.11%，其中上海、河北、吉林3个省份在全辖区法院实现了网上缴费。在这些地区，当事人足不出户就能完成网上立案、缴费，提高了整个诉讼程序的效率，节省了司法资源，为当事人节约了大量的时间成本和经济成本。

2. 纾解“门难进”“人难见”压力

法院门难进、法官人难找是当事人在诉讼过程中遇到的难题之一。法官承担案件多，业务量大，难以做到“随找随到”，司法服务信息化建设有助于畅通群众与法院之间的联系渠道，解决上述问题。评估显示，绝大多数法院都能够在线联系法官，支持在线或者通过12368诉讼服务热线联系法官的高级法院有28家，占评估对象的87.50%，从未开展过这项工作的仅有四地法院。上海等地的12368诉讼服务平台实现了诉讼服务的全方位、系统化、移动化，在保证流程信息公开的同时，为当事人诉讼提供方便。可以说信息化搭建起了法院、法官与人民群众之间沟通的桥梁，也解决了法官在案件多、工作任务重、压力大的情况下难以当面与每个当事人见面交流的矛盾。

3. 畅通当事人利益诉求表达渠道

信访是诉讼当事人利益诉求表达的主要途径之一，涉法涉诉信访在信访总量中占有相当大的比例。为方便公众表达意见，2014年2月，最高人民法院创新司法便民措施，开通了网上申诉信访平台，拓宽了申诉信访渠道，有效减少了涉诉纠纷进京访、越级访、重复访，对维护社会稳定起到了一定作用。申诉信访平台的信息化基础在于远程视频接访系统的建设和运行，评估显示，各级人民法院积极推进网络信访工作，大部分法院均建立了互联网申诉信访平台，实现了远程视频接访，为人民群众申诉信访提供了便利。32家高级法院已经全部实现了远程接访功能，占100%。远程视频接访系统建成之后，距离不再成为阻碍，减轻了人民群众的奔波之苦，畅通了群众的诉求表达渠道。

（三）信息化助力提升审判能力

1. 法院电子签章提高审判效率

每个案件从立案到结案平均需要印发十余份法律文书，位于乡镇的人民法庭通常距离基层人民法院路途遥远，一直以来存在法律文书“盖章难”问题。过去，人民法庭的法律文书必须依靠专人、专车送往所属法院盖章；当事人需要按指定时间到法庭领取。这不仅要花费大量的人力、物力，加重当事人负担，而且影响了办案效率。依靠信息技术，使用电子签章，则可以从根本上解决人民法庭“盖章难”的问题。使用电子签章，调解和撤诉后即可送达调解书和裁定书；当庭宣判的案件，可“立等可取”拿到裁判文书。评估显示，全国共有 1674 家法院建立了电子签章系统，并应用于审判实践中，占 48.59%，其中，北京、天津、河北、江苏、浙江、江西、广东、云南、陕西、青海、西藏等省份辖区人民法庭的电子签章覆盖率已达到 85%。

2. 法院电子送达全面铺开

在司法实践中，“送达难”的问题始终困扰着人民法院。传统的司法送达方式效率低、难度大、成本高，无法适应快节奏的办案要求。为此，有的法院总结传统送达方式的弊端，并结合当事人、法官及法院管理者的需求，自主开发了电子司法送达系统，以提高送达的效率及准确率。评估显示，目前电子化送达模式已经在全国铺开，全国已经有 2598 家法院开展了电子化送达，占全部评估对象的 75.41%，其中上海、天津、湖南、河南、河北、吉林、新疆等 7 个省份的辖区法院已 100% 采取电子送达方式，支持可送达的文书种类包括起诉书副本、受理通知书、开庭传票、举证通知书等。另外，从电子送达的途径来看，实现电子送达的法院中，有一半以上送达已全面涵盖了网站、邮件和短信三种途径。法院电子送达的广泛适用，不仅方便了当事人，节约了司法资源，更提高了送达效率。

（四）信息化助力高效执行

2016 年，最高人民法院在十二届全国人大四次会议上庄严宣布，要用两到三年时间基本解决执行难问题。在国家大数据战略背景下，法院信息化的发展为基本解决执行难提供了契机和手段。评估显示，法院信息化建设在执行案件流程管理、执行指挥中心建设、司法网络拍卖、失信惩戒平台等方面为提升执行能力和质效提供了重要支撑。

首先，执行案件流程信息管理覆盖度高。评估显示，全国各级法院执行案件流程信息管理日趋完善，其中除3家知识产权法院以外，全部对接或直接使用了最高人民法院执行案件流程信息管理系统，实现100%法院全覆盖；所有执行案件信息全部纳入最高人民法院统一建设的执行案件流程信息管理系统，实现执行案件信息100%全覆盖；采用对接方式进行执行办案的法院全部按照最高人民法院下发的《执行流程信息管理37个关键点管理规范》进行执行案件节点管理，实现执行案件流程节点全覆盖。

其次，网上拍卖成为司法拍卖的主要形式。自《人民法院第四个五年改革纲要（2014~2018）》提出加大司法拍卖方式改革力度、重点推行网络司法拍卖以来，各级法院积极推广网络拍卖模式，越来越多的法院将司法拍卖搬到电子商务平台，挤压权力寻租空间，推行阳光拍卖。评估显示，网络拍卖已经成为法院司法拍卖的主流。2017年，全国法院司法网络拍卖29.42万次，成交额2013.70亿元，平均成交率85.15%，溢价率达51.34%，天津、浙江、安徽、福建、广西等省份地法院的司法网拍率在90%以上。

再次，执行指挥中心建设初见成效。2017年，最高人民法院将加大执行统筹力度、加快指挥中心建设作为基本解决执行难的重要举措。评估显示，有2995家法院建设了执行指挥中心，占86.94%；其中有2327家法院的执行指挥中心实现与最高人民法院执行指挥中心在线连通，占67.55%；2666家法院的执行指挥中心实现了指导指挥功能，占77.39%；3383家法院实现值班巡查功能，占98.20%。

最后，失信惩戒平台发挥了重要作用。要基本解决执行难，除了提升法院查物找人的能力、规范法院执法行为之外，还要对失信被执行人进行信用惩戒，使其一处失信、处处受限。全国32家高级人民法院建立了失信被执行人信用惩戒管理系统，用于采集、发布、纠正、屏蔽管理失信被执行人信息，占100%；32家高级人民法院实现了失信被执行人信用惩戒管理系统与执行办案系统对接，占100%；北京、河北、江苏、新疆建设兵团等19家高级人民法院除了实现上述两项功能之外，其失信被执行人信用惩戒管理系统还能够实现与联合惩戒单位的数据对接，占59.38%（见表4）。

表4　各高级人民法院建立失信惩戒平台情况

法院	失信惩戒平台具有以下功能		
	建设失信被执行人信用惩戒管理系统	实现与执行办案系统对接	实现与联合惩戒单位的数据对接
北京市高级人民法院	√	√	√
天津市高级人民法院	√	√	√
河北省高级人民法院	√	√	√
山西省高级人民法院	√	√	
内蒙古自治区高级人民法院	√	√	
辽宁省高级人民法院	√	√	
吉林省高级人民法院	√	√	√
黑龙江省高级人民法院	√	√	
上海市高级人民法院	√	√	√
江苏省高级人民法院	√	√	√
浙江省高级人民法院	√	√	√
安徽省高级人民法院	√	√	√
福建省高级人民法院	√	√	√
江西省高级人民法院	√	√	√
山东省高级人民法院	√	√	
河南省高级人民法院	√	√	√
湖北省高级人民法院	√	√	
湖南省高级人民法院	√	√	
广东省高级人民法院	√	√	√
广西壮族自治区高级人民法院	√	√	√
海南省高级人民法院	√	√	
重庆市高级人民法院	√	√	√

续表

法院	失信惩戒平台具有以下功能		
	建设失信被执行人信用惩戒管理系统	实现与执行办案系统对接	实现与联合惩戒单位的数据对接
四川省高级人民法院	√	√	
贵州省高级人民法院	√	√	
云南省高级人民法院	√	√	
西藏自治区高级人民法院	√	√	
陕西省高级人民法院	√	√	√
甘肃省高级人民法院	√	√	√
青海省高级人民法院	√	√	√
宁夏回族自治区高级人民法院	√	√	√
新疆维吾尔自治区高级人民法院	√	√	
新疆维吾尔自治区高级人民法院新疆生产建设兵团分院	√	√	√

（五）信息化深度助力审判管理

审判管理信息化是法院信息化的重要组成部分。2017 年法院信息化着力于审判管理数据分析运用、案件警示和大数据辅助决策等功能建设，在庭审审判管理的智能化水平、推进法院科学精确管理方面取得较大进步，促进了司法公正、司法为民。

一是基本实现数据智能统计与分析功能。评估显示，全国28 家高级人民法院能够基于辖区法院案件信息资源，从案件、时间、人员等维度自动生成统计报表，克服了传统靠人工填写、核对审判执行统计报告导致的效率低、错误多等弊端，占全部法院的 87. 50% 。其中，上海、广东、四川、青海等 25 家高级人民法院能够进一步从时间、空间等维度分析各类案件、罪名、案由的审判态势，占比 78. 13% 。此外，评估还发现，越来越多的法院重视大数据的应用，北京、山西、内蒙古、安徽、江西、广西、陕西、云南等 25 家法院能够基于审判信息资源开展大数据专题分析，并通过大数据专题分析对法院的审判执行乃至社会综合治理提出对策建议，占比78.13%（见表5）。

表5 各高级人民法院大数据分析开展情况

法院	大数据分析功能		
	能够基于辖区法院案件信息资源，从案件、时间、人员等维度生成统计报表	能够从时间、空间等维度分析各类案件、罪名、案由的审判态势	能够基于审判信息资源开展大数据专题分析，提出建议服务法院工作和社会治理
北京市高级人民法院	√	√	√
天津市高级人民法院	√	√	√
河北省高级人民法院	√	√	√
山西省高级人民法院	√		√
内蒙古自治区高级人民法院	√	√	√
辽宁省高级人民法院	√	√	√
吉林省高级人民法院	√	√	√
黑龙江省高级人民法院	√	√	√
上海市高级人民法院	√	√	√
江苏省高级人民法院	√	√	√
浙江省高级人民法院	√	√	√
安徽省高级人民法院	√	√	√
福建省高级人民法院	√	√	√
江西省高级人民法院	√	√	√
山东省高级人民法院	√	√	√
河南省高级人民法院	√	√	√
湖北省高级人民法院	√	√	√
湖南省高级人民法院	√	√	√
广东省高级人民法院	√	√	√
广西壮族自治区高级人民法院	√	√	√
海南省高级人民法院	√		
重庆市高级人民法院	√	√	√
四川省高级人民法院	√	√	

续表

法院	大数据分析功能		
	能够基于辖区法院案件信息资源,以案件、时间、人员等维度生成统计报表	能够从时间、空间等维度分析各类案件、罪名、案由的审判态势	能够基于审判信息资源开展大数据专题分析,提出建议服务法院工作和社会治理
贵州省高级人民法院			
云南省高级人民法院	√	√	√
西藏自治区高级人民法院	√	√	
陕西省高级人民法院	√		√
甘肃省高级人民法院			
青海省高级人民法院	√	√	
宁夏回族自治区高级人民法院			
新疆维吾尔自治区高级人民法院			√
新疆维吾尔自治区高级人民法院新疆生产建设兵团分院	√	√	√

二是案件监督管理自动化水平大幅提升。在数据开发和分析的同时,2017 年法院信息化还着力于加强案件监督管理,较好地辅助了员额制、司法责任制等改革的顺利推行。评估显示,审判管理的自动化水平不断提升,全国 2693 家法院的审判管理系统具有案件警示功能,可以就审判管理中出现收结案失衡、案件超期等审判异常状况自动向院庭长提出警示,占比 78.17%,其中吉林、安徽、福建、广西等省份辖区法院的案件警示功能实现率接近或者达到 100%。

四 法院信息化建设面临的问题

虽然法院信息化建设水平在 2017 年得到进一步提升,但也存在一些不足和值得关注的问题,有待在法院信息化 3.0 版的发展过程中不断优化完善。

（一）电子卷宗的应用水平有待提高

电子卷宗随案同步生成，对内而言，可以方便法官及相关主体的调卷工作，提高办案效率，保证卷宗安全，节约司法资源，也使法院内部审判监督至个案成为可能，实现审判管理的关口前移；对外而言，电子卷宗系统运行后，当事人及其代理律师可以根据相应的授权直接调阅、打印正在审理和已审结案件的电子诉讼卷宗，极大地节约了查卷、调卷时间，提高工作效率，最大限度地实现当事人的知情权。但是，评估显示，全国仍有不少法院无法实现电子卷宗随案同步生成，特别是电子卷宗的深度应用不足，与《最高人民法院关于全面推进人民法院电子卷宗随案同步生成和深度应用的指导意见》提出的到2017年底前全国法院全面实现电子卷宗随案同步生成和深度应用的要求还有较大差距。具体而言，虽然全国范围内有2591家法院能够实现电子卷宗随案同步生成，占比为75.21%，但是部分中西部省份法院电子卷宗随案同步生成率不足一半，甚至不到10%。在电子卷宗深度应用方面，支持在不同法院间调阅电子案卷的有2136家，占比62.00%，支持合议庭及本院审委会调阅的有2611家，占75.79%；支持电子卷宗文字智能识别的法院只有1450家，支持通过电子卷宗提取案件信息并自动回填至办案系统的仅为1255家，分别只占全国法院的42.09%和36.43%，而这两项功能正是电子案卷深度应用的重点，是实现智慧审判、减少法官简单重复劳动、提高审判效率的关键。此外，电子卷宗随案同步生成还面临一系列技术和管理上的问题，如随案同步生成的电子卷宗是按照材料提交给法院的时间或者在法院生成的时间排序的，不符合档案管理要求，案件结案后往往还要按照归档要求重新扫描，容易造成重复劳动；又如，随案同步生成的电子文档的文字识别仍面临困难，导致识别率不高、精准度不够，影响数据应用；再如，不少法院要求业务庭同步扫描卷宗，增加了办案人员的工作量，在一些案件量大的法院尤其如此，很难得到有效推行。

（二）审判智能化服务有待普及应用

人民法院审判工作的主体是法官，为法官提供更加智能、便捷的服务有助于满足人民群众对审判活动的需求，使法院裁判最大限度地接近公平正义，是法院信息化的重要目标之一。评估显示，法院的信息化建设为法官查询、参考同类案件提供了技术支撑，减少了法官机械重复劳动的工作量，但是与方便、快捷、智能的要求还存在不小差距。

1. 文书辅助生成有待向更深层次探索

法律文书是体现法官办案过程与结果的重要载体和表现形式，也是对法官办案过程的真实体现。法律文书的辅助生成能够全程覆盖、全程留痕，大幅减轻法官的工作量，提高工作效率。评估显示，不少法院开发和建设了文书辅助生成系统，但是这些文书模板的智能化水平尚显不足。通常而言，民事、行政案件裁判文书包括了案由、当事人信息、诉讼请求、事实与理由以及事实认定、本院认为等部分，而刑事裁判文书则包括公诉机关、起诉书案号、被告人信息、被告人前科、辩护人信息、案件基本情况、起诉罪名以及事实认定、本院认为等内容。除了“事实认定”和“本院认为”部分外，其他部分在起诉阶段都已经固定，应该涵盖在自动生成的文书中。但是，评估显示，能够自动提取诉讼请求、事实和理由、刑事裁判文书量刑参考等要素的法院占比仍不高，如在民事、行政案件的文书中自动生成诉讼请求的法院有 2271 家，占 65.92%；自动生成事实与理由的有 1785 家，占 51.81%。支持刑事案件自动生成文书中辩护人信息的有 2312 家，占 67.11%；支持能够自动提取刑事案件法定和酌定量刑情节的有 1245 家，能够自动推送量刑规范化的法律和司法解释的有 1301 家，能够基于大数据分析相似案件量刑幅度并提供量刑参考范围的有 1102 家，分别占 36.14%、37.76% 和 31.99%（见表 6）。总的来说，虽然大部分法院的信息管理系统具备了文书自动生成功能，但是生成的项目不多，关键事项辅助生成功能不健全，裁判文书的辅助生成功能仍有很长的路要走。

表 6　各地法院文书辅助生成功能实现情况

实现功能	民事、行政文书规范生成支持度				刑事文书规范生成支持度							文书智能纠错		文书上网	刑事案件量刑规范化辅助		
	案由	当事人信息	诉讼请求	事实与理由	公诉机关	起诉书案号	被告人信息	被告人前科	辩护人信息	案件基本情况	起诉罪名	支持裁判文书自动纠错	支持裁判文书上网前敏感信息自动屏蔽	文书一键智能上网	自动提取刑事案件法定和酌定量刑情节	自动推送量刑规范化的法律和司法解释	基于大数据分析相似案件量刑幅度并提供量刑参考范围
实现法院（家）	2960	3091	2271	1785	2914	2567	2937	1892	2312	2385	2829	2773	2643	2458	1245	1301	1102
比例（%）	85.92	89.72	65.92	51.81	84.59	74.51	85.25	54.92	67.11	69.23	82.12	80.49	76.72	71.35	36.14	37.76	31.99

2. 智能化办案辅助功能未在全国法院全面实现

在案件办理过程中，相关法规和类似案件查询对于法官裁判，确保法官查明事实，正确适用法律，减少司法裁判和司法中决策过程的不确定性和主观性，促进统一裁判标准具有重要意义。评估发现，有些法院在这些方面为法官办案提供了大量的辅助工具。例如：上海法院研发的“上海刑事案件智能辅助办案系统”能够实现刑事案件量刑裁判辅助分析；天津法院自主研发的法官自助终端，统一了文书样式，提高了案件信息的填写质量，“一键式”批量化自助打印有效减少了一线审判人员工作量，且实现了对专业打印设备的集约化管理。但是，评估显示，部分法院的办案辅助功能不健全、不智能。全国仍有 1368 家法院的审判管理系统无法自动提示案件当事人其他诉讼案件涉案情况，占全部法院的 39.71%；系统不能够自动推送案件相关法规条文的法院有1530家，占44.41%；系统在法官办理案件过程中不支持基于案由等简单要素向法官推送类案的有1217家，占35.33%，1965家法院不能基于案情的全要素匹配对主要案件类型进行类案推送，占57.04%。

此外，审判系统对法官移动办公办案的支持程度不足。评估显示，不支持法官利用移动终端实现查阅资讯、审批公文等移动办公功能的法院有1636家，占47.49%；不支持法官利用移动终端实现材料收转、网上立案查询、网上合议、审限提醒等移动办案功能的法院多达1983家，占57.56%。

（三）执行查控的技术支撑水平仍待提升

执行工作是法院工作的有机组成部分，是落实生效法律文书所规定的权利义务的重要一环，是当事人权益得到保障的“最后一公里”，不仅关系到社会公平正义的实现，也关系到司法裁判的权威，是维护司法公信力的关键。现实中，由于各种原因，不少法院判决难以实现，“执行难”对司法权威造成较大的损害。法院信息化则为执行工作改变思路、延伸执行的触角、创新执行手段、增强查控能力，提供了良好的契机和手段。为此，项目组对执行案件线索关联分析和法院“点对点”查控系统是否实现在线查询、冻结进行了评估。“执行案件线索关联分析”是指执行案件管理系统能否在执行案件办理过程中为执行法官关联展示人案物关联关系，能否识别并向法官展示三角债关系。虽然这一功能只需要将审案系统、执行系统相互关联便可以实现，但评估显示，仍有部分法院无法实现上述功能。32家高级人民法院中，有9家既不能识别三角债关系，也无法识别人案物关联关系，占28.13%，此外，单纯无法识别三角债关系的有19家，占59.38%。

此外，对法院“点对点”执行查控系统的评估显示，全国70.05%的法院建设了点对点网络执行查控系统。但很大部分法院无法实现对房产、土地、车辆、债权的点对点全面查控。至2017年末没有“点对点”查询财产功能的法院有2028家，占58.87%，无法在查询后实现扣押和冻结功能的法院则更多，有2758家，占80.06%。

（四）诉讼服务和引导还有待完善

服务人民群众是人民法院信息化建设坚持“三个服务”的首要内容。近年来，人民法院通过信息化建设为当事人提供网上诉讼服务、智能诉讼引导、远程接访等，给当事人带来很大便利，但在服务的广度、应用的深度等方面还有所欠缺。

网上诉讼支持当事人、律师和审理法官全部在网上进行立案、证据交换、开庭、审理、执行乃至涉法涉诉信访业务，在便利当事人诉讼，降低当事人时间成本和经济成本的同时，也有利于规范办案流程，提高法官办案效率。评估显示，虽然已经有一些法院积极探索实现网上诉讼功能，如在杭州互联网法院，当事人只需登录“杭州互联网法院诉讼平台”就可在线实现立案、举证、开庭、裁判、送达等诉讼全流程，任何步骤即时记录、实时留痕，当事人能够以“零在途时间”“零差旅费用支出”完成诉讼。但是，网上诉讼服务尚未在全国普及，评估显示，不能实现网上证据交换功能的法院有2110家，占61.25%；无法实现网上调解的法院有2364家，占68.62%；不具备网上开庭功能的法院则更多，有2443家，占70.91%。实践中真正通过远程实现开庭、调解和证据交换的诉讼案件比例则更低。

此外，通过网络或者诉讼服务大厅电子设备对当事人进行诉讼指引，有助于提高当事人的诉讼能力和法律素养，降低当事人的诉讼预期、减少其诉讼风险，但是，大多数法院对当事人诉讼指引总体上还仅仅停留在提供文书模板等简单环节。评估显示，全国范围内虽然有2329家法院实现按照相关业务规范提供文书模板、帮助诉讼参与人制作文书，占67.61%；但是只有612家法院能够为诉讼参与人自动推送相关案例，占17.76%；527家法院实现根据诉讼参与人所输入信息预判诉讼结果功能，占15.30%；989家法院能够为当事人提供诉讼风险分析及调解建议，占28.71%。可以说，这与诉讼指引智能化还有相当差距。

（五）审判信息有待进一步公开

“正义不仅要实现，还要以看得见的方式实现。”随着法治建设进程的加快，人民群众对司法公开透明的期待更加强烈。2013年11月，《中共中央关于全面深化改革若干重大问题的决定》历史性地写入了司法公开的内容，“推进审判公开、检务公开，录制并保留全程庭审资料。增强法律文书说理性，推动公开法院生效裁判文书”。党的十八届四中全会提出，要深化司法公开，构建开放、动态、透明、便民的阳光司法机制。近年来，司法公开的内容不断丰富，方式不断创新，机制不断完善。2013年11月28日，最高人民法院发布《关于推进司法公开三大平台建设的若干意见》，要求推进审判流程、裁判文书、执行信息三方面的公开。评估显示，法院在裁判文书公开和执行信息公开等方面还有进一步提升的空间。

裁判文书公开是近年来最高人民法院力推的审判公开事项之一，最高人民法院建立全国统一的裁判文书公开平台后，全国各级人民法院的生效裁判文书陆续通过中国裁判文书网向社会公布，该网每天都实时更新最新的裁判文书，得到全社会的广泛好评。在推动裁判文书公开方面，最高人民法院专门印发文件，明确了不上网公开裁判文书的种类范围，强化不上网审批管理，但是，裁判文书公开仍然存在公开不全面、选择性公开等问题。本次评估针对各地法院是否公开不上网裁判文书数量、案号和理由进行了观察分析。评估显示，全国法院中尚有2136家法院没有公示不上网裁判文书数量，占62.00%；1808家未公开不上网裁判文书的案号，占52.48%；1819家未公开不上网裁判文书的理由，占52.80%。

五　法院信息化的发展方向与展望

2018年，法院信息化在前期取得显著进步的基础上面临更多挑战，特别是随着深化司法体制综合配套改革各项制度的出台，亟待信息化为司法体制改革提供更多的科技支撑。本次评估发现的问题和不足，也需要在法院信息化建设中不断改进和完善。

第一，推动法院信息化向深层次应用发展。随着全社会信息化水平的提升，法院信息化基础设施建设日趋完善，法院审判管理系统中简单的数据收集、统计分析功能基本实现，但是法院信息化在系统智能性、数据精确性等智慧法院建设的核心环节还面临不少瓶颈问题，应用水平亟待取得深层次突破。例如，根据案由、高频词等为法官推送相似案件、参考案例、法律法规等成为智慧法院建设的标配，但是推送法律法规过多过滥、推送案例匹配不精确的现象仍然普遍存在。2018 年，研发的重点应转向计算机识别起诉状、开庭笔录乃至当事人的证据等法律材料，提高自然语义识别能力，基于争议焦点、法律关系，推送精确匹配的案例和法条，为法官办案提供个性化、精细化、智能化服务。又如，司法数据的集中管理平台建设，在自动提取案件数据进行司法统计的基础上，开展案件运行情况分析，并为人员调配、法官员额设置、司法辅助人员招录，甚至法官绩效考核、奖励等提供依据或者参考。再如，文书自动生成方面，如果案件裁判文书只能自动生成案由、案号、当事人信息等简单信息，那么对于切实减轻法官撰写裁判文书的工作量可谓杯水车薪。因此，文书辅助生成需要加大对当事人诉辩称意见、案件事实乃至对法院判决理由自动归纳和提取功能的开发力度。

第二，结合各方意见开发新型应用系统。评估显示，不少法院虽然在法院信息化建设方面投入了大量的人力、物力，开发了大量的审判管理、执行、办公系统，但是这些系统、应用缺乏与审判执行工作的融合，导致系统“看上去很美”，但在实际应用过程中使用不便、运用频率低，不仅没有提高审判质效，反而影响了正常的审判工作流程。深圳市盐田区人民法院成立法官、法院技术人员、科技公司组成的 JEC 项目开发团队的实践表明，改变这一现象需要从服务审判执行工作，深入了解干警真实需求出发，由技术部门和精通审判业务的一线干警组成审判系统开

发小组，在充分调研的基础上，对现有的审判执行系统进行反复研讨和修改。在这个过程中应尽量多听取各方面意见和建议，既要听取各个审判业务部门、审判管理部门、综合管理部门的意见和建议，也要对院庭领导、法官、司法辅助人员的意愿和需求有所了解。应坚持问题导向和需求导向，充分论证审判系统各项功能的可行性、必要性，根据需求来确定信息化建设具体项目和内容，尽可能使得系统功能贴近一线审判工作，服务一线干警。

第三，注重各地信息化发展成果的总结和推广。信息化建设需要一个漫长和艰辛的探索期，智慧法院的建设过程离不开人力、物力、财力资源的大量甚至海量投入。不少法院已经开发出一些成熟乃至先进的系统和应用程序，如果能够相互借鉴，必将节约时间和经济成本，减少不必要的试错过程，产生事半功倍的效果。因此，各地法院在信息化建设中应当加强沟通交流，相互学习，取长补短。

第四，充分发挥最高人民法院在信息化建设中的引领作用。一方面，加大各个系统、平台的整合力度。目前，全国法院从上到下都热衷于各种系统和平台的开发与上线，但是各个系统往往由不同部门建立和维护，各自为政，系统和平台之间的数据无法整合，无法形成法院信息化的合力。为了克服各个法院之间案件管理系统、办公平台不兼容不统一的问题，建议由最高人民法院在适度考虑下级法院信息化开发应用需求和积极性的前提下，整合各类应用系统，实现不同应用之间的信息共享和审判、人事、政务信息的统一管理，并依托法院专网实现地方法院之间的横向信息交互，发挥信息资源规模效益和社会效益，使案件信息实现从一线干警到院庭长的点到点即时传递，实现扁平化管理，促进司法管理的科学化，提高司法管理效能。另一方面，应充分发挥最高人民法院的资源优势，在深入实地调研的基础上，掌握全国各地法院各个信息化项目的进展情况，对各个项目进行评估、整合，并推荐一些相对成熟的系统、平台和应用以及各地推进信息化的有益经验供全国法院选择使用。

附表　法院信息化第三方评估各项指标完成情况

一级指标	二级指标	指标完成情况	完全或者部分实现的法院数量（家）	比例（%）	无法实现法院数量（家）	比例（%）
1. 智能审判	案件关联	案件关联度	2077	60.29	1368	39.71
	法规与类案推送	法规推送	1915	55.59	1530	44.41
		类案支持简单推送	2228	64.67	1217	35.33
		全要素匹配类案推送	1480	42.67	1965	57.04
	文书辅助生成	民事/行政案件文书规范生成支持度	3106	90.16	339	9.84
		刑事案件文书规范生成支持度	3041	88.28	404	11.73
	卷宗电子化	文书内容智能生成	2786	80.87	659	19.13
		文书智能上网	2430	70.54	1015	29.46
		刑事案件量刑规范化辅助	1486	43.14	1959	56.87
		电子卷宗随案同步生成	2591	75.21	854	24.79
		电子案卷应用	1520	44.13	1925	55.88
		法院内部电子卷宗流转	2611	75.79	834	24.21
		法院电子卷宗流转	2136	62.00	1309	38.00
	电子送达	电子送达内容和方式	2598	75.41	847	24.59
	电子签章	电子签章运用情况	1647	47.81	1798	52.19
	审判提示	审判流程节点提示	2575	74.74	870	25.25
		立案提示	2756	80.00	689	20.00
	移动办公办案	移动办公办案能力	1894	54.98	1551	45.02
2. 高效执行	网上执行	点对点网上查询系统	1747	50.71	1698	49.29
		点对点网上冻结、扣划系统	1107	32.13	2338	67.87
		执行案件流程信息管理覆盖度	3445	100.00	0	0.00
		网拍率	2812	81.63	633	18.37
	执行指挥中心建设	失信惩戒平台 *	32	100.00	0	0.00
		执行指挥中心建设及应用	3076	89.29	369	10.71
	执行案件关联线索	执行案件线索关联分析 *	24	75.01	8	25.00

续表

一级指标	二级指标	指标完成情况	完全或者部分实现的法院数量(家)	比例(%)	无法实现法院数量(家)	比例(%)
3. 自动化管理	审判大数据分析	数据智能统计与分析*	28	87.50	4	12.50
		庭审自动巡查*	16	50.00	16	50.00
		案件警示	2693	78.17	752	21.83
		人案关联分析*	32	100.00	0	0.00
		大数据分析辅助决策*	23	71.88	9	28.13
	办公网络化水平	科技法庭建成率***	—	66.76	—	33.24
		在线办公应用	3027	87.87	418	12.13
		业务系统融合性*	31	96.88	2	6.25
		管理系统完备度	2981	86.53	464	13.47
4. 优质服务(20%)	司法公开	庭审公开	3230	93.76	215	6.24
		审判流程公开	2758	80.06	687	19.94
		裁判文书公开	1705	49.49	1740	50.51
		执行信息公开	2697	78.29	748	21.71
	网站建设	链接有效性**	2277	91.15	221	8.85
		信息更新性**	2381	95.32	117	4.68
	远程服务	网上立案	2479	71.96	966	28.04
		网上缴费	934	27.11	2511	72.89
		远程接访*	32	100.00	0	0.00
		联系法官、反馈*	28	87.50	4	12.50
		网上证据交换	1335	38.75	2110	61.25
		网上调解	1081	31.38	2364	68.62
		网上开庭	1002	29.09	2443	70.91
		智能诉讼引导	2499	72.54	946	27.46

* 这些功能仅测评各地高级法院。

** 该功能系通过最高人民法院法眼平台网站进行自动监测，目前，系统可以实现自动监测的总数为2498家。

*** 科技法庭建成率计算的是全国法庭建成科技法庭的数量和比例，故不统计法院数量。

专题报告 

Special Reports

B.3 建设"智慧法院"助力司法改革的实践与展望(2017)

中国社会科学院法学研究所法治指数创新工程项目组*

摘　要： 全面深化司法改革、全面推进信息化建设，是人民法院实现审判体系和审判能力现代化的必由之路，是人民司法事业发展的"车之两轮、鸟之双翼"。近年来，法院信息化建设在各个方面为司法改革提供技术支撑，特别是在加强智能监管落实司法责任制、提升审判效率、促进司法公开、推进以审判为中心的刑事诉讼制度改革、助力立案登记制改革等方面成效显著。未来，法院信息化还应当在深化司法改革配套制

* 项目组负责人：田禾，中国社会科学院国家法治指数研究中心主任、法学研究所研究员；吕艳滨，中国社会科学院法学研究所研究员、法治国情调研室主任。项目组成员：王小梅、栗燕杰、胡昌明、徐斌、刘雁鹏、王祎茗、赵千羚、刘迪、田纯才、王洋、王昱翰、葛冰、冯迎迎等。执笔人：胡昌明，中国社会科学院法学研究所助理研究员。

度的辅助审判、静默化管理、规范公开行为、大数据应用等方面发挥更加重要的作用。

关键词：　智慧法院　司法改革　审判效率　司法责任制

2017年是人民法院深化司法体制改革的决战之年，也是深入推进法院信息化3.0版的冲刺之年。加强智慧法院建设有助于提高案件在受理、审判、执行、监督等各环节的信息化水平，推进执法司法信息公开、促进司法公平正义，是司法改革顺利进行和深化发展的重要助力。2017年，各级人民法院坚持以信息化为司法改革提供科技支撑，以司法改革需求引领信息化发展，着力破解难题，努力提高司法公信力。

一　法院信息化建设与司法改革的关系

最高人民法院多次强调，“全面深化司法改革、全面推进信息化建设，是人民法院两场深刻的自我革命，是实现审判体系和审判能力现代化的必由之路，是人民司法事业发展的‘车之两轮、鸟之双翼’”①。近年来的实践表明，推动人民法院信息化建设既是人民法院深化司法改革的重要内容之一，也是全面深化司法改革的重要引擎和强大动力。

第一，信息化建设是司法改革成功的重要保障。十八届三中全会提出，要完善司法管理体制和司法权力运行机制，规范司法行为，加强对司法活动的监督，努力让人民群众在每一个司法案件中感受到公平正义。这对法院各项工作提出了更高的要求，规范司法行为要求对法官的审理和裁判管理更加精细化，加强司法活动的监督则要求司法更加公开、透明，让人民群众在每

① 罗书臻：《牢固树立五大发展理念　大力弘扬改革创新精神　为实现“十三五”规划营造良好法治环境》，《人民法院报》2016年1月24日，第1版。

一个司法案件中感受到公平正义就需要法院提供更加高效、便捷的司法服务和司法产品。在信息化时代，通过加强院庭长管理、增加办案人员和司法资源投入等传统方式不仅无法实现这些目标，甚至可能与司法改革的初衷背道而驰，因此需要通过加强司法的现代化、信息化建设，提高“智慧法院”辅助司法的水平、管理司法的精细化程度、服务当事人的能力，以确保司法改革取得成功。人民法院信息化建设成为推进司法为民、公正司法、司法公开、司法民主的重要途径。

第二，司法改革的需求引领信息化发展方向。中央为本轮司法改革提出了诸多目标和要求，这些改革的需求为法院的信息化建设指明了方向，提供了良好的契机。法官员额制改革后法官人数大幅减少，要求法官进一步提高工作效率，为法院智能辅助办案系统、文书内容智能生成系统、电子送达系统、卷宗电子化等的应用提供了广阔天地；司法责任制的高标准、严要求，促使法院在审判流程节点提示、庭审自动巡查、案件警示等方面开发更加智能的审判系统；“基本解决执行难”目标的提出，催生了全国各地法院网络查控系统、执行指挥中心、失信被执行人惩戒平台的建立；人民群众对司法公正的期待，倒逼法院以公开促公正，加强法院网站建设，建立裁判文书公开、审判流程公开、执行信息公开、庭审活动公开等四大司法公开平台，以更加开放的心态接受当事人和人民群众的监督。

第三，信息化为司法改革提供技术支撑。司法改革是十八大以来中国法治建设中的头等大事，司法改革的成功既离不开高屋建瓴的规划，也离不开脚踏实地的配套制度和措施，更离不开信息化的保障。信息化建设为各项司法改革方案的出台提供数据支持，为司法改革的顺利推进保驾护航，为司法改革的进一步深化提供决策依据。作为司法改革的纲领性文件，《最高人民法院关于全面深化人民法院改革的意见——人民法院第四个五年改革纲要（2014～2018）》（法发〔2015〕3号）（以下简称《四五改革纲要》）要求，各级人民法院要依托现代信息技术实现司法改革的各项目标，该纲要确定了法院的65项改革任务，其中有35项不同程度依赖于信息技术手段。人民法院推进司法责任制改革、深化立案登记制改革、推进以审判为中心的刑事诉

讼制度改革、推进多元化纠纷解决机制建设、深化司法公开、推进执行改革等诸多改革任务，无一不依赖信息化的技术支撑。

二 信息化加强智能监管，落实司法责任制

进一步健全和完善司法责任制，不仅是本轮司法改革的四项基本任务之一，甚至被称为司法改革的“牛鼻子”。完善司法责任制的核心在于“让审理者裁判、由裁判者负责”。“让审理者裁判”要克服传统审判模式下判决生成过程中的层层审批和逐级把关，避免审者不判、判者不审，判审分离、过错混同、责任不清的状况；“由裁判者负责”则应按照权责利相统一的原则，明确主审法官、检察官、合议庭及其成员的办案责任与免责条件，实现评价机制、问责机制、惩戒机制、退出机制与保障机制的有效衔接。各法院为适应司法责任制改革对审判管理提出的新要求，积极运用信息技术创新审判管理模式，切实解决司法责任制改革放权之后的监督问题，将司法权力关进制度的笼子。信息化建设对司法责任制改革的贡献主要体现在以下几个方面。

1. 信息化健全院庭长审判管理机制

健全院庭长审判管理机制主要依托现代信息化手段，建立主审法官、合议庭行使审判权与院庭长的内部监督制约机制。各级法院积极运用信息技术，建成服务所有法官、覆盖所有案件、打通所有流程的网上办案系统，通过从立案到归档各个环节的信息化管理以及动态监督机制，从事后监督拓展为全程管理、动态跟踪。例如，深圳前海合作区人民法院建立了审判监督权行使的全程留痕制度，实行案件审理、审判监督管理行为全部网上流转，以及建立院长、副院长依法行使审判监督权的登记备案制度，实现责权明确，全程留痕[①]。目前网上办案平台已经覆盖全国3523家法院，并实现所有案件特征信息实时汇聚到大数据管理和服务平台。四川等地法院按照司法改革

① 杨阳腾：《深圳前海法院正式开始审理案件 审判监督权行使将全程留痕》，《经济日报》2015年2月3日。

要求全面梳理确定院庭长监督指导职责，建立点、线、面三个维度的双向网上“静默化”审判监督指导系统，实现监督指导有依据、权力行使有监督，确保管理到位但不越权。河北、浙江等地法院实现庭审活动自动巡查，对法官、诉讼参与人和旁听人员庭审中是否准时开庭、非法离席、接打手机、着装不规范等行为进行实时巡查和自动记录，对庭审中哄闹法庭的行为自动报警。系统每日自动汇聚巡查的违规项，分类推送到审判管理部门和各级领导。截至 2017 年底，河北省高级人民法院已对辖区 26 万余件案件庭审进行了巡查，查出违规 823 处。浙江省高级人民法院已累计评查 20 余万件庭审录像，仅 2017 年 7 月份对全省法院 2 万余件案件的庭审录像评查就发现了 144 次庭审存在不规范情况，庭审违规行为主要集中于庭审风貌，如衣着、法徽佩戴不规范、法庭席位未标识等。

2. 信息化理顺法院司法行政事务管理关系

理顺法院司法行政事务管理关系要求依托信息化科学设置人民法院的司法行政事务管理平台，规范和统一管理职责，尽可能减少繁杂行政事务对司法资源的消耗。《四五改革纲要》中“完善法官业绩评价体系”要依托信息化平台进行，法官业绩评价体系的建立离不开法院内网的有效运行。例如，贵州法院以“法官办案工作量评估体系”“法官审判质效评估体系”“法官审判综合工作量评估体系”和“法官综合评价评估体系”为基本框架，将对办案绩效具有实质性影响的诉讼各环节要素进行抽取、细化和提炼，自主研发建立更加科学合理、符合审判发展规律的法官绩效考评软件，将案件纳入实时绩效考评，并在绩效考评分值与绩效考核补贴之间构建“以案定补”预算和决算两套量化数学模型。法官绩效考评软件产生的绩效数据由案件管理系统数据自动生成，“推动实现办案绩效补贴是其绩效考评分值的逻辑结果，确保相同的绩效考核分值对应相同的补贴金额，不同的绩效考核分值在对应的补贴金额上拉开差距，推动公平激励，扼制庸政懒政”①。

① 贵申改：《全面深化改革进行时——为司法体制改革提供贵州经验》，《贵州日报》2017 年 6 月 3 日。

3. 信息化技术助力司法人事管理水平提升

截至2017年底，全国90%以上的法院建成了人事管理系统。司法改革试点地区还开始探索建设支撑人财物统一管理、人民陪审员管理和法官遴选等工作的信息系统。这些司法辅助管理系统的运用对法院人员管理、工作绩效考核等都有很大的帮助。例如，成都法院构建队伍管理平台，适应法院队伍“正规化、专业化、职业化”发展和审判权运行机制改革要求，以动态真实客观的数据和信息记录法官、合议庭的现实情况，以审判业绩为核心，从德、能、勤、绩、廉五个方面进行法官个人考核评价，从审判质效、审判组织管理、案件合议质量等五个方面智能生成合议庭整体绩效，全面构建了由人事信息系统、法官业绩评价系统、审判合议庭绩效考评系统、行政人员业绩评价系统等7个子系统构成的全员覆盖、上下联动、互通共享的信息化队伍管理、服务体系。又如，南京法院的审判管理信息平台“包括审判执行考核、信访考核、队伍建设考核等多个模块。打开这些模块，每一个法官和书记员的审判质效数据、案件信访情况、工作创新成果以及廉洁守纪情况等20多项信息内容一览无余，管理部门可依据这些数据进行综合考评”①。

4. 探索同案不同判预警系统的辅助监管功能

同案同判是司法公正的重要衡量标准。为完善法律统一适用、统一裁判标准，江苏法院针对放权之后的监督管理问题，“利用人工智能和司法大数据技术，探索搭建同案不同判自动监测系统，通过对海量裁判大数据进行智能情节特征提取和判决结果智能学习，建立起具体案件裁判模型，根据案件的情节特征和案件复杂度从案例库中自动匹配类似案例集合，并据此计算出类案判决结果”②，实现裁判偏离度自动分析、监测、预警功能。通过该系统，既尊重和规范法官的自由裁量权，又保证了裁判尺度统一；同时，还保障和规范院长、庭长更好地履行监督管理职责，实现监督管理方式的平台化、公开化。目前同案不同判系统在江苏南京、苏州、盐城等7家中级人民

① 李想：《“互联网+”让法官尝甜头　当事人得实惠》，《法制日报》2015年9月8日。

② 张羽馨、潘志明：《吴江法院智能深度融合诉讼全流程》，《江苏法制报》2017年10月10日。

法院、56家基层人民法院的300多名法官中使用，成功预警案件120多起，准确率达到92%。此外，北京法院的“睿法官系统”、重庆法院的“智慧E审”系统也都开发了同案不同判预警系统，能够对法官拟作出的裁判进行智能评析，有效统一裁判尺度，实现类案同判。

三　通过信息化建设提升审判效率

司法改革的一个目标是通过优化法院资源配置来提升司法公正和效率。但是，一方面，随着社会经济的快速发展和立案登记制的全面落实，司法案件快速增长；另一方面，员额制改革重新确定法官员额，意味着法官人数进一步减少，法院案多人少的压力进一步加剧。这势必要求提高审判的信息化、智能化水平，以提升审判效率、消解案件压力，为此，各地法院在智能辅助审判系统方面进行了卓有成效的尝试和努力，为办案人员提供卷宗阅览、文书制作、审批流转、案例参考等各种辅助支持手段，主要体现在以下几个方面。

1. 电子卷宗随案同步生成

案件审理的前提条件是卷宗材料。如果卷宗不能同步电子化，网上办案的内容和深度仍会受到很大限制。2016年8月下发的《最高人民法院关于全面推进人民法院电子卷宗随案同步生成和深度应用的指导意见》就是要推动案件卷宗尽快电子化并上传办案系统，为法官全流程网上智能办案、审判管理人员网上精准监管创造条件。广州市中级人民法院（以下简称广州中院）、深圳市盐田区人民法院、济南市市中区人民法院等都在电子卷宗随案同步生成方面开展了主动、积极的探索实践，为全国法院提供了示范和借鉴。在此基础上，广州中院推进电子卷宗的过程化扫描，法官可从电子卷宗中提取案件要素，帮助法官准确界定诉讼标的、要件事实、证明对象，为撰写裁判文书提供结果化文本基础。江西省高级人民法院、苏州市中级人民法院（以下简称“苏州中院”）分别在辖区法院建设诉讼材料收、转、发集中统一管理模式，实现诉讼材料类辅助性事务从审判执行工作中完全剥离，切

实减轻法官工作负担，方便当事人诉讼，规范司法管理。现在全国各地法院都在按照最高人民法院要求或全部或依托试点加快推进电子卷宗随案同步生成。目前，江苏法院在全省法院全面推行诉讼材料 OCR 自动识别、信息项智能回填的人工智能技术，为保障数据的全面性、准确性、有效性奠定了坚实的基础。

2. 庭审及办公语音识别系统

为破解近年来案件数量大幅上升、人案矛盾日益突出的现实难题，将法官、书记员从繁重的传统记录方式中解放出来，苏州、广州等地法院研发庭审及办公语音识别系统。系统利用智能语音识别技术，可自动区分庭审发言对象及发言内容，将语音自动转化为文字，采用人工智能辅助、批量修订等技术，书记员只需进行少量修改即可实现庭审的完整记录。还能和电子卷宗等技术相配合，运用于案件评议、裁判文书制作、日常办公等场景，对提高法院的审判工作效率可谓意义非凡。截至目前，全国已有多家法院在科技法庭中配备了庭审语音识别系统。苏州中院已经使用该系统支持开庭 3000 余次，经对比测试，语音识别正确率已达到 90% 以上，庭审时间平均缩短 20% ~30%，庭审笔录的完整度达到 100%。

3. 裁判文书辅助生成

裁判文书是对案件及其审理活动的高度概述，蕴含着大量的信息，既是一个案件的结论，也是为其他案件的研判提供资源的高精度审判数据。北京法院的“睿法官系统”在结案环节可以自动生成裁判文书，不仅对裁判文书类型覆盖全面，对裁判文书的内容也能够达到 100% 覆盖，大幅度降低了法官手动修改的工作量。“睿法官系统”结合案件信息及前置文书信息，自动生成裁判文书初稿。自动生成的初稿内容包括文书首部、当事人段、案件由来、诉讼请求及理由、审理查明信息、本院认为（裁判说理、裁判依据、裁判主文）、落款等大部分内容。对大数据平台的统计分析表明，北京法院“睿法官系统”提供裁判文书模板共 713 个，提供审理报告模板 34 个。2017 年 1 月 1 日至 2017 年 12 月 31 日，北京法院有 2237 名法官使用“睿法官系统”的智能文书编写服务，总登录次数为 24069 次，编写文书 14946 例。重庆法院的"E 诉讼"为法官提供"民间借贷本息结算系统"等智能辅助工具，一键生成应还本金和利息，排除不予支持的利息金额、依法应予返还的利息金额，有效提升了裁判文书的制作效率。

4. 智审系统的综合运用

目前智审系统已经在最高人民法院及河北、山东、吉林、四川、浙江、广东、安徽等地法院推广使用。其中，广州中院以智审系统为原型，深度融合广州法院本地案例库，实现对基本案情、裁判结果、裁判理由、案情注解的自主机器学习，有效提高了辅助裁判水平，推动统一裁判尺度。北京的"睿法官系统"对于民事案件，可根据案由的特点，提供不同的智能辅助支持功能，如机动车交通事故类案件，主要特点在于赔偿项目多、计算复杂，容易出现审理遗漏和计算错误，主要提供的辅助功能是智能计算；离婚案件的主要审理难点在于财产分割，查明和分配财产的工作比较繁杂，提供的辅助功能主要是通过建立财产池、分割模型帮助法官审理和判断；民间借贷、买卖合同属于争议场景较为繁多、裁量因素复杂的案件类型，所以提供的主要辅助功能是帮助确定裁判尺度的类案。

还有些法院所有案件均实现适用法条智能推荐功能。根据案件案由、案情等关键信息，无须人工检索，法条智能推送可在案件审理不同环节自动为法官推送同类案件的适用法律条款，有效缩短法条查阅时间，提升审判工作效率。有的法院则借助信息化手段推行送达制度改革。送达制度改革主要是探索电子化送达方式，提高送达的效率及准确率。目前全国大部分法院都在探索通过短信、邮箱等电子化送达模式，这在天津、吉林、上海等地法院已经全面推行，不仅方便了当事人，节约了司法资源，也提高了送达效率。

四　信息化促进司法公开

2013 年 11 月，《中共中央关于全面深化改革若干重大问题的决定》历史性地写入了司法公开的内容："推进审判公开、检务公开，录制并保留全程庭审资料。增强法律文书说理性，推动公开法院生效裁判文书。"2014 年

10月，党的十八届四中全会提出，“构建开放、动态、透明、便民的阳光司法机制”，推进以审判公开为龙头的政法信息公开。一方面，司法审判公开已经成为司法改革的重要内容之一；另一方面，随着互联网技术的广泛应用，信息化对司法公开进行了全方位的塑造，拓展了司法公开的广度和深度。

1. 信息化助力公开平台的搭建

随着司法改革和信息化建设的深入推进，全国法院着力打造系列化网上公开平台。2016年9月，在审判流程公开、裁判文书公开和执行信息公开三大平台的基础上，中国庭审直播公开网正式上线，形成司法公开的四大平台，人民法院司法公开取得了巨大进展，从内容到形式都得以不断升级完善。

目前，中国审判流程信息公开网、中国庭审公开网、中国裁判文书网和中国执行信息公开网都已经上线，全国法院统一的四大公开平台全部建成，而且通过最高人民法院官网直接进行连接。第一，审判流程信息平台方面，全国31家高级人民法院和兵团分院均已建成审判流程公开平台并连接最高人民法院建设的中国审判流程信息公开网，全国3500余家法院均能通过此平台向诉讼参与人发布审判流程信息，变当事人千方百计打听案情为法院主动告知。第二，庭审直播公开平台方面，全国已有3314家法院接入中国庭审直播公开网，截至2017年12月31日，各级法院通过中国庭审公开网直播庭审56.8万次，观看量达到42亿人次。第三，裁判文书公开平台方面，中国裁判文书网公开的裁判文书超过4100万份，网站访问量突破124亿次，用户覆盖210多个国家和地区，已经成为全球最大且最受瞩目的裁判文书公开资源库。第四，执行信息公开平台方面，最高人民法院已经实现中国执行信息公开网和审判流程信息公开平台的数据对接，公开信息从内网办案平台统一自动对外推送，保障数据公开的准确性和及时性。同时，在失信被执行人、执行案件信息公开的基础上，进一步扩大公开范围，实现全国法院终本案件信息、网络司法拍卖信息、执行案款领取公告信息公开，不仅成为破解执行难的有力依托，也是国家征信体系建设的重要组成部分。截至2017年底，中国执行信息公开网累计公布执行案件信息5007万条。全国累计公布失信被执行人 959 万余例。

2. 信息化促进法院公开范围更广

除了司法公开的规定动作裁判文书公开、审判流程公开、执行信息公开、庭审信息公开功能外，一些法院还在司法公开方面进行创新和深化，法院公开范围不断扩大。

在最高人民法院层面，除了四大公开平台外，还特别注重以下几个方面信息的公开。一是全国企业破产重整案件信息公开。最高人民法院上线运行全国企业破产重整案件信息网，为债权人、债务人企业、市场投资者、其他利害关系人提供在线司法服务，发挥破产审判对依法处置“僵尸企业”的重要作用。截至 2017 年 12 月 31 日，网站注册用户量为 2.7 万余人，案件 2 万余件，涉及管理机构 4700 余家，管理人 1.7 万余人。上线以来的访问量突破了 1.15 亿次。通过破产信息网成功发布招募公告，并招募成功投资人 7 家，预收定金超过 1.5 亿元。目前网站已经发布投资人招募公告 238 篇，绝大部分都联系到了意向投资人。2017 年 3 月以来，平台已召开 24 场网络债权人会议，涉及债权人 5 万余人次，涉及债权金额 1250 亿元。二是司法案例的公开。最高人民法院不仅成立了司法案例研究院，还上线了中国司法案例网，该网开设了《热点直击》《案例方法》《案例论坛》等栏目，是引领广大法律职业共同体成员，参与司法案例收集、生成、研究和交流的重要载体，是充分运用大数据思维、工具和方法，积极创新机制，深化司法公开层次，努力构建案例研究大格局的崭新平台。中国司法案例网自 2016 年 9 月上线以来，网站案例库已收集、整理案例 4.1 余万个，汇聚会员信息 60 万余条，网站访问量达到 2700 万余次。三是司法大数据公开。近年来，最高人民法院高度重视司法大数据的开发和利用，并开发了中国司法大数据服务网，不仅将最高人民法院的司法大数据报告等公之于众，还可以向系统提交与司法大数据相关的统计需求。

在地方人民法院，司法公开的范围也越来越广。一是部分地方法院着力打造司法公开的统一平台，使得当事人获取司法信息更加便利便捷。例如，重庆法院公众服务网采用扁平化设计，全市三级法院共用，还提供法院概况

信息展示、网上诉讼服务、案件进展情况查询等功能。浙江法院则上线了浙江法院公开网，集合了全省法院的裁判文书、审判流程、执行信息、庭审直播、工作报告、法院公开、司法改革信息、在线服务、数据公开、统计数据电子商务网上法庭等大量信息，使得司法公开信息“一网打尽”。二是完善庭审公开制度。一些法院在庭审公告公开的基础上，公开了旁听规则、旁听席位信息，并建立了旁听预约制度，特别是对依法应当公开审理且受社会关注的案件，在已有条件范围内，优先安排与申请旁听者数量相适应的法庭开庭。例如，在宁波中级人民法院官网的司法公开栏目中，对于开庭公告，不仅公开了当事人的信息，并且一同公布案件的案由、开庭时间、地点、合议庭成员以及座位数，开庭信息一目了然。浙江法院公开网上还可以实现旁听在线预约功能。三是数据信息公开。一些法院还注重司法运行相关数据的公开。例如，广州中院官网专门设立财务公开栏目，公开法院的预决算、“三公”经费、涉案款物、诉讼费收退等财务信息，同时，还设专栏公开法院的工作报告、工作总结、白皮书以及收结案情况等司法统计数据。

3. 信息化促进法院公开形式更多样

各级法院广泛借助中央媒体、社会媒体，加大司法公开力度。加强人民法院新媒体建设，通过微博、微信、手机电视 App、新闻客户端等方式，向社会提供详尽权威的司法信息和方便快捷的司法服务。

一是通过微博、微信增进与公众的良性互动。各地法院将充分运用信息化技术作为丰富司法公开形式、更好地满足人民群众司法需求的重要手段。全面实现数据实时统计、实时更新和互联互通，为深化司法公开提供了坚实的科技保障。一些法院还将互联网思维运用于司法公开，依托互联网平台，通过开通法院官方微博，公开各类审判信息和政务信息；通过开通微信服务号，推送各类信息，增进与公众的良性互动。

二是通过手机电视 App、新闻客户端等扩展公开渠道。一些法院还进一步拓展司法公开的渠道，通过信息化手段开发手机 App 等提高司法公开的及时性和全面性。例如，社会公众打开“重庆法院”App 应用时，不以账号密码的方式登录时，可以查看人民法院简介、开庭公告、裁判文书、诉讼指南等四个模块，点击相应图标即可进入模块查看内容。如果案件参与人使用人民法院案件受理通知书或者应诉通知书中提供的案件查询账号和密码进行登录，还可通过“审判流程公开”“执行信息公开”等模块，查看自己所涉案件的办理情况等信息。在庭审直播栏目，还可以查看正在公开开庭审理案件的实时庭审情况，公众访问法院的网上平台更加便捷。此外，重庆法院还为人民陪审员配备专用案件管理账号，便于陪审员查看案件信息。内蒙古法院根据当地经济社会发展情况，依托广电网络广播电视覆盖广等优势，推进各类诉前矛盾分流机制、委托调解机制构建以人民法庭为中心、便民诉讼站为主干、便民联系点为支点、便民联络员为纽带的便民诉讼平台。北京法院则已经实现了当事人通过手机 App 实时查询案件进展情况。

五 信息化平台推进以审判为中心的刑事诉讼制度改革

推进以审判为中心的诉讼制度改革是党的十八届四中全会确定的重大改革任务。近年来，人民法院利用人工智能、大数据技术，通过信息化平台建设，大力推进以审判为中心的刑事诉讼制度改革，开展刑事案件速裁，严格落实非法证据排除规则，切实完善人权司法保障机制。

1. 刑事案件智能辅助办案系统

2017 年 7 月 10 日，中央政法委在全国司法体制改革推进会上指出，要把理念思路提升、体制机制创新、现代科技应用和法律制度完善结合起来，深入推进以审判为中心的刑事诉讼制度改革。近年来，贵州、上海、海南等地创造性地运用大数据、人工智能对证据进行分析，明确不同诉讼阶段的基本证据标准指引，构建跨部门大数据办案平台，帮助司法人员依法、全面、规范收集和审查证据，统一司法尺度，保障司法公正。其中，海南法院的量刑规范化智能辅助办案系统涵盖了 23 个量刑规范化罪名和 2 个刑种的智能辅助办案，“具有智能识别提取犯罪事实和量刑情节，自动推送关联法条和类案，自动依据历史量刑数据推荐量刑，自动生成程序性法律文书和框架性裁判文书，以及多维数据统计等功能。系统还能通过深度学习技术，不断提高提取案件事实情节、推荐法条及类案的准确性，提高裁判文书生成的质量”①。2017 年 4 月 26 日，该系统在海南法院 15 家高、中、基层法院试点上线运行以来，法官办理量刑规范化案件的时间减少约 50%，制作裁判文书的时间缩短约 70%，制作程序性法律文书的时间减少近 90%。上海刑事案件智能辅助办案系统融合大数据、云计算、移动互联网、人工智能等新科技手段，2017 年 5 月 1 日以来，6 家试点法院共录入故意杀人罪、盗窃罪、非法吸收公众存款罪、诈骗罪 4 类 539 件案件，在录入 70972 份证据的过程中，提供证据指引 15653 次，发现证据瑕疵点 405 个，为运用现代科技推进以审判为中心的刑事诉讼制度改革提供了广阔的前景。

2. 在自助繁简分流基础上开展刑事速裁

区分繁简案件，实行繁简分流机制，就是为了缓解案多人少的矛盾，提高司法效率，因此要针对繁简案件有针对性地分配有限的审判资源，对简单案件相应分配较少资源。信息化建设在繁简分流过程中的作用体现在以下两个方面。一是通过智能化手段，对案件的繁简程度进行判断，实现案件繁简分流的自动化。例如，广西法院的智慧审判系统可以基于当事人提交的诉状和基本信息，智能识别案件特征，自动判断是否符合简易程序案件条件，向立案窗口法官推荐适用程序，并为案件后续庭审、文书、流程提供简化或精审的判断依据。二是依托量刑标准化规范速裁案件。案件繁简分流的意义在于实现简案快审、繁案精审，为简单案件速裁提供有利条件。北京法院的“睿法官系统”针对简单案件类型化比较明显的特点，通过历史裁量规律帮助法官进行预判、自动生成裁判文书，辅助法官进行事实校准复核、量刑研判分析。天津法院针对刑事速裁案件的特点，采用向导式、流程化的交互方式，简化工作流程，智能引导承办人办理案件，方便法官了解办案进度和任

① 方茜：《海南法院大数据人工智能助力司法改革》，《人民法院报》2017 年 7 月 27 日。

务清单。通过量刑标准化规范速裁案件的审理，实现短信自动提醒、批量业务操作、各类文书表格一键生成、自动电子签章和电子卷宗转化，有效减轻法官程序上的重复劳动，实现简案快审，节约司法资源。目前，该系统已在天津全市三级法院使用，初步验证可提高办案效率30%以上，受到基层人民法院刑事办案法官的好评。

3. 实现公检法司法数据互联共享

2016年6月，中央全面深化改革领导小组第二十五次会议审议通过《关于推进以审判为中心的刑事诉讼制度改革的意见》，此后，最高人民法院、最高人民检察院、公安部、国家安全部、司法部实施该意见，重申公、检、法三机关分工、配合、制约关系等重要规定和原则。依托信息技术，有助于实现法院、检察院、公安、监狱之间的司法数据信息互联共享，推动诉讼证据质证在法庭、案件事实查明在法庭、诉辩意见发表在法庭、裁判理由形成在法庭，促使侦查、审查起诉活动始终围绕审判程序进行，通过法庭审判的程序公正实现案件裁判实体公正，防范冤假错案，促进司法公正。贵州法院在这方面做了有益的尝试。一是以减刑假释案件线上办理为突破口，实现法院与监狱司法数据局部（与减刑假释案件有关的数据在两单位统一标准和口径）直通，搭建四机关的互联共享展示模型，积极推进贵州司法数据信息的互联互通共享。二是以减刑假释案件信息线上直通实践为借鉴模型，积极推进法院、检察院、公安、监狱四机关司法数据标准的统一工作。三是探索推进法院、检察院、公安统一证据标准的数据互联互通，建立刑事诉讼线上数据流转模式，通过证据指引和三机关交互监督，实现审判质效的提速和增效。此外，上海刑事案件智能辅助办案系统“在公检法三机关之间建立了统一的刑事办案平台，形成新的办案流程，消除了长期以来存在的‘信息壁垒’，初步实现了刑事办案网上运行、互联互通、信息共享”①。

① 汤瑜：《上海刑事案件智能辅助办案系统实现信息共享》，《民主与法制时报》2017年7月11日。

六 智能化助力立案登记制改革

十八届四中全会提出改革法院案件受理制度，“变立案审查制为立案登记制，对人民法院依法应该受理的案件，做到有案必立、有诉必理，保障当事人诉权，同时加大对虚假诉讼、恶意诉讼、无理缠诉行为的惩治力度”。

立案登记制改革提高了法院立案的风险，增加了法院立案数量，对立案的信息化和智能化提出了更迫切的需求，包括网上立案、甄别立案风险，建立智能审查机制，健全多元化纠纷解决机制以及强化立案服务措施等。

1. 立案风险甄别，加强风险提示

立案审查制变为立案登记制后，一些虚假诉讼、恶意诉讼、重复诉讼以及敏感案件涌向法院，如果法院缺乏有效审查把关机制和管制措施，一旦案件“流入”因无法律依据或因司法无终局性裁决效力，会使此类案件变成积案，损害司法权威。通过立案法官人工识别显然不可能做到万无一失，因此，信息化建设为立案工作提供技术保障迫在眉睫。一些法院在立案系统中增加风险甄别功能，法院在录入立案信息的同时，能自动检索出在同一地区相同的当事人、起诉案由及相应的裁判文书，及时防止当事人无理“缠诉”“滥诉”。“不良案件信息库”对提供虚假材料或采取欺诈等手段故意隐瞒重要事实而取得立案登记的当事人，可根据情节轻重予以处罚。

2. 智能审查机制，减轻法官审核工作量

立案登记制实施后，法院立案数量猛增，信息化手段有助于提高立案工作的质量及效率。例如，北京法院依托“睿法官系统”，对当事人的立案请求从收案来源、案由、案件管辖、重大敏感信息、是否重复立案、案件分流建议等信息制作“案件画像”，并将分析结果主动推送给立案法官。广西法院则以全自治区法院数据中心为基础，根据设定的规则，自动对案件诉讼材料进行审查，从案件的主体资格，是否有明确的被告，诉讼请求是否写明，是否是管辖法院等方面进行分析，给出是否符合立案条件的判断，减轻立案法官审核工作量。

3. 设立诉讼服务大厅，提高服务水平

诉讼服务大厅是人民法院阳光司法的实体场所和重要窗口，配备大屏幕、导诉台、查询机和联网电脑等信息化设施，为当事人提供诉讼引导、立案审查、立案调解和救助服务等，使来到法院的社会公众直接感受全方位的信息服务。目前，全国法院基本都建设了诉讼服务大厅，其中部分诉讼服务大厅实现了较高的信息化水平。广州中院、上海市虹口区人民法院等多家法院使用智能导诉机器人向当事人提供方便快捷的导诉服务，福建闽侯县人民法院自主开发的 ITC 诉讼服务自助终端能够为当事人提供诉讼指南、案件查询、事务办理和文书打印等 30 项功能服务，这些基于诉讼服务大厅的创新举措极大方便了来到法院的人民群众。

4. 当场立案、网上立案便利百姓打官司

为应对实行立案登记制后的立案增多状况，各地法院积极构建全覆盖、立体式、多元化的登记立案新模式，以当场立案为主体，以网上立案、自助立案、跨域立案、协作立案等为支撑的立案新格局已经形成，老百姓打官司更加方便快捷。全面推行网上立案，全国已有 2479 家法院开通网上立案或网上预约立案，当事人足不出户即可完成立案手续。积极探索跨域立案，截至 2017 年 12 月，已有 1575 家法院推行跨域立案服务，超过全国法院总数的 45%。其中北京、河北、吉林、上海等 14 个省市辖区法院已全面实现跨域立案，让当事人可以不受地域限制享受平等、优质、高效的立案服务。

5. 在线多元化纠纷解决平台

通过构建在线纠纷解决平台，可以吸纳更多的法律、心理咨询等专业人才，充分借助社会力量和优势，整合资源，实现人才跨区域、跨专业共建共享，有利于积极调动行政调解、人民调解、律师调解、专家调解等各方力量，努力化解矛盾纠纷。四川眉山法院“矛盾纠纷多元化解大数据平台”将法院外部的在线纠纷解决系统与法院内部的办案系统进行跨界融合，构建起贯通法院内外的矛盾纠纷多元化解大数据平台，为纠纷解决主体提供精准的人工智能服务。

七 信息化助力司法改革的前景与展望

党的十九大报告指出，要深化司法体制综合配套改革，全面落实司法责任制，努力让人民群众在每一个司法案件中感受到公平正义。这些目标的实现需要以法院信息化平台的建设和有效运行为基础和保障。可以说，法院信息化程度越高，对司法改革的助力作用就越大。2018 年，人民法院信息化建设应当正面回应党的十九大对司法改革的最新要求，以《人民法院信息化建设五年发展规划（2017～2021）》为蓝本，从以下几个方面进一步提升。

（一）审判辅助功能进一步深化、更加务实

在案多人少背景下，研发智能审判辅助系统，推广审判支持系统、办案助手系统、裁判文书校对系统等辅助办案软件，为法官网上办案提供便利，支持提升司法效率是法院信息化建设的重点。与此同时，如何通过信息化手段，减少法官事务性工作，减轻法官工作量，使得审判辅助功能更加智能，也是法院信息化建设的难点。目前，各级法院在这个领域进行了很多有益的尝试，但是仍然面临巨大挑战。

部分法院干警在信息化应用上的获得感还未与信息化建设取得的成就同步增长；电子卷宗随案同步生成的比例仍然不高，真正实现电子卷宗深度应用辅助审判的法院屈指可数；一些法院的“智审”系统，辅助法官生成的文书主要集中在各类通知书、传票、公告、送达回证等程序性简单文书，对于判决书、裁定书，只能生成当事人情况和诉称部分，对减轻法官案头事务性工作量有限；多数法院的“类案推送”和“法条推送”功能仍然在低水平徘徊，推送不准确和推送不匹配的现象比较常见；语音识别技术固然能够减轻书记员的工作量，但对法官本身审判工作的影响较小。

因此，首先，审判辅助功能作为法院信息化建设的重点要以应用性为主要建设原则和目的，部分法院开发的审判辅助功能只是“看上去很美”，为

了信息化而信息化，不能真正起到辅助法官办案的功能。其次，在信息化建设过程中准确掌握法官的需求，由法官牵头提出业务需求，根据需求来确定信息化建设的具体项目和内容，重点解决一线办案人员实际应用中的痛点、难点问题，并由法官参与信息化项目测试和体验。最后，审判辅助功能开发应用应当遵循循序渐进的原则，创新性的应用初期应加强试点，逐步升级，不断提升应用的适应性。

（二）审判管理应减少对法官的掣肘

加强审判管理是司法改革下一步“全面落实司法责任制”的重要抓手，但是加强管理不应该给法官增添新的负担，不应该影响正常的审判执行工作。例如，有些法院为了实现审判流程公开、执行流程节点公开，要求法官（执行法官）将工作内容及时填写进审判、执行系统，大幅增加了法官的工作量。又如，有些地方为了考核法官绩效，要求法官在业绩考核系统内填写每季度工作计划、工作完成情况，并增设相互评价、院庭长评价等诸多环节。

将来审判管理的信息化建设应当从以下方面着手：一是加强系统“静默”管理水平，减少人为填报项目，改由管理系统自行在审判执行系统中采集司法数据，对每个法官、每个案件的运行情况进行监管，对超审限、超期案件进行自动警示，对结案数量明显偏低的法官重点提示，提升法院审判管理集约化、精细化水平；二是加强人工智能和审判大数据在审判管理中的应用，加快探索搭建同案不同判的大数据平台，对于明显偏离类案审判结果的案件和法官重点予以关注；三是实现审判管理的全程留痕，落实好司法责任制还要求对领导干部干预司法活动、插手具体案件处理的予以记录，应当全程留痕。例如，重庆市第四中级人民法院依托“网上办案系统”就能够实现可视化的全程监督管理，由此排除了不良因素对审判活动的干扰，使院庭长的监督管理全程留痕，便于落实司法责任制及错案追究制度。

（三）司法公开期待规范和调整

应该看到，近年来，全国各级人民法院认真贯彻中央关于深化司法公开的各项工作部署，以公开促进公正。在信息化建设的推动下，全国法院的司法公开水平不断提升，司法透明度不断提高，在司法公开平台建设、完善司法公开制度建设、以公开促公正等几个方面取得了显著成效①。

但是，从信息化建设的角度看，司法公开仍然存在以下不足。一是司法公开的平台仍然过于分散，从最高人民法院设立的网站就可以发现，把司法公开人为割裂为裁判文书、审判流程、执行信息、庭审信息等不利于当事人了解法院公开的全貌，更不便于当事人查找相关信息。二是司法公开信息不够全面充分。一些法院存在裁判文书选择性上网现象，对于不上网裁判文书公开不足，特别是对于不上网文书的审批不够严格，制约了司法公开的范围；一些法院的司法政务信息公开力度不大，门户网站信息不全、更新不及时甚至长期不更新的问题较为突出。三是司法公开的障碍没有完全消除。例如，最高人民法院裁判文书网检索时仍然经常需要输入“验证码”，影响用户体验。部分法院公开的一些法院审判流程信息中程序事项多、实体内容少，全国统一的审判流程信息公开平台尚未最终建成。四是司法公开不适当的问题没有完全解决。一些法院在裁判文书上网时把不属于公开范围的文书也公开了，庭审视频直播仍然面对是否应该全面公开的质疑。因此，应当在信息化建设过程中，通过加强司法公开平台的融合性，建设一体化的司法公开平台，确立以公开为原则、不公开为例外，消除司法公开的心理障碍和技术壁垒，同时也划定不应公开、不宜公开的边界，通过信息化手段提高司法公开的自动化程度，保证司法公开的信息更加准确、更加及时。

（四）司法大数据应用需要更大范围的互通互联

不论是在司法管理还是审判辅助过程中，信息化建设带来的司法大数据发挥了越来越重要的作用。大数据的价值在于大，司法过程中的每个环节都会产生大量的数据，而这些数据在传统的司法管理模式中分散于不同层级、

---

① 《最高人民法院关于深化司法公开、促进司法公正情况的报告》，《人民法院报》2016 年 11 月 9 日。

不同地方与不同机构，形成许多的“信息孤岛”。针对数据碎片化的问题，数据管理平台应当建构一定的组织架构集中各类数据。

从法院内部而言，案件管理系统与执行管理系统之间的信息仍然无法无缝对接，无法利用审判中的有用信息查找被执行人线索。从法院外部而言，随着法院信息化的快速发展，其对政法部门之间的数据共享和业务协同要求也越来越高。减刑假释案件信息处理、道路交通纠纷网上数据一体化处理、刑事案件多方远程庭审等跨政法部门的信息平台就在这样的背景下应运而生。但这些平台仍未贯穿法院最为主要的审判执行业务领域，并且目前还局限于部分地区。电子卷宗随案同步生成功能，也迫切需要打通公检法之间的电子卷宗流转。

因此，信息化为深化司法改革提供配套，需要进一步发挥司法大数据的作用，在最大范围内实现法院内外部的互联互通。在内部实现立案、审判、执行、鉴定拍卖等部门的信息实时共享，相互支持；在外部需要打通减刑假释、道路交通一体化、刑事案件、金融案件等业务协同接口，打通与公安部门道路交通事故数据的共享渠道，在两个以上地区推广道路交通事故纠纷一体化处理平台，推进减刑假释办案平台建设和数据管理，实现中级以上法院减刑假释办案平台纵向和横向互联互通等。

（五）推进电子法院、电子诉讼任重道远

电子诉讼是支持当事人、律师和审理法官进行网上立案、证据交换、开庭、审理、执行乃至涉法涉诉信访业务，实现“全业务覆盖、全天时诉讼、全流程公开、全方位融合”的在线诉讼平台。电子诉讼从践行司法为民、降低民众诉讼成本等角度固然有其可取之处，特别是网上立案、网上缴费等措施省去了当事人、律师等往返法院的经济和时间成本，网上送达也降低了司法送达的难度。2017 年 6 月，中央全面深化改革领导小组审议通过了《关于设立杭州互联网法院的方案》，8 月 18 日，杭州互联网法院正式挂牌，电子商务相关诉讼从立案、送达、举证、质证、庭审、调解到判决、执行全流程在线进行，诉讼平台实现与多个电商平台对接，当事人相关的订单、支付、物流、投诉信息等均能直接读取并一键引入，使当事人足不出户就能在

网上参与诉讼，解决纠纷。

但是，电子诉讼和互联网法院的作用不应过分夸大，电子诉讼过程中的一些法律和技术障碍仍然有待解决。一是电子证据、电子档案的法律地位尚未确立。虽然三大诉讼法明确了电子数据的法律地位，但是与传统的书证、物证相比，电子数据更易伪造、篡改，目前法庭对于电子数据真实性的查证能力有限，电子证据在质证、认证时都面临更大的风险。而法律对于电子证据的认证规则、证明效力等均语焉不详。另外，中国电子档案法律系统尚未建立，法律法规不健全，面临“无法可依”的窘境，中国现行法律法规中涉及电子卷宗和电子档案的内容不完整，造成电子案卷效力不明，无法在实践中离开纸质卷宗而单独发挥作用，只能作为纸质案卷的补充，无法取代纸质案卷。

二是电子送达无法真正解决送达难。长期以来，送达事务耗费了人民法院大量人力物力。2012 年修订的《民事诉讼法》第 86 条新增了“电子送达”作为一种新的诉讼文书送达方式，与其他送达方式相比，电子送达方式具有及时、高效、便捷、成本低等其他送达方式不可比拟的优势。但是送达难本身难在受送达人下落不明或者故意躲避送达，作为建立在“经受送达人同意”的前提条件下的电子送达无法真正解决长期困扰人民法院的“送达难”问题。

三是网上开庭和调解“看上去很美”。对于残疾人或者身在异地的当事人而言，网上开庭和调解为其参与诉讼提供了便利，降低了其参加诉讼的成本，但是法庭和庭审本身有其庄重和严肃性，司法规律还强调亲历性、直接言词原则，对于决定案件事实的关键环节、主要证据不宜实行视频审理、互联网审判。对于调解而言，物理空间隔绝的当事人和调解者之间更难进行互动和情感交流，本身也不能提高调解率。

四是网上法庭适用范围有限。除了互联网纠纷外，大多数诉讼仍然以书面证据作为主要证据来源，这些证据需要电子化才能上传，如果要求一律网上交换证据和开庭反而给诉讼当事人带来极大不便。在推进数据化、数字化的过程中要与民众的信息技术应用水平保持适度一致，防止新信息技术给当事人带来不合理诉累。也正因为如此，电子诉讼的受案范围和适用范围本身十分有限，对于提高法院整体审判质效的影响非常有限。

B.4

信息化条件下的法院诉讼服务建设：进展、成效与展望（2017）

中国社会科学院法学研究所法治指数创新工程项目组*

摘　要： 服务人民群众是人民法院信息化建设坚持“三个服务”的首要内容。近年来，在最高人民法院的领导、协调下，全国四级法院努力打造诉讼服务大厅、诉讼服务网和12368诉讼服务热线等“三位一体”诉讼服务平台，并不断丰富新媒体和移动服务渠道，提供网上交互式、全方位、立体化诉讼服务，初步形成线上线下、庭上庭下多样化诉讼服务能力，服务当事人、律师和社会公众的能力显著增强。为进一步提升诉讼服务能力和水平，人民法院信息化3.0版建设应聚焦“一站式”服务，为诉讼参与人提供全流程、一体化诉讼服务，减少人民群众诉累，降低诉讼成本，使人民群众和法院之间互动更加及时、全面。

关键词： 法院信息化　诉讼服务　三位一体　司法为民

诉讼服务是指在诉讼法、人民法院组织法等法律框架内，由人民法院系

---

* 项目组负责人：田禾，中国社会科学院国家法治指数研究中心主任、法学研究所研究员；吕艳滨，中国社会科学院法学研究所研究员、法治国情调研室主任。项目组成员：王小梅、栗燕杰、胡昌明、徐斌、刘雁鹏、王祎茗、赵千羚、刘迪、田纯才、王洋、王昱翰、葛冰、冯迎迎等。执笔人：田禾；田纯才，中国社会科学院国家法治指数研究中心研究助理。

统相关内设机构在诉讼及其前后延伸过程中，对外方便诉讼当事人、律师和社会公众的一整套非裁判工作机制与体系①。近年来，法院信息化的不断发展，为人民法院深化诉讼服务理念、提升诉讼服务能力和水平创造了条件，人民法院提供诉讼服务的方式和手段更加多样化，诉讼服务的广度和深度不断拓展。

一 信息化条件下法院诉讼服务建设的背景

诉讼服务理念是中国人民司法传统的现代性表现与升华。进入21世纪，为满足人民群众对司法透明化、规范化、效率化、便利化的诉求，人民法院从思想和理念上重新审视和重视司法的服务性功能和作用，并从北京、天津等地法院系统开始探索及开创与诉讼服务有关的法院工作及运行模式，并最终从实践的角度提出“诉讼服务”的概念。2009年2月，最高人民法院印发《关于进一步加强司法便民工作的若干意见》（法发〔2009〕6号），以文件的形式把“诉讼服务”的理念正式确立下来，明确提出“人民法院应当设立立案大厅或诉讼服务中心”。诉讼服务理念是随着法治实践的发展，人民法院对社会主义法治规律和司法功能的认识不断深化的结果。“诉讼服务”所蕴含的对审判权与诉权和诉讼主体间的关系进行协调，是人民法院践行司法为民的主基调。

中共十八大以来，中国经济社会发展进入新的历史阶段，党和国家事业取得了历史性成就、发生了历史性变革。2013年2月23日，习近平总书记在主持中共中央政治局第四次集体学习时提出，努力让人民群众在每一个司法案件中感受到公平正义，强调“要坚持司法为民，改进司法工作作风，通过热情服务，切实解决好老百姓打官司难问题”，要求“司法工作者要密切联系群众，规范司法行为，加大司法公开力度，回应人民群众对司法公正公开的关注和期待”，明确了新时期做好诉讼服务工作的目标和要求。

① 参见李少平主编《人民法院诉讼服务理论与实践研究》，法律出版社，2015，第15页。

全面深化改革和全面依法治国基本方略为人民法院拓展诉讼服务提供了广阔的时代背景。中共十八届三中全会以“全面深化改革”为主题，提出“完善和发展中国特色社会主义制度，推进国家治理体系和治理能力现代化”的总目标；中共十八届四中全会以“全面推进依法治国”为主题，提出“建设中国特色社会主义法治体系，建设社会主义法治国家”的总目标。促进审判体系和审判能力现代化，保证公正司法，提高司法公信力，是坚持全面依法治国、推进国家治理体系和治理能力现代化的必然要求。拓展诉讼服务、实现诉讼服务现代化是国家治理体系和治理能力现代化的应有之义。

国家信息化和“互联网+”发展战略为人民法院拓展诉讼服务提供了难得的历史机遇。习近平总书记强调，“没有信息化就没有现代化”。信息化的迅速发展和深度应用是近年来中国经济社会发展的重要特征。2016 年 3 月，十二届全国人大三次会议审议通过《国民经济和社会发展第十三个五年规划纲要》，规定“实施‘互联网+’行动计划”，“推广‘互联网+政务服务’”。2016 年 7 月，中共中央办公厅、国务院办公厅印发《国家信息化发展战略纲要》，提出“着力提升经济社会信息化水平”，“以信息化推进国家治理体系和治理能力现代化”。人民法院信息化是国家信息化发展战略不可分割的组成部分，“互联网+诉讼服务”为人民法院拓展诉讼服务提供了重要条件。

全面深化改革和全面依法治国基本方略与国家信息化战略的有机融合，为法院信息化创造了广阔的发展空间，为人民法院拓展诉讼服务、实现诉讼服务现代化提供了千载难逢的发展机遇①。中共十八大以来，最高人民法院深入贯彻实施中共中央治国理政新理念、新思想、新战略，把信息化与司法改革作为推动人民法院工作发展的“车之两轮、鸟之双翼”，信息化和司法改革的深入实施和相互促进带动了人民法院诉讼服务不断拓展和完善。2014

---

① 参见中国社会科学院国家法治指数研究中心《人民法院基本解决执行难第三方评估报告（2016）》，中国社会科学出版社，2017，第 12 页。

年11月，最高人民法院印发《关于进一步做好司法便民利民工作的意见》（法〔2014〕293号），提出“建设好、管理好、运用好诉讼服务平台”，“努力为当事人提供‘一站式’和‘全方位’的诉讼服务”。2015年2月，最高人民法院制定《关于全面深化人民法院改革的意见——人民法院第四个五年改革纲要（2014~2018）》（法发〔2015〕3号），把“完善诉讼服务中心制度”“进一步拓展司法为民的广度和深度”作为全面深化人民法院改革的重要内容加以推进。

2017年5月，最高人民法院印发《人民法院信息化建设五年发展规划（2017~2021）》（法〔2017〕138号），提出“促进审判体系和审判能力现代化”的发展目标，把“坚持服务人民群众、服务审判执行、服务司法管理”作为人民法院信息化建设指导思想的重要内容和主要原则确立下来。“三个服务”指导思想的确立，标志着人民法院信息化发展思路更加清晰和成熟，为人民法院拓展诉讼服务及其可持续发展提供了制度保障。

二　信息化条件下法院诉讼服务建设的进展

2014年12月，最高人民法院印发《关于全面推进人民法院诉讼服务中心建设的指导意见》（法发〔2014〕23号），对诉讼服务大厅、诉讼服务网和12368诉讼服务热线“三位一体”的诉讼服务中心建设作出全面部署。截至2017年，大部分法院已建成诉讼服务大厅、诉讼服务网和12368诉讼服务热线，构建起面向社会公众的多渠道、一站式、综合性“三位一体”诉讼服务中心，一些法院还探索建立律师服务平台等新型诉讼服务平台，为人民法院拓展诉讼服务奠定坚实的基础。

（一）诉讼服务大厅广泛覆盖

诉讼服务大厅是人民法院阳光司法的实体场所和重要窗口。2008年，天津市高级人民法院率先在全市三级法院推行建立诉讼服务中心，为群众诉讼提供全方位司法服务。天津法院诉讼服务中心集导诉、立案审查、诉前调解和立案调解、诉讼救助、上诉手续办理和诉讼材料收转、查询和咨询、判后答疑、信访、其他辅助服务等九大智能服务于一体，当事人可以通过诉讼服务中心得到“首问负责”和“一站式”服务，收到了良好的效果。2014年12月，最高人民法院提出，在“立案信访窗口”建设基础上，建设多渠道、一站式、综合性的“三位一体”诉讼服务中心，要求建立有明显标志、方便群众出入、并拥有符合功能发挥实际需要的硬件设施的诉讼服务大厅。2016年，最高人民法院编制《诉讼服务大厅信息化建设指南》，要求配置技术装备和信息系统，对接诉讼服务平台，支撑线上线下“一站式”诉讼服务，积极引入智能导诉系统和诉讼服务设备，对各级法院诉讼服务大厅标准化、规范化建设起到了积极的推动作用。

目前，各级人民法院普遍建成了信息化程度较高的诉讼服务大厅，配备大屏幕、导诉台、查询机和联网电脑等信息化设施，为当事人提供诉讼引导、立案登记、诉前调解和救助服务等，使来到法院的社会公众直接感受到人民法院的全方位信息服务。2014年12月以来，广东省广州市两级法院根据最高人民法院的指导意见制订建设标准，普遍建立和升级了诉讼服务大厅。广州市大多数法院根据自身情况，采取新建、改建、扩建等方式改善诉讼服务大厅硬件条件，打造“一站式”诉讼服务大厅，截至2017年4月已建成诉讼服务大厅总面积达8735平方米，比2014年12月增加55.98%。福建省闽侯县人民法院在加强传统柜台立案的同时，改造升级诉讼服务大厅的功能区域及硬件设施，增聘司法服务工作人员，统一服务流程和标准，实行办案区和办公区的功能分离，打造科技与服务一体化的司法便民场所，实施集约化诉讼服务和事务管理新模式。同时，组织跨窗口司法服务工作协调研讨会，整合法院与法院、法院与法庭资源，拓展窗口服务内涵，将收件、送达、接待、移送等审判执行事务性工作统归诉讼服务大厅集中协调办理，并逐步推行涵盖立案、审判、执行等各个阶段的诉讼服务措施，群众可以在任何一个诉讼服务窗口获得“标准化、零距离、一站式”的主动服务。

（二）诉讼服务网络智能互联

诉讼服务网是延伸到人民群众桌面、掌上的阳光司法窗口，能够为不便于到法院的涉诉群众提供网上预约立案、案件查询、卷宗查阅、电子送达、诉讼指南等服务，力求最大限度地减轻广大涉诉群众的往返奔波。2012 年江苏省南京市中级人民法院依托互联网，在全省率先建成网上诉讼服务中心，将实体诉讼服务中心的职能延伸到南京法院审判网。人民群众登录网上诉讼服务中心，不但能像到实体诉讼服务中心一样进行网上立案、签收法律文书、递交证据材料、约见法官、参加判后答疑等与诉讼相关的活动，而且能在案件进入审判、执行程序后及时查询案件主要流程节点的各项诉讼信息，有特殊原因的还可以申请网上远程开庭、视频接访，初步具备了网上法院职能。2014 年 12 月 31 日，最高人民法院正式开通诉讼服务网。该网具有网上立案、案件查询、电子送达、网上阅卷、监督建议等功能，当事人可以在线提交民事申请再审材料，诉讼参与人可以登录查询案件进展信息。最高人民法院诉讼服务网还以短信、微信、微博等方式及时向案件当事人、代理人和辩护人推送案件的流程节点信息。

2017 年，全国已有 2913 家法院开通诉讼服务网，超过法院总数的 85%。不少法院诉讼服务网整合诉讼服务、申诉信访、人民陪审员管理等功能，并与微信、客户端等新媒体有机融合，为人民群众提供全流程诉讼服务。2014 年 12 月以来，江苏省高级人民法院整合诉讼服务渠道，构建线上线下打通、内网外网互动的立体式诉讼服务模式，把全省 100 多个诉讼网整合为统一的“江苏法院诉讼服务网”，并开发诉讼服务手机 App。诉讼服务网除具备诉讼服务大厅的所有功能，实现与诉讼服务大厅功能同步、信息同步、运行同步外，还为当事人提供网上阅卷、案件信息和裁判文书自助查询、文书电子送达、投诉举报等服务。截至 2017 年 10 月，江苏法院诉讼服务网总访问量将近 56 万次，受理各类投诉近 5000 件。浙江省高级人民法院在全国率先推出微信查询法院诉讼信息服务，把司法公开全流程和诉讼服务全过程“装在口袋里，拉进朋友圈”，微信用户无须添加或关注任何订阅号和公众号，即可浏览浙江法院公开网相关信息，为当事人和公众提供更好的用户体验，2017 年已累计公开涉及审判执行工作 65 个方面的信息点 830 个，发布信息近 3 亿条。

（三）诉讼服务热线功能多样

“12368”是原信息产业部分配给全国法院系统专用的特服号。作为全国法院统一的诉讼服务热线，12368 诉讼服务热线以电话接入和语音、短信等方式，为社会公众参与诉讼活动提供最为便捷的服务。2009 年 1 月，在最高人民法院的支持下，中国“12368”司法服务热线首个试点单位——北京法院“12368”司法服务热线开通试运行。2013 年 8 月，上海市高级人民法院决定建立“上海法院 12368 诉讼服务平台”，并于当年 12 月初投入试运行，次年 1 月初正式开通运行，将全市法院原有的 70 多条热线全部整合并入 12368 诉讼服务平台，实现“一号对外、方便群众”。2016 年 2 月，上海市高级人民法院决定建设 12368 诉讼服务平台的“升级版”，实现诉讼服务理念、功能、技术、管理等的全方位“升级换代”①。2016 年 7 月，最高人民法院建成并启用 12368 全国短信发送平台，解决全国各地法院使用统一号码向全国发送服务短信问题。

截至 2017 年 12 月，全国已有 3014 家法院开通 12368 诉讼服务热线，占总数的 87.5%；23 家高级人民法院接入 12368 全国短信发送平台，累计发送短信 5600 万条。2017 年，地处西部地区的青海省开通 12368 诉讼服务热线，为当事人通过语音和短信提供登记立案、预约立案、诉讼指南、自助查询、电子阅卷、电子送达、法律咨询等服务。江苏省高级人民法院在全国法院首次创新性使用 12368 语音导航系统，根据当事人和群众的需求，将原

① 上海法院在实践中确立了自己对“12368”特定的含义：“1”是一个平台一号对外；“2”是两种诉讼服务方式，人工服务和自助服务；“3”是上海全市三级法院联动；“6”是集热线电话、网络、短信、微博、微信、窗口现场六维服务于一体；“8”是平台重点推出的八大功能，指联系法官、案件查询、诉讼咨询、信访投诉、意见建议、心理疏导、社会评价、督察考核。

有的立案投诉、信访投诉、执行投诉、纪检监察举报等各类电话统一整合到12368诉讼服务热线，基于业界领先的智能语音识别和交互技术，实现案件信息查询、诉讼指南、诉讼费标准等36项业务菜单的语音交互功能，群众普遍反映系统快捷方便。

（四）律师服务平台逐步建立

“律师兴则法治兴”，律师的地位和作用在一定程度上是衡量一国法治水平的重要指标。改革开放以来，中国律师职业和律师行业取得了突飞猛进的发展，律师在维护当事人合法权益、推动依法治国方面发挥了不可替代的作用。随着依法治国建设和司法体制改革的不断深入，服务律师日益成为诉讼服务工作不可分割的一部分。上海市高级人民法院采取“互联网+人工智能+律师服务”方式，于2014年11月打造了全国第一个律师服务平台——“上海法院律师服务平台”，为律师提供更好的诉讼服务。该平台能为律师提供网上立案、网上缴费、庭审排期自动避让、关联案件自动推送等五大类24项智能化服务。截至2017年5月，上海从事诉讼业务的1420余家律师事务所已全部使用，律师平台累计访问量达281余万次，日均1000余次。律师通过互联网已完成网上立案7.69万件，实现了足不出户即可完成立案。2017年8月2日，该平台正式从上海走向全国，向全国律师开放。

2015年10月，“浙江法院律师服务平台”上线运行，该平台对接浙江省律协律师管理系统，直接提取全省1.5万名执业律师信息，律师无须注册，仅需在平台首页输入律师执业证号、登录密码、手机验证码后即可登录操作；对接银行电子保函系统，以银行保单作为诉讼保全担保的，代理律师在提交诉讼保全申请时，直接输入保函查询号，即可引入诉讼保全担保电子保函供法官审查；对接浙江法院案件管理系统，代理律师提出的各类申请或提交的各类证据、材料会直接进入内网，法官进入审判信息系统中新设的“律师平台管理”子栏目即可进行操作，操作完成后，相关情况会以短信形式直接反馈给代理律师，提醒其及时上线查阅。该平台依托浙江法院“审务云”平台存储、大数据分析等功能，实现服务纵向延伸，律师通过该平台可查看代理案件排期开庭冲突情况、检索代理案件双方当事人在全省法院的关联案件、播放庭审录音录像，查看全省1200余家律师事务所分别在全省各法院代理案件总数、案件类型分布等情况。

2017年5月，《人民法院信息化建设五年发展规划（2017～2021）》提出，诉讼服务中心要整合律师服务等功能，构建全流程电子诉讼服务平台，并将全面完成律师服务、人民陪审员服务作为“进一步扩展诉讼服务”的重要内容进行通盘谋划。未来，律师服务平台建设将持续走向深入。

三　信息化条件下法院诉讼服务建设

依托诉讼服务大厅、诉讼服务网和12368诉讼服务热线“三位一体”诉讼服务平台和律师服务平台，人民法院不断拓展服务当事人、律师和社会公众的渠道和内容，积极提供网上立案、电子送达、庭审直播、文书查询、诉讼档案查询等交互式、全方位、立体化诉讼服务，实现重要信息主动告知、即时查询和有问必复，初步形成线上线下、庭上庭下多样化司法服务能力，让人民群众少跑路、少花钱、少受累，使司法更加贴近人民群众。

（一）电子诉讼方便群众

电子诉讼是支持当事人、律师和审理法官全部在网上进行立案、证据交换、开庭、审理、执行乃至涉法涉诉信访业务，实现“全业务覆盖、全天时诉讼、全流程公开、全方位融合”的在线式诉讼模式。电子诉讼有诸多优势，不仅可突破传统现场办理的时间、空间局限，提供7×24无假日全天候服务，给当事人带来巨大便利，免除奔波之苦，也能最大限度地减少审判执行活动对当事人正常生产、生活的影响①。吉林法院在电子诉讼方面起步较早。2015年8月1日吉林省高级人民法院即宣布建成吉林电子法院并投

① 中国社会科学院国家法治指数研究中心：《人民法院信息化建设3.0版建设应用评估报告——以山东法院为视角》，中国社会科学出版社，2017，第119页。

入使用，为全国法院开展了有益探索。截至2017年10月，全省法院网上立案已超过32万余件，共计发放律师令牌2000余块，同期民事一审案件受理量占59%，当事人和律师普遍反映电子诉讼使诉讼活动效率大为提高，更提升了司法公信力。

近年来，山东省三级法院积极开展电子诉讼，要求能够在网上办理的事项尽可能在网上办理，不能在网上办理的也尽可能在网上设置前期的预约、提示等功能，方便当事人。山东省威海市经济技术开发区人民法院建立的网上诉讼中心实现了对当事人的网上立案、网上缴费、网上证据交换、网上宣判、网上执行和电子送达等功能，并设置在线预约功能以提供全天候服务，极大地便利了当事人参与诉讼。为实现让当事人足不出户就可以参与诉讼活动的目的，2015年下半年以来，山东法院大胆探索采用“互联网+法庭”模式，选取部分法律关系明确、争议不大的民商事一审案件，充分利用互联网特别是移动互联网，为庭审参与各方特别是当事人双方提供便捷、安全的网上开庭服务。

2017年，浙江省高级人民法院深入推进“互联网+大服务”机制建设，大力建设新型诉讼服务中心，融合线上线下诉讼服务，实现42项功能和100余项服务，构建了以诉讼服务中心、司法公开网、12368司法服务热线、短信自动提示平台、移动客户端五位一体的“互联网+”诉讼服务体系，着力提供一站式、全方位、标准化服务，对外服务群众，对内服务法官，赢得广泛好评。通过研发应用集成、功能全面、服务智能的“浙江智慧法院”App，浙江法院推动办公办案和司法公开、诉讼服务向移动应用延伸，最大限度为法官办公办案提供便利，为当事人、诉讼参与人和律师参与诉讼提供更加便捷的在线服务。App整合了网上引导、网上立案、网上缴费、网上查询、网上阅卷等线上诉讼服务功能，注重用户体验，让当事人在指尖上即可完成各项诉讼手续。

（二）跨域立案减轻诉累

实现网上立案、网上递交材料、网上签收文书、网上信访等功能，有效打破了诉讼活动的时间、空间、地域限制，有利于改变各个法院之间条块分割、各自为战的状况，建立起法院之间横向和纵向系统化、常态化、制度化的协同联动机制，开创跨地域、跨法院、跨层级的诉讼服务新格局，避免当事人往返奔波的诉累[①]。针对“异地诉讼难”问题，全国法院积极探索跨域诉讼（跨域立案）服务模式。

2015 年 1 月，福建省泉州市两级法院推出“跨域连锁直通”式诉讼服务模式，依托全市统一的诉讼服务信息系统，协作法院查验核对当事人身份信息、确认送达地址、指导当事人正确诉讼，并将起诉信息登记、诉讼材料扫描到系统，推送到管辖法院，管辖法院在线提出审查处理意见、制作法律文书，当场委托协作法院或按当事人确认的送达地址完成立案文书送达，极大减轻当事人异地立案的负担，也方便了法官的后续办案应用。

2017 年，浙江省高级人民法院出台《浙江法院跨域立案规则（试行）》，建立了全省法院直至全部人民法庭全面贯通的内网跨域立案系统，提供异地立案服务，让当事人在就近的法院或人民法庭，即可一次性完成全省乃至省外管辖法院的立案手续。目前，跨域立案不仅实现了浙江省域范围的全覆盖，并已经延伸到福建、广东、江苏等地。浙江与福建法院联手完成的全国首例跨省域立案，从立案到送达整个过程仅花费不到半小时。浙江省高级人民法院被最高人民法院确定为 7 个跨域立案诉讼服务试点高级人民法院之一。2017 年 5 月，浙江省高级人民法院利用承办第九届长三角地区法院工作会议的机会促成沪、苏、浙、皖三省一市会签了《长江三角洲地区人民法院加强跨域司法服务协作的协议》，进一步推进了跨省域立案服务体系的建立。

2017 年 3 月，最高人民法院决定在全国 14 个省份部分法院试点推行跨域诉讼服务模式。截至 2017 年底，全国已有 1575 家法院实现跨域立案，超过全国法院总数的 45%，其中北京、河北、吉林、上海等 14 个省份辖区法院已全面实现跨域立案。

---

① 参见詹旋江《景汉朝在全国法院“跨域立案诉讼服务”试点工作培训会上强调：提高认识加强领导　大力推进跨域立案诉讼服务试点工作》，《人民法院报》2017 年 3 月 31 日，第 1 版。

（三）流动法庭服务上门

近年来，中国各地从实际出发谋划法院信息化建设，不仅在东部沿海地区成效显著，在中西部欠发达地区也大有用武之地。其中，广大中西部地区人民法院通过信息化手段，采取打造“流动法庭”、进行“巡回审判”等方式，为人民群众提供便捷高效的法律服务，即是一例。流动法庭是法院专门为人民法庭定制的巡回审判用车，其本质上是一个具有移动性、配有高科技装备的数字法庭，目的是方便偏远地区群众诉讼、就地开展审理、调解邻里纠纷、接受法律咨询、开展法治宣传①。流动法庭极大地拓展了法庭工作空间，延伸了司法治理的范围。

为解决传统巡回审判仅限于法官下乡开庭，诉讼服务范围和数量有限，人民群众无法从中感受到便利的问题，2015 年 4 月，重庆市高级人民法院印发《关于进一步优化巡回审判工作的意见》，明确提出人民法院应当充分发挥“便携式巡回审判包”的作用，着力解决巡回审判中现场立案、同步录音录像、无线传输、电子签章等问题。本着实用、好用、管用的建设原则，重庆法院设计并试用重庆法院巡回审判管理系统。该系统由后台巡回审判管理系统和前端流动车载法庭、数字巡回审判包组成，满足多元化执法办案需要，流动车载法庭到场镇进行现场立案、审理、结案、普法宣传，法官随身携带数字巡回审判包进入百姓家中、在田间地头直接立案并现场办理案件，老百姓也可以直接在互联网上预约提出诉讼需求，由法官择机进行现场办理，具有极大的社会价值和现实意义。

2017 年，地处内蒙古大草原的呼伦贝尔市中级人民法院以信息化工作为支撑，大力开展便民利民服务，不断拓展完善诉讼服务中心功能，开通“12368”诉讼服务热线，同时推出了微信、微博、电话、网络等立案模式，利用巡回审判车、便携式数字法庭，提供“上门立案、就地开庭”等便民

---

① 中国社会科学院法学研究所国家法治指数研究中心：《中国法院信息化第三方评估报告》，中国社会科学出版社，2016。

诉讼服务，实现了便携式法庭互联网庭审公开。通过一系列举措，极大地方便了群众诉讼，切实让群众感受到司法服务就在身边。

“流动科技法庭”“互联网 + 巡回审判”秉承“好传统 + 高科技”理念，将诉讼服务、巡回审判、法治宣传、视频接访等功能融为一体，是现代版、升级版的“马锡五审判方式”，被群众亲切地称为“送到家门口的法律服务”。

（四）社会矛盾多元化解

随着经济社会发展，中国进入发展关键期、改革攻坚期、矛盾凸显期，面临的矛盾更加复杂，老问题与新问题交织，不同领域矛盾相互叠加。随着立案登记制的实施，全国法院案件受理量呈现井喷式增长，“案多人少”的矛盾更加突出。信息化的发展和应用为人民法院引导矛盾纠纷多元化解，为当事人提供更精准的法律服务，维护当事人合法权益和社会的和谐稳定，提供了便利条件。

近年来，江苏省高级人民法院为进一步推动诉调对接机制建设，充分发挥社会合力化解矛盾纠纷，专门研发了诉调对接系统，对法院诉前分流的人民调解案件进行流程监控、全程留痕，并实现了诉前调解工作与审判业务管理系统的信息化对接与管理。对当事人起诉到法院的纠纷，当事人自愿进行诉前调解的，法院生成调解案号后，分流到指定的调解机构进行调解，调解不成或调解成功需出具相关文书的案件通过立案进入审判程序。调解案件信息与当前案件信息相关联，为法官审理过程提供依据。调解成功的案件，直接进行结案，将信息保留在诉调对接系统中。

浙江法院创新和发展“枫桥经验”，推进“互联网 + 大调解”机制建设，积极探索“三网过滤、二八分流”的办案模式，将调解嵌入网上平台，全面支持网上调解、网上办案，公正高效化解纠纷、保障群众合法权益。浙江利用“在线纠纷多元化解平台”，聚合资源促进纠纷源头化解。充分借助“互联网 +”的技术优势，整合线下不同地区、不同法院的调解资源，将调解从线下搬到线上，在网上平台实现跨区域调解资源共享、优势互补，实现

解纷需求与解纷供给相均衡。杭州市西湖区人民法院首创的网上调解平台被中央社会治安综合治理委员会确定为国家级创新项目，该平台集咨询、评估、调解、仲裁、诉讼于一体，2017 年已有涉及各个行业、多个地区的 663 家调解机构、3230 名特邀调解员入驻该平台，随时接受法院的指派开展调解工作，实现了调解资源的整合共享和优势互补。

四川省眉山市利用“矛盾纠纷多元化解大数据平台”将法院外部的在线纠纷解决系统与法院内部的办案系统跨界融合，构建起贯通法院内外的矛盾纠纷多元化解大数据平台，为各纠纷主体提供精准的人工智能服务。截至 2017 年 12 月底，眉山市东坡区人民法院对上线的 1054 件案件进行了定量分析，当事人自愿选择分流调解的案件 744 件，调解成功 640 件，分流率和调成率分别为 70%、86%，远高于传统的说服劝导方式，为推行多元化纠纷解决机制提供了全新范式。

（五）电商纠纷高效解决

近年来，中国电子商务飞速发展，在全世界独树一帜，在为人民群众生产、生活带来便利的同时，也带来了层出不穷的诉讼纠纷。为应对电子商务相关诉讼纠纷日益快速增长的形势，以浙江法院为代表的一些法院积极探索电子商务纠纷网上法庭解决模式，促进了电子商务纠纷的高效解决和当事人权利的及时救济。

浙江省首创电子商务网上法庭，实现“网上案件网上审、网上纠纷不落地”。为顺应互联网和电子商务发展需求，推进网上争议诉前多元化解，探索网上纠纷在网上解决的司法运行机制，实现诉讼全程在线化，浙江法院积极推动纠纷化解实现“全程在线”，要求涉网案件原告在线提交诉状及证据等材料，积极引导被告在线应诉。对案件设置 15 天强制性诉前调解期，并对适宜调解的案件进行在线过滤和分流。积极运用网上法庭智能工具，在线自动生成诉讼文书、自动反馈、一键送达。将电子督促程序纳入网上法庭系统，创新电子化审理，实现支付令的在线申请、证据提交、审查、送达和询问，并自动生成电子支付令。同时，浙江法院积极使用网上法庭“智慧庭审”模块和庭审语音识别智能记录系统，切实提高审判质效。截至 2017 年 12 月，浙江全省法院借助电子商务网上法庭系统处理案件 2.3 万余件，平均开庭时间不足半小时。

2017 年 6 月，中央全面深化改革领导小组审议通过《关于设立杭州互联网法院的方案》。2017 年 8 月 18 日，杭州互联网法院正式挂牌。电子商务相关诉讼从立案、送达、举证、质证、庭审、调解到判决、执行全流程在线进行，诉讼平台实现与多个电商平台对接，当事人相关的订单、支付、物流、投诉信息等均能直接读取并一键引入，使当事人等足不出户就能在网上参与诉讼，解决纠纷。自 2017 年 5 月 1 日试点以来，杭州互联网诉讼平台已受理网络购物、互联网金融、侵权等纠纷 4859 件，100% 在线开庭审理，开庭平均用时仅 25 分钟，平均审理期限 48 天。

四川省成都市引进杭州互联网法院的网络法院平台，当事人可以通过互联网在线完成起诉、立案、举证、开庭、裁判等案件审理全部事务，不仅方便当事人参与诉讼，而且还能快捷处理纠纷、提高审判效率、节约司法资源。目前该平台已经在锦江区、武侯区、双流区等法院进行试点。

四　信息化条件下法院诉讼服务建设的问题

在信息化不断拓展人民法院诉讼服务广度和深度的同时，也应注意到，随着全面依法治国的不断完善和司法体制改革的不断深入，法院信息化在拓展诉讼服务方面存在的一些问题也暴露出来，这集中体现为人民法院诉讼服务的不全面、不协调、不均衡仍然难以满足人民群众对知情全面性、沟通距离感、互动即时性的司法需求。具体而言，体现在如下四个方面。

（一）平台不对接

法院信息化建设初期相对缺乏整体规划和顶层设计，加之一定时期各部门之间缺乏必要的协调，导致诉讼服务平台林立，诉讼服务平台之间不协调、不对接的问题仍然比较严重。《最高人民法院关于全面推进人民法院诉讼服务中心建设的指导意见》实施后，诉讼服务大厅、诉讼服务网、12368诉讼服务热线“三位一体”的诉讼服务中心初步建立，诉讼服务平台之间不协调、不对接的问题有所缓解，但仍存在平台分工不明确、信息重复、数据不统一的问题，影响了服务的精准性和实效性。同时，由于诉讼服务与司法公开都属于信息化“服务人民群众”的内容，诉讼服务“三位一体”平台与司法公开“四大平台”（即中国审判流程公开网、中国裁判文书公开网、中国执行信息公开网和中国庭审公开网）的关系必须处理好。目前，法院信息化服务人民群众平台仍不统一，“服务当事人”“服务律师”和“服务社会公众”被割裂开来，影响了人民法院诉讼服务的整体效果。

（二）功能不全面

“三位一体”诉讼服务中心提供了丰富的诉讼服务功能，但就服务当事人和服务律师的实际需要而言，仍不够全面。在服务当事人方面，主要体现为电子诉讼系统建设推进缓慢。电子诉讼的核心是支持网上立案、网上缴费、网上证据交换、网上庭审和网上送达，是践行司法为民、提升审判质效的基础性、全局性工作。电子诉讼方式将从源头上改进法院审判体系和提高审判能力，进一步提升司法公信力。当前，电子诉讼在一些地区逐步得到应用和普及，但在全国的推广比较缓慢，有些法院缺乏足够重视，导致推进不力；有些法院受技术条件限制，导致线上线下脱节。目前，全国15%的法院尚未建设网上诉讼平台，建有电子诉讼平台的法院，由于诉讼响应较慢或宣传推广不力等方面的原因，利用率较低。在律师服务方面，信息化服务的问题主要体现为律师服务系统建设滞后。目前，律师服务系统的建设进度和法院信息化对律师服务的重视程度与律师在现代诉讼的地位和作用极不相称，远不能满足律师执业和参与诉讼活动的需要，制约了法院信息化拓展诉讼服务整体功能的发挥，也使法院信息化服务当事人的效果大打折扣。

（三）应用不深入

各地法院在信息化拓展诉讼服务中普遍存在技术应用不深入的问题，主要表现在两个方面。其一，重技术轻业务①。以诉讼服务网建设为例，部分法院诉讼服务网仅依靠专门技术人员制作和维护，甚至基本的法律常识性错误都不能被及时发现；由于网站制作维护人员不懂业务流程，当事人在平台上寻求诉讼服务时又不能从门户网站顺畅地与法官取得联系，导致信息化无法满足人民群众的司法需求。其二，重业务轻服务。一些网站的服务窗口在主页边缘角落位置，不易被发现，网站不可用、首页栏目更新不及时、网站搜索引擎功能落后、首页链接不可用、附件不能下载、网页出现错别字等。这些问题在诉讼服务大厅和12368诉讼服务热线建设中也不同程度地存在，仅依靠法院现有工作人员这些问题无法解决，但过度依赖设计、建设、维护等服务外包又导致信息化系统与审判业务、诉讼服务契合度不足、实用性欠佳，不仅不能为诉讼服务提供技术支持，反而徒增当事人、律师和办案法官负担。

（四）发展不均衡

中国幅员辽阔、情况复杂，各地在法院信息化拓展诉讼服务方面面临不同的形势和任务，虽然近年来各地法院在信息化拓展诉讼服务方面都取得了各具特色的成就，但整体上发展不平衡的情况仍然严重。一是地区发展不平衡，不同地区法院在诉讼服务系统建设和应用方面情况千差万别，给跨域立案等区域协同诉讼服务活动的开展带来了不少阻碍。目前，跨域立案服务仅在东中部部分地区真正实施，未来如何扩大跨域立案适用并以此为契机带动全国法院诉讼服务协同，是法院信息化建设必须切实解决的问题。二是基层法院、派出人民法庭诉讼服务系统建设相对滞后，法院信息化拓展诉讼服务

---

① 中国社会科学院法学研究所法治指数创新工程项目组：《2016年中国法院信息化发展与2017年展望》，载李林、田禾主编《中国法院信息化发展报告No.1（2017）》，社会科学文献出版社，2016。

在延伸至“最后一公里”、直接服务基层群众方面还有许多工作要做。这些问题不但影响了服务效果，而且影响了不同层级法院之间的数据交换和协同服务。信息化拓展诉讼服务发展不均衡、不协调，与人民群众对全方位、高质量诉讼服务的需求还存在相当差距，急需更高水平的整体规划和顶层设计。

五　信息化条件下法院诉讼服务建设展望

中共十九大开启了中国特色社会主义新时代，中国社会主要矛盾已经转化为人民日益增长的美好生活需要和发展不平衡不充分之间的矛盾。十九大报告把“以人民为中心”“全面深化改革”和“全面依法治国”作为新时代坚持和发展中国特色社会主义的基本方略加以强调，为人民法院信息化拓展诉讼服务指明了前进的方向。未来，信息化服务人民群众司法需求的任务更加迫切。信息技术迅猛发展，人民群众的司法需求呈现新特点，对知情全面性、沟通距离感、互动即时性，都提出了新的要求，要求各级法院以满足人民群众多元司法需求的大情怀着眼人民法院信息化3.0版建设，积极回应群众关切，拓展司法为民新渠道，深化诉讼服务新举措。

（一）以公众为导向，满足人民群众多元化司法需求

习近平总书记指出：“网民来自老百姓，老百姓上了网，民意也就上了网。群众在哪儿，我们的领导干部就要到哪儿。”因此，在信息化拓展诉讼服务过程中必须全面、切实了解人民群众的多样化司法需求。要发展“互联网+诉讼服务”，实现“让信息多跑路、百姓少跑腿”的诉讼服务目标，必须学会运用“用户思维”开展诉讼服务工作。诉讼服务的“用户”是人民群众，法院信息化绝不只是法院内部的信息化，而是要面向社会，以司法便民、利民、惠民为目标，搭建与民沟通、为民服务的桥梁，满足人民群众的知情权、表达权、监督权，充分满足人民群众多元化司法需求。未来，在信息化拓展诉讼服务建设中，必须进一步拓展司法公开的广度和深度，让人民群众切实感受到能公开的信息都已公开；需要为诉讼参与人提供全流程、

一体化诉讼服务，减少人民群众诉累，降低诉讼成本；需要建立更加便捷的沟通渠道，更好地接受社会各界监督，使人民群众和法院之间互动更加及时、全面。

（二）服务与管理并重，开创法院信息化建设新局面

法院信息化建设是一项系统工程，必须坚持服务人民群众、服务审判执行、服务司法管理并重，以“应用”“服务”为中心，建设“智慧法院”，提高案件受理、审判、执行、监督各环节的信息化水平，推动执法司法信息公开，促进司法公平正义。未来，应聚焦“一站式”服务，构建全业务全流程业务应用平台，切实将服务理念贯穿于智慧法院建设全过程。一是保证审判执行和司法管理的各个环节衔接的通畅性或设计的精细化，为法官精确办案、法院精细管理和当事人精准服务提供条件。二是进一步推广网上办案和电子卷宗同步随案生成，优化办案系统，提升节点信息逻辑性自检纠错功能，提高案件信息准确性，保证当事人的知情权。三是通过人民法院相互协作、诉讼服务流程再造，依托网络平台统一诉讼服务信息系统，打破传统上诉讼服务需限定地域、限定对象的思维定式，构建起本地服务与跨域服务“同等对待、同一标准”的诉讼服务新模式，方便人民群众就近诉讼。

（三）坚持“大服务”理念，实现服务与公开共同发展

服务当事人、服务律师、服务社会公众是人民法院信息化服务人民群众的主要内容，必须把诉讼服务和司法公开有机结合起来，才能切实实现服务人民群众的“初心”。必须坚持“大服务”理念，以“构建开放、动态、透明、便民的阳光司法机制”为遵循，以“互联网 +”行动计划益民服务要求为驱动，通过司法公开、诉讼服务、法治宣传、监督建议等信息化渠道，为广大人民群众主动提供“司法公开日常化、诉讼服务一体化、法治宣传多样化”的司法服务，不断满足人民群众日益增长的多元司法需求。应探索开发集司法公开和诉讼服务于一体的智能服务，实现诉讼服务平台与法院审判流程公开、裁判文书公开、执行公开、庭审公开信息对接，提供诉讼服

务效果分析、当事人信用信息、案件胜败诉因素、立法建议、司法建议、社会管理专题、案例研判、信访咨询和法院审判工作白皮书等诉讼服务和对外司法大数据分析服务，扩大诉讼智能评估服务的案由覆盖范围，持续提升司法公开与诉讼服务的智能程度，并与司法公开、诉讼服务等应用系统实现无缝集成，为人民群众提供更有价值的诉讼服务。

（四）聚焦电子诉讼，构建全流程电子诉讼服务平台

智慧法院是法院信息化建设的方向，电子诉讼是践行司法为民、提升审判质效的基础性、全局性工作。未来，应聚焦电子诉讼，着力构建全流程电子诉讼服务平台。最高人民法院应进一步扩展诉讼服务平台网上立案、网上缴费、网上证据交换、网上庭审、电子送达等诉讼服务内容，全面覆盖证人、中介机构、第三方机构等所有诉讼参与人。各级法院全面完成诉讼服务系统建设，全面完成律师服务、人民陪审员服务，完善网上立案、网上缴费、网上证据交换、网上庭审、电子送达等基本功能，实现收集用户评价和问题反馈功能。同时，要结合诉讼服务大厅，为人民群众提供“全流程”电子诉讼服务。支撑诉讼服务从信息提供向业务参与转变，从个别流程参与向全流程参与转变，融合线下和线上司法资源，积极参与“互联网+”益民服务行动，实现诉讼服务与其他部门公共服务协同。

B.5

中国法院“智慧执行”发展报告（2017）

中国社会科学院法学研究所法治指数创新工程项目组*

摘　要： 2017年，中国法院信息化在前期搭建系统化平台的基础上，从优化、应用入手，进一步提升执行网络化和阳光化水平，更加强调执行的智能化和可视化。具体包括：全面应用执行办案平台，继续优化网络执行查控系统，建立单独模块，对异地委托、终本案件进行统一管理；推动执行流程节点定向公开、网络司法拍卖全民围观、信用惩戒信息社会共享和终本案件信息上网公示；强调执行的智能化应用，对案件进行科学分流、智能关联，深度挖掘执行大数据，实现智能分析决策，法院的执行工作初步迈入智慧执行阶段。展望未来，智慧法院建设应提升意识，坚持需求导向，注重系统兼容性和友好性，最终在执行领域实现人工智能。

关键词： 法院信息化　智慧法院　大数据　智慧执行

导　言

随着2016年“用两到三年基本解决执行难”目标的提出，中国法院的

---

* 项目组负责人：田禾，中国社会科学院国家法治指数研究中心主任、法学研究所研究员；吕艳滨，中国社会科学院法学研究所研究员、法治国情调研室主任。项目组成员：王小梅、栗燕杰、胡昌明、徐斌、刘雁鹏、王祎茗、赵千玲、刘迪、田纯才、王洋、王昱翰、葛冰、冯迎迎、高振娟等。执笔人：王小梅，中国社会科学院法学研究所副研究员。

执行工作迎来前所未有的机遇，不仅受到党政机关的高度重视，为执行工作争取到了一些资源，还成为全社会共同关注的焦点，促进了执行工作社会共治的达成。在基本解决执行难的深入推进过程中，信息化扮演着极为重要的角色：一方面是适应国家大数据战略的要求，要顺势而为；另一方面也是“案多人少”现实矛盾倒逼下的必然选择。

国家大数据战略带动了法院信息化的发展。2015 年，最高人民法院将信息化与司法改革并列为人民法院司法工作的“车之两轮、鸟之两翼”。2016 年，最高人民法院制定了《人民法院信息化建设五年发展规划（2016 ~ 2020)》，在宣告法院信息化 2.0 版实现的基础上，提出“智慧法院”的建设目标。为落实“四个全面”战略布局和五大发展理念，最高人民法院于 2017 年 4 月 20 日颁布实施《最高人民法院关于加快建设智慧法院的意见》，提出智慧法院是人民法院充分利用先进信息化系统，支持全业务网上办理、全流程依法公开、全方位智能服务，实现公正司法、司法为民的组织、建设和运行形态。智慧法院建设是国家信息化发展战略的重要内容，是人民法院适应信息化时代新趋势、满足人民群众新期待的重要举措。

执行信息化是法院信息化的重要组成部分。就执行工作而言，无论是执行案件的集中管理、执行过程的公开透明、执行行动的统一指挥、执行财产的查询控制，还是与有关部门的执行联动、对失信被执行人的信用惩戒，都必须依靠信息化，并且在案多人少的现实情况下，也不得不依靠信息化。党的十八大以来，法院全力推进执行信息化建设，实现了执行模式的根本性变革。首先，建立执行指挥中心，实现执行实施全国一盘棋格局。为聚合执行力量，提升执行效率和执行强度，最高人民法院在地方试点的基础上推广执行指挥中心建设，并于 2014 年 4 月下发了《最高人民法院关于执行指挥系统建设的指导意见》。2014 年 12 月，最高人民法院建成覆盖全国法院的执行指挥系统，实现了全国四级法院执行网络纵向互联，并同时与有关中央国家机关、商业银行总行网络横向对接。执行指挥系统的建设与完善，有助于构建上级法院对执行工作“统一管理、统一协调、统一指挥”的执行新体制，形成执行实施工作全国一盘棋的格局。其次，建立“总对总”网络执行查控系统，实现对主要财产形式的“一网打尽”。最高人民法院加强与相关部门的沟通协调，建立覆盖全国及主要财产形式、四级法院能够广泛应用的网络执行查控系统，对在全国范围内的存款、证券、股票、车辆、船舶等14类16项财产信息均实现在线查控，对主要财产形式“一网打尽”，有效缓解了“查人找物”难题，极大提升了执行效率。再次，建立互联网司法拍卖平台，实现财产处置方式的重大变革。最高人民法院确立司法网拍机制，大力推行网络化司法拍卖，实现传统司法拍卖模式的重大变革，大幅提高司法拍卖的成交率、溢价率，降低流拍率和拍卖成本，斩断司法拍卖利益链条，去除权力寻租空间。最后，建立联合惩戒机制，不断完善社会诚信体系。在总结近两年对失信被执行人联合信用惩戒的基础上，中央深化改革领导小组审议通过了《关于加快推进失信被执行人信用监督、警示和惩戒机制建设的意见》，进一步建立健全对失信被执行人联合惩戒制度及对接机制，使失信被执行人“一处失信、处处受限”，对破解以转移、隐瞒财产等方法规避执行、抗拒执行难题发挥了重大作用。有近百万名失信被执行人慑于信用惩戒主动履行了义务。

网络化、阳光化和智能化是衡量智慧法院的三个维度，就智慧执行而言，执行网络化意味着执行业务的网上办理；执行阳光化是指执行过程和执行结果依法公开；执行智能化是指为执行法官、当事人、社会公众和政务部门提供全方位智能服务。如前所述，2017年之前法院执行信息化建设主要致力于网络查控、执行管理、执行指挥等系统平台的开发、建设，初步实现了网上财产查询、网上司法拍卖以及部分案件的网上办理。2017年，中国法院信息化在前期搭建系统化平台的基础上，从优化、应用入手，进一步提升执行网络化和阳光化，更加强调执行的智能化和可视化。具体包括：全面应用执行办案平台，继续优化网络执行查控系统，建立单独模块，对异地委托、终本案件进行统一管理；推动执行流程节点定向公开、网络司法拍卖全民围观、信用惩戒信息社会共享和终本案件信息上网公示；强调执行的智能化应用，对案件进行科学分流、智能关联，深度挖掘执行大数据，实现智能分析决策，法院的执行工作初步迈入智慧执行阶段。

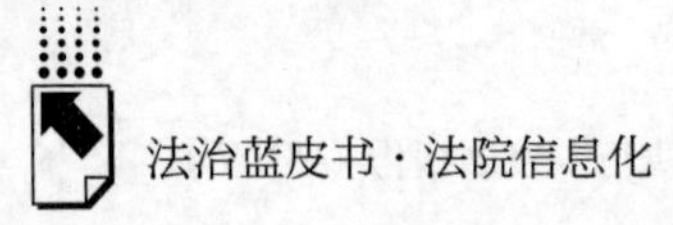

一　执行网络化

执行网络化是指执行业务全部纳入网络平台办理，包括执行案件的网上立案、网上办理、网上查询财产、网上司法拍卖，在网络系统建立单独的模块对终本案件以及委托事项进行统一管理，并对所有执行案件的办理情况进行系统管理、统计和监督。法院信息化建设的第一步就是建立信息化的系统平台，就执行而言，最高人民法院已经建立了全国四级法院统一办案平台和人民法院执行案件流程管理系统，并以此为主系统，辅以网络执行查控系统、信用惩戒系统、网络拍卖平台，形成了比较完整的执行信息化体系。信息化时代，各种系统平台都有不断优化、迭代升级的过程，2017 年法院执行信息化的任务之一就是坚持“以需求为导向、以应用为目的”的原则和“边建设、边使用、边完善”的方针，全面应用和不断优化完善执行系统平台。

（一）全面应用执行办案平台

与审判工作相比，执行工作具有节点多、所涉部门多、案件种类多、管理难度大等特点，要消除法院消极执行、选择性执行、乱执行现象，除了进行制度规范之外，还有必要借助信息化手段，将执行案件纳入流程管理系统，压缩执行人员的自由裁量空间，将执行权关入“数据铁笼”。实践证明，信息化的执行管理方式是规范执行行为，消除乱执行、消极执行等问题的有效途径。

为实现对全国执行案件的统一管理，最高人民法院决定在试点的基础上建立全国四级法院统一适用的执行办案平台。2016 年 5 月最高人民法院执行局与信息中心合作，完成执行案件流程信息管理系统的研发，并在 2016 年底实现在全国法院投入使用。2017 年最高人民法院大力推动执行办案平台的应用，要求所有新收案件都在执行案件流程信息管理系统办理，2800 多万件旧案件的历史数据也逐步转移到系统中，网上办案逐步成为工作常态，减少了执行案件体外循环的现象。

执行案件流程信息管理系统为8类执行案件设置37个关键节点。流程节点管理确立了严格的执行权运行标准，对于每一个执行案件，从立案、执行通知、查询被执行人的财产，到财产的评估、拍卖、变现、案款分配和发还等程序都要在系统内进行，每一个步骤必须严格按照流程进行，完成标准化动作之后才能进入下一个环节，没有通融的余地。流程节点管理还实行精细化的执行期限管理，通过系统跟踪，有效避免消极执行、选择性执行和乱执行。执行案件的网上办理是从录入立案信息开始的，不少地方法院的立案庭在立案受理的同时在执行管理信息系统中录入或者导入执行案件基本信息、已采取的保全措施及结果等。执行人员在系统内办案，意味着查控、文书制作等执行活动均要在网上操作，同步生成电子卷宗。执行案件流程信息管理系统的建立，不仅有助于确立办理执行案件的标准，发挥一定的规范效应，还有助于最高人民法院实现对全国执行案件的节点管理和在线监控。例如，江苏省三级法院全面运行“执行案件流程节点管理系统”，并全部与最高人民法院成功对接，每2分钟向最高人民法院推送一次数据，可实现对执行案件的实时、全程监控。

（二）继续优化执行查控系统

基本解决执行难，查物找人是关键。在“案多人少”的压力下，随着被执行人的财产在网络时代越发分散和多样化，以人工查询为主的传统执行模式不堪重负、难以为继。为提高查控效率和效果，缓解“案多人少”带来的压力，最高人民法院向信息化要生产力，在地方试点的基础上，于2014年12月正式开通网络执行查控体系，并不断扩展联动单位、丰富查询信息、强化查控一体化功能，实现了四级法院全覆盖。截至2017年底，通过网络执行查控系统可查询的信息种类不断丰富，从最初的银行存款1类信息，扩展到14类16项信息，包括中国人民银行的开户行信息、银行的存款信息、公安部的车辆信息和出入境证件信息、农业部的渔船信息、交通运输部的船舶信息、工商行政管理总局的企业法人基本登记信息和企业的对外投资信息、中国证监会的证券信息、中国银联的银行卡消费记录信息、腾讯的财付通账户存款信息、支付宝的账户财产信息、京东金融平台的财产信息等。2017年全国3500余家法院上线使用网络执行查控系统，覆盖面达到99.66%。

网络执行查控体系的建立健全有助于提高执行效率，实现执行工作模式的重大变革。然而，网络执行查控体系还有待完善，如部分财产只能实现网上查询，不能实现网上控制；所覆盖的财产形式也有限，未能实现不动产的联网查询。2016年，最高人民法院与国土资源部联合下发了《关于推进信息共享和网络执行查询机制建设的意见》，并要求直辖市、省会城市和14个沿海城市、旅游城市尽快实现不动产“点对总”的网络查控。2017年，全国3746家地方性银行中，3660家上线查询功能，3203家上线冻结功能，2058家上线扣划功能；湖南、福建、江苏、吉林、甘肃、江西、内蒙古等地本省地方性商业银行基本全部实现了网络查询、冻结、扣划功能；46个“点对总”不动产查询重点推进城市中有40个城市上线查询功能。

不少省市的“点对点”网络执行查询系统在局部实现了不动产的联网查询和银行存款查询、冻结、划扣的网上办理，如浙江、江苏、广州、深圳等。广州市中级人民法院（以下简称“广州中院”）还将“天平执行查控网”的查询功能集成在办案业务系统，执行法官可以在办案系统一键式完成查、冻、扣的操作，并在自己的业务系统中即可接收到反馈结果，整个过程一天之内即可完成，实现了所有查控的网络流转、办理和反馈。另外，江苏省高级人民法院委托徐州市中级人民法院开发新收执行实施案件立案24小时后自动发起针对被执行人在江苏省“点对点”网络查控系统中进行财产查询的软件，已在徐州两级法院试运行。

（三）终本案件系统自动筛查

终本，即终结本次执行程序，主要是指对确无财产可供执行的案件，法院将暂时终结执行程序并作结案处理，待发现财产后继续恢复执行的一项制度。实践中，地方法院存在为片面追求结案率而滥用终本的现象，将一些本不该进入该程序的执行案件当作无财产可供执行案件处理，损害了债权人的合法权益，一定程度上降低了司法公信力，因此终本案件是基本解决执行难的重点规范内容之一。终本制度之所以会被滥用，除了程序标准未作统一严格规范之外，还因为这类案件未进入流程管理系统而在体外循环导致监督不到位。为强化对终本案件的监管，2016 年最高人民法院出台《关于严格规范终结本次执行程序的规定（试行）》，对终本结案的实质要件和程序要件作出严格规定，并且提出“最高人民法院将建立终结本次执行程序案件信息库”，对终本案件进行单独管理。

为落实《最高人民法院关于严格规范终结本次执行程序的规定（试行）》，建立对终本案件的动态管理机制，2017 年，最高人民法院开发了终本案件管理系统，通过电脑软件对终本案件实行集中管理、分类管理、动态管理和关联案件筛查。对于终本案件，该系统每 6 个月主动、集中对涉案被执行人进行一次财产调查，一旦发现财产立即在系统提示执行法院恢复执行，并对执行法院的恢复情况进行实时监督。

（四）事项委托纳入系统监管

委托执行是指执行法院对被执行人或者被执行的财产在外地法院管辖范围内的案件，按照法律规定的条件和程序，将执行权全部或者部分转移给该外地法院，由其实施强制执行。作为人民法院执行工作的重要组成部分，委托执行制度对于解决跨辖区案件的执行具有重要意义。但是，委托执行在实践中落实较差，许多法院接到委托执行事项后怠于执行，不进行反馈，甚至原封不动退回。为此，最高人民法院于 2017 年 9 月 26 日制定出台了《最高人民法院关于严格规范执行事项委托工作的管理办法（试行）》（法发〔2017〕27 号）。根据该管理办法，委托法院进行事项委托一律通过执行办案系统发起和办理，不再通过线下邮寄材料方式进行；受托法院办理后将送达回证、回执或其他材料线上反馈给委托法院。最高人民法院在执行办案系统上开发人民法院执行事项委托系统，将事项委托纳入系统统一管理，有助于充分发挥执行指挥中心的功能优势，进而严格规范人民法院执行事项委托工作，增强各地法院之间的互助协作。

二 执行阳光化

阳光执行是指执行案件的办理过程和办理结果要向当事人和社会公众公开，做到过程和结果的双重透明。对于执行而言，阳光透明不仅仅是为了保障知情权，更是通过曝光失信被执行人接受社会监督、实现联合惩戒的需要。为提升执行透明度，强化对执行工作的监督，最高人民法院早在2006年就出台了执行公开专项规定，即《最高人民法院关于人民法院执行公开的若干规定》（法发〔2006〕35号）。在信息化时代，执行阳光化更多是要借助信息平台公开执行信息。2013年，最高人民法院提出三大公开平台建设，其中包括执行公开平台。最高人民法院在《人民法院第四个五年改革纲要（2014～2018）》中提出"完善执行信息公开平台"，包括"整合各类执行信息，推动实现全国法院在同一平台统一公开执行信息，方便当事人在线了解执行工作进展"。根据《人民法院第四个五年改革纲要（2014～2018）》的要求，最高人民法院于2014年11月对全国法院失信被执行人名单信息公布与查询、被执行人信息查询、执行案件流程信息公开、裁判文书公开等信息平台进行了有机整合，建成"中国执行信息公开网"，向当事人和社会公众公开与执行案件有关的各类信息。2017年，依托信息化平台，执行案件实现了执行流程节点定向推送、网络司法拍卖全民围观、信用惩戒信息社会共享和执行裁判文书网上公开。

（一）执行流程节点定向推送

就执行案件而言，当事人最为关心的是案件进行到什么程度、法院采取了哪些措施、能否拿到"真金白银"。这些信息是否公开透明，将会很大程度上影响公众对执行工作的满意度。在"案多人少"的压力下，要让执行人员事无巨细地向每个案件当事人告知执行过程也不现实，因此需要借助信息化平台，向当事人公开执行节点信息和流程，保障当事人的知情权。2014年出台的《最高人民法院关于人民法院执行流程公开的若干意见》确立了执行流程信息以公开为原则、不公开为例外的原则，全面推进阳光执行，实现执行案件办理过程全公开、节点全告知的目标。执行案件流程信息公开是将立案、财产调查、处分、分配、追加变更当事人、结案等主要节点信息、财产处分信息等依照法定方式告知当事人或被执行人。这里的法定形式，包括在系统平台设置登录密码供当事人查询，还包括12368平台以及短信推送等。当然，要做到执行案件流程节点信息的定向推送，前提是执行案件要在系统内办理，因此，从这个意义上说，执行网络化是实现执行阳光化的前提。

执行公开平台可以让当事人、社会公众及时、全面掌握案件执行情况，把执行过程"晒"在阳光下。案件当事人可以凭证件号码和密码从平台获取执行立案、执行人员、执行程序变更、执行措施、执行财产处置、执行裁决、执行结案、执行款项分配、暂缓执行、中止执行、终结执行等信息。不少法院根据预先留存的手机号码对当事人进行流程节点信息推送。另外，上海法院通过"e号通"，主动及时地将案款信息推送给案件承办人和当事人，做到全程公开透明，有效保障案件当事人的知情权。

（二）网络司法拍卖全民围观

司法拍卖是执行中的关键环节，"执行难"很多时候表现为"变现难"。据初步统计，在查控到的所有财产中，存款只占40%，其余都是有形财产或无形财产，要通过评估、拍卖等方式变现后才能向当事人支付。传统拍卖，不仅成交率低、溢价率低，还有围标串场、暗箱操作、权力寻租等弊端。电子商务的发展为司法拍卖提供更为开放的模式，网络司法拍卖能够打破时空限制，全民随时随地皆可围观、参与、监督。《人民法院第四个五年改革纲要（2014～2018）》提出，要"加大司法拍卖方式改革力度，重点推行网络司法拍卖模式"。2016年8月，出台的《最高人民法院关于人民法院网络司法拍卖若干问题的规定》确立了网络司法拍卖优先原则，在全国范围内推广网络司法拍卖制度。2016年11月，最高人民法院根据第三方机构的测评结果，公告并建立了全国性网络服务提供者名单库。经过专门成立的评审委员会评审，最终在全国确认有五家网站首次纳入了网拍名单库。

最高人民法院之所以推行司法网拍，初衷是减少暗箱操作和权力寻租，去除权力寻租空间，彻底斩断利益链条，实现阳光拍卖、廉洁拍卖。司法拍卖借助网络拍卖平台的公开、透明、高效特点，实现了拍卖程序的全程、全面、全网络公开，确保司法廉洁，并通过网上竞拍规则的创新，全面提高执行工作效率，促进当事人利益最大化，促进财产处置难问题的有效缓解。2017 年 1 月 1 日起，全国法院全面推行网络司法拍卖。2017 年，全国法院通过司法网拍共计拍卖 29.46 万次，拍卖标的物 20.52 万余件，成交额 2013.70 亿元，节约佣金 61.72 亿元，大大提高了财产变现率，取得积极的社会效果。浙江法院还采取视频方式对拍品进行介绍，让竞买者更为直观地全面了解拍品情况，提高拍卖效率。

（三）信用惩戒信息社会共享

在传统执行模式下，对失信被执行人进行信用惩戒，大多是在失信被执行人居住地或者法院张贴“老赖”名单，限制其高消费也只能依赖举报线索进行事后惩戒，手段单一、措施滞后、影响范围有限。随着信息化的发展和国家大数据战略的确立，信用惩戒的力度和效果将会增强，不仅在最大范围内对“老赖”进行失信曝光，还通过法院与相关部门的数据对接，限制失信被执行人从事消费或其他受益性活动，并逐步建立依法追究失信被执行人法律责任的常态机制。

一方面，搭建统一的网络平台，曝光失信被执行人。为震慑被执行人，促使被执行人主动履行义务，最高人民法院建立了公布失信被执行人名单制度，2013 年 7 月，出台了《最高人民法院关于公布失信被执行人名单信息的若干规定》。2014 年最高人民法院在《人民法院第四个五年改革纲要（2014～2018）》中提出，“加强失信被执行人名单信息公布力度，充分发挥其信用惩戒作用，促使被执行人自动履行生效法律文书”，“完善被执行人信息公开系统建设，方便公众了解执行工作，主动接受社会监督”。为扩大影响范围，最高人民法院依靠信息化手段开通了“全国法院失信被执行人名单信息公布与查询”平台。公布和通报失信被执行人信息，对当事人形成了一定的舆论压力，既促进了失信被执行人自动履行义务，也有利于建设社会诚信体系。广州中院除了在最高人民法院的失信平台以及“两微一端”公布失信名单外，与《今日头条》签订了合作备忘录，利用其大数据功能，将失信黑名单精准推送到失信被执行人的工作圈、生活圈；与移动、联通、电信三大通信平台合作，对失信被执行人进行通信限制；与微信合作，利用其大数据功能，将失信黑名单精准推送到失信被执行人的朋友圈、交际圈，让失信被执行人在社会上“无处藏身”。

另一方面，共享数据，联合惩戒。成熟完善的社会信用体系是破解执行难的有效保障。十八届三中全会决定明确提出，推进部门信息共享、建立健全社会征信体系，褒扬诚信，惩戒失信。最高人民法院不断推进执行联动机制建设，加强与公安、铁路、民航、银行、工商、腾讯、芝麻信用、支付宝等部门单位合作，不断拓展对失信被执行人联合信用惩戒的范围和深度，在出行、投资、置业、消费、网络等各领域对失信被执行人进行信用惩戒，最大限度挤压失信被执行人的活动空间。2016 年 1 月，最高人民法院与国家发展和改革委员会等 44 家单位联合签署了《关于对失信被执行人实施联合惩戒的合作备忘录》，共推出八大类 55 项惩戒措施，在 30 多个重点领域对失信被执行人进行信用惩戒，让失信被执行人寸步难行、处处受限。2016 年 9 月，中共中央办公厅、国务院办公厅印发《关于加快推进失信被执行人信用监督、警示和惩戒机制建设的意见》，提出建立健全联合惩戒机制，以系统化、信息化、技术化手段，确定了 11 类 100 多项具体惩戒措施。建立在数据对接基础上的网络化执行联动机制是指通过对被执行人涉案信息的共享，国家有关职能部门和社会公众共同对被执行人进行惩罚和制约，以促进被执行人自觉履行义务、全社会遵法守信的一种社会运行机制。最高人民法院建立“失信被执行人名单”系统，并将该名单统一推送到“信用中国”平台，供执行联动成员单位共享法院执行案件信息，变个案联动机制为对所有失信被执行人进行批量联动。

在地方，江苏省高级人民法院推动江苏省委办公厅、省政府办公厅于

2017 年 2 月出台《关于建立对失信被执行人联合惩戒机制的实施意见》。根据该意见，失信被执行人信息通过江苏省高级人民法院执行指挥中心，以网络对接方式，直接嵌入各联动单位工作平台，进行自动比对、自动拦截、自动锁定。广州中院将失信被执行人曝光平台嵌入“天平执行查控网”中，通过这一平台将失信被执行人名单实时推送至各联动单位，并与各联动单位的业务办理系统自动对接。失信被执行人到各联动单位办理业务时，各家的业务系统会自动进行数据对比，使其在融资授信、行业准入、投资置业、担任重要职务、享受优惠政策等多方面受到限制。同时，“天平执行查控网”的大数据平台也向各联动单位和其他办案单位、公益性部门开放，并提供委托查询功能，从而实现数据效用的最大化。

（四）终本案件信息网上公示

如前所述，终本案件是规范执行的重点，围绕终本结案规范化，最高人民法院一方面出台司法文件进行制度规范；另一方面建立终结本次执行程序案件信息库，对终本案件进行单独管理，并通过该信息库统一对外公布终结本次执行程序案件的相关信息。具体要求为：终结本次执行程序裁定书送达申请执行人以后，执行法院应当在七日内将相关案件信息录入最高人民法院建立的终结本次执行程序案件信息库，并通过该信息库统一向社会公布。2016 年 12 月 1 日最高人民法院在中国执行信息公开网上单设《终本案件》栏目，对全国法院的终本案件进行公开。终本案件的公开事项包括案号、被执行人姓名（名称）、身份证号码（组织机构代码）、执行法院、立案时间、终本日期、执行标的、未履行金额等信息，并在“关于全国法院终本案件信息说明”中提示，“终结本次执行程序后，申请执行人发现被执行人有可供执行财产的，可以向执行法院申请恢复执行”“申请恢复执行不受申请执行时效期间的限制”“执行法院核查属实的，应当恢复执行”。在最高人民法院对终本案件信息库进行统一公开之前，从北京开始，吉林、安徽、浙江、上海、成都、杭州等地法院在官方网站上对辖区法院的终本案件进行了集中公示，不仅公开了案号、被执行人、立案日期、结案日期、终本裁定书，还公开了提供举报线索的联系方式。

建立终本案件信息库并对终本案件信息进行公示是人民法院执行公开的一项新的重大举措，具有以下几方面的积极意义。首先，可以发挥公开社会评价的作用，让被执行人及其法定代表人、负责人承担接受社会否定评价的后果。其次，可以向公众提示交易风险，使社会公众及时获知被执行人的履行能力状况，避免承担不必要的风险和损失。最后，可以让全社会来监督被执行人及其法定代表人、负责人是否遵守限制消费令和有关失信惩戒的规定，从而能够有效打击被执行人不讲诚信逃避执行的行为，促使被执行人主动履行生效法律文书确定的义务。

三　执行智能化

执行智能化是指借助信息化的发展和应用，为执行法官、当事人、社会公众和政务部门提供全方位智能服务。

（一）流程节点智能管控系统

智能化执行流程管控系统是执行办案平台衍生出来的功能，通过流程节点对执行案件进行管理、提示和监督，并对执行异常进行警示。例如，广州中院完善执行全流程节点管理功能，对执行案件 37 个主要流程节点进行再区分，确定其中的 25 个为关键节点，分预执、查控、实施、结案四个阶段，开发与全国法院执行业务系统相匹配的全流程节点管理功能。具体管控功能包括：立案时，通过办公系统，法官通 App 和短信及时提醒执行人员；执行过程中，在每个节点时限届满前通过手机短信提醒案件经办人；如果超期未处理，则以督办信息和手机短信两种方式，提交庭、局领导督促，同时将案件设定为“锁死”状态，在完成前一节点事项，并经领导审批解锁后，方可进入下一节点办理。上海法院通过“e 号通”，与银行实现每日网上对账、日结日清，并设定案款收发的规范流程。“e 号通”系统对案件双方当事人的款项“进与出”实现全程跟踪记录，做到全程留痕。执行法官需在一个月内处理发放案款，如无正当理由逾期未发放，系统将自动通过 12368 发送短信给案件承办人、执行局长、审务督察部门，形成内部监督机制。同时，通过向案件当事人主动发送案款收发信息，加强外部监督，真正做到了全程监督。

（二）履行能力智能评估系统

2017 年 2 月，《最高人民法院关于人民法院执行指挥中心建设技术标准》明确要求，要利用信息技术手段，将数据挖掘及智能分析决策等系统有机整合为一个整体，实现辖区法院信息共享、联动配合和规范管理。为充分运用大数据技术，打造执行信息的大数据分析平台，2017 年，无锡市中级人民法院坚持以需求为导向，以应用为目的，自行成功研发并使用“被执行人履行能力大数据分析系统”。依托海量数据，“被执行人履行能力大数据分析系统”以数据可视化动态描述被执行人的社会关系、资产信息、资金往来、流转情况、消费信息、出行记录、涉案债务等综合状况，建立动态模型，评估被执行人偿债能力、隐形可支配资产，分析财产转移概率等系列关键性指标，为执行法院对被执行人真实履行能力的决策提供有价值的信息和分析参考。通过系统分析报告，可以清楚知晓被执行人的财产情况、欠债情况，有利于给执行法官提供办案思路及反馈财产线索，及时有效处置被执行人财产，提高案件的执行效率。2017 年，无锡市中级人民法院首次将全市私立高收费学校招生名录导入“大数据分析系统”进行自动比对，显示有 11 名失信被执行人子女准备就读私立高收费学校，属于违反限制高消费的行为，遂及时将相关情况反馈给无锡市教育局，并向其发出协助执行书，通知相关学校停止招录；同时向被执行人做好相关法律宣传工作。8 名被执行人当即履行了义务，3 名被执行人子女重新选择公立学校就读，起到了良好的震慑效果及联合惩戒作用。

（三）案件办理过程智能辅助

执行人员在执行案件的办理过程中，依靠系统的智能辅助，实现关联案件信息的智能推送、执行日志和文书的自动生成、文书的一键送达等，极大地提高了执行效率。在浙江、江苏、广州等地法院，执行案件立案后，系统会通过被执行人的相关信息，读取辖区范围内的案件数据，自动推送被执行人在辖区范围内作为申请人的案件信息，并自动在立案审批表中予以显示。例如，杭州中级人民法院一个执行案件，执行人员在执行案款到位之后，根据系统显示，该案的申请执行人是辖区内余杭区人民法院的一个执行案件的被执行人，因此，经过领导审批，决定暂不发放执行案款，并将执行案款转移至关联案件所在的法院，极大地方便了关联案件的执行。

与审判相比，案件执行过程中，会产生大量执行裁定书、决定书，并且多为类型化和格式化的文书，因此，执行文书的自动生成比裁判文书的自动生成意义更大。例如，广州市中级人民法院以最高人民法院执行系统提供的文书模板为基础，完善所有文书类型的模板，开发了自动生成功能，法官可根据需要点击套用。另外，执行法官在制作查询、查封财产等协助执行通知书的同时，系统会根据执行文书内容自动生成执行日志，无须法官手动录入。深圳市中级人民法院升级开发鹰眼执行综合应用平台，作为鹰眼查控系统的升级版，通过“一站式”录入信息、一键自动生成法律文书、智能甄别繁简分流的方式，实现了执行查控工作从线上到线下的无缝结合。

在执行案件中，被执行人往往拒收文书甚至下落不明，因此送达难是困扰执行案件的一大难题。2017 年，深圳市中级人民法院使用现有的 OCR 文字识别技术，开发 E 键送达平台，实现“一键生成、一键送达”。“E 键送达”平台可实现自动提取案件基本信息、自动生成送达文书、专有物流网络送达、物流信息实时反馈等功能，实现司法送达与外包服务公司无障碍互通。

（四）数据分析辅助精准决策

执行案件在系统内办理意味着执行信息的数据化程度较高，并且与审判数据相比，执行数据的来源更广，数据也更加多元、立体、鲜活，因此也更具有大数据分析价值。例如，广州中院开发各类执行数据的实时汇总平台，实时展现和汇总广州市法院日、月、季度、年执行案件的收案、结案动态，展现和汇总案件的旧存、新收、已结、未结等数据，展现和汇总超长期案件的件数、原因，展现和汇总全市法院发送查控申请信息、反馈查控情况，展现和汇总全市法院对于异地事项委托的办理情况，展现和汇总全市法院财产评估、拍卖、变卖、以物抵债情况，展现和汇总执行案件案款到账、支付动态、长期未支付情况，展现和汇总广州市法院质效指标情况及对应的案件清单。这些聚合数据，既可对历史数据进行分析，对当前执行数据进行实时监控，亦可对未来的趋势进行预测，为执行决策和部署提供参考。

四 问题与展望

虽然信息化在一定程度上缓解了“案多人少”的压力，但是信息化的开发与应用，同样受制于案多人少的矛盾，从而表现出办案系统使用不足、查控系统反馈迟缓以及数据不准确、司法网拍在西部落实较差、执行指挥中心运行空心化等问题。未来，应提升意识，坚持需求导向，注重系统兼容性和友好性，最终实现执行领域的人工智能。

（一）执行办案平台使用不足

虽然最高人民法院建成全国四级法院一体化应用的执行案件办案平台，并且在2017年得到较大范围的推广，但是，也有相当一部分法院的承办人未能进行网上办案，仍然是先办案件，后补信息。承办人把补录信息当作负担，致使系统中的案件信息与卷宗中的实际内容不一致，如有的案件虽然已进行终本约谈、发放款物以及采取拘留、罚款措施等，但未能在系统流程节点中体现。办案平台使用不足有多重原因，有办案人员因为年龄原因不习惯网上办案；也有客观原因，在“案多人少”的压力下，执行人员疲于应付；还有就是办案系统本身存在反应速度慢、流程不够优化、重复录入等问题。

（二）网络查控系统反馈迟缓

最高人民法院开发“总对总”网络执行查控系统并进行推广，很大程度上改变了执行工作模式，实现了全国范围内的财产查询，极大地提升了法院的执行能力。正如任何系统都会存在缺憾一样，“总对总”网络执行查控系统在实际应用中会出现系统反馈信息迟缓的现象，甚至因为与银行数据的对接未能实现实时更新而出现反馈的信息有偏差或者不准确，在某些时候会让执行人员陷于被动。在出现“信息拥堵”的情况下，很多法院不得不在夜间、节假日等系统使用量较少的时段开展网络查询工作。另外，以建设银行为代表的一批银行的网络扣划存款功能和金融理财产品的查控功能亟待上线。上海、海口、三亚、呼和浩特、兰州、拉萨等 6 个重点城市的不动产“点对总”网络查控工作尚未完成。

（三）司法网拍出现西部洼地

尽管从 2017 年 1 月 1 日起，全国法院全面推行网络司法拍卖，但是截至 2017 年 10 月，西藏、甘肃、青海、新疆、兵团等西部法院开展网拍工作的法院覆盖率不足 60%，个别案件数量较多的法院未开展网拍工作。另外，部分法院没有根据司法解释规定，赋予申请人选择网拍平台的权利，网拍平台全部由法院依职权选择，存在权力寻租的风险；部分法院网拍系统的操作使用不够规范，部分案件网拍成交后未在系统中确认，网拍成交后的尾款缴纳情况未录入系统。

（四）执行指挥中心局部空转

与审判工作不同，执行工作强调全国一盘棋，重视上级法院对下级法院的监督管理，为此，最高人民法院以执行指挥中心为抓手，推动执行指挥中心实体化运作，打造现代化执行管理模式。最高人民法院开发应用终本案件管理、执行信访管理、舆情管理、网络拍卖管理、委托事项管理等管理平台，由上级法院对不规范执行行为直接督办，“一竿子插到底”。然而，就全国而言，执行指挥中心“重建设轻使用”“重硬件轻软件”的情况还较为普遍，执行指挥中心“空心化”问题突出，不少法院的执行指挥中心没有固定人员负责运行维护，值班、备班制度落实不力，远远不能适应新时代执行工作模式的要求。系统应用情况不佳，远程指挥系统和会商系统使用次数非常少，高、中级法院依托指挥中心对下管理工作基本没有开展，部分法院指挥中心只限于视频会议或是单兵指挥调度，指挥中心未履行对辖区法院执行工作监管的职责，对案件流程节点不监管、不督办；对督办事项不回复、不督促。

执行信息化中存在的问题在法院信息化建设过程中具有共性，随着信息化建设的纵深发展，要最终实现智慧执行，需要提升对信息化的认识，理解信息化的本质属性，并且要统筹布局，避免因为信息化发展不平衡以及系统平台的分散而形成新的数据割据。一要提升对信息化的认识。社会发展进入新时代，无论是工作业态还是生活方式，都不可避免接受信息化的洗礼，信息化正在对包括法院在内的各个行业乃至社会形态进行深层次、全方位重塑。借助信息化，人们拥有了超乎寻常的手段、更加敏锐的感官和最强大脑，相反，一味拒绝甚至抵制信息化的人们则将会成为新型“残障人士”，最终沦为时代的弃儿。二要正确理解信息化的内涵。信息化最本质的要求是智能，信息化建设应以需求为导向，防止为信息化而信息化。任何背离便捷、高效、简单、智能而进行的系统平台研发都是伪信息化，信息化的使用者反而成了技术的奴隶，显然是对人的异化。真正的信息化无论建立在多么复杂的计算和逻辑之上，最终呈现给用户的也必须是最简单的甚至一键式操作。三是要统筹谋划布局。信息化的研发成本非常高，如果不进行整体谋划和布局，会造成重复建设，甚至推倒重来，形成极大的浪费，并且分散建设的平台将会导致数据的割裂与孤立，对于数据而言无疑是一场灾难。

B.6

司法大数据：发展、应用与展望（2017）

中国社会科学院法学研究所法治指数创新工程项目组*

摘　要： 中国司法大数据建设经历了由内部数据到外部数据、从地方数据到全国数据、从数据统计到应用分析的过程。大数据不仅帮助法院减少冤假错案，实现精准管理，还成为化解纠纷矛盾、助力社会治理的利器。目前司法大数据在数据质量、数据分析、数据挖掘方面还存在问题，法院内部和外部数据仍然存在信息孤岛现象。今后中国法院应当进一步提高数据质量，加强数据应用，强化顶层设计，保障司法大数据健康发展。

关键词： 司法大数据　审判管理　社会治理

一　司法大数据的发展

2017年中国法院拓宽了数据来源，提高了数据质量，加强了数据整合，强化了数据分析。在横向上，法院基本实现了从整合内部数据到吸收外部数据；在纵向上，法院基本完成了从积累地方数据到连接全国数据；在效果上，法院经历了从简单数据统计到复杂应用分析的飞跃。这些变化一方面有赖于国内“互联网+”、云计算以及大数据的迅猛发展，另一方面也在于法

* 项目组负责人：田禾，中国社会科学院国家法治指数研究中心主任、法学研究所研究员；吕艳滨，中国社会科学院法学研究所研究员、法治国情调研室主任。项目组成员：王小梅、栗燕杰、胡昌明、徐斌、刘雁鹏、王祎茗、赵千羚、刘迪、田纯才、王洋、王昱翰、葛冰、冯迎迎等。执笔人：刘雁鹏，中国社会科学院法学研究所助理研究员。

院内部积极推动大数据的积累和应用。总体而言，司法大数据的新发展主要体现在以下三个方面。

（一）从内部数据到外部数据

以往建立司法大数据的基础来源于法院内部信息，既包括全国各地上传的裁判文书，也包括法院内部报送的信息，还包括法院内部管理信息。从掌握的全国立案数量，到案件涉及标的总量，以及一审执结率、二审执结率等内容均属于法院内部信息。上述内容构成了司法大数据的基础，也是司法大数据建设在初期完成的工作。随着“大数据”“云计算”以及“互联网+”的兴起，包括各级行政职能部门、机构、企业都纷纷重视数据的价值，广泛搜集并整合数据资源。法院在应用司法大数据过程中发现很多数据均由政府、企业甚至机构所掌握，单独依靠法院信息无法正常发挥大数据的作用，在这种情况下法院逐步走上了数据拓展的道路。以基本解决执行难为例，失信被执行人的房产信息由地方国土、住建部门掌握，存款信息由商业银行掌握，车辆信息由车管所掌握等，为实现方便快捷地查人找物，法院逐步将司法大数据的范围从内部数据拓展到外部数据，收集包括银行存款、车辆、住房、个人信用信息在内的相关信息。上述外部数据的收集有些是通过协议的方式，相关部门帮助法院查找相关信息，如法院通过“总对总”和“点对点”系统查找失信被执行人的银行存款信息；而有的信息则是通过购买的方式获得。例如，浙江法院突破司法审判数据的范畴，通过购买第三方数据的方式，将当事人的工商企业登记、个人信用等信息进行收集，并与法官的业务信息、案件流程节点信息等内容一并纳入数据中心。

从内部数据到外部数据不仅仅是数据量的增加，更是司法权威的强化和司法公信力的提高。在司法大数据推动工作中，法院不仅掌握了审判管理过程中形成的信息，而且还成为继政府之后的第二大数据汇聚机构。拥有这些数据不仅能够辅助法官审判执行，还能够对社会产生重大影响。例如，浙江省高级人民法院依托大数据生态圈，汇集公安、交通、房产、银行、出入境等15个部门的重要信息，将婚姻、信用、电商、社交、金融、交通、房产等45个维度近千种数据纳入大数据库中，全方位评价当事人的身份特质、行为偏好、资产状况、信用历史，实现了多维度、全方位展现当事人的信息状况，不仅成为法官办案的重要依据，而且成为当地党委政府工作的重要参考。

（二）从地方数据到全国数据

在司法大数据建设初期，全国各地分别委托不同的软件公司开发各自的系统和平台，如河北的智审系统、浙江的信用画像系统等，上述系统或者平台都能够保障数据的搜集和汇总，还能为审判执行提供重要参考。例如：北京探索构建了服务统一裁判尺度的大数据研究平台，帮助北京实现统一裁判；天津构建了大数据应用平台，利用该平台天津实现数据分析、智能查询和预测推荐三大类应用。在全国层面，最高人民法院打破四级法院的技术壁垒，摆脱软件公司对法院的限制，逐步推动法院之间的业务交流和数据互联共享。截至2017年12月，全国3500余家法院及1万余个派出法庭全面实现了网络互联互通与数据共联共享，业务交流、信息分享一键可达。目前最高人民法院可视化数据集中管理平台汇集了1.33亿件案件数据，每5分钟自动更新全国各级法院的收案和结案情况，实现了对全国四级法院案件信息的集中管理和审判态势的实时生成。

汇总全国数据可以实现法院内部的精细化管理。首先，全国范围内的司法资源调配成为可能。目前“案多人少”成为学术界和理论界的共识，有的法院甚至出现了“白加黑”“五加二”的情况。仅北京市朝阳区一年的收案量便接近10万件，平均每位法官每年办结300多件案件。但是从信息化角度来看，法官的审判能力仍然有待挖掘，随着法院信息化的建设，今后“案少人多”可能成为全国大部分法院的常态。通过汇总全国数据，综合分析人员和案件数量比例，动态调配各种司法资源。其次，全国范围内的法官业绩考核一目了然。通过运用审判动态、统计分析、人员绩效和司法事务等大数据，全国法官的业绩情况均可以实现网上自动生成，一览无余，通过汇聚全国数据，能够横向比较、纵向了解每一位法官的业务能力，这些数据能够为法官遴选、法官评优、各级法院培训教育、司法保障等提供重要的参考和依据。最后，司法责任落实更为便捷。目前全国司法文件全部网上流转，全要素网上公开，无纸化、公开化、可追溯的信息流，为司法责任制的落实提供了重要技术保障。

（三）从数据统计到应用分析

中国司法大数据的应用分为三个阶段：数据统计、简单分析、复杂应用。目前全国法院已经基本达到了第二阶段，部分法院已经在复杂应用的道路上不断尝试。

第一，数据统计阶段。主要汇集全国、全省、各市各种类型案件的数量，为经济发展和社会管理提供重要参考。例如，吉林省通过统计发现本省排名前五位的刑事犯罪分别是：盗窃、诈骗、危险驾驶、故意伤害、交通肇事，占刑事案件总量的38%。排名前五位的民事案件分别是民间借贷纠纷、离婚纠纷、机动车交通事故责任纠纷、物业服务合同纠纷、金融借款合同纠纷，占民事案件总量的30%。从上述简单的统计可知，吉林省在今后一段时间内，应当加强对特定犯罪的打击力度，预防道路交通安全事故，强化对民间借贷、金融贷款的监管，加大对婚姻法律知识的宣传力度。

第二，简单分析阶段。随着大数据算法的改进，对于数据的挖掘进一步加深，法院不仅能够得到某区域的宏观情况，而且还可以就某一特定案件进行详细分析。例如，北京市高级人民法院对2013~2015年三年的离婚案件进行了大数据分析，发现女性提起离婚纠纷的数量普遍高于男性，女性提起诉讼的比例分别为56.18%、57.30%、58.31%，男性提起诉讼的比例分别为43.82%、42.70%、41.69%，也就是说女性主动提起离婚的比例正在逐年上升。此外，无论原告是男性还是女性，进行离婚诉讼的年龄相对集中的是25~35岁（含25岁，不含35岁），占当事人总数的40.47%，居其次的集中年龄段是35～45岁，占比为30.52%。离婚当事人45岁以上的数量明显减少。通过大数据对离婚纠纷当事人情况的分析可以看出，婚姻矛盾纠纷的多发点在中青年人群。对这一阶段的分析，主要将案件和诸如地域、年龄、性别、职业等特殊要素结合，寻找要素和案件之间的关联，得出各个要素对于案件结果的影响。

第三，复杂应用阶段。大数据不仅能够对要素和案件进行分析，还可以成为修改法律法规的重要参考、制定国家大政方针的重要依据、筛查社会管理漏洞的重要参照。目前全国仅有部分法院能够做到复杂应用。例如，最高人民法院在中国司法大数据网中公开了知识产权侵权纠纷、中小型股份制商业银行涉诉纠纷、电信网络诈骗、信用卡诈骗等分析报告。这些成果关乎民生大计和经济社会发展，多项成果摘要上报中央有关部门，并成为中央领导决策的重要参考依据。例如，自2015年9月1日起全国施行《最高人民法院关于审理民间借贷案件适用法律若干问题的规定》以来，截至2017年7月31日，共汇聚民间借贷一审判决书31.79万份，其中，6.6万份文书引用了此司法解释，占比为20.7%，而在引用此司法解释的案件判决中，关于明确借贷利率的第29条引用次数最多，共4.41万份，占比66.8%。这些具体数字有力说明了该司法解释施行以来的效果，可为相关法律规定的颁布、修订等司法研究提供重要参考。

二　司法大数据的应用

（一）避免冤假错案

制度设计和技术防范有助于避免冤假错案的发生。法院利用司法大数据，在避免冤假错案方面进行了积极的尝试。

第一，推送类似案件，实现类案同判。“努力让人民群众在每一个司法案件中都感受到公平正义”最好的实现方式便是尽量做到“相似案件相似处理”，尽量消除“同案异判”现象。通过大数据辅助系统，可以向每一位法官推送类似的案件，为法官判决提供参考。同时通过大数据分析，还可以为每一类案件设置警戒值，当判决可能出现严重偏离时便会予以提醒。例如，江苏法院运用大数据辅助法官办案。构建智能检索分析系统，收录案件裁判文书、审判信息、电子档案以及法律法规、社会热点等信息数据，进行全数据关联、全网络打通，构建江苏法院基础案例资源库。通过同类案例推荐、热点信息发送和智能搜索引擎检索等功能，实现案例比对分析、类案专题分析和案件基础指标展示对比等关键业务辅助，开发涵盖各审判条线的数据分析系统，包括40多个审判业务类数据分析模型，为法官办案提供参考。

第二，建立辅助系统，寻找案件瑕疵。有的法院将案件的关键节点信息作为重点审查对象，通过系统审查可以发现案件的瑕疵，从源头上杜绝冤假错案。2017年5月3日，“上海刑事案件智能辅助办案系统”正式试运行（法院6家、检察院6家、公安机关13家，共计25家试点单位上线）。试点单位于5月1日起立案的故意杀人罪、盗窃罪、非法吸收公众存款罪、诈骗罪（电信网络诈骗）4个罪名案件，均进入该系统试运行。截至2017年10月，系统录入案件共计451件，包括故意杀人案件127件，盗窃案件291件，电信网络诈骗案件33件；录入证据60150份；提供证据指引11509次；发现证据瑕疵点317个，其中证据收集程序瑕疵52个、证据形式瑕疵51个、证据内容瑕疵214个；提供知识索引查询1387次；总点击量达9.1万余次。

（二）实现精准管理

司法大数据在法院立案、审判、执行等各个方面都能够帮助法官提高司法效率，减少司法资源浪费，并最终实现精准管理。

第一，案件繁简分流，提高立案效率。北京法院整合网上立案的数据，通过回溯历史案件数据、当事人历次来院数据等内容，在立案法官登记案件信息前，通过内外网数据共享、历史数据对比等方式，为立案法官呈现当前案件的“案件画像”。立案法官可通过此“案件画像”判断案件管辖问题、判断案件是否重案、标记案件重大敏感信息、核实当事人身份信息，实现案件的分流，提高立案质量。目前，通过“案件画像”的风险预警与自动拦截，已经成功预警案件2528件、分流民事及行政案件218357件。根据大数据分析平台的统计分析，2528件预警案件中，涉及当事人261名，同一个预警信息有效预警案件235件，同一名当事人被预警次数高达72次，同一名当事人最多被6家法院预警。被预警的案件中，2129件经法官处理并审理完毕，399件经法官确认确有瑕疵，无法立案。218352件民事及行政分流案件中，274件被认定起诉材料不全，需当事人补充补正后再次来院；218078件被认定为符合化解调解，分流至多元调解组织，案件分流率高达35%。分流至多元调解组织的案件，从调解结果上看，45290件调解成功，121477件未调解成功，51298件正在进行调解，13件调解中止，调解成功率为20.77%，较好地化解了社会矛盾，减少了司法资源浪费。

第二，评价执行能力，提升执行质效。无锡法院依托海量数据，以数据可视化动态描述被执行人社会关系、资产信息、资金往来、流转情况、消费信息、出行记录、涉案债务等综合状况；从多个维度对文件、网络的海量数据进行关联性分析，并辅以多种图表形式，对同一数据进行描述；使各项应用共享同一数据通道，将不同平台、不同架构和不同功能的各职能部门的业务数据连接起来，并在一定程度上实现业务数据整合；建立动态模型，评估被执行人偿债能力、隐形可支配资产、分析财产转移概率等系列关键性指标，为执行法院对被执行人真实履行能力的决策提供有价值的信息和分析参考；同时对被执行人进行动态聚类分析、自动特征提取以及异常预警，对被执行人财产隐匿、转移可能性进行分析以及线索提示；基于偿债能力评估模型，多维度评估和计算被执行人偿债能力。“大数据分析系统”运行以来，无锡市两级法院已通过大数据分析系统对17557个被执行人的信息进行分析，对相关被执行人的财产及时采取查封、扣押等执行措施38256次，执结案件9154件。对被执行人采取罚款、拘传、拘留等强制措施人数增加357%，移送和判处“拒执罪”的被执行人同比上升150%，被执行人自觉履行率上升45%。

（三）化解矛盾纠纷

运用大数据减少涉诉纠纷。依托司法数据支撑，开发诉讼风险智能评估系统，精准评估案件要素，准确引用案例，引导当事人理性诉讼，从源头上减少涉诉矛盾纠纷。

第一，实现信息对称，促进服判息讼。司法信息不对称是当事人对判决结果不满意的原因之一。对于大多数当事人而言，案件适用的法律是否正确他们不知道，案件所采纳的证据是否合法他们不清楚，案件审理过程中的必经程序他们不关心。在司法信息不对称的情况下，当事人对于案件结果可能存在不合理的心理预期。一旦判决结果与不合理的心理预期不一致，他们就会认定司法不公，便会开始上诉、申诉甚至上访。通过司法大数据的应用，法院可以根据当事人选择案情描述，匹配案由模型，精准推送相关判决依据和法律法规，帮助当事人对案件审判结果形成预期，实现司法信息对称，维护司法公平正义，促进审判体系和审判能力现代化，促进当事人服判息讼。例如，2016 年 10 月，贵州开发完成了刑事四类案由证据大数据分析平台，选择了贵阳花溪、毕节织金等 4 地基层法院作为刑事案件大数据试点法院，向被告及被害人推送生效的类似案件。截至 2017 年 9 月 30 日 4 家试点法院通过大数据系统共办结试点案件 734 件，结案率高达 100%，平均审理时间 18 天，当庭裁判率为 81.60%，服判息诉率为 85.30%，案件质效明显提升。

第二，锁定滥诉群体，规制滥诉行为。2017 年印发的《最高人民法院关于进一步保护和规范当事人依法行使行政诉权的若干意见》规定，“正确引导当事人依法行使诉权，严格规制恶意诉讼和无理缠诉等滥诉行为”。制造恶意诉讼和无理缠诉的目的不是为了向法院寻求公平公正，而是通过诉讼向政府施压，达到超出法律规定之外的某种利益。法院依据滥诉的行为特征，通过司法大数据分析可以划定部分滥诉群体。例如，天津高级人民法院信息办开发的关联案件查询系统依托司法大数据，为有效规制滥诉提供了有力武器。通过该系统，查询到胡某从 2011 年至 2017 年在全市范围内关联案件有 92 件，引起立案部门的重视。

（四）助力社会治理

通过智能统计分析案件的数量、类型、内容等当地党委政府关注的案件信息，可以生成表现直观的柱状图、地图分布等，以此充分发挥司法诉讼“社会矛盾晴雨表”的功能。通过司法大数据可以分析诉讼中折射和反映的突出问题，法院据此提出司法建议，为党委政府决策参考提供服务支撑。

第一，为精准扶贫提供佐证。2017 年是精准扶贫的深化之年，随着扶贫攻坚战的深入推进，原有特困地区的经济活动量逐渐增多，民商事案件诉讼量也同比增长。例如，2016 年安徽 12 个国家连片特困地区大别山片区县新收民商事案件 51658 件，同比增长 11.80%，标的额达 99.59 亿元，同比增长 23.89%；8 个大别山片区外国家重点贫困县（区）新收民商事案件 31084 件，同比增长 5.59%，标的额达 75.06 亿元，同比增长 36.11%；11 个省扶贫开发工作重点（市、区）新收民商事案件 65683 件，同比增长 12.68%，标的额达 196.69 亿元，同比增长 46.72%。三类贫困地区民商事案件增幅均高于全省民商事案件增幅，金寨、太湖、颍州等县区案件增幅更为明显，分别同比增长 65.36%、60.52% 和 39.01%。上述数据不仅能够折射出安徽省扎实推进精准扶贫、精准脱贫取得的成效，而且还可以显现精准扶贫过程中的漏洞。例如，在安徽省特困区、国家重点贫困县（区）新收民商事案件中，农民工维权、农村土地流转问题成为涉农案件的主要案件类型，这些案件的激增影响了精准扶贫的效果，今后应当增强对特定问题的工作力度。

第二，发现食品安全监管漏洞。民以食为天，食品安全一直是各级政府常抓不懈的重点领域。司法大数据在打击食品安全类犯罪方面可以发挥独特的作用，能够为食品安全执法指明方向、为食品安全监管划定重点。例如，最高人民法院通过对 2013～2016 年的食品安全犯罪进行大数据分析，发现食品安全类犯罪主要集中在“生产、销售有毒有害食品罪”和“生产、销售不符合安全标准食品罪”，这两个罪名分别占全部食品安全类犯罪的 63.48% 和 35.96%。在具体食材上，肉类安全案件约占 60.77%，其中涉及

用非食品原料对禽类进行褪毛、卤肉类进行上色等非法加工肉制品的案件较多，同时也涉及销售掺入有害物质或死因不明的动物肉类，销售国家禁止进口的巴西、印度牛肉制品等。蔬菜类安全犯罪案件占23.56%，多为豆芽问题。同时，分析还发现，以“小、散、低”为主的食品企业格局是案件多发的内在原因，食品安全监管体制的滞后是案件多发的外在原因。

三　司法大数据面临的困难

（一）数据质量有待提高

全面、准确以及高质量的数据是司法大数据分析的基础，若数据不全面，则司法大数据的结论可能有失偏颇；若数据不准确，则司法大数据的结论便可能失真；若数据质量不高，则司法大数据得出的结论无法被运用。当前四级法院在推动司法大数据建设过程中发现，数据质量还有待进一步提高。

第一，数据不全面。大数据分析以全量样本为基数，若结论是由部分样本或者抽样运算得出，则不能称之为大数据运算。当前司法大数据并不全面，很多数据处于缺失状态。以裁判文书为例，根据《最高人民法院关于人民法院在互联网公布裁判文书的规定》，凡是涉及“国家秘密”“未成年人犯罪”“调解结案”“离婚诉讼”以及“其他不宜在互联网公布的”案件，经过主管副院长的审定，便可以不上网。事实上，各级法院对于是否符合上述五种情形判定不一，大量不涉及这五类情形的案件被签发了不上网审批单，没有进入裁判文书网。若以裁判文书网作为基数，则可能存在分析结论有失偏颇的问题。

第二，数据不准确。大数据的采样过程以及计算过程依托某种电子数据系统，其最终呈现载体大多为电子数据。如果数据系统处于非正常运算状态、电子设备的清洁性存在隐患（如被植入木马），采样过程和计算公式的输入存在人为偏差（如故意漏掉某部分样本数据）等，均会导致结论的不客观与不真实，尤其在大数据分析结论系由一方当事人提出，由非官方机构进行收集和计算的情况下，该结论的客观真实性更难以保障。

第三，数据有杂质。造成数据有杂质的原因一般包括以下两种：其一，存在冤假错案；其二，新法出台。虽然冤假错案为数不多，但一旦被改判之后，原有的错案不应当继续作为案件来源，同样一旦法律法规修改，新司法解释出台，依照原有依据作出的判决也不宜继续作为数据来源。目前在构建司法大数据过程中，数据质量还不高，数据中包含了错误和虚假的信息分析系统无法识别，需要花费很长时间对数据进行“清洗”，舍弃那些可能会影响大数据分析的碎片化数据以及不宜数据。

（二）三大壁垒有待破除

从目前的司法实践来看，大数据建设仍然存在专业壁垒、投入壁垒以及融合壁垒。这三个壁垒限缩了司法大数据的发展空间。

第一，数据分析存在专业壁垒。大数据分析以及基于大数据开发的各类审判辅助系统均是基于历史数据产生，这些系统暂时无法从新的案例、新的数据中学习新知识，无法做到像 AlphaGo 一样可以自我学习、自我更新。而法律的修改、司法解释的更新速度极快，可能几年之内同样的案件审判依据就会发生变化，之前的数据库很快就会被淘汰出局，而新形成的数据还很难迅速发挥作用，这就为司法大数据的发展提出了新的挑战。要么提高系统的数据分析能力，让其能够自我进化、自我学习，成为一名与时俱进的“法官助理”，要么就通过人工方法不厌其烦地筛查数据、更新数据、替换数据。

第二，深度挖掘存在投入壁垒。司法大数据建设本身需要硬件、软件、人力等多方面的投入，从硬件来讲，需要购买或租借大量服务器储存数据；从软件来讲，需要研发大量的应用平台和系统；从人力来说，需要一些专业人才进行建设和维护。且不说未来司法大数据产生的效益能否弥补现有的投入，仅数据搜集一项就占了法院经费的大部分支出。例如，基层人民法院每年需要花费上百万元租借服务器用以存储庭审录音录像、裁判文书、司法数据等内容。在数据积累的基础上，数据的深度挖掘还需要投入更多的成本，对于某些人力物力财力不足的法院来说，发展大数据已经面临重要障碍。

第三，业务技术存在融合壁垒。当前中国缺少大数据人才，更缺乏懂法律、懂数据、懂技术的人才。从地方法院反馈的情况来看，业务精纯、能力极强的老法官往往很少接触智能审判系统，更无法为大数据建设提出建设性意见；而初出茅庐、刚毕业不久的法官助理则对法院信息化系统、大数据分析有浓厚的兴趣，但他们不接触一线审判，不了解法官的办案体会，无法真正改进系统本身。目前司法大数据的发展，面临着法律人员不理解技术思维和技术路径，技术人员不了解法律知识和司法规律，出现了业务和系统“两张皮”，大数据分析系统不能用、不好用、不想用的结果。

（三）信息孤岛有待打破

目前，法院已经积累了海量的数据，可以有效地了解审判管理的各种情况，但信息孤岛现象仍然存在，无论是法院系统内部还是法院系统外部都存在数据无法彻底互联互通的问题。

第一，内部数据衔接不畅。在司法大数据建设过程中，各地都开发了自己的系统。例如，天津建立了“刑事速裁案件管理系统”，重庆开发了“类案智能专审平台”。这些系统为审判管理提供了强大支撑。但由于各地平台和系统相互独立，委托的开发公司各不相同，直接导致系统与系统之间、平台与平台之间的数据无法直接互联互通。最高人民法院为统筹协调全国数据，建立了全国通用的管理平台，但该平台在运行过程中仍然会出现数据无法调取、信息无法汇总的情况。

第二，外部数据很难获得。司法大数据建设不仅涉及法院内部信息，很多情况下需要整合来自检察院、司法行政部门、公安、工商、税务等多个部门的业务信息。只有将与审判执行相关联的信息最大限度地进行整合，才能真正发挥司法大数据的功效。从目前各地反馈的情况来看，法院的外部信息整合难度较大，尤其是涉及公安、检察院等部门的信息，很难顺利获得。有些地方法院依托地方党委支持，与公安部门、检察院、监狱管理局实现了信息互联互通。例如，湖南省高级人民法院在湖南省委的支持下，与省公安厅经过多年协商谈判，终于实现了与公安居民身份系统的数据共享。一方面，将湖南法院刑事案件判决的当事人信息提供给公安部门，帮助公安部门建立涉案人员库；另一方面，通过调用居民身份系统，为民事案件立案提供被告人模糊查询接口，帮助执行法官查询被执行人信息，尽可能降低群众诉讼难度，提高审判执行效率。但除了湖南之外，全国其他地区机关与机关之间、部门与部门之间的信息共享仍然需要一家一家地谈、一家一家地商议，有些部门以涉密为由阻碍信息共享，导致法院外围数据收集步履维艰。

四　司法大数据的展望

（一）狠抓数据质量，提升数据应用效果

数据是司法大数据的前提和基础，数据质量是司法大数据的生命线。今后建议法院狠抓数据质量，扩大数据采集范围，推进数据分析项目建设，提升数据应用效果。首先，广泛采集数据。在采集内容上，不仅要采集传统的案件信息数据，还应采集案件稳定风险、当事人对判决意见、公众对法院判决认同度、司法热点等与审判执行有关的数据信息。其次，认真筛查数据。建议各级法院将信息筛查作为工作的常态，一旦出现改判、修法等特殊情况，就要分析研判对数据库信息的影响，及时将杂质信息、错误信息剔除出数据库。及时更新数据库的资料来源，将最新的法律法规、司法解释、指导案例等内容纳入系统中。最后，充分利用数据。加大对海量数据的自动挖掘和分析开发，运用大数据分析原理对法院各类案件的审判工作建构裁判模型，为法官裁判案件提供参考。此外，各级法院还应当牢固树立大数据分析思维，总结各地推广的经验和做法，巩固和发展现有成果。

（二）破除三大壁垒，保障健康全面发展

面对三大壁垒，建议法院从以下几个方面着手。首先，提供专业支持，提高系统学习适应能力，打破专业壁垒。打破专业壁垒，不仅要求在锁定争议焦点、分析事实认定、引用法律法规基础数据分析等方面提供资深的专业

实务人员支撑，而且还需要进一步提高系统的学习能力、适应能力。需要通过用户行为分析持续提高目标案例推荐准确度，以及持续通过机器学习提升输出“法言法语”的能力，持续提高系统学习能力。其次，厘清投入重点，减少资源浪费。最高人民法院应当确定建设标准，统一数据接口，降低各地信息建设和汇集成本。地方各级人民法院应当根据自身情况，由简入繁、先易后难地深入大数据开发，将大数据的研发与地方实践相结合，与地方突出的问题相结合。最后，培养全方位人才，加强业务与技术交流。打破融合壁垒，一方面要求培养全方位人才，让一些懂技术、懂数据、懂法律的复合型人才进入法院；另一方面则要求加强法官和技术人员的交流，让法官了解技术思维和技术路径，让技术人员学习法律知识，做到业务部门和技术部门共同学习，紧密配合。

（三）开放数据信息，提高数据利用价值

开放共享服务是中国智慧法院建设的重要理念，也是实现司法公正、满足群众诉求、助力司法改革和司法管理的重要手段，还是法学学术发展的重要养料。从数据中得出研究结论是当前法学学术进步最为重要的方式之一，也是今后发展的重要方向。通过大量的数据，可以帮助学术界从理论探索转向实证分析，学术界得出的结论也就更加科学，更有依据，更符合实践需求。但是目前数据获取难度非常高，以中国裁判文书网为例，裁判文书网对网上浏览、下载设置了重重验证，不方便高校和科研机构进行研判和分析。很多研究人员不得不转向 OpenLaw 中获得数据，并支付给技术公司一大笔经费。为提高数据的利用价值，建议法院充分利用高校、科研院所以及社会其他组织的力量，开放更多的数据信息，扩大数据开放程度和开放范围，拓展大数据运用的广度和深度。

（四）加强顶层设计，实现数据互联互通

大数据是人们获得新的认知、创造新的价值的源泉，还是改变市场、组织机构以及政府与公民关系的方法，可以说，谁掌握大数据，谁就掌握未

来。大数据作为大国战略，不应当也不可能由单个机关或部门推动。同样，司法大数据也不应当仅有法院单方面的努力，而应当上升到国家战略高度。当前法院在推动司法大数据建设过程中遇到了瓶颈，仅凭法院一家之力，无法将大数据推向新的高度。因此，建议加强顶层设计，由中央协调法院、检察院、公安部、银监会、证监会等相关部门，打破各个部门之间的数据信息孤岛，实现跨部门、跨地区信息的互联互通。此外，建议全国人民代表大会常务委员会就数据共享、信息互联互通出台相关立法，明确各个部门的权力、划分相关部门的职责，保障信息交流有法可依。

地方法院信息化

Informatization of Local Courts

B.7

重庆市高级人民法院“六 E”打造互联网时代电子法院

重庆市高级人民法院课题组*

摘　要： 2017 年 4 月下发的《最高人民法院关于加快建设智慧法院的意见》，为构建公正司法、司法为民的人民法院组织，建成智慧法院指明了方向。智慧法院建设的目标是让法院工作适应信息化时代的新趋势、满足人民群众的新期待。重庆法院充分利用现有资源，坚持互联网思维，积极探索利用人工智能、大数据等技术升级改造电子法院，打造更加智能的电子法院“六 E”，即 E 诉讼、E 送达、E 调解、E 庭审、E 公开、E 执行，实现人民法院司法产品生产、交互、提交、评价的智能化

---

* 课题组成员：孙启福，重庆市高级人民法院副院长；陈浩，重庆市高级人民法院信息技术处处长；张伟，重庆市高级人民法院信息技术处副处长；谢伟，重庆市高级人民法院信息技术处信息管理科科长；卿天星，重庆市高级人民法院信息技术处干部。

升级，更加高效地推进智慧法院建设。

关键词：“六E” 互联网思维 电子法院

电子法院是法院信息化建设3.0版的主要特征之一。电子法院的开通，实现了司法产品提供方式的创新，是人民法院利用互联网思维、为实现智慧法院建设迈出的第一步。但是，仅仅实现电子法院还不足以支撑网络化、阳光化、智能化的人民法院信息化体系，尤其难以满足面向法官、诉讼参与人、社会公众和政务部门提供全方位智能服务的要求。为落实最高人民法院工作要求，实现2017年底总体建成智慧法院的目标，重庆法院着力尝试利用人工智能、大数据技术对电子法院的核心功能进行智能化改造，打造更加智能的电子法院“六E”，即E诉讼、E送达、E调解、E庭审、E公开、E执行，实现人民法院司法产品生产、交互、提交、评价的智能化升级。

一 建设背景

习近平总书记指出，没有信息化就没有现代化。加快智慧法院建设，是落实党和国家科技发展战略的生动实践，是促进司法事业科学发展的内在需求。重庆市高级人民法院坚决贯彻落实以习近平同志为核心的党中央提出的网络强国战略、“互联网+”行动计划、国家大数据战略等一系列决策部署，按照最高人民法院工作部署，将智慧法院建设作为提升司法公信力的重大举措、提升人民群众获得感的有效手段、深化人民法院司法改革的重要支撑。

当前，人民法院正在经历自身的“信息技术革命”。党的十八大以来，最高人民法院将信息化和司法改革作为司法事业发展的“车之两轮、鸟之双翼”，深入推进信息化建设，取得明显成效，信息化已经融入人民法院工作的方方面面。重庆法院始终坚持信息技术与审判工作深度融合，倾力打造了全市三级法院“同一系统、同一平台、同一标准”的信息化体系，全面建成重庆法院信息化“12334”总体架构，形成智慧法院的雏形。截至2016年底，重庆法院已建成面向审判执行、面向人民群众、面向管理决策的全覆盖的业务系统。面向审判执行，研发案件管理监控预警、审判智能决策和风险自动识别预警等智能系统，确保司法责任真正落实在司法裁判全过程。面向人民群众，研发司法公开和诉讼服务智能服务系统，提供诉讼服务应用、当事人信用、律师评价推荐、司法建议、社会管理专题、案例研判、信访咨询和法院审判工作白皮书等对外司法大数据分析服务，努力通过信息化让人民群众切身感受到司法便民利民。面向管理决策，研发审判资源配置评估、司法研究与指导、人员选拔评价、工作量智能评估等司法研究和工作评估智能服务系统，为管理决策提供有力的“大数据”保障。

但是，由于人力财力等客观因素限制，重庆法院信息化建设的智能化程度仍然不够，无法满足智慧法院建设的要求。2017年以来，以机器学习、自然语言处理、语音识别等为代表的人工智能前沿技术逐渐成熟，人工智能与人民法院工作的融合创新也快速发展。重庆法院结合本地实际，大胆提出以人工智能、大数据技术升级改造原有电子法院的各项功能，以“六E”推动重庆智慧法院建设，全力探索更加高效、经济的智慧法院建设途径。

二 系统介绍

（一）E诉讼

重庆法院自觉遵循新发展理念，紧紧围绕重要定位，探索通过人工智能类型化处理案件，研发“类案智能专审平台”，通过信息化手段提升办案效率和精准度，破解案多人少矛盾，助推裁判标准统一。“类案智能专审平台”充分运用人工智能前沿技术，依托互联网和法院专网分别打造专供诉讼参与人使用的类案“智慧E审”和办案法官使用的“智能专审”两大系统，同时实现系统无缝对接。

（1）智能便捷的网上立案。运用自然语言处理等现代技术，在“重庆法院公众服务网”打造“智慧E审”系统，当事人或诉讼代理人无须到法院，登录平台点击“生成起诉书”功能，录入相关信息及材料，即可自动生成标准的起诉状，并在线提交法院。提供智能批量立案功能，当事人或者诉讼代理人只需在平台一张表格中填录所需案件信息，即可实现一键批量立案。对于纸质材料等非电子材料，当事人仅需将其拍照或扫描上传至“智慧E审”，系统一键自动智能识别原告、被告等关键信息并自动填录，告别烦琐枯燥的人工填录，实现电子数据自动生成、智能识别和分类。对符合立案条件的案件，智能一键生成案件受理通知书、应诉通知书、答辩通知书、举证通知书和送达回证等文书材料，并自动生成打印邮政专递的填录信息。

（2）智慧规范的审理裁判。依托人工智能技术，在法院专网打造“智能专审”系统，将信用卡、民间借贷、工伤认定等类型化案件审判规则要素化，并自动嵌入案件审理全过程，确保法官办案更加标准、规范。在开庭阶段，用系统自动提取关键信息，通过庭审要素智能提取案件共性信息，自动围绕双方当事人法律关系、法律行为，事实、约定等事项进行要素化整理，并生成法官庭审指引，实现庭审过程的智能化。在裁判文书撰写阶段，运用裁判文书智能生成系统收集、整理案件庭审阶段的所有确认信息，自动生成令状式裁判文书。提供“民间借贷本息结算系统”等智能辅助工具，一键生成应还本金和利息，排除不予支持的利息金额、依法应予返还的利息金额，有效提升了裁判文书的制作效率。同时，自动向法官推送相似度较高的案例，并对法官拟作出的裁判进行智能评析，有效统一裁判尺度，实现类案同判。

（3）全面准确的偏离度预警。平台建设过程中，注重提升审判效率与提升审判效果同步推进。以极具代表性的信用卡纠纷案件为例，依托平台智能评析模块，将拟裁判的滞纳金、利息等比对全市同期已审结案件裁判标准，对标值与同期90%以上案件一致的，则提示为“正常”，对标值偏低或偏高的，系统自动向法官发送偏离度警示。法官通过查看偏离度，减少出错的概率，推动实现裁判尺度统一。裁判文书稿件出现与已有裁判规则较大偏离的，也会实时推送至院庭长管理平台，为院庭长开展管理提供智能辅助。

（4）快捷高效的文书送达。平台对接重庆法院“E送达—智送速达”

系统，法院专递送达单自动识别打印、专递信息实时互通、电子回执快速反馈等功能，让类案专递送达全程留痕、公开透明。研发电子送达系统，利用重庆法院公众服务平台、12368短信平台、个人邮件服务平台向当事人提供电子送达服务，大大提高了类案文书送达成功率。对各种送达流程进行信息化再造，完全嵌入案件流程管理系统，让送达不再游离于办案节点管控之外，送达信息自动生成，送达过程清晰可见，送达提醒实时反馈，送达效率和成本主动评估，送达管理更为精细化。

（5）精准多元的类案研判。发挥“大数据”挖掘分析功能，“E审平台”实时收集、提取、分析各类数据，将分散的个案关联起来，及时把握数据中蕴含的规律性、倾向性和苗头性问题，及时掌握纠纷特点及当前经济社会发展中的热点问题和主要矛盾的关键信息，为党委政府决策提供更加准确的信息支撑。例如，平台通过对金融纠纷案件资金流向的分析，决策者可以清楚地了解资金是否流向实体经济，同时，平台还可以提供特定被告大量举债并被诉至法院的警示信息。

2017年4月“类案智能专审平台”在渝中区人民法院、江北区人民法院试运行以来，得到法官和当事人的一致好评。以渝中区人民法院为例，截至2017年7月，信用卡纠纷案件收案4517件，其中网上立案775件，占比17.2%；审结4416件，审理时间平均缩短27.26天，服判息诉率达99.73%。

（二）E送达

“送达难”是长期困扰人民法院工作的一大痼疾。长期以来，送达事务耗费了人民法院大量人力物力。随着案件数量的“井喷”增长，“送达难”问题日益凸显，破解“送达难”问题已刻不容缓。重庆法院采取多头探索、重点突破的方式推进解决“送达难”，在推进重庆法院“智送速达”平台建设，整合邮件送达、短信送达、微信送达等方式，拓展送达途径的同时，建成法院专递管理系统，用互联网思维改造传统送达方式，提升送达效率。

法院专递管理系统是一套法院专递送达流程智能管理系统，创新实现了送达方式智能推送、送达难度智慧判断、送达地址自动选择、送达情况实时反馈，让法院专递真正活起来，点点鼠标就完成送达。全市三级法院实现了法院专递全程管控、专递流程送达信息实时互通、当事人送达地址和联系信息全市共享、电子送达回执自动反馈等，还具备法院专递投递单扫码打印、个案投递难易度分析、专递费用的统计分析等功能。

（1）送达流程全程掌控。原有工作模式中，法院专递交寄后，法院工作人员需收到纸质回执后才能确信和分辨是否已真实送达当事人，以便启动下一步程序。法院专递管理系统利用互网联技术，在法院、邮政速递公司和受送达人之间架起了一条闭环高速通道，送达过程和信息实时共享，自动流转，全程留痕，让沟通变得简单，让送达不再困难，解决了绝大多数重复送达的难题。

（2）送达信息智能分析。为每个当事人建立专门的送达信息库，通过全市法院诉讼服务中心、公众服务平台，探索第三方（公安、社保、邮政、通信运营商、律协等）联系方式和送达地址共享模式，多渠道采集获取当事人送达地址。同时结合该当事人以前的送达信息和送达方式，利用大数据分析，系统自动向法院工作人员智能推送该当事人的最佳送达方式、最优送达地址和送达难易程度供参考，让法院工作人员按部就班地完成送达工作，节约司法资源。

（3）专递送达单自动识别打印。通过套打实现法院专递的填单工作，系统智能提取地址信息和联系方式，自动打印专递送达单，彻底解决了字体潦草、字迹不清、地址联系方式不准确而导致的退回问题。委托专业公司研发了能自动识别专递送达单号的打印机和高拍仪，通过自动打印识别和拍照识别专递送达单号实现流转信息的自动采集，并逐案进行送达关联。

（4）递送信息实时交互。通过与中国邮政速递物流系统的数据交互，实现送达进度实时提醒，方便法院工作人员跟进办案进程。专递送达单信息、寄收件人信息自动导入邮政速递物流系统，专递结算费用由邮政工作人员定期上传到法院办案系统，方便财务结算。

（5）电子回执自动生成。邮政速递机构邮政人员使用带条码识别的高拍仪、手机将签收信息拍照后形成电子回执实时反馈。通过数据交互自动将电子回执回传至法院案件管理系统，并同步生成送达回证等电子卷宗材料。

(6) 送达信息主动发布。利用重庆法院公众服务网的案件流程信息公开平台，将送达情况和进程及时公开，让当事人全程参与监督，随时了解法院办案进程，避免出现不必要的误会。同时通过该平台，当事人可以随时变更送达地址和联系方式，并推荐当事人选用电子送达方式。

(7) 加强法院专递管理。细分法院专递的各个流程节点和工作责任，法院专递管理系统重新定义每个岗位职责，全程记录各个节点的耗时，合理优化改进。并通过互联网和重庆法院专递微信群实现了数据互通共享和法院工作人员与派送人员之间的信息实时交互，提高送达效率和成功率。同时实现了案件信息、送达信息和费用信息逐一匹配，满足法院个案评估和精细化管理的需要。

小系统，大作用。法院专递管理系统上线以来，操作简便、反馈迅速、使用智能、自动提醒等功能深受法院工作人员认同；和邮政速递机构的互动管理让送达行为更为规范；送达流程实时公开，满足当事人全程了解送达进程的需要。以试点的重庆市高级人民法院为例，启用法院专递管理系统后，建议本院工作人员凡是原审案件未妥投的当事人或未联系上的自然人原则不采用法院专递送达，并在专递送达单中对是否联系过当事人和要求的送达日期进行备注，提高快递人员工作效率。

（三）E 调解

“纠纷易解平台”是重庆智慧法院建设进程中推出的又一项重大成果，是重庆法院信息技术在司法为民、便民、利民方面应用中的又一次创造性实践。目标就是“让当事人更加理性地选择纠纷化解方式，更加便捷地提供纠纷化解一站式服务”。重庆法院从创新纠纷协调机制、有效化解社会矛盾的现实需求出发，充分运用“互联网 +”技术，积极探索大数据多元化纠纷解决机制的新途径，依托全市法院专网和互联网这“两张网”，全新打造了省级层面统一的法院纠纷多元化解一体化平台，为老百姓解决矛盾纠纷提供了“全流程”“一站式”服务，既大大便利了当事人诉讼，也促进了纠纷化解工作的专业化、规范化、高效化。

（1）数据共享。重庆市高级人民法院搭建一体化大平台，并以平台为纽带，汇集整合司法调解、人民调解、行政调解、行业调解等多方调解资源，实现了全市法院诉讼与人民调解、行业调解、行政调解大数据的“实时共享”，最大限度地促进集约化处理矛盾纠纷，实现资源整合的最大化与实际运用的最优化。平台与市司法局主导的“巴渝和事佬”等调解平台实现了数据共享和互通。根据工作需要与矛盾纠纷综合调处系统、仲裁机构和公证机构进行衔接，建立信息关联点，切实健全拓展平台功能，推动完善矛盾纠纷多元化解体系。

（2）机制共建。平台搭建是基础，多元化解机制是关键。重庆法院纠纷易解平台在合川区人民法院（以下简称“合川法院”）试用以来，合川法院以平台建设为契机，进一步促进人民法院与地区综治办、人力社保局、公安局、司法局、医疗纠纷人民调解委员会、保险行业协会、相关街道人民调解委员会等单位的工作衔接，切实完善涉及婚姻家庭、邻里纷争、交通事故、保险、医疗纠纷等领域的矛盾纠纷多元化解机制。线上，平台打通调解员和当事人登录专用通道，实现当事人申请调解、调解员开展调解与法院工作的“多对一”；建成法官登录通道，实现法院“一对多”委托、特邀调解组织对案件进行调解，以构建起多渠道、多层次的信息化诉调对接通道和诉讼服务体系。线下，试点应用的合川法院已设立线下实体诉调对接中心 1 个，建成诉调对接平台 3 个，实现与 33 个调解组织的工作对接；组成专业级别的调解员库，其中特邀调解员 138 名，专职调解员 2 人。

（3）诉调对接。平台依托互联网和人民法院专网“两张网”，在确保数据安全的情况下，打通了网上“互联通道”，实现了纠纷易解平台与法院案件管理系统的互联互通，建成了真正意义上的覆盖全市的诉调对接大平台。同时，平台采用开放性设计，增强研发当事人自主登录、选择调解、在线调解、网上立案衔接等功能模块，满足当事人的多元需求，若当事人达成协议解决了纠纷，流程可以随时终结；若前一流程不能化解纠纷，程序则自动流转进入下一矛盾纠纷化解环节。当事人愿意调解的，登录界面进入调解资源，根据案件类型选择人民调解、行业调解和行政调解。调解员可根据双方当事人的申请，组织“线下”座谈调解或是“线上”远程视频调解。案件调解成功，录入双方当事人信息即自动生成调解协议书，在平台一键立案后流转至法院，由法院对调解协议进行司法确认。目前已对通过平台提出申请的155件案件中的131件案件的调解协议予以司法确认。案件前期调解不成功，征求当事人意愿后，录入当事人信息及诉求、证据资料等直接流转至法院立案。

（4）智能引导。通过纠纷易解平台，引导矛盾纠纷主体理性选择纠纷化解方式，促进纠纷“易解”，实现“规则之治”。以用户体验为核心，通过建立平台参考案例库、典型真实调解案件、调解时间费用等成本要素计算，突出网络调解的高效便捷性、突出调解方式的权威性和契合性、调解结果的效力性，引导当事人结合自身争议焦点，比较调判案例、预估案件结果，自主选择最为合适的纠纷解决方式。

（5）智能调解。目前正在尝试人工智能等技术引入网上调解，实现人机自动智能对话，为当事人调解提供更加智能多元的网上服务，如法条自动推送、智能计算、简单纠纷智能调解等。

平台以“数据共享、机制共建、诉调对接、纠纷易解”理念为引领，推行“互联网+多元化解”的纠纷化解新模式，为老百姓找到了一条经济、方便、快捷、有效解决矛盾纠纷的途径。自2017年7月率先试点应用合川法院打造的应用子平台“合舟共济e+平台”以来，通过平台分流调解303件，约占该院同期受理民商事案件的10%。其中，特邀调解案件175件，调解成功155件；专职调解128件，调解成功87件，调解平台办结案件的平均周期为28天。

（四）E庭审

2016年6月，习近平同志主持召开中央深化改革领导小组第二十五次会议，审议通过了对法院具有深远影响的重要文件——《关于推进以审判为中心的刑事诉讼制度改革的意见》，要求推进庭审实质化改革，做到“事实查明在法庭、证据认定在法庭、公开宣判在法庭”，审判法庭将会在中国法治进程中发挥越来越重要的作用。重庆法院积极探索，对科技法庭进行智能化升级，打造智能的E庭审。

（1）庭审语音识别。2017年5月19日，重庆市高级人民法院与百度公司签署战略合作协议，将其语音识别等前沿人工智能技术引入法庭，实现了语音自动转换为文字、自动生成高可用性的庭审笔录，大大减轻了书记员的工作量，也让庭审记录更为全面、客观、真实。目前，改造后的科技法庭普通话识别率达到95%，重庆本地方言识别率达到85%。

（2）证据智能展示。在电子卷宗同步生成的同时，利用智能语音识别技术改造证据展示平台。庭上直接通过语音就可以找到需要展示的电子卷宗内容。传统庭审中的纸质证据材料传递质证方式除走动、耗时外，还存在检索难、不同步问题。引入语音识别技术改造电子卷宗展示平台后，电子材料上传后会自动生成每页的检索关键字。庭审时，相应电子材料能够根据使用者的语音直接展示电子材料。系统根据庭审过程中说话人的指令，检索到电子卷宗中相应的电子材料，并实时显示在各方当事人面前的显示屏上，方便快捷。

（3）移动终端庭审直播。通过数据对接，直接将视频和语音信号传输至新浪网，通过与新浪公司进行深度合作，大胆将庭审过程面向社会全程公开。在重庆法院App上，以社会公众身份打开《庭审直播》栏目，不需要使用账号密码登录，就可以查看正在公开开庭案件的实时庭审情况。

（4）网上视频开庭。搭建网上三方视频平台，实现网上开庭。双方当事人通过互联网庭审平台参加诉讼，法庭调查、法庭辩论、最后陈述等庭审各环节均在网上公开。庭审过程中，同样运用语音识别技术，自动生成庭审笔录。“网络庭审”极大地方便了身在外地的当事人参加诉讼，原被告只需一台能上网、有摄像头的电脑，就能实现“网络诉讼”。

（五）E公开

深化司法公开是推进司法责任制改革、健全审判运行机制的重要内容，是保障人民群众有序参与司法、满足人民群众日益增长的司法需求的重要方面。为切实深化司法公开，重庆法院通过政务网站、官方微博，开展庭审录音录像、微博图文直播，开通12368司法服务短信公开审判流程信息。2017年更以建设“智慧法院”为支撑，以创建“司法公开示范法院”为载体，充分利用数据集中优势，构建实体、网络和移动终端三位一体的全息化司法公开体系。

（1）构建网上公开平台。重庆法院公众服务网是重庆市三级法院统一的网上公开平台，是一个司法公开、司法便民的数字化功能性网站，推动诉讼服务由实体窗口向网络空间延伸。重庆法院公众服务网采用扁平化设计，全市三级法院共用，除司法公开的“规定动作”裁判文书公开、审判流程公开、执行信息公开外，还提供法院概况信息展示、网上诉讼服务、案件进展情况查询等功能。当事人通过立案时在受理通知书或应诉通知书中获得的账户及密码登录，足不出户就能查看案件的进展情况。网上提交诉讼材料，并实现当事人与承办法官的网上互动交流。

（2）升级诉讼服务中心。为提升诉讼服务中心的智能化水平，专门研发诉讼服务一体机。诉讼服务一体机集指纹识别、材料扫描、文书打印、自助缴费于一体，具有自助立案、证据提交、案件查询、档案查询、异地送达等功能，大大方便老百姓特别是案件数量较多的法院的诉讼当事人打官司。诉讼服务一体机具有三大特点。一是功能齐全。诉讼服务一体机配备了高拍仪、身份证读卡器、彩色打印机、指纹仪等多种设备，相当于一个自助式的立案窗口。二是方便快捷。当事人可以借助该设备独立完成立案登记，并可查询立案进度，打印裁判文书等。三是网上流转。自助一体机接入法院内网，案件数据和扫描材料自动转入案件管理系统，法官可实时对当事人录入的资料进行审核，提高工作效率。

（3）完善移动终端App。以社会公众身份打开“重庆法院”App应用，即不以账号密码的方式登录时，可以查看人民法院简介、开庭公告、裁判文书、诉讼指南等四个模块，点击相应图标即可进入模块查看内容。如果案件参与人使用人民法院案件受理通知书或者应诉通知书中提供的案件查询账号和密码进行登录，还可通过“审判流程公开”“执行信息公开”等模块，查看自己所涉案件的办理情况等信息。在《庭审直播》栏目，还可以查看正在公开开庭审理案件的实时庭审情况。

（4）拓展公开新渠道。全市法院均将充分运用信息化技术作为丰富司法公开形式、更好地满足人民群众司法需求的重要手段。数据实时统计、实时更新和互联互通的全面实现，为深化司法公开提供了坚实的科技保障。各法院将互联网思维运用于司法公开，均依托互联网平台，通过开通法院官方微博，公开各类审判信息和政务信息；通过开通微信服务号，推送各类信息，实现与公众的良性互动；通过提供二维码安装 App 服务，为公众访问法院的网上平台提供便捷服务。为人民陪审员配备专用案管账号，便于陪审员查看案件信息。

（六）E 执行

切实解决执行难，是党的十八届四中全会作出的重要部署。最高人民法院向全国人民庄严承诺，“用两到三年时间基本解决执行难”。为此，最高人民法院主持建成了网络执行查控体系，上线银行存款查询功能、实现冻结乃至扣划功能，并逐步将网络查控范围扩展到车辆、证券、土地、房屋和新类型财产等。重庆法院在积极借力全国统一平台进行网络查控、评估拍卖的同时，积极创新，借助信息化手段，不断推动“基本解决执行难”取得新成效。

（1）加强执行指挥中心建设。建成执行指挥中心应用平台、远程执行指挥监控系统和视频会议系统，推动信息化与执行工作高度融合。为执行法官法警配备执法记录仪，拥有 120°水平视角、15 米的有效拍摄距离，内存达 32GB，可满足 10 小时连续拍录需求，还能监测环境光线，自动开启红外线夜摄模式。可根据现场情况选择录音、拍照及连拍模式，提前与对讲机进行频率配对可以实现实时通话，提升移动执行的信息化保障能力。加快推进网络查控系统建设，市高级人民法院执行指挥中心建设“点对点”系统对接银行、公安、工商、国土、民政等部门，实现执行信息化查询全覆盖，“查人找物”能力大幅提升。2017 年，通过该系统查询控制被执行人财产近 49 亿元。

（2）信息互联实现信用惩戒。加强联合信用惩戒机制建设，推动市委市政府联合发文支持法院“基本解决执行难”工作，建立党政机关及公职人员涉执线索移送机制，严惩特殊主体规避执行行为，与财政、金融、工商等46家单位建立联合信用惩戒机制，通过网络互联、信息共享共将约20万名“老赖”的信息纳入失信被执行人名单库，4.6万余名失信被执行人迫于惩戒压力主动履行义务。

(3）探索网上和解分期支付。在互联网上搭建平台，实现执行和解网上办理和分期支付网上申请。双方达成执行和解的，可以在互联网上进行记录并将信息同步上传。同时为被执行人和申请执行人搭建通道，被执行人可以直接在网上提出分期支付的申请，经双方网上磋商并同意后，可以进行分期给付。给付记录自动同步至执行案件管理系统，执行法院可以实时跟踪进度和履行情况。

（4）研发上线案款管理系统。重庆法院自主研发“执行案款管理系统”，全市三级45家法院通过“一案一人一账户”匹配，实现了执行案款收、发全流程网上运转，资金收支记录网上审批、全程留痕，快速准确抵达当事人账户。“执行案款管理系统”上线前，每个法院只有一个主账号，所有执行案款都会进入这个账号，来款一旦没有标注具体的案件信息，进账的案款就难以找到对应的执行当事人。缺少关键信息的未认领款项的沉淀，不仅降低了案件执行效率和效果，也影响了执行人权益。“一案一人一账户”的实行，彻底清除了不明案款。当事人在法院立案后，通过信息化业务系统，对当事人及对应的具体案件自动生成对应的银行账号。从立案到结案到执行，这个账户及信息就与案件当事人贯穿各个环节，案件的诉讼费用、执行案款都将自动与这个账号并联匹配，执行案款进入后，案款自动对应案件，从而消除“案子对不上钱、钱对不上案子”的情况。同时，银行与法院无缝对接，案件对应账号的实时进账信息自动同步到案款管理系统，既实现了“全程留痕”，规范了执行活动，也有效提高了执行法官的工作效率。

三　未来展望

（一）应用前沿技术的产出效益有待提高

以语音识别、图像识别、OCR 和 NLP 为代表的人工智能技术、大数据技术目前已达到一定成熟度，在消费、安全等领域得到充分运用。重庆法院在信息化建设过程中虽然引入了人工智能、大数据等前沿技术，但实际使用效果仍达不到预期。两个方面的因素影响了前沿技术的产出效益。首先，前沿技术须进一步突破。例如，重庆本地方言的识别较普通话识别难度更大、识别率更低，还需要进一步的技术突破和应用积累。其次，前沿技术与审判工作实际的结合需要建立实事求是的效果反馈机制。以某一个场景、少数案例的应用、展示来判定技术应用的实际效果难以反映真实效果。如何在积极推动智慧法院建设的同时，坚持需求导向，保持技术理性，确保法院主导，在真正需要、真正管用、真正适合的场景下应用前沿技术，需要进一步谋划统筹。

（二）智慧法院建设的财力保障较困难

重庆是“一带一路”建设的重要战略支点，长江经济带的西部中心枢纽，西南地区内陆开放高地，正积极打造长江上游金融中心。经济社会的高速发展，带来的是政府财力投入天平的倾斜。2016年重庆法院软件研发及运维费用共计仅420余万元。2017年经过积极争取，信息化建设预算资金总计1600余万元，除去日常专网线路租赁、日常设备采购和运维保障费用后，智慧法院建设的经费捉襟见肘。虽然通过各种途径节约资金，目前仍有较大缺口，严重影响智慧法院建设进程。

重庆法院信息化建设一直坚持需求导向，同时兼顾理念创新与前沿技术应用。在智慧法院建设目标引领下，重庆法院充分利用已有系统，不断整合并合理引入人工智能和大数据等前沿技术，提升智能化水平。通过对现有系统的整合升级，建成了具有网络化、智能化特征的“六E”电子法院。通过不断摸索，形成高性价比的智慧法院建设投入产出模式，有力促进了重庆三级法院智慧法院建设。重庆法院将继续坚持平台整合、理念更新、技术探索相结合，在“六E”电子法院基础上，继续打造重庆特色的智慧法院。

B.8

依托“人工智能+”构建智慧海事法院的实践与展望

上海海事法院智慧海事法院建设调研课题组*

摘　要：　智慧海事法院建设是服务和保障国家重大战略、落实人民法院信息化建设五年发展规划、加快建设国际海事司法中心的必然要求。近年来，上海海事法院围绕海事审判执行工作特点，在信息化建设方面进行了一些尝试，并取得了一定成效。针对海事审判的共性问题和审判执行的难点问题，上海海事法院经充分调研提出了“人工智能+”工作模式的设想，并开展了积极的实践探索。

关键词：　智慧法院　“人工智能+”　海事审判

上海海事法院成立于1984年6月，是全国十家海事法院中最早成立的第一批海事法院之一，审理一审海事海商案件，管辖上海、江苏沿海海域（包括洋山深水港及周边海域）和长江水道浏河口以下通海水域。与普通法院相比，海事法院不论是在审理案件的专业性方面还是管辖的范围，都有自身独特的特点。因此，在信息化建设上，除了满足人民法院共性的需求之外，还必须符合海事审判个性化的需求。

---

* 课题组成员：赵红，上海海事法院党组书记、院长；黄松涛，上海海事法院党组成员、政治部主任；钟明，上海海事法院办公室主任；刘晨，上海海事法院办公室副主任；裔文君，上海海事法院办公室技术科科长。

一　海事审判对信息化建设的个性化需求分析

（一）海事审判具有较强的专业性特点

海事案件虽然数量不多，但法律关系复杂，涉及航运、对外贸易、海洋环境、船舶等众多专业领域。对于这些专业领域信息的采集和利用，直接关系到海事审判、执行工作质效。

1. 需要采集并利用与船舶信息有关的数据

船舶是海事审判的主要标的物。包括船舶历史航迹和档案信息在内的一系列数据对案件事实查明、责任认定等重要环节具有不可替代的作用。船舶是保障当事人权益实现的重要财产，当事人在诉讼的各个阶段都有可能提出扣押船舶的海事请求，因此，海事法官对及时了解船舶相关数据普遍有较强的需求。

2. 需要采集并利用与航运货物信息有关的数据

货物同样是海事审判中的重要对象，涉货案件占上海海事法院收案总数的81%。传统模式下，法官只能通过当事人各自提交的证据材料来查明案件事实并作出责任认定，但这些证据材料所反映的信息往往在完整性方面存在缺陷。因此，航运货物的流转信息也是海事审判的重要依据。

3. 需要采集并利用多渠道的航运要素数据

海事案件在审理、执行过程中，还往往需要掌握诸如通关信息、船员出入境信息、海洋环境监测信息等航运要素数据。这些数据的有效性、及时性和完整性对提高海事审判的审判执行质效都有非常重要的意义。

（二）海事审判具有较强的涉外性特点

在2016年上海海事法院受理的5000余件海事案件中，当事人主体涉外的约占20%，其他法律事实涉外和标的物涉外案件占案件总数的一半以上。因此，利用信息化技术对境外信息进行采集和利用也是海事审判的

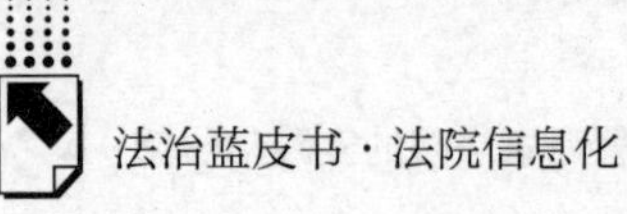

迫切需求。

1. 需要建立跨国（境）查证、认证的通道

海事案件中很多事实发生在国（境）外，造成当事人取证困难。因此，建立一套包含视频语音远程传输的查证、认证通道将为涉外海事案件审理提供很大便利。

2. 需要建立涉外案件的大数据分析系统

人民法院的审判执行工作，不仅关注个案审判，更应服务保障大局工作。利用大数据对涉外案件的统计分析，可以及时发现并掌握全球航运市场的发展趋势、提示特定国家或区域的外贸风险，并对中国的相关业界提供有益的风险警示。

3. 需要建立面向国外的信息公开平台

随着中国海事审判的国际影响力逐步提升，中国的海事法律和海事审判越来越多地受到国外航运界和海事法律界人士的关注。因此，建立优质完善的对外信息公开平台对不断提高海事司法的公信力和国际影响力具有重要意义。

（三）海事审判具有跨行政区划管辖的特点

为适应跨行政区划管辖的需要，上海海事法院设立了连云港派出法庭、洋口港派出法庭以及洋山深水港派出法庭、自由贸易试验区法庭。然而，长江经济带和“一带一路”等跨区域经济活动越来越频繁、密集，对新形势下跨行政区划管辖提出了新的要求。

1. 满足远程审判和远程案件评议的需要

为让分处异地的当事人免于奔波往返，减少诉累，需要我们利用信息技术满足远程审判和远程案件评议的需要。

2. 满足跨行政区划诉讼服务的需要

为提高诉讼服务效率，满足跨行政区划当事人的诉讼需求，需要我们利用信息技术跨越时间和空间限制，提供便捷高效的诉讼服务。

3. 满足管辖范围内多地法治软环境建设的需要

为积极回应管辖范围内的法治软环境建设需求，需要我们利用信息技术主动对接党政机关和港航企业，建立信息共享和反馈渠道。

二 智慧海事法院建设的探索与成效

近年来，上海海事法院紧扣问题导向和需求导向，以解决海事审判执行难点工作为目的，根据人民法院信息化3.0版的建设要求，在智慧海事法院建设方面进行了一些尝试。

（一）服务人民群众

1. 互联网调解平台有效拓展多元纠纷解决机制的渠道

上海海事法院于2016年开始研制开发互联网调解平台以及移动客户端。该系统主要针对案情相对简单、责任比较明确、当事人有调解意愿的海事纠纷开展在线调解工作。

2017年上海海事法院对该调解平台进行升级，从单一的在线调解拓展为集在线调解、在线视频质证、在线事实调查等多项功能的综合性在线纠纷解决平台。

2017年7月，上海海事法院在一起航次租船合同纠纷案的互联网庭审直播过程中，借助该系统与身处外地的证人通过远程视频的方式进行质证，避免了诉讼参与人往返奔波的劳碌，充分展现了海事审判的公开、公正与效率。截至2017年12月，上海海事法院通过该平台处理案件共计303起，调解成功率高达80.85%。

2. 远程审判系统和远程案件评审系统助力派出法庭高效审判

为进一步适应海事审判跨行政区域管辖的特点，降低诉讼参与人的诉讼成本，提升派出法庭的办案效率，上海海事法院在院本部和连云港、南通两个外埠派出法庭开发部署了远程审判系统。实现法官和当事人远程完成庭审过程中的身份核对、质证、辩论、证据推送等各个庭审环节。2017年4月，上海海事法院在远程审判系统的基础上又建设开发了远程案件评审系统，该系统有四项功能：一是实现“远程评议”功能，方便派出法庭的法官实时汇报、评议重要案件；二是实现“远程审委会会议”功能，方便派出法庭的法官远程参与审判委员会会议；三是实现三级法院视频会议功能；四是实现了数字审委会功能，实时展示案件基本信息、案件审理报告、随案电子卷宗以及关联案件等材料，同时还具备电子签到、会议笔录实时显示、案件材料和笔录实时批注、会议表决、查看结论等功能。

2017 年 9 月 27 日上午，上海海事法院跨庭组成合议庭，远程开庭、远程评议并当庭宣判了一起海上货运代理合同纠纷案。首次由院本部审判庭和派出法庭的法官共同组成合议庭，合议庭成员和原被告均分处院本部和洋口港派出法庭参加庭审，借助信息化手段实现远程开庭和远程评议。通过远程审判系统开庭审理，2 个小时就完成了全部庭审流程，而且双方当事人虽分处两地但都有法官在场，证据交换和原件核对与平常庭审没有区别，庭审要素齐全，合议庭在远程评议后对案件进行了当庭宣判，取得良好效果。

（二）服务审判执行

1. 船舶数据分析系统助力精准、高效、安全处理涉船案件

船舶数据分析系统隶属于智能辅助办案平台，在全国海事法院中属于首创，该系统在数据构建方面通过 RESTFul 服务从专业网络广泛收集与海事审判执行密切相关的船舶、气象海况等数据，构建出一个高性能的大数据平台。该系统整合国际海事组织（IMO）国际船舶登记信息中的船舶名称、呼号、船籍国等几十项船舶基本信息，依托 VTS、AIS 等船舶卫星定位系统的大数据采集和智能定位，对全球所有在航船舶进行搜索，实时确定船舶所在位置。系统整合了全球气象水文信息，为扣押船舶提供台风、海浪等恶劣天气的安全性预警。系统通过船舶历史航迹的存储，可以为预测船舶航线和模拟船舶碰撞环境提供智能化分析，为辨明责任、定纷止争提供信息化支撑。系统自 2017 年 4 月上线运行以来，上海海事法院已通过该系统服务多起涉船案件的立案审查、案件审理，追踪并成功扣押船舶 35 次，为后续案件的

审理和执行提供了大数据信息，极大地提高了办案效率。

2017 年 3 月，上海海事法院受理了九名船员诉某航运公司和香港船舶管理公司船员劳务合同纠纷案，原告提出申请扣押船舶的海事请求。上海海事法院通过船舶数据分析系统开展轨迹航行定位，在核对船舶资料信息时发现，该轮船的真正船东为另一家公司，根据新情况，海事法官立即通知船员们追加船舶所有人为共同被告，高效实施扣船，避免了船舶扣押错误导致的经济损失和纠纷。

2017 年 5 月，上海海事法院受理了涉朝鲜、韩国船舶域外碰撞纠纷案。该案原告系朝鲜籍公司，被告系韩国籍公司，原告诉称所属船舶于 2015 年 10 月 1 日在朝鲜东海岸水域发生碰撞，但未提交证据予以证明。为确定事故发生地，核实案件基本事实，立案法官使用船舶数据分析系统进行大数据分析，通过系统的船舶历史轨迹查询核实了原告提供的涉案船舶信息和事故发生地，确认了上海海事法院对该案的管辖权。

2. 无单放货类案件智能辅助办案系统助力规范、统一、高效地处理同类案件

无单放货类案件智能辅助办案系统主要是智能学习法官以往的办案经验，参考法官的办案逻辑思维，利用语义分析等大数据智能技术制定证据标准、证据规则，构建审理模型，实时分析诉辩主张，归纳争议焦点，发现审理案件中的证据瑕疵或者矛盾，实现类案精准推送，从而达到辅助办理无单放货类案件。该系统主要功能包括：一是随卷材料的自动识别和文字转化；二是根据文书和证据材料进行案件审理流程指引；三是自动进行大数据分析，列明案件审理要素；四是推送案件争议焦点和证据情况分析；五是类案的智能推送及判决结果对比；六是案件所需文书模板（庭审笔录、合议庭笔录、裁判文书）的智能生成。

（三）服务审判管理

1. 海事联动指挥中心

海事联动指挥中心是上海海事法院全面贯彻落实最高人民法院、上海市高级人民法院信息化建设工作要求，加快建设“数据法院”“智慧法院”的

重要举措，也是海事审判执行工作与法院信息化建设深度融合的成果，该系统集审判管理中心、执行指挥中心、警务保障中心、信息管理中心和对外联动中心为一体，是海事法院各应用系统的综合分析处理平台，为海事法院全力打造集智能、网络、阳光为一体的海事审判工作新格局提供有力的信息化技术支撑。

2. 无单放货类案件大数据分析系统

以全国海事审判数据为样本，对无单放货类案件进行大数据分析，系统分析全国无单放货类案件的数量态势和质量态势，对审理过程中的关键环节进行采集梳理，通过大数据分析手段梳理要件事实和相关证据，归纳整理诉辩主张、法律适用、仲裁管辖、法律关系、免责事由、损失认定、诉讼时效等问题，形成提示性的无单放货类案件举证规则、审理规范和流程，进行精准类案推送，并为进一步开发智能辅助办案系统打下坚实的基础，达到统一裁判标准的目的。

三　智慧海事法院建设的基本原则

基于对海事法院审判执行工作的特点以及以往一些信息化建设的有益尝试和经验总结，在谋划今后智慧海事法院建设方面确定了五项基本原则。

（一）统一规划实施

根据最高人民法院“统一规划设计、协调可持续发展”的总体要求，依托“中国海事审判网”和“全国海事审判内网工作平台”，制定智慧海事法院建设发展规划，实现总体技术方案、技术标准、评价指标体系和管理机制等工作的统一规划实施。

（二）加强数据关联

加强云计算、移动互联网、大数据、人工智能等新技术的研究和应用，拓展数据来源，加强各海事法院信息化系统与相关海事部门、口岸单位内部海事信息化系统间的数据共享，不断挖掘数据间的关联关系，通过数据清洗和系统升级等方式，让各类业务数据相互关联、相互印证，充分发挥大数据的优势和作用。

（三）加快系统建设

充分运用最高人民法院和各海事法院现有的信息化系统平台，注重继承、增量、可持续、融合式发展。进一步强化信息基础设施，加快业务应用系统、信息资源管理系统和服务评价系统建设及其相互之间的充分整合，为“智慧海事法院”建设提供丰富、完善的技术支撑。

（四）提升应用成效

坚持需求导向，全面调研，深入了解各海事法院在审判工作中对信息化建设的主要需求，立足需求、有的放矢，通过创新驱动，将人工智能技术和海事审判工作进行深度融合，使“智慧海事法院”建设的信息化成果真正服务于人民群众、服务海事审判执行、服务司法管理，将应用成效和体验的分析、评估作为衡量和改进信息化建设的重要依据。

（五）确保安全稳定

高度重视数据和信息安全，不断完善信息安全保障机制，充分运用先进的信息安全技术，提高基础信息网络和重要信息系统的安全风险防控能力。认真落实《人民法院信息系统安全保障总体建设方案》，严格开放权限和审批程序，不断加强信息安全意识，提升等级保护和分级保护水平。

四 智慧海事法院建设展望

建设智慧海事法院，探索信息化发展前进的道路，需要我们大胆尝试，砥砺前行。上海海事法院在部分领域有一些创新和经验，但是在顶层设计、

全面需求调研、新技术创新和推广应用方面依旧存在相当多的困难。法院系统之间以及与其他系统之间的数据共享壁垒问题依旧存在，如何解决信息孤岛，将云计算、大数据、人工智能领域的新技术与审判业务深度融合，推进智慧海事法院建设，将是下一步要重点探索的方向。

（一）构建安全、稳定、先进、可控的大数据交换处理中心，实现数据的采集、交换、处理、展示、发布等一体化集成，为两个平台建设固本筑基

1. 进一步扩充数据来源，努力实现港口航运、海事审判数据多维度全要素聚合

继续依托最高人民法院信息中心和上海高级人民法院中心数据库的云存储服务，通过数据高效对接和存储服务外包方式，全方位采集全国三级审判机构的海事审判数据，为智能化办案系统开发提供数据支持。继续加强与港航口岸单位的数据互联互通建设，实现与交通部数据中心对接国内船舶登记及航行信息、与上海航运交易所对接船舶交易及租赁信息、与上海国际港务集团对接上海港进出口货物信息、与上海口岸服务办公室对接上海口岸进出港电子通关信息、与上海海洋局对接海洋环境监测信息、与上海气象局对接水文气象信息、与上海市出入境边防检查总站对接船员海员出入境信息等。继续推进国际航行船舶的大数据采集，提高 IMO 的船舶数据质量，扩大可利用的船舶卫星定位数据范围，为船舶智能分析系统的持续升级创造条件。

2. 继续推进数据分析规范化建设，努力提升数据综合利用效能

根据《人民法院信息化建设技术规范》，对数据中心采集的海量数据进行甄别、归类、标签、定义，确保数据质量。建立数据采集规范化流程，增强数据采集的即时性，确保数据更新速度和应用系统数据更新的一致性。完善数据标准，充分挖掘数据资源的潜在价值，努力从标准数据与海事审判业务的关联性中创新工作方法和工作思路，不断丰富智慧海事法院建设内涵。

3. 不断强化网络安全防护措施，确保数据和系统安全

以可视化运维平台为基础，建立非涉密和涉密隔离交换机制、统一身份认证机制、数据容灾备份机制，实现信息系统动态监控、故障预警和效能评估等功能。持续推进涉密网络分级保护建设，落实符合保护等级要求的安全管理制度，提升安全等级。增强关键基础设备的安全防护能力，提升网站防篡改、防窃取的监测、预警、控制和应急处置能力。建设移动应用支撑系统，实现法院移动办公办案终端的安全接入，并通过移动专网与法院专网间的安全隔离交换，支撑移动办公、巡回审判法庭和外出执行等业务运行。

4. 逐步完善数据展示功能，全方位、有重点地反映海事法院各项工作

利用已建成的海事联动指挥中心，不断丰富可视化信息展示内容，从审判流程管理、海事审判质效、队伍建设情况、智能辅助系统演示和实操等方面全方位、多维度展现海事审判工作。重点推进司法改革现状、人员分类管理、法官业绩考核、服务国家大局等具有海事法院特色的可视化展示单元，更好地服务于院庭领导的管理与决策，有力推进司法改革、服务国家大局等重点工作。

5. 持续加强信息发布功能，打造集内外网网站、英文网站、微信公众号、微博、手机 App 于一体的综合信息发布系统

继续加强中英文网站建设，持续扩大英文网站的受众面和影响力。提升微信公众号、微博、手机 App 的信息量和更新速度，建设智能化的信息发布系统，实现新闻报道、法制宣传、精品案例、调研论文等法治宣传材料的一键发布和智能推送。

（二）建设智能化的办案平台，利用“人工智能＋”助推审判执行质效，提升诉讼服务能力

1. 建设在线智能海事诉讼系统

以现有的在线调解平台和上海高院 12368 诉讼服务平台为基础，全面落实最高人民法院有关推进诉讼服务中心建设的要求，通过整合、升级现有在

线和移动端诉讼服务功能，着力打造集网上立案、在线调解、远程取证、视频认证、证人视频出庭、网上阅卷、远程信访、电子送达和各类事项的网上申请等诉讼服务功能为一体的在线智能诉讼系统。提供中英文双语版移动App，实现法官与中外当事人的实时交流，有力提升司法公开力度和海事司法国际公信力，并有效解决涉外案件在取证、认证、调查、送达方面存在的效率障碍。

2. 建设全流程在线智能办案系统

一是在上海高院统一部署下，实现统一身份认证、远程电子签章等功能，通过建立音视频安全交换系统，实现单兵系统安全接入，支撑诉讼保全、外出执行、送达等外勤事务办理，推动审判业务向移动终端拓展；二是充分利用现有的海事联动指挥中心功能，完善移动执行指挥和在线庭审指挥系统，进一步提高在线指挥系统的利用效率和有效性；三是继续完善审判执行业务处理系统，将传统的案件线下审批转为线上审批，实现审判执行业务全流程网上办理的目标；四是完善电子卷宗随案同步生成系统，实现案卷同步更新、同步查阅、随时归档；五是继续完善海事协同办案系统，努力推广至港航口岸各航运相关单位，实现海事协助执行和海事调查的全业务网上办理。

3. 建设智能辅助办案系统

（1）完成智慧法庭的升级改建

完成全部法庭的高清数字化改造，增设互联网法庭，提高庭审直播数量和效果。利用智能语音转换、图文识别等技术，实现法庭审理记录自动生成；增加法官助手、当事人助手、智能证据展示等功能，实现高质量的庭审记录、高效的庭审质证；通过案例智能推送、法律法规快速查询，协助法官掌控庭审节奏，提高庭审效率；整合在线智能诉讼系统的远程取证、视频认证、证人视频出庭功能，实现跨国、跨区域的远程在线作证、质证；探索实现中英文自动同传和字幕同步生成技术，应用于在线智能海事诉讼系统、互联网庭审直播点播以及庭审笔录的实时展示，进而加强上海海事法院在国际上的推广力度和影响力。

（2）推进船舶数据分析系统的二期建设

进一步加大船舶大数据综合分析系统的应用范围，探索现有船舶卫星数据在海难事故、海上环境污染等突发事件中的应用路径。进一步提高船舶定位和船舶碰撞模拟的精准性，通过对船舶历史航迹信息和海洋气象等信息的分析，新增对海洋环境、事故现场的还原功能，更全面地协助法官厘清事故原因和责任。新增对船舶交易、船舶租赁信息和拍卖信息的分析，智能预估船舶市场行情和潜在市场价值，为在扣船舶的担保估值、估算船舶营运损失、设定船舶拍卖底价和船舶买卖、租赁、融资、抵押合同审理提供基础依据。

（3）建设海事审判智能辅助办案系统

研发各类大数据分析功能组件，实现对结构化数据的统计分析、即席分析功能，实现对文档、音视频等非结构化数据的数据分析功能，实现全文检索、用户行为分析、实体识别、语义分析、法律要素解析等数据智能分析功能。借助大数据分析技术，建设海事审判智能辅助办案系统，收集分析全国海事案件的案件信息、裁判文书等，提供针对案情要素匹配的裁判结果比较分析和智能研判，从立案登记、庭前准备、证据交换、争议归纳、庭审提纲、合议评议、裁判文书制作等各个阶段，为法官提供智能化服务，提供裁判结果的智能化匹配和裁判偏离度计算服务，有效解决适法统一和法官业绩考核等重点问题。

（4）建设海事审判智库大数据分析系统

一是建立海事审判专家陪审员人才库，根据海事审判相关领域专家的个人基础信息、专业方向、法律素养、陪审经验等各个要素，自动分析并智能匹配至相关案件。二是依托相关高校的外国法研究机构，建立外国法数据库。利用大数据分析技术，提炼归纳中国生效裁判文书所确认适用的外国法相关规定，对符合中国法律规定、已查明的外国法和国际公约进行分类甄别，有效提升外国法查明效率。三是借鉴现有的英美法案例查询体系，逐步探索建立国际海事案例库。收集、翻译国内外精品海事案例，并尝试运用人工智能计算学习，从而实现对涉外海事案件审理中的精准推送。

（三）建设智能化的办公平台，运用科技智慧提高司法行政能力，提升司法保障水平

1. 进一步完善协同办公系统

在现有协同办公系统无纸化审批基础上，着力加强会务保障、公务用车、督办落实等行政事务的网上流转、网上审批、网上督办、网上跟踪和网上预警功能，进一步提升司法行政工作的智能化程度和规范化水平。

2. 持续提升在线后勤管理系统的智能化水平

将现有在线后勤管理中的各个应用软件进行梳理整合，研发适用于全院包括电子门禁、能源能耗管控、楼宇消防安全等后勤重点事项的统一应用系统，运用科技智慧提升后勤管理服务的安全性和有效性。

3. 逐步建立固定资产管理和档案管理的数字化智能管理系统

完成全院所有固定资产和档案、图书的电子标签工作。运用数字化智能管理系统实现对固定资产、档案、图书的建档、跟踪、管理、报废等全流程监控。

4. 不断更新智能化安保系统

在现有楼宇全高清监控的基础上，增设车牌识别系统、人脸识别系统和重点区域、人员的安全预警系统，通过多系统联动改变人盯人的传统安保管理模式，实现智能化、全天候、无死角的智能安保管理。

B.9 南阳法院强化互联网思维推进法院信息化建设调研报告

河南省南阳市中级人民法院课题组*

摘　要： 河南省南阳市中级人民法院从实践出发，对信息化技术在法院工作应用中存在的问题和困难进行了分析。在信息化建设过程中，要始终坚持问题导向和需求指引，及时转变理念，用互联网思维推进法院信息化建设；要准确把握信息技术工具理性与法官个体智慧的衡平，确保司法裁判的公正和效率；要加强信息技术的标准化建设，完善数据安全防护机制、信息化技术使用效果评价机制，提高信息化技术运用与司法工作的契合性；要注重专业信息化人才队伍建设，保障信息化建设工作的长效有序开展。

关键词： 互联网思维　信息化建设　司法工作

随着以数字化、网络化、智能化为特征的信息化浪潮蓬勃兴起，社会经济生活发生了巨大变化。人民法院审判执行工作与群众生产、生活息息相关，要真正做到司法为民、司法便民，就需要顺应信息科技时代的发展潮流，探索智慧法院建设，实现人民法院审判执行工作的现代化。近年来，河

* 课题组成员：庞景玉，河南省南阳市中级人民法院党组书记、院长；宋长青，河南省南阳市中级人民法院审判委员会委员、审判员；王军，河南省南阳市中级人民法院司法行政装备处处长；朱朝宏，河南省南阳市中级人民法院信息系统项目管理师；周杰，河南省南阳市中级人民法院审判员。

南省南阳市中级人民法院以服务群众诉讼、服务法官办案为中心，从加强领导、加大投入、突出应用、注重实效入手，强力推进全市法院信息化建设，将信息化技术与法院工作深度融合，在实践中取得了较好的成效。本文以南阳市中级人民法院信息化建设工作为样本，通过对信息化技术运用效果的实证研究，对当前人民法院信息化建设的难点问题进行分析，以期对实践有所裨益。

一 南阳市中级人民法院信息化建设的实践分析

河南省南阳市现辖 13 个县市区（含邓州市），总面积 2. 66 万平方千米，人口 1200 万，设 14 家法院、101 个人民法庭。2014 年南阳市中级人民法院成立了信息化建设领导小组，全面主导全市法院信息化建设工作。

（一）强化网络平台的建设与管理，打牢信息化建设基础

随着互联网技术的普及，网络平台的构架与完善愈加重要，网络平台信息技术是人民法院审判执行工作应用的基础。由于人民法院工作的专业性及广泛性，人民法院的网络平台建设总体上形成了独立性网络平台与统一性网络平台相互补充的构建格局。无论是独立性网络平台还是统一性网络平台，其对信息的整合、收集、发布、使用均为人民法院工作提供了更广阔的视角，是信息技术扩展适用的基础。

从南阳市中级人民法院的实践来看，独立性的网络平台主要是政务网站、政务微博、政务微信、移动办公办案系统。统一性的网络平台则主要集中表现为最高人民法院、高级人民法院统一推进的庭审直播平台、裁判文书上网平台、案件流程管理平台、诉讼服务平台等。为保障上述基础平台的顺利运行，南阳市中级人民法院对全市法院专网建设进行升级改造，实现了两级法院之间视频、语音、数据的三网合一，三级专网带宽由原来的 4 兆扩容到 100 兆，四级专网带宽由原来的 2 兆扩容到 10 兆，从而保证了全市法院信息化联络线路渠道的畅通。

（二）抓好司法公开平台的建设与管理，确保阳光司法

1. 强化诉讼服务中心平台建设，公开关口前移

诉讼服务中心是人民群众接触人民法院工作的第一步，有效的诉讼引导及信息公示可以实现对纠纷的有序分流。尤其是近三年来，法院案件数量呈现激增趋势，案件查询、诉讼引导压力都较大。为此，南阳市中级人民法院2017年以12368热线为基础，拓展诉讼服务渠道，构建了12368诉讼服务平台。该系统的服务对象包括社会公众、诉讼参与人、座席工作人员、法官以及执行、纪检、信访等相关部门。该平台面向社会公众、诉讼参与人提供司法公开信息自助查询、人工咨询和短信服务，联络法官服务，留言举报和留言信访服务。该系统面向座席人员可提供电话诉讼知识库检索服务，面向法官可提供当事人联系请求告知服务，面向执行部门可提供执行线索举报信息服务，面向纪检部门可提供廉政举报信息服务，面向信访部门可提供信访留言信息服务，面向管理人员可以提供统计报表功能，对座席电话接通率、服务时长、接通时长、用户等待接听时长、客户满意度进行统计，以促进服务质量的提高。自12368诉讼服务平台管理系统正式开通以来，全市法院共计创建工单956件，其中案件查询523件，诉讼咨询104件，联系法官287件，投诉举报42件。同时完善政务网站、诉讼服务中心硬件建设，将管辖案件范围、起诉条件和手续、诉讼收费标准、审判流程、监督举报电话以及诉讼费的缓、减、免条件和程序等一一公开，方便群众参与诉讼和进行监督。

2. 落实裁判文书上网和庭审网络直播要求，提升审判透明度

裁判文书及庭审情况是人民法院审判执行活动的最直观体现，也是司法公正、公开的主要内容。为保障人民群众对案件裁判结果的监督，以及更大范围的公众获取司法公共产品，南阳市中级人民法院积极探索裁判文书及庭审网络直播的有效方式，自2009年以来，已累计上网裁判文书12万份，每年度上网裁判文书均位居全省前列。同时，加大科技法庭的建设力度，积极推行庭审网络视频直播，建成具备视频直播功能的法庭39个，直播案件数

量每年也位居全省前列。裁判文书上网及庭审网络直播是强化案件外部监督的有效途径，通过公开倒逼法官更为关注案件审判质效。

裁判文书上网侧重于对审判结果的监督，为确保庭审过程的公开透明，南阳市中级人民法院推行庭审“三同步两公开”，对重大疑难复杂案件实行庭审同步录音录像、同步记录、同步显示庭审笔录，公开展示庭审证据，公开展示适用的法律法规。“三同步两公开”的目的是落实庭审中心主义，提高案件审判质量，进一步增强裁判结果形成过程的公信力。运用该系统圆满完成了对湖北省原副省长郭有明受贿案、国家体育总局原副局长肖天受贿案等重大案件的审理工作，庭审过程中信号传输准确、安全，工作受到最高人民法院和河南省高级人民法院的肯定。通过对裁判文书上网、庭审网络直播、“三同步两公开”平台的综合运用，形成了动态、静态相结合、案件审理过程无死角的全方位公开。

3. 加强执行信息平台建设，多元破解执行难题

执行难的破解需要多元主体的共同参与，也更需要对涉及被执行人财产、活动情况的综合监控，对此，南阳市中级人民法院建成全市法院执行指挥中心和执行联动数据查询系统，与银行、国土资源等部门有效对接，实现了“点对点”网络执行查控功能，对被执行人银行存款、车辆、股权等信息能够实现有效查控。目前，已经受理全市法院查询申请81420条，涉案标的总金额23亿元，同时将8249名被执行人纳入全国法院失信被执行人名单库。在健全网络查控系统的同时，借助信息化设备形成对执行工作的统一联动，建成远程视频指挥调度系统，通过执行人员专业手持终端，配置航拍无人机，对外出保全、现场执行、应对突发事件、联合行动等进行实时调度指挥，提高执行工作快速化、规范化水平。

执行的效果反映在对涉案财物的及时变现上。为保障当事人尽早实现权利，南阳市中级人民法院借助淘宝平台，实施网络司法拍卖，并在传统媒体、淘宝网、法院网站、法院微博和微信平台同步发布拍卖公告信息。

4. 深化新媒体应用，加强同社会的沟通联系

人民群众对司法工作的需求不仅在于个案裁判结果的告知，也在于对司

法工作全方位的了解。在信息爆炸时代，人民法院也应当把握趋势，强化对新媒体的运用能力，提高自身的信息分析和舆情应对能力，引导舆论导向，保障线上、线下的同步推进。为此，南阳市中级人民法院率先在全省开通法院微博微信互动平台，并在全市范围推广公众号二维码和用户名，增强法院信息公开的时效性，扩大传播面。在法院政务网设立《网评法院》《网上调解室》，第一时间处理网民诉求。对重大典型案件进行微博同步直播，传递准确信息，及时满足人民群众的知情权，破除不良舆论干扰。南阳市中级人民法院整合微博、微信、微视频三个新媒体平台成立新媒体工作室，成为联络媒体记者、服务社会公众、展示法院法官形象的宣传平台，被中央政法委、最高人民法院等部门联合授予“新媒体应用奖”，官方微信“天平南阳”在全国法院官方微信排名前十位。

（三）依托信息技术打造“智慧法院”，全面提升案件质效

1. 全面推进核心业务网上办理

为保障案件分配及办理的公正公开，南阳市中级人民法院依托审判流程管理系统完善内网平台应用，通过对案件信息的准确、全面录入，实现对案件的收结管理、随机分配、审限管理、文书上网等功能，保障全市法院案件全程录入、全程留痕，打造智慧法院基础数据池。在审判流程管理中，除对案件本身信息的录入管理外，还能够抓取案件可公开信息，对案件随机分配后，即可通过平台对当事人推送案件办理节点信息，同时将其抓取的数据与诉讼服务网对接，当事人可凭身份证号码和查询密码登录查询流程及执行信息，便于当事人了解案件进展情况，监督案件依法流转、依法办理。通过数据监控，超审限案件数量大幅度减少，当事人对案件办理透明度的认可也有了大幅度提升。

2. 全力推进司法大数据开发应用

大数据是智能服务的基础和源泉，南阳市中级人民法院将审判流程管理系统与审判质效评估系统和大数据分析平台对接，充分挖掘大数据的应用价值。在抓取基础数据的基础上，经由审判质效评估系统分析审判概况，实现

指标评估、评估考核、无量纲化和条线分析等功能，通过质效评估系统掌握辖区法院数据，能够及时对审判工作作出分析研判，对超期呈送卷宗等不规范行为形成有效约束，并在此基础上形成了月通报、季讲评的质效管控机制。

自由裁量权的规范行使是保障案件裁判法律效果、社会效果统一的重要途径，通过内部联网的大数据分析平台，可以实现对类案的分析研究，提高服务法官办案的智能化水平。同时大数据分析平台可以通过文本资料分析宏观案件数据变化，及时研判审判动态，可通过定制化专题进行专项分析并提供相应的服务，便于人民法院有针对性地发布类型化的指导意见、参考案例，对重点地区、重点类型案件开展专项指导，确有实效地帮助解决突出问题，提升案件质量，如对民间借贷、房屋买卖、交通事故、劳动争议等常见、多发性案件，通过大数据分析能够总结案件类型及其共同的证据、程序、事实以及法律要点，节约司法成本，增强司法裁判的公正性。同时，对这种案件宏观趋向的分析，也能够为法院自身建设、为政府和社会提供信息决策服务。

南阳市中级人民法院在注重对文本信息挖掘应用的同时，也注重对视讯系统的资源整合运用。探索完善视频综合管理平台，将科技法庭系统、视频会议系统、视频监控应用统一结合，以综合集成应用为业务核心，集成大屏显示系统、执行指挥系统、远程接访系统和远程提讯系统、安防监控系统、科技法庭系统、视频会议系统等诸多应用，建成视频资源信息集控中心，实现远程指挥、上下交互、应急联动的一体化综合系统，为法院审判业务数据、多媒体音频视频资料交换、存储、调用、分析研究和管理提供了平台支持和技术保障。

3. 借助信息技术提升工作质效

审判效率是当事人对案件公正与否的直观评价，为保障案件的快速审理，南阳市中级人民法院加强对办案辅助系统的运用。通过运用法律法规案例库管理系统，便利法官查找法律法规、司法解释、指导性案例、案例评析、期刊论文、报纸文章等类型的法律知识资源，帮助法官快速解决审判疑难问题。运用法官办案助手系统为法官提供人身损害赔偿类计算等 14 类常用裁量计算工具，为法官各类司法计算工作提供方便、快捷、专业的辅助工具。运用司法文书纠错系统自动对文书进行分析校验，将文书中存在的内容逻辑、法律适用以及拼写格式等问题逐条列出，并提供相应的书写规范及参考依据，帮助法官快速准确地完成文书的排版校对工作。裁判文书公布系统则可以自动对文书中的敏感信息进行技术处理，帮助法官快速完成文书上网前的技术处理工作。这些办案辅助工具的运用减少了人工检索的工作量，让工作更加高效。

为保障案件在上下级法院之间及时快速流转，南阳市中级人民法院高度重视电子卷宗的制作工作，为电子卷宗制作提供软硬件设备，利用图文识别、双层 PDF 等技术对纸质卷宗进行数字化加工处理，提高电子卷宗的制作速度和质量，为电子卷宗随案生成、无纸化借阅案卷、在线阅卷、数字化审委会等提供了保障，成为提升工作效率的有效抓手。

（四）强化创新投入，回应个性需求

在信息化建设过程中，不仅需要用好统一平台，也要精准回应地方审判实践需求。南阳市中级人民法院积极探索创新，创立了具有南阳特色的信息化建设平台。

1. 完善移动办公办案系统

投资建立审务通信息平台，依托移动无线网络，将法院日常办案、办公、内部网站等系统汇集于一体，为干警提供随身便携的综合应用办公办案系统。干警通过移动手机终端，可以随时随地获知院内资讯、业务提醒、办案情况预警、院内通讯录等信息，能够及时、便捷、快速地完成案件基本信息查询、案件审限提醒、排期开庭信息、文书文件审批、法律法规查询等工作，不仅节约了费用，也大大提高了工作效率。

同时，积极拓展庭审空间范围，借助视频通信软件解决当事人因事、因病不能出庭的难题。2017 年 6 月 18 日，南阳市中级人民法院通过 QQ 视频对一起离婚案件进行了远程开庭，并当庭调解结案，解决了当事人一方因外出务工不能回乡参加诉讼的难题，并最终促成双方和解结案。远程视频技术的灵活应用是对信息技术应用方式的有效补充，尤其在劳务输出量较大的地区，能够有效解决因当事人外出务工不能到庭，以及涉及留守群体案件的开庭困难，有效保障了矛盾的及时化解、当事人合法权益的及时保障。

2. 提高无纸化办公效率

在完善办公平台管理系统应用、实现无纸化办公的基础上，开发自主知识产权的编写、读取公文二维码数据信息软件，利用该软件在公文处理过程中可自动生成二维码、提取标题和主送单位、输出特定格式 Excel 清单、添加附件等，完全实现了收发公文的信息自动化。一次集中收文登记的工作时间从过去的四五个小时缩减到几分钟，极大地提高了收文登记工作的效率和准确度，同时也为以后信息检索提供了方便。在此基础上，又开发了二维码生成软件，仅需要粘贴文件标题即可在发号登记的同时，自动生成条码。同时自动加入登记日期、拟稿人姓名等信息，提供准确检索和模糊检索功能，实现右键菜单对 Word 格式的公文提取标题和主送单位功能，完全实现了发号的自动化，为档案数字化提供了有效支持。

3. 完善数字化审委会系统

升级数字审委会应用系统，与审判系统连接，从审判系统中直接提取相关案件基本信息、文书信息、证据材料、开庭笔录、电子卷宗等，由审判系统直接同步至数字化审委会系统，方便委员全面了解案情，为审委会讨论案件增强直观效果。每位委员可以在电脑上查看电子版的审理报告、案件相关资料等；也可将案件材料、证据等信息投放到会议室大屏幕上进行显示，为会议讨论提供更加直观清晰的证据展示。数字化审委会应用系统减少了卷宗传阅的不便，增强了审委会审理案件的亲历性，提升了审委会委员对案件讨论的实质参与度。

4. 研发人民陪审员随机抽选系统

2015 年，南阳市西峡县人民法院被确定为全国人民陪审员制度改革试点单位。为保障人民陪审员选任、参审随机性的落实，南阳市中级人民法院研发了人民陪审员随机抽选系统，通过该系统把辖区符合任职条件的人民陪审员全部纳入电子信息库，在案件审理之前，通过计算机随机抽选程序，按照 1∶2 的比例随机抽选拟参加陪审的人民陪审员，然后通过系统自动发送短信通知实现反馈功能，最终确认参加案件陪审的人民陪审员。通过该系统，不仅可实现人民陪审员参审的随机性、广泛性，也可对人民陪审员参审情况一并统计分析，对参审超过规定次数的人民陪审员进行屏蔽，排除在选取范围外，以实现随机参审和均衡参审的要求。这种通过信息化手段形成的随机抽选机制，在实践中有效破除了固定参审的弊端，其成功经验也被上级法院所认可。

从南阳市中级人民法院的实践来看，信息化技术的应用能够显著提高工作效率，对法院内部的组织结构及管理能力也产生了一定影响。正如最高人民法院报告中指出的：信息化建设和司法改革是人民法院工作的“车之两轮、鸟之双翼”①，人民法院信息化建设是对时代趋势的回应，也是一场深刻的自我革命。在人民法院信息化建设过程中，决定成效的不仅是对技术的运用深度，更是对人民群众司法需求的有效回应。信息化建设本身只是人民法院更好实现司法公平正义的手段。

二　人民法院信息化建设工作中存在的问题

人民法院的信息化建设工作是一项新的事物，信息化建设对现有的诉讼架构及流程造成了一定的冲击，也在实质上促进了司法决策及结果预判传统模式的转变，推动人民法院工作走向更为公开透明的阶段。但信息化建设工作仍处于探索完善的过程中，从实践看，仍存在一些难题需要克服。

1. 人民法院信息化建设统一衔接仍存在困难

从现有网络平台和应用系统的适用情况看，除由最高人民法院统一推进的平台建设外，各地区均对本地区的信息化建设进行了探索实践，分别与相关科研单位或信息技术公司合作，开发办案及办公系统，导致各地区信息系统并不完全统一。实际应用的技术虽然有利于有益经验的积累和总结，但是缺乏统一的技术标准及制度规范，造成各省份、各城市衔接存在一定的问题。在上级法院推动的统一平台出现后，原有自行开发的应用平台或系统即

---

① 来源于最高人民法院院长周强在2015年全国高级法院院长座谈会上的讲话。

需要停用，耗费成本较大。而当前信息化建设中推动的平台设置，与人民法院原有人事、费款管理系统等如何衔接也存在一定的困难，影响了数据的集中管理、深度利用。从外部衔接看，人民法院的数据信息仍处于闭环流通中，与其他单位的衔接仍处于探索阶段，对涉诉信访等需要多单位协调开展的工作，如何应用信息技术提前预判、协调联动等，仅靠人民法院自身的力量是难以实现的。

2. 信息化建设的大数据基础还不够完善

信息化建设除硬件支撑外，对大数据的占有和使用是其发挥作用的重要基础。从人民法院工作实践看，其大数据的主要来源在于案件信息，大数据要求尽可能整合和开放基础数据，推进数据的多样性占有，以保障预测结果的准确性。但从中国裁判文书网等公开信息看，仍存在存储文书数量与实际案件审理数量差距较大的情况，大量数据仍未充分挖掘，数据占有的不完备性也会对类案推送、审判智能辅助的准确性造成一定影响。部分法院的信息化建设还停留在单纯的数据收集和工作展示阶段，缺乏对数据的有效整合和分析，司法公开平台和便民诉讼平台还需要进一步改进和完善。

3. 思想观念仍需要进一步转变

随着信息技术的快速发展，智慧法院建设步伐加快，最高人民法院也提出要建设法院信息化 3.0 版。在信息化建设提档升级的过程中，由对静态的硬件配置的倚重转向对动态的人机交互的应用，部分法院也进行了人工智能处理案件的尝试，受到了社会各界的广泛关注。而与技术飞速发展形成反差的则是部分法院及法官理念的滞后，对信息技术的重要性仍未充分重视，仅将其视为传统办案办公工具的替代，对现有平台、应用的主动使用意愿较低，对利用数据分析助力审判的功能不愿意使用，仍倚重传统的信息获取和办案模式，一方面使得资源闲置，另一方面也使得大数据系统在收录数据时不能充分收集法官的个体智慧。

4. 信息化人才储备不足

目前人民法院在推进信息化建设过程中，主要借助外部力量进行信息化成果的开发和维护，缺少较为充足的信息化专业人员。虽然专业机构的专业技能优势明显，但人民法院工作有其特殊性和专业性，仅依据技术构建形成的运行体系与人民法院实际运行状况、实际需求会存在一定差距，且人民法院工作仍具有一定的保密性质，缺少自有专业的信息人才队伍建设，将会造成系统运行完全依赖于外部力量维护，一旦合作公司更换，就会造成原有系统更新、维护无法实现，一般需再次安装新的系统，如此也会造成运行的不稳定性以及大量的资金投入。

5. 数据安全隐患仍需要警惕

数据的可靠性和稳定性是信息化技术发挥实效的基础。随着信息化技术应用的深入，人民法院各项工作的实体及程序信息均可转化为数据纳入系统。在数据共享愈加密切的网络时代，数据安全成为社会广泛关注的问题。虽然对人民法院来说数据联通主要在内部网络完成，但从最近发生的多起网络安全攻击来看，内网同样具有巨大的安全风险，其风险防护措施甚至弱于外网，应对安全攻击滞后，防御性较差。人民法院工作数据敏感性较高，其丢失、泄露或篡改，均会造成严重后果，甚至危害国家安全。安全可信是人民法院信息化建设的奠基石和生命线，因此，数据安全也应当成为建设中高度重视的环节。

三　人民法院信息化建设工作的完善路径

从顶层设计看，人民法院信息化建设工作的目标明确、方向清晰，前期采取的差异化试点也积累了丰富的经验，由最高人民法院统一推进的各项平台建设成效逐步凸显。在信息化建设过程中，要始终坚持问题导向和需求指引，在总结有益经验的基础上，补足短板，才能有效推动工作开展，真正实现改革目的。

1. 及时转变理念

智慧法院是信息化技术发展的必然要求，因此，应当转变理念，主动探索使用新技术，拓展信息技术的适用空间，将信息化建设作为优化管理和提升服务的重要手段，革新传统观念，不断探索提高工作质效的有效方式，保障人民法院工作更高效地开展。事实上，对信息公开及信息服务的需求是新时期人民群众知情权的重要表现。正如第三届世界互联网大会“智慧法院暨网络法治论坛”所形成的《乌镇共识》所指出的：司法信息化的基本宗旨是保障人民权利与提升人民福祉，司法公开是促进司法公正、提升司法水平的一种基本手段。信息化建设工作始终与人民法院工作的核心价值追求相符，是司法根本价值与现代技术的有效衔接，也是对司法工作和司法能力的现代化改造。人民法院应当坚持不懈地推进信息化建设，促进科学技术的深度应用，确保建设目标如期完成。

2. 准确把握信息技术工具理性与法官个体智慧的平衡

从信息技术的运作特性看，信息技术依据数据运算及逻辑分析运行，遵循效率优先原则，具有工具理性的特点。而诉讼的过程本身内含明情析理和定分止争的功能。“法律的意义从来不是完全取决于它的创制者，而是通过取决于法律文化背景的法律解释和司法过程不断得到提炼，有时完全改变原意。”因此，在信息技术的推广应用中，应当高度关注信息技术纯粹工具理性可能存在的风险，尊重法官的主体地位，信息技术的构建、使用应当始终尊重法官的主导地位，考虑法官使用的实际需求，避免“物化”法官的风险，保障司法公正的真正实现。

3. 完善信息化技术的标准化、规范化建设

多样化的探索实践对丰富信息化建设的实践有重要意义，但缺少统一、规范的建设标准也必将对信息化技术的一体化运用、更广范围的大数据应用造成障碍。因此，在总结有益经验的基础上，应当以充分整合和利用相关资源为出发点，对信息化应用中的关键技术进行攻关，总结信息化建设的标准化规范，减少重复建设的资源浪费，同时克服不同系统难以有效衔接的弊端，为云计算、大数据、人工智能等前沿信息技术有效发挥作用提供扎实基础。要注重对信息化建设的长远规划，充分认识到信息化技术支持下的互联沟通、即时共享发展趋势，妥善处理人民法院内外网络建设与政府相关部门数据共享平台的衔接，挖掘沉睡数据的潜力，在更广层面上发挥人民法院服务国家治理的职能作用。要在关注诉讼业务的同时，高度重视诉讼与非诉讼

纠纷解决机制的衔接，提升诉讼服务网络的服务质效，实现全国“一张网”，为人民群众提供更加方便、快捷的司法服务。

4. 强化数据安全防护机制建设

在强化信息技术采集、运用的基础上，高度重视信息安全保障，构建安全准确的信息基础。要强化与专业机构的合作，分析研判大数据应用的潜在风险，做好风险预警及安全防护措施。要在涉及数据应用平台的同时，构建有效的数据加密传输、网络攻击防范措施，探索内部网络及时升级及应对风险病毒的有效措施。人民法院自身要树立风险防范意识，对数据挖掘主体与校准结果持有者篡改测评数据、运算法则或结论以干预第三方决策的潜在风险做好应急预警措施，实现分级、分层、分域的多层次防护。要明确合作开发单位、数据使用者的保密义务，释明保密要求及相应法律责任，以法治化的手段保障信息化建设安全及数据使用的合法安全。要加强对运用网外平台开展审判活动的可行性研究，完善利用第三方视频通信系统、微信平台等开展庭审活动、调查询问等工作的数据固定及数据传输的保密机制，拓展传统庭审方式，应对实践需求。

5. 完善信息化技术使用效果评价机制

目前对信息化技术的建设和使用总体呈现大而全的趋势，由于使用时间尚短，对信息化技术使用效果的反馈尚处于被忽略的状况。事实上，对各平台、应用系统的使用频次，不仅反映该院信息化建设水平的程度，也同时反映了已存在软件是否符合使用群体的实际需求。目前的信息化建设主要依靠自上而下推动模式，依赖于与外部机构的合作，缺少与使用主体实际需求、使用效果的反馈对接，虽然采用绩效考核指标等方式要求使用，但除对必要平台的适用，多数辅助程序未能更好地发挥作用，实践中针对目标客户的需求改进也较少。信息技术作为一种工作手段，其受众始终是人，因此，在推广使用的同时，应当更关注使用效果反馈，淘汰无效益配置。在基础建构已经基本搭建后，应当同时注意对需求较多的辅助工具的开发使用，注重研发精准适应审判工作需要、操作简便的“小程序”，如送达地址查询程序、司法鉴定案件流程查询和督促程序，以进一步增强信息化建设对审判工作的支持和保障作用。要借鉴网络公司的成熟经验，注重对目标群体的需求回应，真正使信息化建设具备实际意义，让智能化在人民法院内外部工作中真正体现出来。

6. 加强法院信息化人才队伍建设

法院信息化队伍既包括法官、法官助理等使用群体，也包括专职的信息化队伍建设。通过对法官、法官助理等使用者的专题培训，提高其主动应用信息化技术的主动性和自觉性，构架数据录入的基本保障。要强化绩效考核中对信息化技术应用技能的合理评价，以量化指标考核督促使用主体用好各类平台及应用系统。要强化对人民法院系统专业信息化人才队伍的建设，增加信息技术人才专门编制，通过专业招录、专业培训、联合培养等方式，充实壮大信息化人才队伍，破除应对信息化挑战的被动局面。可成立专兼职结合的信息技术管控维护队伍，根据科室设置情况，选取本部门技术学习、操作能力较强的人员担任兼职管理员，及时处理运行中出现的简单问题。另外，可设置专业技术人员岗位与研发机构共同组成固定队伍，跟进系统维护工作，保障系统运行的稳定性和长效性。完善专业技术人员晋级晋升通道，对信息化技术人员引入专业职称评定，设置单独晋升序列，科学评价技术人才价值，形成吸引技术人才的有效激励机制，为加快智慧法院建设提供有力的人才保障。

信息化建设一直在路上。在信息化建设的过程中，不仅要尊重人民法院工作的客观规律，及时回应人民群众的司法需求，也要始终坚持问题导向，强化风险预判，着力解决实践中遇到的各种难题，通过实践经验的总结及群体智慧的发挥，推动信息技术在司法工作中的深度应用，为中国的司法改革提供强有力的保障和支持。

B.10

以法官需求为主导的法院信息化建设

——以深圳市盐田区“智慧法院”建设为样本

深圳市盐田区人民法院调研课题组*

摘　要：　建设“智慧法院”不仅是一个技术问题，更是人民法院工作理念和方式的深刻变革，需要树立正确的理念，掌握科学的方法。深圳市盐田区人民法院坚持以法官需求为主导，积极与技术公司合作，成立 JEC 开发团队，开发建设新型办案应用系统，运用信息技术手段破解“案多人少”难题，服务人民群众、服务审判执行、服务司法管理，取得了显著成效，走出了富有特色的“智慧法院”建设之路。

关键词：　智慧法院　法官需求主导　JEC 模式

没有信息化就没有人民法院工作的现代化。加快推进建设“智慧法院”，是当前人民法院的一项重要任务和使命，最高人民法院相继发布《人民法院信息化建设五年发展规划（2016～2020）》《人民法院信息化标准》《最高人民法院关于加快建设智慧法院的意见》等，搭起了人民法院信息化和“智慧法院”建设的“四梁八柱”。但规划如何落地实施，如何有效推进建设“智慧法院”还没有统一的方法和路径，有赖于各地的探

* 课题组负责人：杨爽，深圳市盐田区人民法院党组书记、院长。课题组成员：张明军、王颖、赵鹏飞。执笔人：张明军，深圳市盐田区人民法院党组成员、政治处主任；王颖，深圳市盐田区人民法院研究室法官助理。

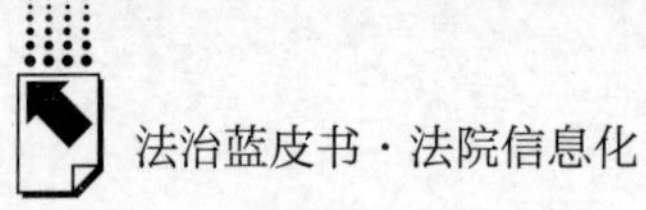

索与实践。

深圳作为地处改革开放最前沿和市场经济最活跃的经济特区，以建设现代化国际化创新型城市，建设国际科技、产业创新中心为目标，率先建成“智慧法院”，不仅是推动法院发展的必然要求，更是深圳责无旁贷的历史使命。2017 年 4 月，广东省高级人民法院确定深圳市盐田区人民法院（以下简称“盐田法院”）为全省“智慧法院”试点单位。盐田法院在上级法院的指导下，充分发挥特区优势，积极探索，在推进建设“智慧法院”过程中，创造性地建立起法官需求主导的 JEC 模式，开发建设一系列新型办案应用系统，在信息化建设和应用方面取得了突出成效，“智慧法院”建设成果明显，形成了富有特色的“智慧法院”建设之路。

一　建立 JEC 开放型信息化建设模式

所谓 JEC 模式，是指坚持问题导向和需求导向，由法官牵头提出业务需求，根据需求来确定信息化建设具体项目和内容，重点解决一线办案人员在实际应用过程中的痛点、难点问题，同时成立由法官（Judge）、法院工程师（Engineer）、科技公司（Company）组成项目开发团队的建设模式。项目开发团队中，法官主要负责提出应用需要并参与项目测试和体验，法院工程师负责沟通联络和技术支持，技术开发公司主要负责技术解决方案，三者互相支持、密切配合，共同推进信息化建设工作。

（一）JEC 模式的主要优势

1. 有利于上级规划的精准落地实施

解决实际问题、满足司法需求是“智慧法院”建设的出发点和落脚点。最高人民法院《人民法院信息化建设五年发展规划（2016～2020）》提出，以促进审判体系和审判能力现代化为目标，不断强化需求导向，积极运用新兴技术，全面推进人民法院信息化建设转型升级。最高人民法院强调，要准确把握和结合法院工作特点，坚持问题导向和需求导向，加快人民法院信息化建设步伐，推进信息化建设转型升级，促进新技术在审判工作中的深度应用。最高人民法院的有关建设规划和要求，需要地方结合实际精准落地实施。法官需求主导的 JEC 模式，有利于在遵循上级规划的基础上，使各地法院结合地方工作实际创造性地开展工作，确保上级规划在地方的有效实施。

2. 有利于准确把握信息化建设需求

建设“智慧法院”的关键在于实现现代科学技术与司法工作的深度融合，用科技手段服务审判执行，因此必须坚持需求主导。可以说，在信息化建设过程中，需求就是命令，需求就是导向。需要在摸准司法服务需求、司法办案需求以及司法管理需求的基础上，按照需求的优先级别，稳步推进实施。需要在建设、推广、应用、升级过程中，始终以用户体验为依归，适应用户需求不断发展优化。在法官需求主导的 JEC 模式下，法官处于办案一线，是各个信息化系统的具体使用者，最熟悉自身业务需求，同时法官与诉讼当事人接触最多、关系最直接，最熟悉和了解当事人的诉讼需求。法官需求主导，法官既是主要参与者也是应用者，能够把需求导向落实到建设全过程中。根据法官的需求来确定信息化建设的具体项目和内容，能更好地坚持问题导向和需求导向，为技术人员的研发提供精准的业务方向。

3. 有利于实现好用管用的目标

信息化建设的目标在于应用，推进智慧法院建设过程中，具体信息化项目建设必须坚持好用管用的原则，必须以符合司法规律和提供优质、便捷、高效的诉讼服务为目标，为法官和当事人提供实用、管用、好用和操作简单、方便的应用平台，通过智能化手段，减轻法官案头工作量，方便当事人诉讼。建立法官需求主导的 JEC 模式，有利于随时加强项目运行调试，根据法官和群众的意见反馈，检验项目建设是否达标、是否便利可操作、是否节省了人力等资源，从而不断完善提升，切实发挥智慧法院对审判执行、司法管理和诉讼服务的科技支撑作用。

4. 有利于整合资源发挥多方合作优势

要建设法官愿意用的信息化系统，不但要找一家好的公司购买好的应用系统软件，更要不断根据实际需求进行软件深度设计开发和升级改造，不能靠法院技术部门单打独斗，要组建有多方参与的团队，发挥团队的力量，汇聚多方的智慧。建立法官需求主导的 JEC 模式的信息化建设项目团队，吸纳法官参与智慧法院项目开发建设，综合发挥法官、工程师和科技公司的优势，可使智慧法院建设更能体现法官智慧、更加契合办案需求。

（二）法官需求主导的 JEC 模式的主要内容

法官需求主导的 JEC 模式不是简单的人员叠加，而是一系列需求调研、统筹协调、激励保障和应用推广等工作机制的组合。

1. 建立需求调研和分析机制

由法官牵头组成项目需求调研分析小组，定期召开需求征集座谈会，认真听取一线办案干警和审判管理、人事管理、政务管理部门的信息化建设需求；广泛征集群众和当事人对法院信息化建设的意见建议。针对不同的需求，进行具体研究分析论证，将零散的需求体系化、制度化，确保信息化建设项目精准对接审判执行、司法管理和诉讼服务需求。

2. 建立工作协调和激励机制

针对每个信息化建设项目，安排相应层级的法官担任项目组组长，负责项目的统筹协调和推进实施工作。同时，注重法官的深度参与，为鼓励和支持法官积极参与信息化工作，将研究确定的信息化建设项目列入重点调研课题计划，为每个信息化建设项目核拨相应的调研课题经费，将法官参与信息化建设工作纳入绩效考核，核算工作量或予以奖励加分，充分调动一线法官参与信息化建设的积极性。

3. 建立法官体验和推广机制

建设“智慧法院”，不仅要“建起来”，更要“用起来”。法官和其他人员是否充分掌握和熟练运用是评价信息化建设效果的关键性因素。实现从“建起来”到“用起来”，除了以需求为导向进行开发建设外，还要注重法官体验，通过应用体验来检验实际成效，推动项目升级，把培养应用习惯放在突出位置，注重法官体验，建立法官体验和应用推广机制。在信息化项目建设过程中注意人性化设计，让法官感受到信息化带来的便捷和高效；项目上线运行后优先安排参与项目的法官进行体验，提出改进意见，边试用体验、边改进边完善和推广使用。

二　开发建设电子卷宗随案同步生成系统，实现电子卷宗“一键归档”

电子卷宗随案同步生成系统，是盐田法院根据最高人民法院《关于全面推进人民法院电子卷宗随案同步生成和深度应用的指导意见》要求，与深圳市中级人民法院（以下简称“深圳中院”）及有关技术公司共同合作研发，三方共享知识产权，旨在实现电子卷宗随案同步生成和深度应用以及支持全流程网上办案的信息系统。

（一）开发建设经过

电子卷宗随案同步生成广泛开发建设工作自 2017 年 3 月正式启动，9 月系统建成，10 月上线运行，同时分步骤在深圳市、广东省推广应用。为保证电子卷宗管理系统建设的顺利推进，盐田法院按照法官需求主导 JEC 开发建设模式，遵循“充分论证、整体设计、合作开发、模块建设”的步骤来推进建设。

（1）充分论证建设思路。成立专门的调研小组，广泛调研各地法院信息化建设成果和技术公司的相关产品。充分考量上级法院已有的诉讼管理系统和盐田法院信息化设施基础，在“智慧法院”建设的整体布局中考虑电子卷宗系统的设计思路和整体规划，起草制定了《盐田区人民法院关于电子卷宗随案同步生成工作方案》。

（2）确定开发需求。根据法官等一线办案人员的需求来确定电子卷宗系统建设的具体内容。广泛征求一线办案人员意见，总结归纳出从立案、分案到结案、归档、上诉等 14 个流程节点 60 余项具体需求。根据需求特点制作需求列表，为研发提供丰富的素材，确保系统建成后的实际应用效果。同时，结合电子卷宗归档要求，制定民事、刑事、行政、执行案件电子卷宗详细层次目录，提出各类电子诉讼材料的制作、输入、利用、存储标准和电子卷宗系统自动排序等管理功能需求。

(3) 制定管理制度。盐田法院先后出台了《案件材料同步数字化工作规程》《案件材料扫描及流转工作规则》《审判流程管理办法》《电子诉讼档案管理办法》等与电子卷宗有关的管理制度，明确了各类人员在电子卷宗同步生成中的职责分工，规定了各审判流程节点电子诉讼材料的来源和标准，规范纸质材料扫描和流转程序，确保诉讼材料按要求及时导入电子卷宗系统，保障电子卷宗材料形成的准确、及时和规范。

(4) 分模块开发建设和投入使用。盐田法院在多方调研考察比较的基础上，确定电子卷宗系统开发公司。在整体规划、系统设计的前提下，坚持模块化建设，分步开发建设，分批投入使用，先后开发建设了材料登记、扫描、流转、目录分类以及网上阅卷、电子送达、文书生成以及庭前证据交换、开庭、合议、执行等业务环节的电子卷宗功能模块（见图1）。

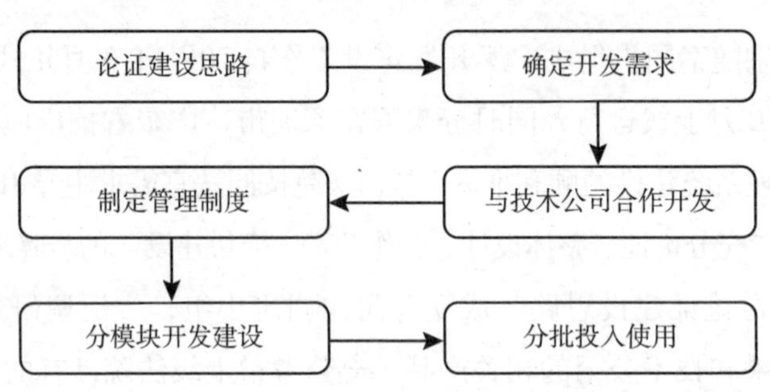

图1　电子卷宗开发建设过程示意

（二）主要建设内容

(1) 确立电子卷宗基本规范。在总结诉讼电子档案管理经验的基础上，全面考察国内其他法院电子卷宗管理先进做法。根据纸质诉讼档案民事、刑事、行政、执行案件卷内目录制定符合案件办理流程和法官查阅习惯的各类案件电子卷宗正卷、副卷目录；在电子卷宗管理系统中实现电子诉讼文件按相应的案件类型目录排序和管理，目录项下文件夹内没有电子诉讼文件时能够在目录表中自动隐藏该目录项，目录项下有多份电子诉讼文件时允许办案人员或管理人员自行增设子目录项，整理电子诉讼文件顺序。全面记录审判流程节点信息，以电子诉讼文件进入电子卷宗管理系统的时间等信息为标准确定司法行为的实施时间，为全面记录、全程跟踪审判过程奠定基础。

（2）探索电子卷宗技术标准。根据上级法院和政府部门关于电子档案的要求，结合审判实际情况和信息技术发展水平，全面统一办案过程中通过计算机等电子设备形成、办理、传输和存储的文字、图表、图像等电子文件以及同步数字化产生的纸质诉讼材料的电子版本在进入电子卷宗管理系统和深度应用时的技术标准，确保电子卷宗能够全面支持法官网上办案。妥善处理电子卷宗与纸质卷宗的关系，根据《人民法院电子诉讼档案管理暂行办法》等相关规定明确电子卷宗的归档标准，采取技术手段将电子卷宗转化为电子档案，避免电子卷宗归档进行二次扫描。

（3）建立诉讼材料集中扫描制度。设立诉讼材料扫描中心，集中扫描当事人提交的纸质材料和办案人员在诉讼系统之外形成的纸质材料，并将部分扫描材料转换为符合深度应用的文本格式，扫描中心的设备、人员采取服务外包等方式。加大电子文档的收集力度。法官、法官助理、执行员和书记员在诉讼系统之外形成、收集的审理报告、庭审录音录像、电子证据等电子诉讼材料按要求归入电子卷宗管理系统目录项下。

（4）支持法官智能辅助办案。以支持法官智能辅助办案为目标，实现电子卷宗的深度应用。①案件要素信息智能提取。在材料识别的基础上，进一步提取文本中的相关信息，从电子卷宗中智能提取出要素信息（案件基本信息、当事人主体信息等）。在综合业务系统的立案、结案等审判节点，将要素信息自动回填到案件表，减少人工输入，同时通过来自卷宗多个位置的信息抽取校验核对要素信息的抽取准确性。②智能阅卷。法官审阅案件已经扫描的电子卷宗信息，并可以使用智能化服务，包括基于关键文字的卷宗全文检索、案件文书的自动生成和文书信息智能回填以及案件信息和法律法规信息的智能推选。③关联案件推荐。系统通过当事人身份证号或组织机构代码号匹配自动查询案例库，查找出关联案件信息，并主动推送给法官。

④类案推荐。系统通过案件要素信息匹配自动查询案例库，查找出类似案件信息，并主动推送给法官，法官可基于系统推送结果进行二次深度查询。查询结果按照行政区划（市、区）、案例级别（典型案例、普通案例等）、承办法官来分类显示，法官可在线浏览类案裁判文书，还可向相关的对接系统（如网上行政诉讼服务中心）进行类案推送。

（三）电子卷宗系统主要功能

盐田法院电子卷宗系统以电子卷宗的科学管理和深度应用为基础，以实现“全业务网络办理、全流程审判执行要素公开、全方位智能服务”为目标，建立健全电子卷宗随案同步生成工作机制，支持电子卷宗在案件办理、诉讼服务和司法管理中的深度应用，已实现以下主要功能。

（1）材料登记接收功能。登记接收是材料入口关，也是形成电子卷宗的基础。此项功能可以实现对当事人提交材料的准确分类和跟踪。材料扫描进入系统，每一份材料会生成一个条形码进行标注编号，通过这个条码可以准确跟踪查找这份材料形成的电子卷宗的位置。通过材料的登记命名和条码标注，实现材料的准确分类。

（2）法官网上办案功能。法官可以进行网上阅卷，法官阅卷以电子材料为主，需要时才查阅纸质卷宗材料。在这项功能中，根据法官的工作习惯，系统设置了阅卷目录，原告、被告、第三人、程序性材料等分门别类，可以手工调整，阅卷的同时进行手写批注。

（3）法律文书送达功能。系统为法官助理提供简便快捷的送达方式。一种是利用一键送达平台。这是传统邮寄送达的电子化。通过电子卷宗系统将电子材料发送给邮政 EMS，由邮政公司进行打印和邮寄，节省了以前的填写邮单和交邮的时间。另一种是借助微信，进行微信送达。盐田法院开通微信送达法律文书服务，当事人只要关注了盐田法院的微信公众号，就可以一键接收法律文书。

（4）裁判文书生成功能。系统实现合议笔录、判决书、裁定书等法律文书自动生成，可以做到程序性文书 100% 自动生成，简单案件文书自动生成，复杂案件文书辅助撰写。生成的文书自动导入电子卷宗系统相应的目录下。法官在撰写裁判文书时，用大屏幕电脑，左边阅卷，右边撰写裁判文书，可以复制粘贴文档中的内容，生成裁判文书的同时推送相应案例，供法官参考。法官可以根据需要选择本地案例、外地案例。撰写完成后的裁判文书也自动保存进卷宗系统。

（5）一键归档功能。系统实现了卷宗材料按照归档要求自动排序、自动编码、自动生成档案目录，一键归档，避免案件归档时的二次扫描。已经办结归档的案件电子档案，目录、排序、页码与归档的纸质档案完全一致。案件办结后，所有材料将按照归档目录顺序进行排序，分正卷和副卷。系统可以自动生成页码，自动生成档案目录，显示材料页码和所在的位置。法官助理进行比对核实后，就可以点击移送归档。

三 开发建设“法智云端”系统，打造全国首个网上行政诉讼服务中心

“法智云端”系由盐田法院与有关技术公司合作自主研发的专门为行政诉讼当事人提供诉讼服务的网上平台，是全国首个专门针对行政诉讼的服务平台。

2015 年 6 月 30 日，经最高人民法院批准，深圳市行政案件集中管辖改革正式启动，全市行政案件集中到盐田法院管辖。盐田法院充分发挥行政案件集中管辖改革后行政审判集约化、专业化的优势，以新形势下的行政审判业务与信息服务技术的深度融合为基础，打造网上行政诉讼服务平台，实现实体诉讼服务中心功能在网上服务平台的投射，进一步方便行政诉讼当事人诉讼，提高行政审判质量和效率，促进行政机关依法行政，服务“法治城市”和“智慧城市”建设。

（一）平台总体架构

系统总体架构基于行政机关专网进行建设，在法院内网搭建系统，应

用服务部署在行政机关专网中，方便其他各行政单位使用，同时与法院内网其他系统，如电子卷宗系统、综合业务系统链接，实现数据共享（见图2）。

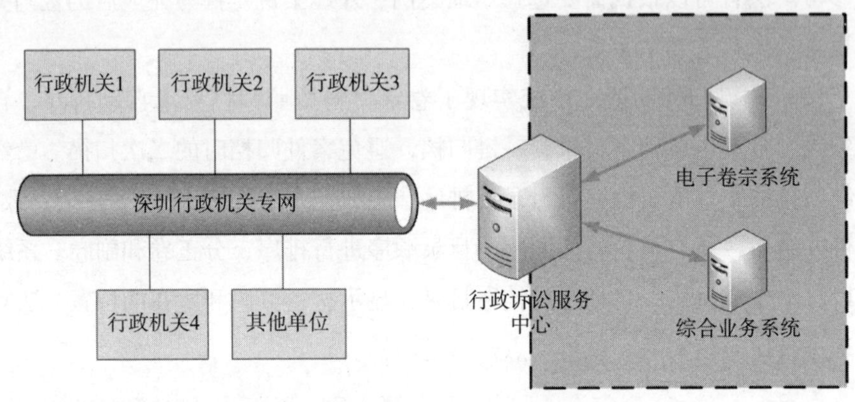

图2　“法智云端”系统结构

（二）系统主要功能服务

整个系统共设置八大功能模块，为行政机关及其他行政诉讼当事人提供八个方面的诉讼服务。

（1）菜单式申请立案。申请行政非诉案件立案时，提供便捷快速的菜单式立案申请表格，当事人信息、证据材料等能直接从行政机关业务系统提取，自动生成立案申请书等文书材料，有效减轻行政机关工作量。法院审核后如需补充材料，行政机关可根据需要补充材料后重新提交申请。

（2）材料递交。被诉行政机关可通过平台功能快速递交或根据法院要求补交行政案件证据材料，自动进行短信提醒和生成回执。

（3）信息查看。行政机关可随时查看本单位行政案件的立案情况或案件办理进展情况信息。

（4）文书查收。行政机关可查看和接收本单位行政案件的文书，并提供文书送达提醒功能。文书信息以 PDF 格式进行展示。

（5）在线交流。行政机关工作人员可以与法院案件承办人员进行网上对话交流，系统自动弹出对话框，提醒对方。

（6）庭审点播。行政机关可以根据需要申请点播涉及本单位的庭审现场视频，实现远程观看。

（7）统计与查询。行政机关可查询和统计涉及本单位的行政案件信息，方便行政机关进行涉诉案件管理。

（8）典型行政案例和司法解释查询。行政机关可以通过设定查询条件、关键字等，查询被诉行政行为或行政执法行为的相似案例和司法解释，据以规范行政执法行为。

（三）上线运行效果

2017 年 7 月，“法智云端”系统上线运行，网上立案、电子送达、信息推送等功能模块投入使用，不到半年时间，通过该平台系统共计处理行政非诉审查案件 2730 件，当事人申请立案、法院审查时间大大缩短，工作效率提高九倍以上（见表 1）。其功能优势主要体现在以下方面。①行政机关参与诉讼更加便捷。行政机关在本单位内部登录系统，足不出户就可以进行网上立案、案件查询、网上答辩和证据提交。②法院立案审查更加方便。行政机关非诉审查案件材料扫描上传，快速进行 OCR 识别和立案信息回填，立案法官只要审查核实即可，立案准确性和立案效率大大提高。③案件办理更加快速。以往行政机关工作人员和法院办案人员需要花费大量的时间和精力来进行案件信息录入、材料递交、文书撰写以及送达等工作事项，“法智云端”

表 1　“法智云端”上线前后办理非诉审查案件时间对比

工作事项	上线前		上线后	
	处理方式	花费时间	处理方式	花费时间
立案信息录入	人工录入	10 分钟	OCR 识别，自动回填	不到 1 分钟
法律文书制作	自动生成、手工修改	2 ~5 分钟	自动生成	不到 2 分钟
法律文书送达	人工填写，邮寄送达	15 分钟	电子送达	不到 1 分钟
裁判文书撰写	人工撰写	25 分钟	自动生成	不到 1 分钟
合计花费时间	45 分钟以上		不到 5 分钟	

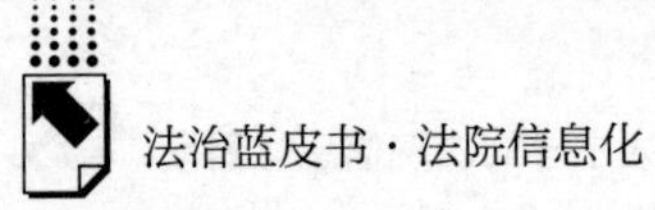

系统上线后，这方面的工作绝大部分可以通过系统完成，大大节约办案人员的时间和精力，提高了办案效率。

四 率先推出微信送达平台，当事人微信“刷脸”接收法律文书

2017 年 9 月 26 日，为充分利用信息化手段给当事人提供更加快速便捷的诉讼服务，由深圳市中级人民法院和盐田法院组织开发的微信送达平台，率先在盐田法院上线运行。该平台依托“深圳法院诉讼服务”微信服务号，是全国法院首家结合微信人脸识别技术实现微信送达的电子送达平台。

当事人只要通过关注“深圳法院诉讼服务”微信公众平台，进入人脸识别系统，自行录入身份信息完成身份认证后，就可以利用该平台接收案件流程信息和法律文书，整个认证过程一至两分钟，快速便捷。

当事人完成认证并签署“同意电子送达通知书”后，法官助理点击“微信送达”，即可将案件流程信息或需要送达的法律文书推送到当事人的手机微信，整个过程全程留痕。推送完成后，法官助理可在送达平台查看文书的送达报告。

五 “智慧法院”建设的总体成效

2017 年，随着一系列信息化重点项目的建成并投入使用，盐田法院司法审判的网络化、阳光化、智能化水平大大提升，基本建立了一套更智能、更透明的司法工作体系，“智慧法院”整体效果明显。

（一）诉讼服务更便捷，实现与人民群众“微距离”

“智慧法院”建设的推进和一系列前沿信息技术的应用，大大拓宽了司法为民工作的途径，盐田法院在服务人民群众方面取得了“跨越式”进步。例如，通过“法智云端”网上行政诉讼服务平台，利用手机 App、微博、

微信等新媒体技术的即时互动、实时参与功能，可以做到重要审判流程信息主动告知、即时查询，初步形成线上线下多元化的诉讼服务格局，让人民群众获得更便捷、更廉价、更个性化的诉讼服务，让人民群众真正感受到公平正义就在身边。比如，微信送达平台上线以来，受到当事人和法官助理的一致好评，盐田法院每天立案受理的案件中，90%以上的当事人自愿选择微信送达，平均每天通过微信送达平台自动发送案件流程信息90余条。

（二）法官办案更智能，审判执行工作驶入“快车道”

在“智慧法院”和信息技术的支持下，法官可以更多地借助新技术手段，用大数据的理念和方法来办理审判执行业务，大大提升审判质效。法官通过办案智能辅助系统、移动终端App实现智能化、全天候办案，通过大数据分析，为法官查询、参考同类案件提供了技术支撑，为法官查明事实、适用法律提供参考，有效减少司法裁判过程中的不确定性和主观性，促进裁判标准统一，为法官办理案件节约了50%以上的文书写作和法律法规查询时间。2017年1～12月，盐田法院在办案法官减少的情况下，结案数同比上升了39%，法官人均结案数同比增加了近35%。

（三）审判监督管理更透明，司法决策按下“快进键”

司法决策和审判管理的法治化和精细化离不开信息化的支撑。通过电子卷宗系统等一系列信息化项目的上线运行和网上办案的强力推进，盐田法院初步实现对所有案件信息资源的有效存储、科学分类和多元检索，为深入分析、运用大数据服务司法决策提供了基础，司法决策更加科学、准确、快速。比如，电子卷宗系统不仅能够通过信息化手段量化法官的审判工作业绩，而且实现对案件数据自动生成、实时显示，有利于及时对审判资源进行调整，优化配置司法资源。配合行政案件集中管辖改革打造的“法智云端”网上行政诉讼服务中心，设置专门的统计分析模块，法院和有关行政机关可以根据需要快速查询统计行政案件情况，自动生成同比趋势图，并结合报表加图表的方式展示，为法院审判管理和行政机关的决策提供参考。2017年9

月，盐田法院利用大数据分析，及时总结行政案件集中管辖改革经验，分析行政审判工作情况，撰写了《关于深圳市行政案件集中管辖改革的报告》供领导决策参考。

六　下一步的改进计划与措施

建设“智慧法院”是司法工作适应现代科技发展需要、满足人民群众司法需求的必然要求，是促进审判体系与审判能力现代化的重要方面，同时也是推动人民法院科学发展的有效途径，是一项系统工程。法官需求主导的JEC模式，在推进“智慧法院”建设过程中具有精准对接需求的优势，可以较好地解决信息化建设和应用的不对接问题。虽然盐田法院在建设“智慧法院”方面取得了一定成效，但是在信息化系统开发建设和应用方面还存在一些问题。一是“智慧法院”建设的理念还不够先进，认识有待进一步提高。二是需求调研还不够充分，精准对接业务需求力度需进一步加大。三是各业务各系统之间融合程度不深，经常需要在几个系统之间转换，影响干警体验。四是人工智能运用程度不够，办案智能辅助程度有待进一步提高。五是司法大数据服务司法管理、为当事人提供诉讼服务的水平有待提升。

下一步盐田法院将着力在以下几个方面改进。

（1）树立超前理念。“互联网+”时代的一个突出特点就是技术革新的速度非常快，昨天还属于比较先进的技术，今天或者明天就可能被超越、被淘汰。建设“智慧法院”是一项系统工程，需要树立“不超前就落后”的理念。在推进信息化建设过程中，应充分考虑技术革新的因素，在项目规划和建设时，做到理念超前，既认真选择当前市场上比较成熟和先进的技术，也考虑未来发展，注意推进建设的各个信息化系统之间的兼容性，充分考虑正在建设的信息化系统与其他不同系统和技术平台之间的对接兼容问题，以便能适应未来技术发展和软硬件升级的要求，避免今后一旦形势变化或技术升级就要推倒重来的问题，造成重复建设和资源浪费。

（2）不断完善需求调研机制。把需求导向落实到“智慧法院”建设全过程，广泛吸纳法官参与“智慧法院”项目开发建设，使“智慧法院”建设更加体现法官智慧、更加契合办案需求。在实施信息化项目中，定期召开需求征集座谈会，进行需求可行性论证，将零散的需求体系化、制度化，确保信息化建设项目精准对接审判执行、司法管理和诉讼服务。

（3）积极开发司法人工智能。进一步推进深度学习、大数据算法等技术在审判执行工作中的应用，提高法官办案、司法管理和诉讼服务等活动全过程、全方位的智能化水平。利用智能终端，为当事人、法官提供个性化的服务，将信息化平台的智能化、网络化推向新高度。加快建设智慧法庭、智能辅助等平台，为提高办案效率和质量、减轻法官负担提供技术支撑。

（4）加强信息化软硬件设施建设。充分运用“互联网 +”思维，加强各系统之间的融合和互联互通，实现办案平台、管理平台、服务平台相连接。

（5）加强大数据技术应用，丰富和完善司法服务和司法管理平台。建设大数据分析与应用平台，整合数据资源，实现海量存储、科学分类、多元检索，准确研判审判态势、经济运行风险，既为法院科学决策提供依据，也为党委政府经济社会管理活动提供决策参考。进一步建设司法服务平台，优化提升司法公开、诉讼服务平台功能，构建多渠道菜单式智能司法服务。

“科技发展无止境”，信息化、现代化、法治化的“智慧法院”建设工作永远在路上，需要全国各地法院在最高人民法院的统一规划部署下，充分发挥地方改革创新精神，准确把握和结合法院工作特点，坚持问题导向和需求导向，推进信息化建设转型升级，促进实现审判体系和审判能力现代化，为人民法院公正、高效司法提供更加先进的科技保障。

信息化助力提升司法质效

Assisting Trial with Informatization

B.11

上海刑事案件智能辅助办案系统调研报告

杨　敏*

摘　要： 报告针对上海刑事案件智能辅助办案系统的建设背景及意义、指导思想及原则、建设目标及任务、建设内容与建设过程，详细阐述了系统的十三项基本功能，重点介绍了体现人工智能在司法领域深度应用的五项创新功能。通过对系统运行以来的数据分析，从四个不同方面分析总结了平台取得的应用成效，最后根据实践经验客观分析了系统在网络平台、使用功能、应用推广、运行机制、技术支撑等方面存在的不足，对平台的升级建设作了理性思考。

关键词： 人工智能　辅助办案　建设成效

* 杨敏，上海市高级人民法院信息管理处干部。

上海市高级人民法院（以下简称“上海高院”）探索将大数据、人工智能等现代科技融入刑事诉讼活动中，研发了“上海刑事案件智能辅助办案系统”（代号 206 工程），着力解决刑事案件办案中存在的证据标准适用不统一、办案程序不规范等问题，大大提升了司法质量、司法效率和司法公信力。

一　建设背景及意义

2017 年 2 月 6 日，为推进以审判为中心的诉讼制度改革，切实防范冤假错案，中央政法委及上海市委主要领导在上海高院调研时要求上海高院承担开发“推进以审判为中心的诉讼制度改革软件”的任务。为此，上海高院与市人民检察院、市公安局、市司法局等单位建立了联席会议制度，成立了研发领导小组及办公室，制定了《关于开发“推进以审判为中心的诉讼制度改革软件”的工作方案》，并报经中央政法委、最高人民法院、上海市委政法委同意实施。按照工作方案，上海高院建立了研发基地，确立了试点单位，组建了研发队伍，抽调精兵强将（集中直接参与软件系统研发的工作人员 279 人，其中有上海市法院、检察院、公安机关抽调的业务骨干 64 人，技术人员 215 人），集中力量攻关，并取得阶段性成效。该系统的建设与开发主要有四个方面的意义。

（一）开发“上海刑事案件智能辅助办案系统”是推进以审判为中心的诉讼制度改革的重要内容

推进以审判为中心的诉讼制度改革是党的十八届四中全会确定的重大改革任务。开发“推进以审判为中心的诉讼制度改革软件”是推进以审判为中心的诉讼制度改革的重要内容，对于推进以审判为中心的诉讼制度改革落地见效、防范冤假错案具有重大意义。

（二）开发“上海刑事案件智能辅助办案系统”是现代科技在司法实践领域深度应用的重大创新

在新一轮的科技革命中，人工智能与各领域的融合发展已成为不可阻挡的时代潮流。开发这一软件系统，把统一适用的证据标准嵌入数据化的办案

程序，是把现代科技与司法改革融为一体，把大数据、人工智能融入刑事办案中的一项全新科技创新任务，开创了人工智能在司法领域深度应用的先河。

（三）开发“上海刑事案件智能辅助办案系统”是对公检法三机关司法职权配置的升级完善

软件系统的开发及应用涉及政法各单位、刑事诉讼各环节。通过制定统一的证据标准、规则指引，发挥软件系统对刑事案件证据的校验、提示、把关、监督等作用，更好地落实公检法三机关的办案职责，使整个刑事诉讼流程全程可视、全程可控、全程留痕，有利于落实“分工负责、互相配合、互相制约”的刑事诉讼原则。

（四）开发“上海刑事案件智能辅助办案系统”是充分尊重和保障当事人、辩护人诉讼权利，促进司法公正的有力举措

党的十八大以来，人民法院纠正了多起重大冤假错案。产生这些冤假错案无一不与证据不够确实充分有关，同时也与辩护人的诉讼权利没有得到充分保障有关。软件通过运用现代科技手段，“倒逼”侦查、起诉、审判各环节，严格按照法律规定的证据标准、规则、程序办理刑事案件，有利于真正保障当事人、辩护人的诉讼权利，减少司法任意性，促进司法规范公正。

二　指导思想及原则

系统建设的指导思想是：以中央关于推进以审判为中心的诉讼制度改革的决策部署为引领，以解决刑事诉讼活动中的突出问题和实际需求为导向，以大数据、人工智能等新技术为支撑，全面推进软件系统的开发工作。开发过程中必须坚持公检法三机关“分工负责、互相配合、互相制约”的基本原则，遵循“先易后难、分步推进，边开发、边应用、边完善”的总体工作思路，按照“案件事实清楚，证据确实充分”的刑事证据证明要求和建

立完善科学规范的证据规则体系的需要，把统一适用的证据标准嵌入数据化的办案程序中，减少司法任意性，切实防止冤假错案的产生。

系统建设的基本原则如下。

（1）坚持于法有据。以《宪法》《刑法》《刑事诉讼法》的规定为依据，严格按照中央全面深化改革领导小组审议通过，最高人民法院、最高人民检察院、公安部、国家安全部、司法部联合印发的《关于推进以审判为中心的刑事诉讼制度改革的意见》的要求，系统建设坚持在法治的轨道上进行。

（2）坚持司法规律。软件的开发、建设、应用涉及政法各部门、刑事诉讼各环节，是牵一发而动全身的系统工程。要严格遵循司法规律，认真研究侦查、起诉、审判各阶段、各环节中的证据标准、证据规则和办案程序，确保软件的设计既遵循司法规律又符合司法实际。

（3）坚持问题导向。紧紧抓住侦查、起诉、审判等阶段在收集、固定、检验、审查判断证据中存在的问题，破解刑事案件证据标准适用不统一和办案程序不规范等难题。

（4）坚持需求导向。通过深入调研，广泛征求听取检察机关、公安机关、司法行政机关等政法部门的意见建议，掌握一线办案人员的需求，确保软件的设计符合一线办案人员的实际需要。

（5）坚持先易后难、分步实施。开发该软件既是推进以审判为中心的诉讼制度改革的需要，也是一项把大数据、云计算、移动互联网、人工智能等先进技术应用到司法实践中的科技创新，任务艰巨而繁重，且困难重重，没有经验可循，必须坚持先易后难、分步实施、逐项攻关，有重点、有步骤、有计划地推进。

三　建设目标及任务

以“提高司法质效、维护司法公正”为总目标，把现代科技创新与司法体制改革相融合，开发上海刑事案件智能辅助办案系统，系统突出服务公检法三机关执法办案的功能，切实发挥其在规范执法办案、推进庭审实质化、强化人权保障、贯彻证据裁判规则、统一法律适用中的作用，促使办案人员牢固树立办案必须经得起法律检验的理念，确保侦查、起诉的案件经得起法律检验，保证庭审在查明事实、认定证据、保护诉权、公正裁判中发挥决定性作用，提升司法质量、司法效率和司法公信力。

（一）建立完善刑事案件证据统一适用标准

建立完善刑事案件证据统一适用标准是开发“推进以审判为中心的诉讼制度改革软件”的核心。按照最高人民法院、最高人民检察院、公安部、国家安全部、司法部印发的《关于推进以审判为中心的刑事诉讼制度改革的意见》关于“侦查机关、人民检察院应当按照裁判的要求和标准收集、固定、审查、运用证据，人民法院应当按照法定程序认定证据，依法作出裁判”的要求，结合上海的司法实践，聚焦常见多发、重大、新类型等案件，先行选择7类18个具体罪名，分批逐项制定证据标准。分别是：①侵害人身安全类犯罪，包括故意杀人罪、故意伤害罪（故意伤害致死）；②侵犯财产类犯罪，包括盗窃罪、抢劫罪（抢劫杀人）、诈骗罪（电信网络诈骗）；③金融类犯罪，包括非法吸收公众存款罪、集资诈骗罪、内幕交易罪、利用未公开信息交易罪；④毒品类犯罪，包括走私、贩卖、运输、制造毒品罪；⑤食品药品安全类犯罪，包括生产、销售假药罪，生产、销售劣药罪，生产、销售不符合安全标准的食品罪，生产、销售有毒、有害食品罪；⑥破坏环境资源保护类犯罪，包括污染环境罪；⑦职务类犯罪，包括贪污罪、受贿罪、挪用公款罪等（见表1）。

（二）开发上海刑事案件统一办案平台

(1) 建立上海刑事案件大数据资源库。该资源库包括证据标准库（初建时包括《刑事诉讼法》规定的物证、书证等8类证据的标准以及18个具体罪名的证据标准）、电子卷宗库、案例库（包括最高人民法院公报案例、指导性案例）、裁判文书库、法律法规司法解释库、办案业务文件库等子库，为办案提供信息资源支撑和保障。

表1　系统首批需完成的证据标准

序号	类别	罪名
1	侵害人身安全类犯罪	故意杀人罪 故意伤害罪(故意伤害致死)
2	侵犯财产类犯罪	抢劫罪(抢劫杀人) 盗窃罪 诈骗罪(电信网络诈骗)
3	金融类犯罪	非法吸收公众存款罪 集资诈骗罪 内幕交易罪 利用未公开信息交易罪
4	毒品类犯罪	走私、贩卖、运输、制造毒品罪
5	食品药品安全类犯罪	生产、销售假药罪 生产、销售劣药罪 生产、销售不符合安全标准的食品罪 生产、销售有毒、有害食品罪
6	破坏环境资源保护类犯罪	污染环境罪
7	职务类犯罪	贪污罪 受贿罪 挪用公款罪

（2）建立上海刑事案件智能辅助办案系统。融合大数据、云计算、移动互联网、人工智能等新科技手段，完成系统开发，满足上海公检法机关办理刑事案件的需要。该系统由若干应用软件支撑，具有以下功能：为每一类案件的证据收集、固定提供指引，对证据的合法、合规性进行审查（先开发完成对证据形式合法性的审查功能），对证据之间的矛盾进行提示，对证据链条的完整性和结论的排他性进行判断，对办案程序进行监督，为案件定罪量刑提供参考，为办案提供知识索引，对同类案例进行自动推送，实现电子案卷网上移送等功能（在实践中还将不断拓展完善），重点解决办理刑事案件证据标准适用不统一、办案程序不规范等问题。

（3）建立上海刑事案件信息资源共享网络平台。上海刑事案件证据标准统一适用大数据系统的各项功能应用贯穿公检法办案全过程，系统的主要功能实现需要以数据实时交互计算为前提基础。鉴于上海公检法三机关内部的网络现状，网络平台的实施拟分三阶段进行。

系统试点运行阶段：以上海高院为根节点，通过上海市公务网或临时租用线路连通各试点单位，快速展开系统试点应用，收集反馈意见，完善系统功能。

系统融合运行阶段：以上海高院为根节点，将系统以分节点方式部署于公检法三机关内部网络，通过文件级交互方式实现总节点与分节点的数据同步与共享，并逐步实现系统与各单位内部办案系统的深度融合。

系统统一运行阶段：组建上海市政法专网，实现公检法三机关网络的实时互联互通，系统在全流程数据实时交换基础上为公检法办案人员提供各项功能应用，与公检法的办案业务系统融为一体。

（三）建立大数据系统运行的工作保障机制

按照公检法三机关分工负责、互相配合、保障有力的要求，建立大数据系统运行的工作保障机制，明确侦查、起诉、审判阶段数据采集、录入、管理的归口责任，确保数据全面准确、更新及时，移送完整。公检法三机关要加强技术合作，根据系统设计要求，及时对本单位的网络及业务系统进行改造完善，确保系统运行条件齐备、安全稳定。要强化数据安全防护，在数据的生成、采集、录入、传输、交换、共享、备份、维护和网络安全运行等环节部署应用访问控制、安全隔离、数据加密等安全措施，确保数据利用全程防护、全程留痕。建立可视化应用监管平台，配置系统专业维护团队，通过实时应用监管，确保系统始终处于高效顺畅的运行状态。

四　建设内容及功能

“上海刑事案件智能辅助办案系统”由上海刑事案件大数据资源库、上海刑事案件智能辅助办案应用软件、上海刑事案件智能辅助办案系统网络平台三部分组成。

（一）建设内容

（1）建立并完善支撑数据库。截至 2017 年 12 月，上海刑事案件大数据资源库已汇集 1757 万条数据。其中，案例库中的案例 11716 件，裁判文书库中的文书 1650 万篇，法律法规司法解释库中的条文 1052937 条，办案业务文件库各类规范性文件（公检法）724 件。电子卷宗库、证据标准库将随证据标准的制定及开发的案由同步更新。

（2）制定证据标准指引。证据标准是指在诉讼中据以认定案件事实的证据要求和程度。建立完善刑事案件证据标准是推进以审判为中心的诉讼制度改革和开发相应软件的关键。

研发团队结合上海司法实践，聚焦常见多发、重大、新类型等案件，特别是当前社会的公共安全以及人民群众迫切需要解决的问题，选择了 7 类 18 个具体罪名。一期软件已制定了 3 类犯罪 7 个罪名的证据标准指引，合计 1039 个证据校验标准，为办案人员提供了统一适用、简便易行、数据化、清单式的办案指引。

具体包括：故意杀人罪、故意伤害罪（故意伤害致死）、抢劫罪（抢劫杀人）三类命案证据链条 7 个环节，查证事项 13 项，证据材料 30 种，证据校验标准 235 项；盗窃罪证据链条 6 个环节，查证事项 12 项，证据材料 48 种，证据校验标准 354 项；诈骗罪（电信网络诈骗）证据链条 7 个环节，查证事项 15 项，证据材料 39 种，证据校验标准 190 项；非法吸收公众存款罪和集资诈骗罪证据链条 7 个环节，查证事项 14 项，证据材料 54 种，证据校验标准 260 项。

（3）制定证据规则指引。证据规则是指规范证据收集、证据运用和证据判断的法律准则。上海高院研究制定了《上海刑事案件证据收集、固定、审查判断规则》，详细规定了刑事案件证据收集程序、形式要件、内容要件及审查判断要点，明确了量刑证据、程序证据的收集、固定要点，为办案人员提供了证据的收集、固定、审查判断指引。

（4）制定不同诉讼阶段的证据标准指引。上海高院根据《刑事诉讼法》

关于办案流程的不同要求，坚持完整性与阶段性相统一的原则，按照立案、逮捕、侦查终结、审查起诉、审判等不同办案阶段，分别制定了不同的证据标准指引，为公检法三机关不同阶段办案提供了指引。

（5）构建证据模型。证据模型是为软件系统审查判断证据链条完整性专门设计的模板。在已制定证据标准和证据规则的基础上，研发团队已完成了5类犯罪13个罪名的证据模型构建工作。

（6）搭建网络平台。根据设计，拟在上海公检法机关之间建立专网，系统的中心服务器设置在上海高院，以实现互联互通、信息共享。在专网尚未建成之前，试运行已通过上海市政务网连通公检法各试点单位，第一次连通了公检法三机关的办案平台。

（二）实现功能

系统功能设计有20项，已开发完成了13项，主要包括：证据标准指引、单一证据审查、逮捕条件审查、社会危险性评估、证据链和全案证据审查判断、办案程序合法性审查监督、庭审示证、类案推送、量刑参考、文书生成、电子卷宗移送、全程录音录像、知识索引等（见表2）。

表2　上海刑事案件智能辅助办案系统功能

序号	功能名称	功能内容
1	证据标准指引	对每一类案件通常应当收集的证据种类以及每一种证据收集、固定的程序、形式、内容等要件，为办案人员提供清单式证据指引
2	单一证据审查	对每一个证据收集程序以及形式、内容进行自动校验，生成审查结论，提示办案人员进行补正或说明
3	逮捕条件审查	对犯罪嫌疑人是否符合逮捕条件进行审查判断，为办案人员作出决定提供参考
4	社会危险性评估	对犯罪嫌疑人、被告人的社会危险性程度作出评估，为检察官、法官决定是否批捕及适用缓刑提供参考
5	证据链和全案证据审查判断	对证据链条的完整以及证据之间是否存在矛盾进行审查、提示，确保证据确实充分，排除合理怀疑
6	办案程序合法性审查监督	对办案过程中证据收集、固定、审查、判断以及办案流程全程留痕

续表

序号	功能名称	功能内容
7	庭审示证	实现刑事证据在庭审中即时调取和当庭出示,引导控辩双方围绕争议焦点展开调查和辩论
8	类案推送	为办案人员自动推送同类案例,加强适法统一性
9	量刑参考	为检察官提出量刑建议以及法官的量刑提供参考
10	文书生成	自动生成刑事案件办理过程中所需的各类文书
11	电子卷宗移送	同步采集案卷材料,实现刑事案件卷宗电子化流转
12	全程录音录像	对刑事案件办理的主要环节如现场勘查、抓捕犯罪嫌疑人、讯问犯罪嫌疑人、庭审、检委会讨论、审委会讨论、合议庭评议等进行全程录音录像
13	知识索引	将所需法律法规、司法解释、业务文件等资料,向办案人员自动推送,为办案提供全程信息资源支持

（三）主要创新

软件系统运用图文识别（OCR）、自然语言理解（NLP）、智能语音识别、司法实体识别、实体关系分析、司法要素自动抽取等人工智能技术，通过对上海市公检法机关已积累的刑事案件典型案例、司法信息资源、办案经验，以及上海高院制定的证据标准、证据规则和证据模型的机器学习、深度挖掘，对各种证据（包括印刷体文字、部分手写体文字、签名、手印、签章、表格、图片等）进行智能识别和信息提取，将音视频转换为文字并通过文字对音视频中的相关内容准确定位，快速查找各个证据中的作案时间、地点、人物、工具、手段、后果等证明事项信息。系统还深度挖掘证明事项之间的印证、关联、矛盾等逻辑关系，以及时发现、及时提示进入系统的刑事案件中存在的证据标准适用不统一、办案程序不规范，证据中的瑕疵及证据之间的矛盾等问题，确保提请逮捕、移送审查起诉的案件符合法律规定的标准，提升办案质量和效率，确保无罪的人不受刑事追究，有罪的人受到公正惩罚，防止冤假错案，减少司法任意性。

系统已开发完成的13项功能中有5项是人工智能在司法领域的创新运用。

（1）单一证据审查功能。运用深度神经网络模型，实现图文识别（OCR）功能，基于对案件证据卷宗材料（目前1.5万余份）的机器学习，系统能够对各种证据的印刷体文字、部分手写体文字、签名、手印、签章、表格、图片等智能识别、定位和信息提取，并利用提取到的定位和内容等信息，根据证据标准、证据规则，进行证据的形式、程序等校验提示。

（2）社会危险性评估功能。通过对大量历史案件、证据材料、嫌疑人的相关信息的机器学习，运用自然语言理解（NLP）技术和聚类技术，分析常见社会危害性因素影响程度，辅助人工修正后，构建社会危害性深度神经网络模型，为检察院批捕提供参考。

（3）证据链和全案证据审查判断功能。运用命名实体识别技术，定位证据中出现的人物、地点、时间、物品等，然后运用实体关系分析技术深入挖掘它们之间的关系，包括人物关系、时间关系、地点行踪、物品来源与去向，以及相互间的逻辑关系等，形成完整的案发全景图，最后根据证据链模型，判断各待证事项下证据是否印证、不同证据间逻辑符合性、证据间是否存在矛盾等。

（4）类案推送功能。根据在办案件的特征，通过语义识别、大数据分析（刑事案件大数据资源库）、智能搜索引擎等技术，为办案人员推送与案件相似度高或证据匹配度高的案例。

（5）量刑参考功能。根据在办案件的事实、案件情节等，通过语义识别、人工标注等方式的机器学习，以刑事案件大数据分析为基础，构建量刑深度神经网络模型，为检察院提供量刑建议，为法官提供量刑参考。

五　取得的主要成效

2017 年 5 月 3 日，“上海刑事案件智能辅助办案系统”正式试运行（法院 6 家、检察院 6 家、公安机关 13 家，共计 25 家试点单位上线）。试点单位于 5 月 1 日起立案的故意杀人罪、盗窃罪、非法吸收公众存款罪、诈骗罪（电信网络诈骗）4 个罪名案件，均进入该系统试运行。

截至 2017 年 12 月，系统录入案件 539 件，其中故意杀人案件 165 件，盗窃案件 327 件，电信网络诈骗案件 47 件；录入证据 70972 份；提供证据指引 15653 次；发现证据瑕疵点 405 个，其中证据收集程序瑕疵 58 个、证据形式瑕疵 73 个、证据内容瑕疵 274 个；提供知识索引查询 2218 次；总点击量达 10 万余次。

（一）软件系统连接公检法三机关，形成新的办案流程，初步实现了信息共享

软件系统的开发及应用，在公检法三机关之间建立了统一的刑事办案平台，形成新的办案流程，消除了长期存在的“信息壁垒”，初步实现了刑事办案网上运行、互联互通、信息共享。

（二）制定证据标准、规则指引，初步解决了刑事办案证据标准适用不统一、办案行为不规范的问题

上海高院围绕证据这条主线，以大数据、人工智能等新技术为支撑，坚持完整性与阶段性相统一的原则，制定了证据标准、规则指引，并将其嵌入数据化的办案程序中，为办案人员提供统一适用、方便快捷、数据化、清单式的办案指引。看得见、摸得着、可操作，减少了司法任意性，解决了公检法三机关证据标准适用不统一、刑事办案行为不规范的问题。很多办案人员反映，通过证据标准、证据规则的指引，在刑事立案、勘查、取证、制作笔录及案卷时需要做什么、怎么做，一目了然。

（三）系统具有证据校验、审查判断等功能，及时发现、提示证据中的瑕疵和证据之间的矛盾，防止“一步错、步步错、错到底”

上海高院根据侦查终结、审查起诉的案件必须达到“犯罪事实清楚，证据确实、充分”的法定要求，运用图文识别（OCR）、命名实体识别等人工智能技术，研发了证据校验、审查判断等功能，为办案人员办案提供了对证据自检、自测的科技手段，能及时发现证据中存在的瑕疵和证据之间的矛盾，及时提示办案人员，由办案人员决定是否补正或者作出说明。系统发挥

了对案件证据的校验、把关、监督等作用，克服了办案人员个人判断的差异性、局限性、主观性，提高了对证据审查判断的科学性、精准性、全面性，防止了“一步错、步步错、错到底”。特别是在侦查第一道关口，避免了有些证据一旦缺失，再也补不回来的情况。

（四）强化系统功能集成，促进了办案质量和效率的提升

系统研发过程中，上海高院注重多项功能的开发应用，如类案推送、量刑参考、文书生成、电子卷宗移送、知识索引、办案程序合法性审查监督以及全程录音录像等，为办案人员提供集成、高效的智能辅助，促进了刑事办案质量和效率的提升，成为办案人员离不开的智能助手。

软件系统的开发、应用，增强了办案人员的证据意识、程序意识、责任意识、权利意识，倒逼办案人员树立办案必须经得起法律检验的理念，从案件一接手就按照法律要求的证据标准和证据规则收集、固定证据，确保侦查、审查起诉的案件事实证据经得起法律的检验，减少了司法任意性，有效防范冤假错案，确保无罪的人不受刑事追究，有罪的人受到公正惩罚，推动以审判为中心的诉讼制度改革落地见效，促进了司法公正，提高了司法效率，提升了司法公信力。

六　存在问题及改进方向

由于时间紧、任务重，上海刑事案件智能辅助办案系统在软件系统的开发与应用上还存在一些问题。一是系统运行的基础网络还不理想。软件系统目前通过上海市政务网连通公检法各试点单位，采取临时搭建专网的做法保证运行，导致运行网点少，不利于案件信息采集与系统应用推广。二是系统功能还有待完善。系统只完成了 7 个罪名的证据标准指引及 13 项功能建设，并存在 OCR 识别率不稳定、案件样本太少、数据分析不太准等现象，不能完全满足公检法三机关的办案需要。三是系统应用还有待提升。目前系统的试点单位覆盖面较窄、输入案件数量较少，还存在选择性输入的情况，难以

反映上海刑事办案的总体情况。同时，使用系统的人员不是直接办案人员，应录入案件是否全部录入系统无法有效反映。四是系统的办案流程有待规范。系统还存在办案流程不清、工作机制不规范等问题，同时由于缺乏有效的监督检查，系统的提示把关不能真正发挥作用。结合上述问题，下一步应从以下方面进行改进。

（一）加强基础网络建设

安全、独立、高速的网络是保证系统正常运行、发挥功能作用的基础。下一步要在上海全市公检法司四机关建立办案统一网络平台，完善设计标准，满足上海刑事智能办案辅助系统的运行、安全以及未来升级需要，为推进软件系统的深度应用打好基础。

（二）完善软件系统功能

根据大数据对近三年来上海刑事案件涉及罪名的分析，上海刑事案件常涉罪名共有 71 个。目前系统已完成 7 个罪名的证据标准指引制定工作，为实现常涉罪名证据标准指引全覆盖，下一步，需继续完成剩余 64 个罪名的证据标准指引制定工作。同时，在进一步优化完善已完成的 13 项功能的基础上，通过强化对基础技术的研究，发挥核心技术对系统各项功能的支撑作用，不断拓展软件系统功能，开发完成非法言词证据排除、庭审实质化、案件评议、简易速裁案件办理、法律服务办案辅助、刑罚执行衔接、减刑假释案件办理、特殊人群衔接、赃款赃物管理、刑罚执行状况监督等 10 项功能。

（三）有序走向全面应用

在目前 25 家试点单位的基础上，继续扩大试点范围，将新增 22 家派出所作为试点单位，并分期、分阶段推进全面应用，以实现公检法司等执法办案机关的全覆盖。

（四）完善办案流程与保障机制

完善办案流程规范，建立与新办案流程相适应的工作模式，实现刑事办案流程网络化、案卷材料电子化以及网上流转和实体卷宗线上、线下同步推进。制定软件系统应用的技术规范与管理办法，实现软件系统与公检法司各自办案系统及相关大数据平台的信息共享交互；健全软件系统的安全保障机制，加强网络安全保障、访问安全保障、数据安全保障和安全监管保障；健全软件系统的沟通协调机制，依托联席会议等载体，推动公检法司等机关沟通协调的常态化，确保软件系统运行的有序推进。

B.12

天津法院刑事速裁案件管理系统建设调研报告

张　兴*

摘　要： 天津法院刑事速裁案件管理系统采用向导式、流程化交互方式，简化工作流程，智能引导承办人办理案件，方便法官了解办案进度和任务清单。系统与智审平台对接，实现起诉状的自动解析和信息回填，减少信息录入量。通过标准化规范速裁案件的审理，实现短信自动提醒、批量业务操作、各类文书表格一键生成、自动电子签章和电子卷宗转化，有效减少法官重复劳动，实现简案快审，节约司法资源。

关键词： 刑事速裁　繁简分流　法院信息化

为优化司法资源配置、加强人权司法保障、完善刑事诉讼程序，2014 年 6 月第十二届全国人民代表大会常务委员会第九次会议决定，授权最高人民法院、最高人民检察院在北京、天津、上海等 18 个城市开展刑事案件速裁程序试点工作。2014 年 8 月，最高人民法院、最高人民检察院、公安部和司法部联合印发了《关于在部分地区开展刑事案件速裁程序试点工作的办法》，对速裁程序的适用范围、审理流程予以规定，正式启动速裁程序试点工作。

速裁程序是对中国刑事简化程序的发展与创新。在《关于授权在部分

* 张兴，天津市高级人民法院信息化建设办公室技术科副科长。

地区开展刑事案件速裁程序试点工作的决定》出台之前，中国法律规定的刑事诉讼程序只有普通程序和简易程序两种，至于轻微刑事案件快速办理机制只是停留在相关制度层面。简易程序是对普通程序的简化，刑事速裁程序则是在简易程序的基础上，进一步对中国刑事简化程序的突破和创新。

创设速裁程序是当前刑事审判工作的迫切需要。中国正处在社会转型时期，急剧的社会变迁造成利益主体多元化，利益关系更趋复杂。随着社会结构的深刻变化，刑事犯罪呈现高发态势。当前人民法院受理刑事案件数量持续增长，其中轻刑案件、轻微刑案件又占有相当比重，这一普遍存在的司法实际情况，迫切要求司法机关进一步推动案件的繁简分流、优化司法资源配置。

速裁程序试点工作是当前司法体制改革的重要内容。中共十八届四中全会通过的《中共中央关于全面推进依法治国若干重大问题的决定》提出，要完善刑事诉讼中认罪认罚从宽制度；《人民法院第四个五年改革纲要（2014～2018）》也指出，“完善刑事诉讼中认罪认罚从宽制度。明确被告人自愿认罪、自愿接受处罚、积极退赃退赔案件的诉讼程序、处罚标准和处理方式，构建被告人认罪案件和不认罪案件的分流机制，优化配置司法资源”。刑事案件速裁程序试点工作的应运而生，正是契合了这一需求。

因此，天津法院建设刑事速裁案件管理系统，对部分证据明确的刑事速裁案件开放单独的窗口，通过繁简分流，实现刑事速裁案件的快速审理。

一　系统建设思路

（一）使用信息化手段，建设个性化定制系统

刑事案件速裁程序，是刑事诉讼的“快车道”。通过缩短办案期限、简化办案程序，最大限度地追求快速办理轻微刑事案件，刑事速裁程序带来了更加及时的公平正义。

刑事速裁案件既符合普通刑事案件的基本要求，又有自身的案件特点，

而天津法院目前的办案系统是各类案件通用的系统，并没有针对刑事速裁案件的办理流程和特点进行个性化的定制开发。

针对刑事速裁案件的特点，以信息化手段建设个性化定制的专有办案系统，通过深化数据融合共享、简化系统操作流程、强化文书一键生成，有利于实现简案快审，有效提高办案效率，节约了司法资源，从而让法官可以腾出更多的精力投入相对复杂案件的处理。

（二）打破原有办案模式，优化用户操作流程

原有的办案模式是在天津审判业务系统的内外进行双向操作。系统内，需要进行案件排期、确定法庭、开庭录音录像、引入文书、填报结案等线上操作；在系统外，除了阅卷、提讯、开庭外，还需要通知开庭、拟定开庭提纲、撰写裁判文书、制作并送达各类文书等线下操作。在这种办案模式下，法官重复性、机械性的工作环节很多，需要人工录入流程、信息项、材料繁多，并且还存在重复录入的情况。

针对这种情况，一方面，刑事速裁案件管理系统从法官办案的流程和任务出发，简化页面显示内容，采用向导式、流程化的界面设计方法，优化操作界面和交互方式，让法官直观地了解当前案件的办理进度，并结合系统提示，让用户随时了解自己还有哪些任务可以做，从而帮助法官方便快捷地完成案件的审理工作。另一方面，由于刑事速裁案件为类型化简单案件，案情相对简单，其诉讼文书格式相对固定，具有令状式、要素式、表格式等特点。刑事速裁系统充分利用信息系统自动化的优势，最大限度地实现案件办理过程中文书的一键生成、批量打印、自动盖章，并自动转化成电子卷宗，从而减少法官的程序性、重复性工作，帮助法官提高工作效率，加快审理进程。

（三）多系统深度融合，打通数据壁垒

刑事速裁案件管理系统与审判系统、电子卷宗系统、电子签章系统、电子档案系统、智审系统进行深度融合、数据共享，打通数据壁垒，充分利用

多系统中丰富的数据资源。与审判系统融合，定期同步交互基础案件流程数据；与电子卷宗系统融合，自动汇集审理过程中产生或需要的电子文稿资源；与电子签章系统融合，满足关键文书表格自动签章需要，减少线下人工操作资源损耗；与电子档案系统融合，统一管控速裁案件归档电子档案资源；与智审系统融合，深度挖掘电子卷宗数据价值，实现诉状等材料的智能解析、自动回填。

二 系统功能介绍

（一）系统功能结构

天津法院刑事速裁案件管理系统，根据办案特点，采用向导式、流程化交互方式，简化工作流程，智能引导承办人办理案件，方便法官了解办案进度和任务清单。系统与智审系统对接，实现起诉状的自动解析和信息回填，减少信息录入量。通过标准化规范速裁案件的审理，实现短信自动提醒、批量业务操作、各类文书表格一键生成、自动电子签章和电子卷宗转化，实现简案快审，节约司法资源。此外，系统提供了较强的统计分析功能，可根据案由、判决结果、强制措施、审理期限等多个维度进行分析（刑事速裁案件管理系统的功能结构见图1）。

根据刑事速裁程序的目标和基本内容，刑事速裁系统被划分为四大子系统：立案管理、案件审理、审理辅助、查询统计。

立案管理由立案法官使用，对刑事速裁类案件的基本信息进行录入，与智审系统对接，可以对当事人提交的材料进行解析，自动回填案件基本信息，减轻法官工作量，提高录入信息准确性，提升立案法官工作效率。系统还提供相关立案表格文书的打印功能，如立案决定书、转为速裁程序审批表等。

案件审理遵循办案的时间顺序流程，分为庭前准备、开庭、宣判、送达、执行和归档六个功能模块。庭前准备阶段，承办法官预定办案法庭，发

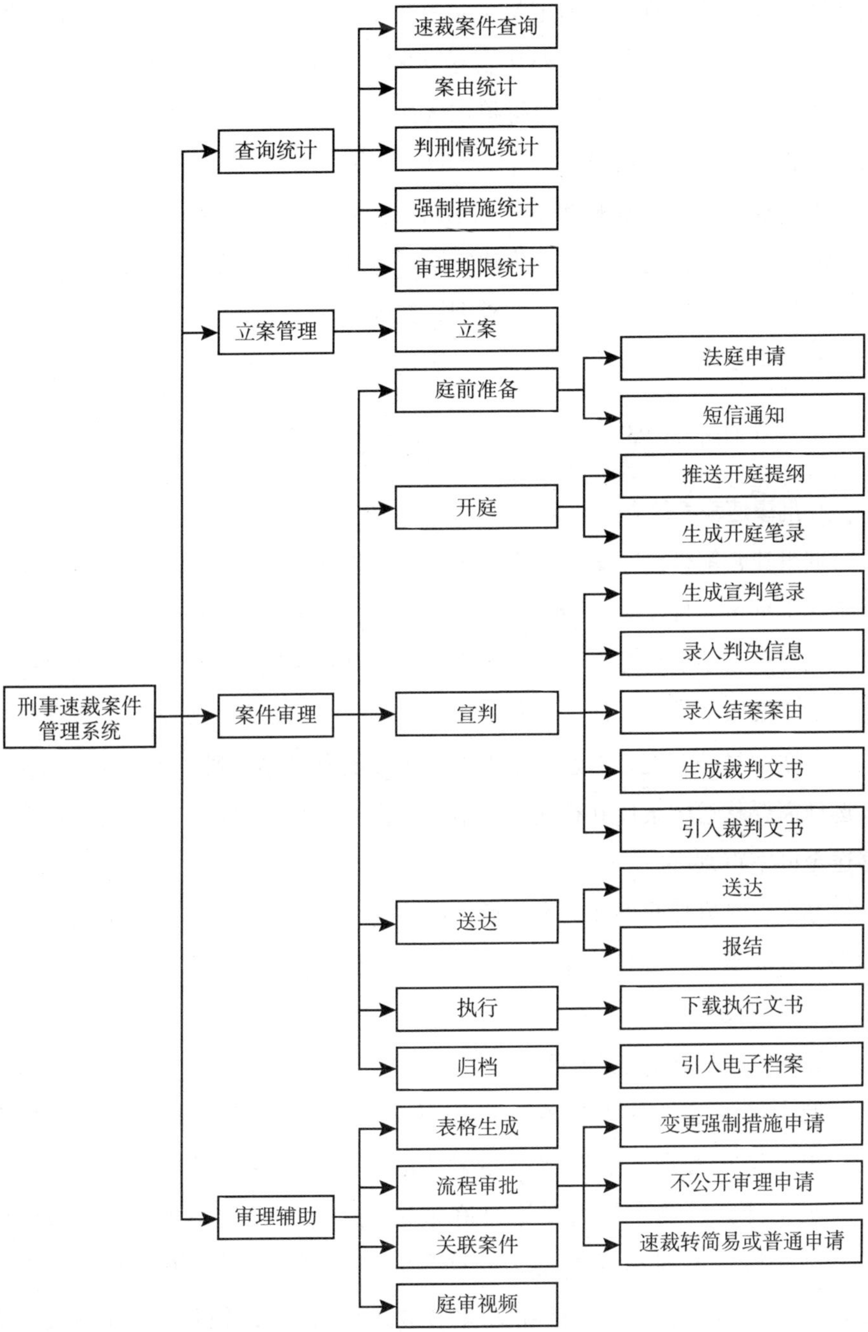

- 刑事速裁案件管理系统
  - 查询统计
    - 速裁案件查询
    - 案由统计
    - 判刑情况统计
    - 强制措施统计
    - 审理期限统计
  - 立案管理
    - 立案
  - 案件审理
    - 庭前准备
      - 法庭申请
      - 短信通知
    - 开庭
      - 推送开庭提纲
      - 生成开庭笔录
    - 宣判
      - 生成宣判笔录
      - 录入判决信息
      - 录入结案案由
      - 生成裁判文书
      - 引入裁判文书
    - 送达
      - 送达
      - 报结
    - 执行
      - 下载执行文书
    - 归档
      - 引入电子档案
  - 审理辅助
    - 表格生成
    - 流程审批
      - 变更强制措施申请
      - 不公开审理申请
      - 速裁转简易或普通申请
    - 关联案件
    - 庭审视频

图 1　系统功能结构

送开庭通知。开庭阶段，书记员记录庭审情况。宣判阶段，法官进行判决，生成判决书。送达阶段，承办法官送达相关文书，收到送达回证后报结案件。执行阶段，承办法官与执行单位确保执行顺利。归档阶段，承办法官将案件的相关档案存储记录。

审理辅助则提供表格生成、流程审批、关联案件和庭审视频等基础模块，满足法官办案过程需要，为法官案件审理提供相关数据资源支撑。

查询统计包括刑事速裁案件查询、案由统计、判刑情况统计、强制措施统计和审理期限统计五个功能模块，满足查询统计需求。

（二）功能流程

1. 刑事速裁案件立案业务流程

刑事速裁案件的立案由立案庭工作人员操作。一般情况下，公诉机关到法院提出刑事案件受理申请，立案人员根据公诉机关的口述补充案件信息。补充完整后，系统会参考国家规定和案情判断是否适合刑事速裁，如果适合则提示立案人案件可以使用速裁程序。

立案信息补充完整的速裁案件下一步要被批量移送到办案审判庭。立案人选择需要移送的案件并补充移送信息后提交。系统核查信息无误后将案件移送至办案审判庭。

办案审判庭接收到速裁案件后，向法官分案。庭长选择需要分案的速裁案件，补充承办人员和其他审判人员。系统记录提交信息，将案件划分到承办法官（见图2）。

2. 刑事速裁审理业务流程

刑事速裁案件的审理遵循办案的时间顺序流程。第一步是庭前准备，承办法官需要为案件预定办案法庭，向诉讼参与人发送开庭通知。第二步是开庭，书记员需要记录庭审情况。第三步是宣判，在该阶段，法官判决被告主刑和附加刑，并确定刑期，保存判决书。第四步是送达，承办法官需要将案件的相关文书送达被告、公诉机关、辩护人，收到送达回证后报结案件。第五步是执行，承办法官与执行单位沟通交

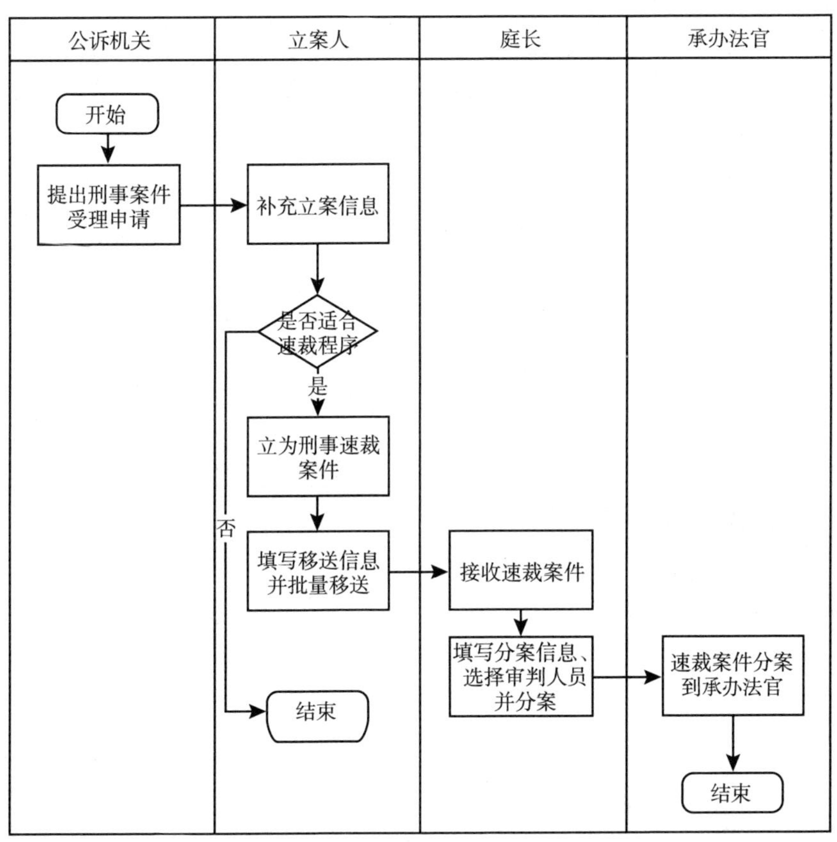

图2　刑事速裁案件立案业务流程

流，确保执行情况顺利。最后一步是归档，承办法官将案件的相关档案存储记录（见图3）。

（三）功能介绍

1. 立案管理

立案管理实现刑事速裁案件的立案操作，并可以使用审理辅助子系统提供的表格生成功能打印立案相关表格。

（1）速裁程序选择

立案法官决定使用速裁程序后，系统自动设定速裁程序案号、审判业务

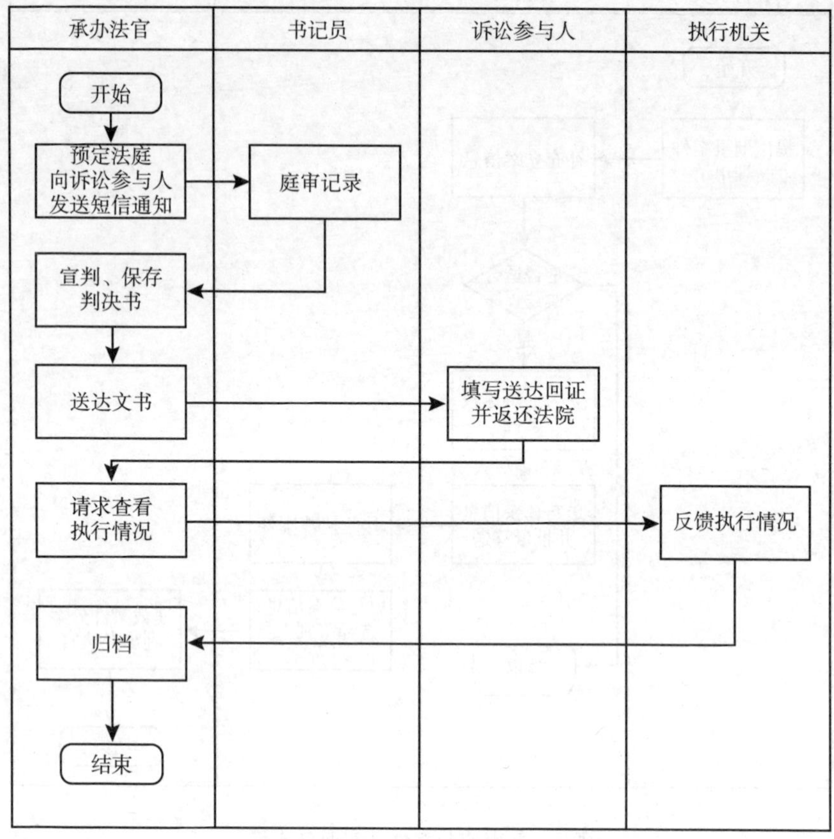

图3　刑事速裁案件审理业务流程

庭范围和审判人员范围等信息，并提示立案人员填写关键信息。

（2）立案信息自动回填

对于公诉机关或当事人提交的起诉书等材料，系统与电子卷宗系统和智审系统进行深度对接融合。一方面，能够把提交的纸质材料或电子材料引入电子卷宗系统，由电子卷宗系统进行统一集中管理。另一方面，可以使用智审系统深度挖掘起诉材料中的关键内容，并自动回填到案件系统当中，如案号、起诉案由、被告人姓名、出生日期、强制措施、检察院名称、辩护人姓名、律师名称及联系方式、基本事实和关键证据等内容。

（3）电子卷宗录入

对于立案过程中公诉机关或当事人提供的相关材料，立案人员可以扫描上传或自动引入电子卷宗，实现纸质材料的电子化，为后期法官案件审理提供便利。

（4）流程审批

当立案人员决定使用速裁程序进行审理时，系统生成审批表，并推送给主管庭长进行签批（电子签章），签批后完成速裁程序转换工作。

（5）立案文书表格打印

系统提供立案阶段相关文书表格打印功能，如立案决定书、转为速裁程序审批表等。

2. 案件审理

案件审理包括庭前准备、开庭、宣判、送达、执行和归档六个节点模块，覆盖案件审理全流程，完成案件审理工作。

（1）庭前准备

承办法官或书记员通过系统进行法庭预定，系统可批量申请开庭，多个刑事速裁案件可以在一个法庭、同一个时间段进行开庭申请。符合刑事速裁案件审理时间短的特点。

系统提供了开庭信息短信通知功能。承办人在提交开庭申请后可以直接通过系统向被告人、律师、检察员发送开庭短信。短信包含开庭时间、地点，庭审案件名称，承办人以及联系电话，方便案件相关人员及时接收到通知，并生成开庭公告信息。

（2）开庭

在开庭阶段，审判人员可以使用“推送开庭提纲”功能，系统会根据录入的信息，自动生成开庭提纲；书记员可以使用“生成开庭笔录”功能，系统会自动生成开庭笔录主体内容，书记员仅需要补充其他内容。

（3）宣判

在宣判阶段，系统提供宣判笔录生成功能，自动生成基础笔录信息。在宣判结束后，法官对被告人进行判决主刑、附加刑的确定，并填写刑期信

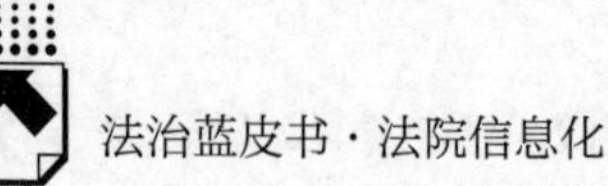

息，然后录入结案案由，并核验编写系统自动生成的裁判文书，在修改和确认无误后，上传最终版本的结案文书。

（4）送达

在送达阶段，对于已经宣判的案件，需要向被告人、检察员和检察院送达裁判文书，并且法院应当记录送达回证，保证案件审理结果及时传达到位。同时可以填写结案方式、判决结果等结案信息进行案件的报结处理。

（5）执行

在执行阶段，法官和执行单位通力合作，确保执行的顺利完成，并会根据案件基本信息和判决信息生成执行文书，供法官参考和修改。

（6）归档

系统与电子档案系统深度融合，可以在案件审理完成后直接进入电子档案系统，进行案件电子档案的扫描上传和归档操作，方便了法官的使用。

3. 审理辅助

审理辅助则提供表格生成、流程审批、关联案件和庭审视频等基础模块，辅助法官办案。

（1）表格生成

系统提供刑事速裁各个审理环节的表格文书，包含立案决定书、庭审笔录、宣判笔录、判决文书、执行文书、传票、提票、送达回证和权利义务告知书等。

（2）流程审批

对于案件审理过程中可能遇到的审批环节，系统提供在线发起、审批表自动推送签章、审批结果处理等流程，实现了流程审批的全程线上流转，如“转为速裁程序”“变更强制措施”“速裁转为其他程序”等流程。

（3）关联案件

提供对案件的关联查询功能，包括流程关联查询、当事人关联查询和信访关联查询等功能，满足法官获取相关案件的需求。

（4）庭审视频

与庭审视频数据进行整合，法官可以通过该功能进行特定庭审视频的在线查看，辅助法官办案。

4. 查询统计

查询统计包括刑事速裁案件查询、案由统计、判刑情况统计、强制措施统计和审理期限统计五个功能，为法官提供案件快速定位和丰富的统计功能，使用可视化技术，以图表等方式向法官直观展示刑事速裁案件的各项指标。

三　系统功能特点

（一）流程引导和提醒

刑事速裁案件管理系统根据当前案件所处状态及关键信息项，自动提醒案件承办人员后续操作和需要补充的信息项，承办人可以点击提醒直接进行快速填写。以目的驱动方式代替原有经验主导方式，基于流程引导，减少法官定位后续工作的时间，突出必填信息、细化信息录入步骤，提高了数据填写效率，使得速裁案件的快速审理成为可能。

（二）各类文书表格一键生成

全面覆盖刑事速裁案件在庭前准备、开庭、宣判、送达、执行阶段需要生成的各类文书，并支持多种文书的一键生成。支持判决书的自动生成，并可以根据被告罪名、情节、判决结果等信息自动计算刑期和引入相关法条。目前，系统提供了裁判文书、提票、传票、出庭通知书、诉讼权利义务告知书、具结书、开庭公告、送达回证、开庭提纲、庭审笔录、释放手续等20多种文书表格的自动生成服务。

（三）支持批量业务操作

根据刑事速裁案件的特点，刑事速裁案件管理系统支持案件批量开庭、批量结案等操作，方便法官进行快速审理。支持在同一个时间段、同一个法庭进行多起速裁案件的批量审理，打破了原来“一案一庭”的约束，极大地提高了开庭审理效率。

（四）实现电子卷宗数据自动回填

刑事速裁案件管理系统实现了与智审系统的数据对接，可以自动识别扫描的起诉书，抽取案件相关信息项，实现关键内容的自动回填。通过这种方式减少了法官信息录入的工作量，提高了信息准确性，使得法官能够从烦琐的信息录入工作中解放出来，转为更为简单的信息核对工作，极大地缓解了法官压力。

（五）丰富的查询统计功能

刑事速裁案件管理系统提供丰富的查询统计功能。系统支持根据案由、判决结果、强制措施、审理期限等的统计分析，满足法官对常见刑事速裁案件数据指标的统计要求，为后期工作调整和优化提供数据支持。

四　应用成效

自2017年3月份刑事速裁案件管理系统正式上线以来，在天津全市三级法院共使用该系统受理2522件案件，审结2491件，辅助生成各类文书9795篇，极大地减轻了法官的工作量，达到了案件速裁的目的，办案效率提高27个百分点。

（一）推进速裁案件审理自动化和标准化

通过构建统一的刑事速裁案件审理系统，实现了关键流程的自动化流转、文书表格的标准化生成以及业务数据的信息化管理。使用统一的业务标准，规范了案件审理过程中各种数据项的表现形式，为天津司法数据的汇集、统计和深度应用提供质量保障。

（二）减轻一线法官工作量

使用信息化手段，多管齐下减轻法官工作量。在立案阶段或庭前准备阶段，在确定开庭时间、法庭后，系统可自动通过短信、电话等方式向各诉讼参与人发送开庭通知信息。使用卷宗识别信息回填方式，扩展了信息录入方式，减少法官录入信息的工作量。深度融合各类数据自动生成表格文书信息，减少了法官重复输入基础信息的工作量，提高了数据的准确性。

（三）促进了文书编写规范化

在刑事速裁案件审理的各阶段，系统根据最高人民法院文书样式，并结合天津法院的实际情况，生成多种类型的文书表格，在减轻法官工作量的同时，也推进了文书编写的规范化。现阶段已经支持20多种文书样式，详见表1。

表1　支持文书表格类型

传票	送达回证	出庭通知书	逮捕手续
提票	开庭笔录	缓刑执行通知	具结书
开庭公告	量刑评价表	判决书	起诉书
释放手续	宣判笔录	委托调查函	管制执行通知
社区矫正手续	速裁转简易呈批表	立案登记表（刑事申诉案件用）	立案登记表（自诉案件用）
权利义务告知书	速裁程序转换审批表	适用速裁程序告知书	单处剥夺政治权利执行通知
速裁转普呈批表	送达起诉状副本笔录	立案登记表（公诉案件用）	速裁转简易或普通告知书
有期徒刑、拘役执行通知			

五　发展展望

刑事速裁案件管理系统凸显刑事速裁程序案件特点，为天津法院刑事速裁程序试点工作提供了重要技术支撑。随着改革的不断深入，在刑事速裁程序的基础上，刑事案件认罪认罚从宽制度试点工作也将展开。刑事速裁案件管理系统将根据改革的最新要求，不断修正和完善系统，有效支撑试点工作的进行。此外，系统将通过跨部门的数据对接，实现电子诉讼材料的流转；通过与电子卷宗系统的融合，实现电子卷宗同步生成和深度应用；通过深度挖掘海量的司法数据资源，为法官提供丰富、高效、智能的服务支持。

（一）进一步支撑刑事案件认罪认罚从宽试点工作

根据刑事案件认罪认罚从宽制度试点工作的要求，对当前刑事速裁系统的案件范围、诉讼程序、操作流程、文书模板等进行更新和完善，并提供丰富的统计分析功能，强化监督，为试点工作提供全方位支撑。

（二）推动与跨部门的数据共享，实现电子材料的流转

目前公检法各自办案系统不能互通互联，电子文书、相关数据都需要人工导入导出，效率较低。在保证数据安全的前提下，建立公检法司诉讼材料流转电子平台，将起诉书、判决书等材料以及相关数据电子化，依法、实时相互流转，切实提升办案效率。

（三）与电子卷宗系统融合，实现电子卷宗深度应用

推进与电子卷宗系统的融合，实现随案同步生成和电子卷宗的深度应用，实现文书自动生成、自动入卷、电子卷宗信息抽取回填等功能，努力为法官办案提供智能化的服务，进一步减轻法官负担。

（四）深度挖掘司法数据，为法官提供审理辅助

采用人工智能相关技术，对海量司法数据进行深度挖掘，实现类案精准推荐、法律法规推送，为法官提供智能化的办案辅助。促进法官提升类案同判、规范量刑的能力，提升人民法院的审判执行工作质效。

B.13 四川法院要素式智能审判化解“案多人少”的实践

刘 楠　曾学原*

摘　要： 四川法院依托全省三级法院统一的审判资源信息库，深度挖掘司法大数据，开发民事要素式审判智能系统。民事要素式审判智能系统大大提高了庭审效率，为办案法官提供全流程的智能化辅助。在庭审前，系统自动识别解析当事人主张，解析本案要素；在庭审过程中，系统基于要素表自动生成庭审提纲，辅助法官进行庭审指引，减少书记员记录工作量。在庭审后，系统智能生成裁判文书，减轻法官撰写工作量。四川法院通过要素式审判智能应用化解“案多人少”的矛盾，固化和推广优秀专业审判团队的审判经验，推进司法裁判尺度的统一。

关键词： 要素式审判　大数据　人工智能　裁判尺度

一　建设背景

（一）“案多人少”矛盾日益突出

随着法治的日臻完善和社会经济的快速发展，加上立案登记制的实施，

* 刘楠，四川省高级人民法院党组成员、副院长；曾学原，四川省高级人民法院技术室主任。

各类诉讼急剧增加。2016 年地方各级人民法院受理案件 1951.1 万件，审结、执结 1671.4 万件，结案标的额 4 万亿元，同比分别上升 24.7%、21.1% 和 54.5%。法院收案数量持续大幅上升，人民法院的审判压力越来越大。整体上说，从法院层级上看，80% 以上的案件受理在基层法院，“案多人少”矛盾主要在基层法院；从案件类型上看，80% 以上的案件是民事案件，“案多人少”矛盾集中于民事案件。另外，“法官员额制”改革使法官趋向专业化、精英化，法官数量相对“精减”，司法资源的有限性与办案模式的局限性，导致案件处理的“质”与“效”难以兼顾。

（二）繁简分流机制改革

2016 年发布的《最高人民法院关于进一步推进案件繁简分流　优化司法资源配置的若干意见》，提出要根据案件事实、法律适用、社会影响等因素，适用适当的审理程序，规范不同程序之间的转换衔接，做到该繁则繁、当简则简、繁简得当，努力以较小的司法成本取得较好的法律效果。

按照繁简分流要求，四川法院进行繁简分流改革，目前，基层法院大约 20% 的案件实现审前调解，70% 的案件需简案快审，10% 的案件需繁案精审；中级法院大约 90% 的案件需简案快审，10% 的案件需繁案精审。如何有效推进大量的“简案”实现“快审”，是各中级法院和基层法院需要重点考虑的。

在“案多人少”矛盾日益突出以及繁简分流机制改革的背景下，四川法院开发建设了要素式智能审判系统。要素式智能审判是各基层法院在普遍“案多人少”形势下的一种办案“捷径”，目标在于合理分配法官时间，把法官更多的精力放在疑难、复杂、新型案件上。

二　需求分析

（一）立案材料不规范不聚焦，梳理案情费时费力

虽然民事相关规范及法院针对诉状、答辩状等有相对固定的格式要求，

但实践中由于民事争议案件涉及当事人文化素质参差不齐，且原被告双方的矛盾激烈等，往往在诉状或答辩状材料中夹杂大量不规范用语或者情绪化表达，导致呈现给法官的案件材料内容表述繁杂、不精练，法官在案情梳理提炼方面需要花费大量的时间。

（二）简案标准规则抽象，缺乏实践可操作性

根据《民事诉讼法》的规定，“事实清楚、权利义务关系明确、争议不大”是基层法院确立一审民事简单案件的标准。然而，由于上述规定较为抽象，缺乏可操作性，司法实践中不同的基层人民法院在确定简单案件时往往作出不同选择。通过排除方式确立的，如符合以下标准的案件可以适用简案快审：当事人对事实没有争议或者争议较小的，当事人权利义务关系较为明确的，当事人争议仅涉及程序性事项、不涉及实体权益的。

（三）缺乏事实校核的有效数据渠道，重复劳动多

民事审判相比刑事审判而言，涉及的主体及主体关系更为复杂。程序上要求的相对简略并不能实际减少法官的工作量，简易案件并不简单：法官对事实认定、法律适用、诉讼计算等依然需要投入较多精力；大量的裁判文书编写工作需要法官投入重复性劳动。实践中，民事法官审理案件的材料内容分散在各种文件和多方当事人陈述中，缺乏有效的统合办法和便捷的方式呈现给法官，辅助其审查案件、了解案情。

（四）裁判尺度难以统一，业务经验难以快速复制

案件繁简分流机制从制度创新上解决了精心办理疑难复杂案件与快速办理简单案件的矛盾。案件的繁简程度不同，对法官有不同的知识储备、办案经验及办案方法要求。实践中由于法官经验不一，案件裁量尺度在同一地区也可能存在不一致的情况。另外，有些法官在长期的审判实践中形成了相关知识与技能，加以提炼、概括之后，形成审判经验。但这些审判经验大都是在小团队中分享，未能在整个法院甚至整个地区进行有效复制传播。

三　建设路径

（一）建设依据

最高人民法院发布的《关于进一步推荐案件繁简分流　优化司法资源配置的若干意见》，提出要根据案件事实、法律适用、社会影响等因素，进一步推进案件繁简分流机制改革，优化司法资源配置，通过“简案快审、繁案精审”，实现程序简化、文书瘦身、效率提升、公正提速，破解“案多人少”顽症，满足人民群众的多元司法需求，维护人民群众的合法权益。

四川法院通过研发民事要素式审判系统，实现劳动争议、交通事故损害赔偿及民间借贷三类民事案件的要素式审判，四川法院 2017 年受理的这三类案件占民事一审案件总数的 23.5%。

（二）技术路线

四川法院民事要素式审判系统以大数据与人工智能技术为核心，是技术引领、创新驱动、知识为核心的应用开发。四川法院用大数据和人工智能技术辅助法官办案，切实提高审判效率，解决“案多人少”的问题；通过“大数据+人工智能”，颠覆传统工作模式，实现真正意义上的智慧审判，同时达到统一裁判尺度、促进司法公正的目的。

1. 大数据技术

利用大数据技术对司法大数据进行数据汇聚、数据标准制定、数据融合、数据提取以及挖掘、加工。

2. 人工智能技术

除了大数据技术之外，进一步发展人工智能技术，以数据聚通为主轴，以审判信息资源库建设为基础，完成法院数据汇聚、抽取、转换与整合。在挖掘资源基础上形成知识，并实现知识的应用。

（1）构建法律知识图谱。围绕进入司法场域中的案件、人物（当事人、法官、检察官、证人、公众等）、事件三大对象，采用知识图谱关键技术，对上述对象进行本体构建、本体管理、数据映射、实体匹配、本体融合，深度挖掘四川司法审判信息资源库中案、人、事的本体特征及彼此关联，从而构建法律知识图谱。

（2）知识融合。在分主题构建知识图谱的基础上，通过深度融合知识图谱，形成司法审判信息知识库。相对于资源库而言，知识库是深层次的数据挖掘。

（3）开发审判系统。基于司法审判信息知识库的应用，在知识库之上，通过向量计算、聚类、分类、协同等技术构建要素式审判系统。

（4）知识库反向支持资源库建设。将“法言法语”知识库中的相关知识，嵌入提升文本处理过程中，进而提升识别效率。

（三）技术特点

1. 以知识图谱，传承办案经验

基于专家经验和机器学习技术构建知识图谱，对法律知识进行梳理和重构，优秀法官的办案思路和知识得以沉淀、固化，梳理出本地化办案知识图谱，通过系统传承办案经验，利用数据打破传承壁垒。

知识图谱由具有法院、检察院从业经验的资深专家联合律师及法学学者，将分散的法律知识进行梳理重构，形成涵盖海量知识点的法律知识图谱，将海量文书中所体现的优秀承办人的成熟办案思路和知识沉淀、固化，为法院日常受理的90%的案件提供智能化支撑。

2. 以机器学习，挖掘数据价值

通过对海量法律文书进行采样，在知识图谱基础上，通过机器学习，指导机器自主、深度学习、持续升级，真正挖掘法律大数据的价值。

3. 自然语言处理

结合法言法语进行汉字编码、词法分析、句法分析、语义分析，实现中文语义识别。

四 系统功能

民事要素式审判系统结合案件特点及审理特征，为办案法官在案件事实查明梳理、要素式审判辅助、裁判文书生成这三个环节提供智能化应用服务。

（一）辅助查明事实，梳理案情

系统基于内外部数据融合共享，辅助进行主体身份查验和案件事实梳理，减少庭前准备时间，提高庭前案情梳理效率。

（1）当事人身份核验。通过对接公安人口信息数据和工商企业登记信息数据，自动查验展示当事人的概要信息，辅助法官查明当事人身份及其变更情况，便于确认当事人主体信息，并对后续案件审理进展做好预知与防范。

（2）查看当事人关联案件。基于本地、本市（州）、本省甚至全国法院案件及文书数据，提供查看当事人关联在办案件，便于法官了解当事人过往诉讼情况、了解裁判规律。

（二）要素式审判辅助

（1）提供左右两屏展示形式。以左右两屏的形式同时呈现案件材料及辅助功能区域，方便法官同时进行案件材料参照与要素确认操作。

（2）案件材料及笔录查看。系统支持从审判系统同步展示本案案件材料，同时也提供案件材料及笔录上传功能，便于法官进行案情梳理。

（3）自动提取本案诉请。基于实体识别技术与民事劳动争议案件法律知识图谱，系统可根据起诉材料内容自动提取本案涉及的诉请，并以诉请导航的形式进行直观展现和快速定位，支持法官对诉请项目的自定义增加或删除。

（4）自动匹配本案审理要素。在自动识别当事人诉请的基础上，自动匹配本案待审事实要素。

（5）自动生成待审要点。支持生成内嵌本案待审事实要素的庭审提纲，为法官提供庭审参考。

(6) 智能匹配裁判说理。系统识别当事人诉请后，自动匹配说理模板，辅助法官完成本案的诉请处理。

(7) 计算工具智能辅助。系统根据诉请内容自动推送计算工具，提取事实要素作为计算输入项，按照裁判说理的表述要求呈现计算过程及计算结果，并可最终自动复用到最后的裁判文书生成中。

（三）裁判文书智能生成

系统结合案件信息及前置文书信息，自动生成裁判文书初稿。自动生成的初稿内容包括文书首部、当事人段、案件由来、诉讼请求及理由、审理查明、本院认为（裁判说理、裁判依据、裁判主文）、落款等大部分内容。

(1) 智能生成裁判说理部分。系统根据原告诉请及其诉请处理情况，结合计算过程，按照裁判文书说理要求智能生成裁判文书的说理部分。

(2) 智能生成裁判依据部分。系统根据法官对诉请的处理，结合民事劳动争议案件法律知识图谱，按照裁判文书对法律依据的要求智能生成法条依据部分。

(3) 智能生成裁判主文部分。系统根据原告诉讼请求及法官对诉请的处理确认，结合民事劳动争议案件法律知识图谱，智能生成裁判主文部分。

五　要素式审判特点

民事简案集中在基层法院进行审理，往往也具备以下几个审理特征：①案件上诉率整体较低；②案件类型化明显，案件要素与审理要点相对集中；③案件裁判涉及规则标准区域化特征明显。

民事要素式审判系统基于知识中心，依托知识图谱，结合类案特征和审判规律，通过提供从庭前、庭中到庭后的全流程要素审判智能化辅助，替代法官完成机械性重复劳动工作，帮助法官实现民事简案快审、繁案精审，实现提速保质的办案目标（见图1）。

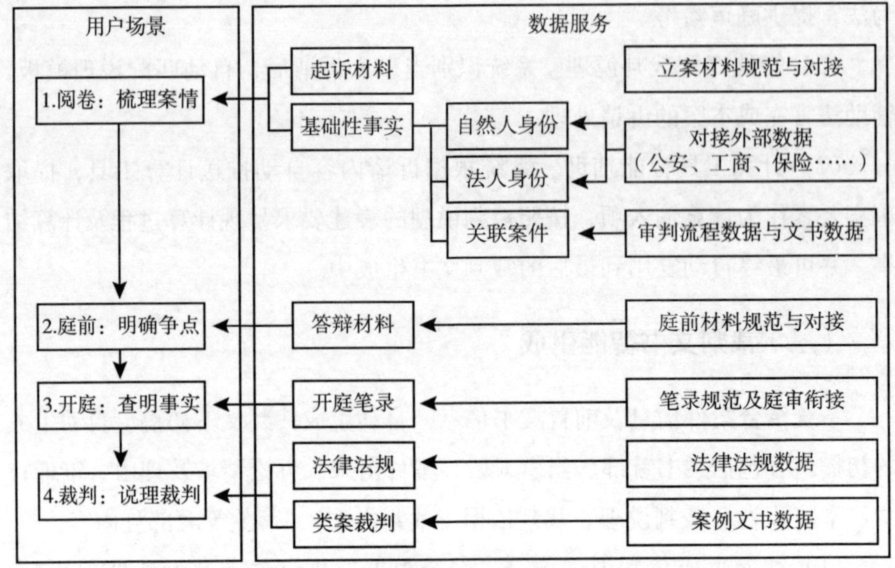

图1　民事要素式智能审判系统示意

该系统基于大数据平台，依托知识图谱对历史裁判规律的分析预判，融合机器学习、自然语言识别等人工智能技术，通过知识图谱对类型化案情的整理和归纳，提供从庭前、庭审到庭后的全流程要素审判智能化辅助。从庭前智能匹配本案要素、确定争议要素、自动生成庭审提纲，到庭审中围绕争议要素重点审查指引，再到庭后裁判文书全量标准生成，最大化替代机械重复性劳动，提升办案效率，让法官回归真正裁判者的角色。

对于类型化案件，通过图谱对类型化案情的整理和归纳，在立案环节对案情进行智能分析，在审理过程中提供具备计算功能的庭审辅助；在庭审后提供文书快速生成服务。

对于非类型化案件，由于涉及规范性文件、法律关系复杂的劳动争议类案件，系统自动为法官推送以往上级法院、省内同级法院处理的类案，帮助个体法官审理案件、帮助法院实现司法尺度的统一。

对于新型案件类型，要重新思考“互联网+”背景下用工法律关系的认定，以更新“互联网+”背景下的司法“词库”，增强司法对新型劳动争议案件的前瞻性和预见性。

（一）覆盖常见多发案由

要素式审判系统涵盖对劳动争议、交通事故损害赔偿及民间借贷这三类四川常见案件。

（二）立案规范案件材料，最大化提供智能办案服务

要素式审判系统提供延伸至立案环节的案件材料规范及数据对接服务。根据各类案件案情特征梳理细化对应的诉状、答辩状等范本，并可提供给法院进行审定。审定后的规范化材料，一方面，法院可通过现场立案接待或网上诉讼服务等渠道有针对性地提供给双方当事人，双方当事人只需根据指引简单填写表述即可形成规范化聚焦的诉状、答辩状材料；另一方面，可通过律师工作平台向律师代理人推广并形成电子版本的案件材料，而要素式审判系统则通过与律师工作平台对接，实现案件材料的数据共享和识别分析，在规范案件材料的同时为法官在案情聚焦、信息复用方面提供更为便利和智能的办案服务。

（三）庭前：辅助查明事实，明确案件争议焦点

首先，基于内外部数据融合共享，辅助进行主体身份查验和案件事实认定，减少庭前准备时间。法院内部，主要实现本地、本市（州）、本省甚至全国法院数据融合，可以提供诸如查看当事人过往诉讼、了解裁判规律等服务。法院外部，主要实现与外单位相关数据共享。例如，针对劳动争议案件，和劳动仲裁部门共享仲裁数据；针对道路交通案件与公安、保险部门共享车辆登记信息及车辆保险情况数据等。

其次，根据简易案件类型化程度高、案件事实清楚的特点，依托知识图谱，利用认知引擎技术，自动帮助法官将起诉和答辩材料中的事实要素解构出来。一方面，从实然角度提取原告方的诉讼请求和被告方的答辩意见，自动比对标记本案的争议事实形成庭审要点，减少法官梳理案情的时间；另一

方面，从应然角度与法律审理要素智能匹配，辅助法官进行认定和裁量，保障裁判质量。

（四）庭中：生成庭审指引，辅助提高庭审效率

庭审中可根据案件基本数据生成庭审笔录模板，同时基于庭前确认的案件事实要素，可辅助生成案件庭审笔录中需要查明的问题。一方面给予法官庭审审查指引，另一方面减少书记员的庭审记录工作量。

（五）庭后：提供诉讼计算，辅助裁判文书生成

庭后根据查明的事实，系统提供审判常用计算工具。一方面，自动复用案件事实要素自动进行计算；另一方面，计算结果自动根据裁判说理规范形成文书表述内容，供裁判文书生成直接复制使用。

系统自动生成包括“本院认为”在内的裁判文书，自动生成覆盖率达到100%，大幅度降低了法官手动修改的工作量。众所周知，裁判文书中的“本院认为”部分是裁判文书的核心和灵魂，而“本院认为”部分自动生成的精准度一直以来都是技术无法攻克的难题。基于知识图谱对历史裁判规律的分析预判，结合法律知识图谱的核心技术，与机器学习、自然语言处理等技术相融合，将法官的行为数据与知识数据进行组装，真正实现了裁判文书内容的全量精准生成，既提高了法官文书编写的效率，又有效保障了判决的公正性。

六　要素式审判初步成效

目前民事要素式审判系统已在四川省多家基层人民法院进行试点运行，经过不断探索和优化，已经取得初步成效。

针对劳动争议、道路交通、民间借贷类型化程度较高的案件，系统能够实现在庭审前对部分数据抓取分析，在开庭中通过知识图谱将集中的诉请与需要审理的事实要素固定下来，帮助法官统一本地的裁判规范。目前已将

16 类诉请细化成 70 余项诉讼请求，覆盖 300 项以上事实要素，基本覆盖四川省劳动争议、道路交通、民间借贷类案件 85% 以上的案情。

要素式审判系统帮助法官优化审理模式，显著提高法官的办案效率。在阅卷效率和裁判文书编写效率上提升明显。系统自动提取庭审争议焦点，自动生成庭审指引。由此，案件平均办理时间大幅度减少，初步估算由原来的平均 4 小时减少为平均 2 小时。

（一）裁判文书自动生成，减轻法官工作量

裁判文书的“本院认为”部分最能体现法官的业务水平，且是裁判文书中最难写的部分，通过系统大数据分析和人工智能的综合处理，实现裁判文书的初步生成，大大减轻法官的工作量。

1. 大幅度提升法院在简单事务方面的自动化水平

大幅度降低法院工作人员在简单重复工作中消耗的时间，从而有效缓解法院员额制度改革后普遍加剧的“案多人少”矛盾，通过自然语言处理技术提取案件关键要素可以实现裁判文书的自动生成。

2. 大幅度提高法院在复杂工作方面的辅助化程度

通过知识库的应用，提升法院在审判工作方面的辅助化程度。系统基于犯罪构成知识图谱可以为法官精准确定争议焦点，为快速研判提供决策辅助。

（二）统一裁判规范，提升个案质效

基于各类案件案情特征梳理的规范化案件材料提升了系统自动化识别的效果，从而为办案环节的个案案情梳理和信息复用提供了便利，节约法官梳理案情的时间。

同时，这一过程中案件要素得以规范化呈现及确认，从这个角度讲，裁判尺度也得以统一。

（三）固化裁判标准，提升整体质效

办案经验通过系统传承复制，在四川省推广使用，从这方面讲，系统

“标准化的设定”能使法院整体的办案效率得到全面提升。同时系统通过机器后台自动学习法官日常办案的行为方式，个人经验也将不断被学习从而促使标准更新完善。

（四）统一裁判尺度，促进司法公正

通过机器智能学习和数据分析，系统数据客观呈现司法尺度，为推进司法公正提供决策依据。

七　未来展望

大数据正在深刻广泛地改变并影响着社会运转方式，为司法改革提供新思路，提出了新办法。民事要素式审判是基于大数据的应用，利用“大数据+人工智能”技术，对数据进行深度挖掘和学习，帮助办案法官提质增速，利用信息化手段解决“案多人少”的问题。

民事要素式审判的规范化、智能化不仅为法官提供便捷服务，同时也为群众提供保障，一定程度上解决冤假错案、同案不同判的问题。四川法院利用信息化手段统一四川全省裁判尺度，促进司法公正，通过系统客观呈现司法尺度，为推进司法公正提供决策依据。

回顾法院信息化的发展历程，四川法院经历了基础信息化和数字审判两个阶段。其中基础信息化阶段实现使用电子邮件、Web 网站以及文字编辑工具进行信息管理；数字审判阶段实现使用核心审判软件在局域网内进行案件流转、审限监控以及网上审批，逐步探索业务联动，到后期的多媒体技术引用，实现实体材料的在线管理。

目前随着人民法院信息化步入 3.0 版新时代，法院进入以“管理驱动型”为主的“智慧法院”阶段，人民法院信息化 3.0 版新时代强调审判信息资源的深度分析利用和高度集成融合，以信息化手段提供不同管理层级、不同业务需求的动态信息服务。实现智慧审判、智慧决策、智慧管理，逐步实现法院服务职能转型。

民事要素审判是智慧法院建设的重要内容，下一步四川法院将不断融入法官智慧推进信息化与审判业务深度融合。四川法院将继续探索运用人工智能技术，在已有的案件智能服务基础上，不断融入法官的审判经验和审判智慧，提供个性化、定制化的智能辅助服务；进一步促进信息化和审判业务的深度融合，不断减轻法官负担，提高审判质效，切实维护当事人的合法权益，为打造四川“智慧法院”提供强有力的技术支撑。

B.14

河北法院电子卷宗随案自动生成的实践

李建立*

摘　要： 为贯彻落实最高人民法院关于电子卷宗随案同步生成的要求，河北省高级人民法院将电子卷宗随案同步自动生成工作纳入信息化建设的重点内容；组建技术团队，认真总结前期经验，制定全省统一规范，深度运用前沿科技，成功实现了电子卷宗自动采集、智能分类与自动排序，构建了一套完整的法院文书分类系统；为电子卷宗的深度应用夯实了基础，有效推动了司法管理的精细化和高效化。

关键词： 电子卷宗　随案自动生成　人工智能　智慧法院

信息化是实现人民法院服务便捷化、审判智能化、执行高效化、管理科学化、公开常态化、决策精准化的基石。早期信息系统的建设目标本质上是为了管控，因此对很多法官而言，使用信息系统是一项强制的任务，信息系统非但没有为法官审判工作减负，反而成为一种负担和累赘。同时，法官的人工录入客观上存在审判系统中结构化数据不全、不真，不足以支撑未来的大数据分析。

究其原因，在法院的数据来源中，约90%是非结构化数据，即当事人及委托代理人提交的各类材料、文书、音视频等。实际上法院审判系统的结构化信息，法院信息化标准文件里所定义的很多字段，都可以取自这些材

* 李建立，河北省高级人民法院审判监督三庭庭长、信息化建设办公室主任。

料，而且这些提取出来的数据更真实更全面，更有助于法官办案。不过由于技术和认知的局限，这部分材料数据的价值尚未被挖掘利用，相当于还是一片未经真正开垦的荒原。其中，很多法院是在结案后才把相关材料电子化挂接系统，这是尤为典型的事实。

纸质卷宗不能实现电子化，本身的应用价值便微乎其微。因此，最高人民法院的指导意见指出，在 2017 年底前全国法院要全面实现电子卷宗随案生成和深度应用的总目标。

电子卷宗随案同步生成是指各类案件办理过程中收集和产生的诉讼文件能够随时电子化并上传到案件办理系统。经过文档化、数据化、结构化处理，实现案件办理、诉讼服务和司法管理中各类业务应用的自动化、智能化。为全业务网络办理，全流程审判执行要素公开，面向法官、诉讼参与人和政务部门提供全方位智能服务奠定基础。

河北省各级人民法院在全国范围内较早开展了电子卷宗制作工作。革新伴随着经验教训，电子卷宗随案同步生成工作开展后，烦琐的文书扫描和不可避免的人工分类失误导致该项工作的推进难以持续。在认真总结前期经验后，河北省高级人民法院（以下简称“河北高院”）坚信只有技术创新才能应用创新，只有技术创新才能将法官从程序化工作中真正解放出来。

从 2016 年开始，河北高院将电子卷宗随案同步自动生成工作作为建设智慧法院 3.0 版的工作核心。为实现这一目标，法院抽调各级法律专家、资深法官和技术公司建立协同公关的工作机制，共同研发电子卷宗随案自动生成系统。经过一年多的开发和测试，成功实现了卷宗自动采集、智能分类与自动排序。

在该系统中，司法辅助人员简单输入案号，将纸质卷宗放入扫描仪，一键扫描，自动上传；系统后台自动对扫描图像做优化处理、OCR（Optical Character Recognition，光学字符识别）光学字符识别，通过神经网络学习与训练，实现了对法院文书的智能分类。

该系统于 2017 年在全省范围内部署应用。应用过程中结合各级人民法院的反馈意见和建议，在不断的迭代优化中逐步达到高效、成熟且稳定。

在实际应用中，系统为法院工作人员减负提效，实现了“三个一”：一键扫描，降低司法辅助人员扫描上传电子卷宗80%以上的工作量；一键回填，降低法官人工录入流程数据90%以上的工作量；一键归档，为法院节约80%以上的扫描经费。

一 建立电子卷宗随案自动生成的工作体系

电子卷宗随案自动生成系统离不开制度体系的建设。制度护航，落实到位，才能保证实效。

河北高院从实际工作流程出发，全面考虑法院卷宗的特点和存档要求，结合系统功能，制定电子卷宗随案自动生成规范，要求全省各级法院严格依照此工作规范执行运用。工作规范条款全面，涵盖了法院工作人员职责分工、设备使用和操作规范、扫描时间节点、各类型案件统一目录等各个方面的内容，翔实有序，有章可依，力求充分挖掘系统应用的深度，使每一核心功能功效最大化。

（一）制定全省电子卷宗随案同步生成工作的管理规范

1. 管理总则

河北高院严格遵照最高人民法院关于电子卷宗随案同步生成的基本要求和指导意见，制定了《河北省高级人民法院电子卷宗随案同步自动生成及深度利用的管理规定》。严格规范各部门及司法辅助人员的工作，要求对电子卷宗制作实行分段管理，随案同步录入，系统自动生成，卷宗直接归档。立案、审理、执行各部门人员及监督管理人员认真负责，确保电子卷宗同步录入、实时挂接，结案后归档的电子卷宗与纸质卷宗一致。

2. 制定扫描和操作规范

由于电子卷宗在实际制作扫描的过程中仍存在不恰当操作，此类操作会对电子卷宗的图像质量、文字识别速度和识别准确度造成影响，导致自动分类的结果错误或者识别速度缓慢。因此，有必要设定相应的扫描和操作规范，以提升分类的准确度和速度。

3. 全省统一卷宗目录

全省统一案件类型标准、电子卷宗数据交换标准、目录标准，为扫描材料规范提供依据，便于后期实现电子卷宗流通互转。与档案管理部门共同制定统一各类型案件所产生文书的排列顺序，按照电子卷宗智能生成的目录进行装订，方便电子卷宗直接转为电子档案。

4. 规范扫描时间节点

案件每一阶段材料的扫描要求在 2 个工作日内完成，这样才是真正落实随案的“随”。在接收纸质诉讼材料后尽快完成电子化，保障后续审判环节能够及时使用电子卷宗，保证了后续深度应用的效果，缩短案件处理的时间，归根结底是更好地服务于人民。另外，这项规定有利于督促司法人员的工作进度和对案件的即时反馈，养成良好的工作习惯。

5. 人员组织与管理

法院工作人员各司其职，负责属于本阶段本职位的工作。司法辅助人员负责具体执行。案件主办人负责监督、管理，指导开展电子卷宗的相关工作，是电子卷宗有效推行的带头人。审判管理部门主要负责质量监管，并将工作情况纳入考核，监督激励电子卷宗工作的开展。档案部门、信息技术部门、行政部门等分别负责归档、技术研发和后勤支持，进一步加强电子卷宗随案生成系统的技术保障和运行维护，全方位加强经费、人员、设备等保障力度。工作职责清晰，责任到人，有序开展。

（二）建立电子卷宗随案自动生成的质量检查通报制度

要切实落实电子卷宗随案自动生成工作，制度先行，然而更重要的是人。思想上的高度重视，抓好评估考核，也是河北高院工作的重点。全省法院对各级工作人员提出明确要求，要如期确保任务落到实处。要尽快熟悉操作规程，要多下功夫，多学多问，互相帮助，集中精力有所突破。河北高院加强对全省法院的工作指导和技术支持，建立健全工作监督、反馈机制，定期组织本项工作的落实情况评估，并形成有效激励和约束机制。为争取在较短时间内实现自如应用，河北高院多次组织专题培训，司法工作人员认真参加培训学习，苦练基本功，并每月定时通报电子卷宗的合格率和完成率，多措并举，切实保障电子卷宗随案同步生成工作落地见效。

另外，河北高院坚持在每个案件扫描上传的节点上，加入相应的监督质检制度，不仅保证对时效性的监管，同时确保上传到系统的文件质量过关。

二 电子卷宗随案自动生成系统的功能

（一）卷宗自动采集，一键扫描

在电子卷宗随案自动生成系统中，书记员简单输入案号，将纸质卷宗放入扫描仪，一键扫描，自动上传。确保扫描卷宗时的顺序和方向正确、整齐，能大幅降低图像处理优化的时间，提高生成电子卷宗的效率，也同时印证了操作规范化的重要性。以往法官和辅助人员使用的业务系统扫描一个案卷，需要在系统点击8~9次才开始正式扫描，加上上传分类时间，严重影响效率。如今一键生成，实现了不增编加人、不挤占资金、不加班加点，依靠书记员和司法辅助人员队伍和少量资金，就解决了服务外包花费较大及需要大量人力物力和工作时间才能解决的问题，切实提升案件办理效率。

（二）智能分类与自动排序

电子卷宗自动生成系统是“智能帮手”，“包揽”了大量的工作。

扫描到系统的文件会根据OCR（Optical Character Recognition，光学字符识别）的识别结果、扫描文件的图像特征、二维码解码结果判断文书类型，并通过神经网络学习持续优化分类准确度。录入的各项诉讼材料会自动筛选分类，挂接到对应的文书目录里。

（三）自动生成卷内目录

卷内目录是法官和相关办案人员对该案件总体提纲性认知的主要内容，电子卷宗随案生成系统经过上述采集、上传、智能分类、自动排序的环节后，会根据最终卷宗分类结果和排序情况，自动生成该卷宗所对应的卷内目录。

（四）自动挂接公安卷、检察卷

对于从公安局、检察院等移送过来的电子卷宗 PDF 格式的文件，电子卷宗随案生成系统可对其进行自动拆分，成为多个 JPG 格式的图片文件挂接系统，并且自动检测和设置其图像分辨率，以保证图片的质量满足电子档案的要求。

（五）图像处理与优化

扫描上传的图像文件客观上存在扫歪、扫倒、污点、空白页等质量问题，系统会自动进行去除噪点、去除黑边、去除空白页、图像纠偏、倒置纠正等图像处理，以使最终保存在系统的图像质量达到出版级别，确保后续生成电子档案的准确和便利。

（六）神经网络学习与训练

通过深度神经网络学习，逐步提高系统对图片的识别率，强化分类的准确性。基于 Tensorflow 框架的 RNN（Recurrent Neural Network，循环神经网络）、CNN（Convolutional Neural Network，卷积神经网络）、DNN（Deep Neural Network，深度神经网络）算法应用于计算机视觉领域，对文书证件图片进行细致准确分类。

深度学习的好处是随着系统应用的时间越长，在积累一定图片量的数据特征后，分类就越准确。

（七）数据安全存储与备份

电子卷宗存储采取分布存储和云备份相结合的方式，各类案件存储期限与纸质卷宗存储期限相同。后台数据进行每天智能自动备份，无须人工干预。灵活的备份策略，多介质服务器管理，提供集中管理备份策略、集群化存储介质。

在传输数据时系统可支持对数据包的内容进行加密安全传输。高效安全的数据传输，对数据通道加密，保障数据传输安全。

三 电子卷宗的深度应用

电子卷宗的随案生成只是数据利用的基础，基于电子卷宗的深度应用才能真正体现应用价值，从各个层面减轻法官的工作，方便人民群众，服务于审判管理。

（一）电子卷宗在审判业务的应用

有了电子卷宗，才能真正实现法官网上办案，实现合议庭和审判委员会法官阅卷，方便法院间调卷。诉讼参与人可以随时通过网络查询案件的情况和进展。同时，管理部门可以实时对案件做检查管理。

基于电子卷宗的案件信息回填、自动生成文书、类案推送、关联案件查询功能都大大节约了法官的宝贵时间，让法官能够集中精力关注审判本身。

（二）电子卷宗归档（电子档案）的应用

电子卷宗经过图像优化处理、分类，保持与纸质档案顺序一致后，可将扫描文件一键归档。结合相关音视频资料，形成电子档案，以供后期查询翻阅。相对电子卷宗，电子档案的覆盖范围更广，内容更多，因此电子档案管理系统与电子卷宗管理系统有本质的区别。

电子卷宗是在办案过程中要求法官在结案前进行随案分步扫描的过程性材料，具有多次性、分散性和及时性等特点。而电子档案是在结案后订装成册的卷宗档案，加上案件相关的音视频等归档材料，在结案后进行统一扫描。因此，电子档案的扫描，是一次性、集中性和迟延性的。

传统形式中，电子档案一般采取外包渠道，扫描经费大。而电子卷宗则是由法官分散进行。案件结案后，电子卷宗经过电子档案的最终目录筛选和再归类，形成定版的电子档案。

不仅如此，法院对电子卷宗的应用频率实际上远高于电子档案。电子卷宗系统注重案件从立案至归档前卷宗的电子化管理，是将办案全过程中的纸质卷宗同步化为电子卷宗，并对其进行管理。电子卷宗系统实现了法院内部案件在立案、审理过程的电子卷宗制作（包括附件的上传和管理）、浏览、打印、导入、导出和维护，以及不同法院电子卷宗的移送和接收，并对正副卷进行权限控制。拥有电子卷宗维护、浏览、副卷查看权限的人员可在数字法院业务系统中对电子卷宗模块进行相应权限的操作。

系统支持对图像优化处理后的电子卷宗一键转电子档案，这样就避免了二次扫描。

四　建设模式的对比与应用价值

（一）模式对比

1. 与传统模式的比较

以往法院只通过审判系统手动上传调整输出电子卷宗，随着电子卷宗随案生成的进一步落实，法官在电子卷宗扫描归档上的工作量也会随之减少。

传统的电子卷宗生成操作非常烦琐，需要人工在法院业务系统上进行多层级搜索案号，将扫描图片文件上传到系统，再对扫描文件进行整理和排序。尤其是在此过程中出现的如扫描文件歪斜等问题，则需要重新手动对问题文件进行扫描和上传，上传后仍需要重新排序。相对于传统的电子卷宗生成方式，电子卷宗随案生成系统解决了以上问题，对问题文件会进行图像优化处理，通过后台系统对图片文件进行分类和排序。

电子卷宗随案生成系统应用于审判系统和法官工作后，大量减少了法官和辅助人员在电子卷宗操作上花费的时间。

2. 与扫描收转中心的比较

与传统的电子卷宗部分单独设立扫描中心外包的处理方式对比，电子卷宗系统拥有安全、省时、省经费的优势。

在卷宗文件安全性方面，扫描到系统的操作均由法院内部人员完成，避免了移转卷宗原件到外包扫描中心存在的丢卷或坏卷风险，避免了卷宗的反复多次交接。扫描的卷宗文件在系统中只保留在法院内部的存储服务器上，形成密封的保密闭环。

在时间上，法官和司法辅助人员不用再往返于扫描中心，仅路上花费时间便足够智能系统完成对材料的处理了。通过系统智能分类，自动实现图像处理，一键转为电子档案，不必为每一页扫描支付费用，能为法院节省约80%的扫描费用。

（二）应用价值

1. 保障法官账号和审判信息私密性

常见的审判流程管理系统一般仅支持法官账号的登录和管理，法院编外人员（如实习书记员、书记员和法官助理）没有独立的账号登录，也就无法进行电子卷宗的制作和管理。在电子卷宗随案自动生成系统中，这一问题得到解决。该系统支持编外人员的账号管理，通过数据接口的形式传输数据给审判流程管理系统。这样的处理方式大大提高了法官账号的私密性，严防案件信息泄密。

2. 简单易用，快速便捷，用户体验佳

在使用过程中，该系统帮助法官简化了找寻目标案号电子卷宗的操作步骤。办案人员仅需输入模糊案号的流水号即可一步定位至案件的电子卷宗，也可以通过快速组合查询查找目标案号。

另外，现在的继续扫描功能已经不受扫描仪单次扫描纸张数量的限制，多达一千多页的纸质卷宗可以通过连续扫描存储至一个文件中，已经实现对全量内容的扫描。

除电子卷宗正本外，审判庭室亦可留存副本，支持长期保存，便于在后续的案件总结、案件质量评估及其他相关环节中随时反复查阅。

3. 建立统一的扫描、制作和目录规范

建立了统一的各类型案件分类和目录的数据库，全省各级法院可以统一进行规范管理和应用，对电子卷宗的目录进一步进行细分。保证扫描卷宗工作的连续性，即扫即传，形成完整线索的“过程卷”，逐步做到在案件的每一个阶段（节点）随案生成电子卷宗。

4. 减少司法辅助人员80%以上的工作量

减少法官的电子卷宗处理工作量，如空白页的剔除、扫描仪扫描到电脑后上传、文书分类和排序等。最大幅度减少因为法官人工判断而造成的电子卷宗分类和排序失误，最大可能降低立案、审判业务部门的劳动强度和工作压力，预估将减少 80% 以上的工作量。

5. 卷宗内容完全忠实原稿，保证合法性

建立制度规范，使得电子卷宗的内容完全忠实原稿，保证合法性。电子卷宗是在案件侦查终结并将卷宗整理完毕后，在正式装订前，先使用专业扫描仪将纸质卷宗资料转换成电子图片，再用卷宗管理制作软件进行处理，最后生成电子卷宗。电子卷宗是纸质卷宗的电子副本，内容完全忠实原稿，保证内容的合法性。

6. 增强证据的综合证明力，提高办案和工作效率

在电子卷宗中可添加犯罪嫌疑人供述、重要证人笔录、与笔录同步的音频视频资料，可极大增强证据的展示效果和综合证明能力。通过电子卷宗的

摘记功能，内容可以直接复制。这一功能尤其对需要制作大量阅卷笔录的公诉部门和审判人员极为便利，能有效提高工作效率，缩短诉讼周期。公诉部门通过编制索引文件可在电子卷宗的基础上直接制作多媒体示证系统，无须重新采集各种证据资料，可大幅度提高工作效率。

7. 无缝衔接电子卷宗的深度应用

该系统支持电子卷宗流转、合议庭成员网上阅卷，优化电子卷宗的浏览、操作体验，实现电子卷宗的文字可复制、大小可缩放、内容可检索、卷宗可标记等。支持使用电子卷宗进行案件网上评查，通过审判管理平台全面掌握案件材料及办理情况，提高审判管理效率，提升审判管理质量。诉讼服务平台通过与电子卷宗系统的网间数据安全交换，及时为当事人、律师提供随案同步生成电子卷宗的在线浏览、借阅等服务。对外业务协同平台应支持将电子卷宗提供给外部相关单位共享使用，促进相关部门特别是与检察院之间的案件实体数据网上交换、共享。将电子卷宗转化为电子档案，除了电子卷宗自动生成的电子页码外，其他内容与纸质卷宗保持一致。

8. 融合人工智能，打造创新的电子卷宗大数据平台

建立了法院电子卷宗大数据管理平台，统一存储、统一规范、统一管理。同时，也为后续对案件电子卷宗的数据挖掘、分析利用和深度应用打下良好的技术基础。

五　研发应用推行实例

信息化建设的推进离不开法院管理部门的大力支持。电子卷宗随案自动生成系统从试点应用到全省部署，各个法院都经历了从不适应、排斥到熟悉的过程，需要法院推行相关制度来推动。

（一）电子卷宗系统的研发过程情况

2016 年 4 月全国法院信息化工作成都会议后，河北高院信息中心决定

和科研公司联合研发电子卷宗随案自动生成系统。2016 年 5 月开始，省院先后抽调资深法官，各中级人民法院（以下简称中院）信息中心、审判管理部门、档案部门的专家十余人，与公司一起探讨方案。

项目从上线测试到运行分为四个阶段。

第一阶段测试：2016 年 10 月，第一个版本在石家庄市桥西区人民法院（以下简称“桥西法院”）试用，试用结果并不理想。问题主要表现为法院辅助人员的工作量没有完全减轻，分类速度慢，复杂案件错误率高。

第二阶段测试：经讨论分析并与试点单位深度沟通后，系统改进了前端的操作界面，后台技术尝试更前沿的人工智能框架。2017 年 3 月初在桥西法院再次试用，反映良好。

第三阶段规模试用：经过持续改进不足后，2017 年 6 月正式版本在衡水、邢台、石家庄、廊坊 4 家中院及下辖法院开始批量试用。试用过程中安排技术人员点对点培训，点对点收集意见，进一步升级系统，完善功能，优化体验。

第四阶段全省推广：2017 年 8 月开始逐步在全省推广，9 月基本完成了全省部署。

（二）应用推进经验

河北高院把推进电子卷宗随案生成及深度应用的工作作为“一把手”工程，领导的高度重视是成功的前提。

系统上线后，河北省高级人民法院信息化建设办公室、审判管理办公室及各中院督导组对各业务庭及各地市区法院智能电子卷宗系统使用情况采取逐院、逐庭、逐人进行督导检查。

督导过程中，各法院的负责人认真组织相关人员学习操作规范、积极配合督导工作。

1. 现场教学，问题即清

部分人员对该系统操作不正确、不熟练，省院技术人员通过面对面交流、手把手指导，现场处理了一大批亟待解决的技术问题。例如：河北省安

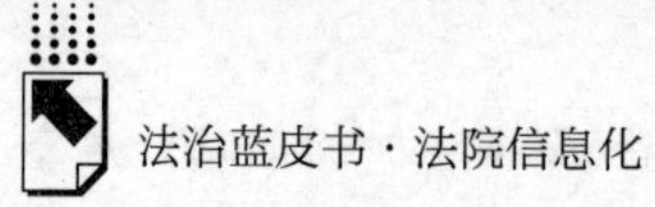

平县人民法院扫描仪储存路径不能修改，导致本地上传出现阻碍；河北省武强县人民法院的法院案件代码简称（冀××）对应账号错误、已有案号但承办人没有接收案件不能扫描等，使各业务庭均能应用系统处理案件。

2. 做好宣传，转变认识

每个系统的推行都是对习惯的改变，而习惯是最难改变的。上线初期，个别司法辅助人员对系统的操作不熟练，使用系统的积极性不高甚至抵触。在督导过程中，省院信息化建设办公室及督导组安排了多次集中培训，对使用中出现的常见问题再次进行了讲解，对电子卷宗系统在提高审判效率、减少工作量上的优势进行深度分析，使相关审判与辅助人员对该系统的认识达到新的高度，心态实现了从被动应用到主动使用的转变。

3. 多方监管，责任到人

各基层法院均安排专人负责智能电子卷宗系统的推进工作，同时建立多个微信群组，做到了数据日日反馈、问题落实到人，为该项工作的长期有序开展架设了长效运行机制并提供了组织保障。

各基层法院业务庭室积极消化学习成果，提高系统操作熟练度，使智能电子卷宗应用工作全部步入正轨。并以此为契机，推动三级法院信息化应用工作的全面开展，为电子卷宗的深度应用保驾护航。

（三）全省应用效果

从使用效果看，一线辅助人员对系统的各项功能均给予高度评价。

据最先试点的桥西法院辅助人员的反馈：由于该系统在操作使用过程中简化了查找案件的步骤、自动剔除空白页、自动上传分类归档，压缩了处理不同卷宗的时间，减少了书记员80%以上的扫描工作量，大大缩减了工作时间和工作内容，提高了工作效率。

以结案处理10个案件为例：原来整卷排序打码登录系统扫描上传分类，耗时3~4个小时。使用系统后，整卷打码点击扫描即可，只需30~40分钟。

截至2017年12月26日，全省的使用人数从前期的约200人增加到后期累计约3700人，扫描卷宗404657个案件，扫描页数累计超过20999380

页，使用电子卷宗系统上传的案件数约占总结案数的92%。全省日均上传案件5920个，日均使用人数1233人，日均上传页数251125页。

全省应用系统后，截止到2017年12月26日，整体的电子卷宗制作率从8月份的93.12%提升至99.4%，制作率100%的法院从6家增加到125家（见图1）。

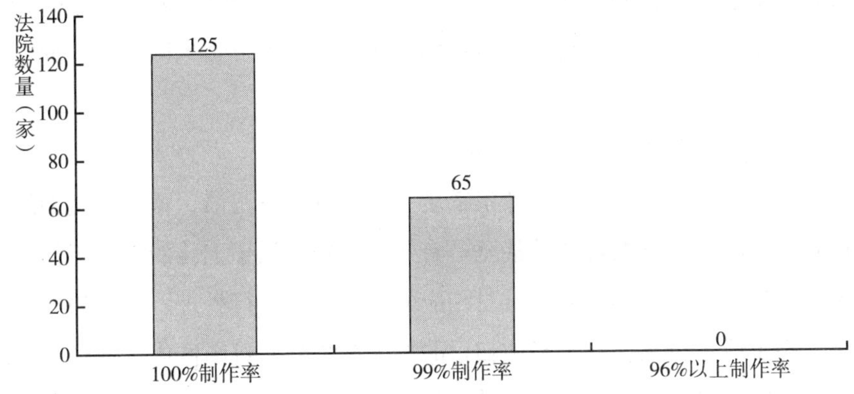

图1　河北省法院电子卷宗制作率

六　存在的不足与未来展望

电子卷宗随案自动生成系统基于最高人民法院对全国各级法院电子卷宗推行的统一要求，旨在减少人工操作量，是人民法院信息化3.0版及建设智慧法院的核心环节。系统运用成熟的图像优化处理技术及文书光学字符识别技术，对归档的电子卷宗质量进行控制提升。在时间、工作流程和运维成本等多个方面为河北省高级人民法院节省了大量资源。河北三级法院通过对此系统的应用，为建设智慧法院积累了宝贵经验，并将其用于系统的迭代优化，但还有以下不足需要改进。

（一）不足之处

目前，虽然电子卷宗随案自动生成系统已经在河北省各级人民法院铺开

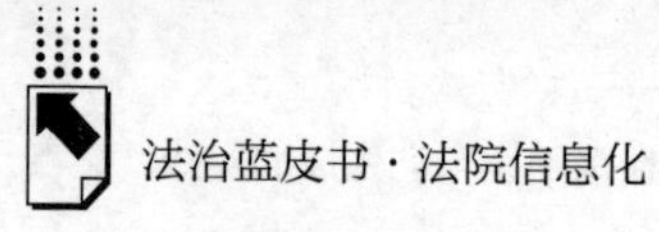

应用，但仍面临以下问题。

1. 电子卷宗材料扫描前排列不规范

部分卷宗在上传时排序不规范。以当前系统分类判断逻辑，乱序的卷宗大部分仍能进行准确分类，但如裁定书原本和正本这类文书相似度极高，区别只在于手写内容（签字）的文件，系统需要更多样本训练才能准确进行区分，因此会引入按卷宗排列顺序辅助判断的逻辑。例如，扫描卷宗时，各级人民法院均根据统一的规范进行扫描，会对系统的分类判断起到辅助完善的作用。

2. 扫描的卷宗材料不符合归档要求

此问题主要分两点。一是卷宗纸质文件本身带有污渍，覆盖了文书的主题内容，影响了文书的规范性甚至是有效性，导致扫描上传的文件不符合归档要求。这就需要办案团队人员对相应的卷宗文件进行处理。二是扫描上传时出现扫歪或者折页。部分轻微扫歪的情况系统会通过图像优化处理中的纠偏功能对图像进行纠正，但如果出现严重扫歪或折页等系统无法纠正的情况，则需要办案团队人员对相应的文书文件进行重新扫描。根据实际经验判断，通常严重扫歪的情况除了扫描不规范外，更多是扫描设备不支持连续扫描，而需要单张进行扫描。

3. 电子卷宗录入不及时

在案件审理的不同阶段，电子卷宗的录入也需要同步进行，如何把控电子卷宗按节点录入是目前面临的重要工作。电子卷宗材料录入不及时，从侧面反映了办案团队人员对电子卷宗随案同步生成意义的不理解。只有完全了解电子卷宗随案生成在审判流程中的重要性，并辅以完善的奖惩制度保障，才能真正解决此问题。

4. 对电子卷宗系统操作不熟悉

培训的质量和办案团队人员学习的认真程度同时决定了电子卷宗随案同步生成系统的操作熟练度。这一问题主要存在于入职时间尚短的员工，因为技术团队的周期性培训未能覆盖到这部分人群。针对此问题，目前有两个解决方向：一是保障内部培训的质量，二是建立在线讨论组。这两个解决方向的前提是新员工对电子卷宗系统学习有积极性，换句话说，也就是新员工需要尽早了解电子卷宗随案同步生成的重要性。在系统本身方面，还可以优化操作流程设计，使其更加易用，并加入操作指引功能。除此之外，编制简单明了的培训教学视频、手册等，降低学习培训的难度、提高培训质量也很重要。

（二）未来展望

法院信息化建设任重而道远，信息化的整体水平与人民群众日益增长的司法需求相比还存在较大差距。河北省高级人民法院在推进智慧法院的工作中仍存在改进空间。未来，河北省高级人民法院将进一步规范电子卷宗的生成，发掘和利用电子卷宗丰富的信息资源，提高电子卷宗质量，实现电子卷宗在审判工作中的作用最大化。

加强对办案团队人员的培训，做到承办人及时录入、相关部门及时审核，确保电子卷宗 100% 归档。通过对电子卷宗系统的学习，加强法院全体办案人员对电子卷宗的认识，在实际审判工作中充分了解并运用电子卷宗系统，提高电子卷宗系统的利用率。

把控好电子卷宗的审核关。对电子卷宗的扫描上传文件质量进行严格要求，落实好电子卷宗的审核工作，对于存在缺页、编码不正确或重复扫描导致少页或多页、清晰度不高、案卷材料排序混乱等不规范的电子卷宗进行登记并追责，确保案件录入质量。针对在电子卷宗审核过程中出现的问题，及时协调沟通，避免因认识误区而影响电子卷宗质量。

智能电子卷宗随案生成系统要与现有的审判流程管理系统更好地融合，更加便于法官使用，并进一步提高文本识别率，特别是手写文本的识别率。通过提高文书自动生成比例，最大化减轻法官的工作负担，同时提高类案推送的准确率，使积累的大数据更好地应用在司法审判中。

此外，在应用上，要进一步加强组织领导。真正落实电子卷宗随案同步生成的深度应用，各级法院需要对电子卷宗系统的推进使用进行引导，如集中培训，建立沟通组以方便及时反馈问题和建议，同时也对电子卷宗随案同步生成的必要性进行普及，让系统的使用人员正视系统的实际作用，真正做到从“选择用”到“用起来”的全面转变。比如，一部分法院的扫描设备仍无法支持连续扫描，从而导致电子卷宗扫歪和扫描效率低，办案团队人员对电子卷宗系统的使用积极性也会受到一定影响。因此，要提高办案人员对系统的使用积极性，提高电子卷宗随案生成的效率，需要各级法院对基础设备进行把控和升级。

最后，还要整理并分析电子卷宗使用人群的意见和建议，针对现阶段存在的以及通过沟通判断可能出现的问题，积极和相关技术人员沟通，尽可能获得技术支持，不断优化智能电子卷宗随案生成系统。

B.15

构建"四全四化"综合治理送达难新模式

——福建泉州两级法院送达工作改革情况调研报告

福建省泉州市中级人民法院课题组*

摘　要： 2016年3月以来，福建泉州两级法院以解决送达难问题为目标，坚持共建共治共享理念，以"数据流程全面管理、诉讼失信全面治理、内外资源全面协作、对内对外全面服务"为总思路，构建起"同城化、网格化、约束化、信息化"的送达新模式、新格局，为人民法院系统解决送达难问题提供了有益的经验，实现法院信息化建设与司法体制改革、社会治理创新的深度融合。

关键词： 司法送达　同城化　网格化　约束化　信息化

福建泉州地处中国东南沿海，发达的民营经济、独特的地缘辐射，造就了泉州各县市之间、泉州与省内其他地区之间活跃的跨域经济，人口流动频繁，全市法院受理案件量多年来位居全省首位，其中跨县市、跨地区民商事案件数量多、比例高，送达难问题十分突出，传统送达模式已难以适应经济社会发展和执法办案需求，迫切需要革新观念、创新机制，加快改革，构建一套行之有效的新型送达模式。为此，福建省泉州市中级人民法院（以下

---

* 课题组负责人：高智辉，福建省泉州市中级人民法院党组成员、副院长；课题组成员：洪清波、张文平、黄宏睿、李少雄、杨易。执笔人：洪清波，福建省泉州市中级人民法院审判管理办公室副主任；张文平，福建省泉州市中级人民法院研究室副主任。

简称“泉州中院”）坚持共建共治共享理念，将司法体制改革与信息化建设、社会治理创新深度融合，从法院内部资源整合、引入社会综治力量协作、规范送达约束机制等方面着手，于2016年3月启动司法送达工作改革，同时将信息技术全程应用于送达的每一个环节，构建“四全四化”综合治理模式，探索建立综合解决送达难问题的整体方案，取得良好成效。

一　送达改革的背景及动因

送达难的产生，既有深刻的社会外部环境因素，也有制度规范相对滞后、司法资源配置低效和信息化运用不足等内部原因。

（一）外部环境

一是送达需求越来越庞大。按民商事案件至少一名被告计算，每一起案件至少有2次的送达工作量，每增加一项重要诉讼流程，就会增加1次送达，每增加一名被告，至少增加2~3次送达。特别是对被告方的送达，往往需要法院工作人员下村入户、查房找人，挤占大量司法资源。二是送达环境越来越困难。因工作、经商、征地拆迁、学区房等导致的人户分离越发普遍，法人经营地和注册地不一致、没有固定地点的“皮包公司”、租用他人厂房的公司大量存在，门牌地址等管理不完善，加之部分当事人故意逃避诉讼现象越来越多，导致“房难查、人难找、人难认、楼难上、门难进”问题十分突出。三是异地送达问题越发凸显。随着人流、物流、资金流、信息流加快流动，以及请求金钱给付案件可以在原告住所地起诉的管辖新规定，跨县市区诉讼案件已经成为新常态。在泉州地区，民商事案件当事人住所地与受理法院所在地不一致的比例，有的地方高达50%以上，其中被告又占多数，异地送达“量大难送”的问题凸显。

（二）法律背景

一是送达地址约束机制不健全。虽然司法解释规定当事人不提供确认送达地址的，人民法院可以推定当事人的送达地址，但前提必须是经人民法院告知后，但如何告知、在哪个环节告知、告知的法律后果，当事人确认送达地址的适用范围、适用期限，人民法院如何推定送达地址、推定送达地址的范围等并不明确具体，各地法院做法不一致。《最高人民法院关于以法院专递方式邮寄送达民事诉讼文书的若干规定》第 11 条第 2 款规定，“受送达人能够证明自己在诉讼文书送达的过程中没有过错的，不适用前款规定”①，该问题事关送达程序是否合法有效，一线办案人员普遍觉得送达地址约束机制不好用，也不敢用。二是相关诉讼程序不够完善。制约民商事案件效率的“三大难”——“管辖异议”“司法鉴定”“司法送达”，都与送达有关联。一些当事人一方面滥用诉权，通过管辖权异议、司法鉴定等人为制造法院必须送达法律文书的流程环节；另一方面又逃避送达，以达到拖延诉讼之目的，但现行相关诉讼程序的规定对诉讼权利行使与诉讼义务承担缺乏对等的制度设计。三是对恶意制造送达难行为缺乏制裁措施。比如，有少数当事人一方面故意“下落不明”，法院一开始就公告送达，送达地址约束机制无法适用，但每当公告送达期限临近届满时，当事人又会通过邮寄方式主张各种权利，且不写明地址，导致每次都要公告送达，严重影响案件审理进程，对这种明显恶意的行为，缺乏明确的制裁措施。

（三）内部环境

一是送达资源少且分散。传统送达过于分散，各法院、各审判部门单打独斗，有些法院虽然成立了专门送达机构，但局限于服务单一法院，覆盖面不广。二是送达标准不规范。送达时间、送达方式安排随意性大，送达地址确认书的内容、告知事项及适用范围、适用期限不统一，留置送达形式要件、公告送达条件和依据等不规范、不统一。三是委托送达制度不健全。受托法院协助送达的责任主体不明确、工作难跟踪，没有形成一套可公开、可

① 第 11 条（第一款）规定，因受送达人自己提供或者确认的送达地址不准确、拒不提供送达地址、送达地址变更未及时告知人民法院、受送达人本人或者受送达人指定的代收人拒绝签收，导致诉讼文书未能被受送达人实际接收的，文书退回之日视为送达之日。

追查、可监督、可管理的规则，委托法院与受托法院的共同上一级法院未能充分发挥统筹协调、监督管理的职责。四是送达信息化水平滞后。送达工作普遍游离于信息化管理之外，缺乏统一的送达信息系统有效管理，未送达数量不清、送达进度不明，虽然很多法院都开展了电子送达、微信送达等信息化运用，但对象多是针对原告及律师，这些群体本来就不存在送达难，运用信息技术治理送达难基本处于空白。

二　综合治理送达难的思路及内容

送达难，从对象看，难在被告和被执行人特别是没有实质争议案件的被告和被执行人；从方式看，难在固定送达地址、难在如何第一时间建立起对当事人合法有效的约束机制；从管理看，难在如何将辖区法院所有送达工作实现数据化管理。带着这些问题，泉州法院于 2016 年 3 月启动了送达工作司法改革，着力探索综合治理送达难的全套解决方案。

（一）建设思路

1. 全面管理

以信息化为方向，推动送达工作的全面数据化管理，逐步建成覆盖全市两级法院，囊括民商事、刑事、行政、执行等各类案件的统一送达信息系统，衔接好上游电子卷宗、下游司法公开等关联业务系统，逐步实现对所有送达数据化、可视化集中归口管理，为送达全面改革、解决送达难问题奠定大数据基础、提供信息化支撑。

2. 全面治理

以约束机制为重点，针对电话通知不来领取、邮寄送达拒不签收、拒不确认送达地址等恶意规避送达的行为，将送达地址约束机制改革与信息化建设、社会治理创新等深度融合，形成一套权责明晰、操作简单、责任到位的送达地址约束机制，实现从源头管控，让恶意的当事人“赖不起”“躲不了”，逐步扭转送达被动局面，进而维护良好的诉讼秩序。

3. 全面协作

以共建共治共享为理念，站在服务全市区域社会经济发展一体化高度，打破单个法院单打独斗的封闭格局，推行全市法院司法送达大协作；放眼社会综合治理创新，借助社会综合治理系统较为成熟的综治制度、基础设施和基层网格力量，充分发挥基层网格人员熟悉本乡本土优势，充分发挥城乡社区网格服务大数据大管理资源优势，内外联动、协作共赢。

4. 全面服务

以司法公信为目标，充分运用信息技术、移动互联网技术、手机移动终端，对内服务送达人员、办案人员和司法管理人员，建立多方共享的送达工作电子台账，实现便捷服务、公开透明；对外服务当事人及其他诉讼参与人，为当事人等实时了解和掌握每一次送达的情况提供简便的技术方案，确实充分保障受送达人的知情权。

（二）主要做法

1. 同城化

顺应经济社会快速融合发展的需求，顺应跨域案件高发多发趋势，按照逐步将各类辅助事务从审判业务庭剥离到专门机构集中办理的方向，推行全市一盘棋、同城一体化的送达机制。

——集约化。打破各审判部门单打独斗的局面，各法院根据辖区地域面积、诉讼服务中心及人民法庭地理位置，以及辖区人口及案件数量等因素，组建若干专门送达机构、配置若干专职送达人员，分片区集中办理所在法院的送达工作。全市两级法院共组建 40 个专门送达机构、配置 100 多个专职送达人员，统一集中办理送达事务。

——专业化。各个专门送达机构统一配置办公场所、外勤车辆、彩色打印机、高速扫描仪、照相机、移动平板送达终端，统一负责所在辖区基层网格人员的联系及培训工作，规范内部送达流程，完善制度分工，优化固定送达路线，推行专业化办理。

——一体化。打破各个法院单打独斗的局面，全市两级法院 40 个专门送达机构按乡镇、街道、工业园区等分片划区、“包干负责”，除负责本院案件送达外，还负责其所管辖的送达区域内全市乃至全省、全国其他地区法院委托送达的工作，不分本院他院、不论本省外省，一个标准同城办理，（泉州区域内）网络实时传送文书，泉州中院实时监管。

2. 网格化

为解决“查房找人”这一送达“最后一公里”问题，2017 年初，泉州市中级人民法院报请泉州市委政法委、市综治委支持，泉州市综治委于当年 3 月 1 日下发《关于人民法院司法送达工作纳入全市城乡社区网格化服务管理体系的通知》，创新建立利用基层网格力量协助人民法院司法送达的制度，按照“一村居社区至少一名司法联络员”的标准，从基层网格人员中选择司法联络员协助法院开展司法送达，并将司法联络员协助人民法院司法送达工作纳入社会综合治理考评体系。至此，连同法院内部送达资源同城化，初步形成了以乡镇街道为界、村居社区为点的网格化送达模式。

——“小网格”。全市两级法院 40 个专门送达机构、100 多名专职送达人员为执法主体和“小网格”，以全市 164 个乡镇街道为界，建成全市相互协作、相互配合、信息化支撑的半小时法院直接送达圈。

——“大网格”。全市 2400 多个村居社区、5742 多名基层网格人员为辅助力量和“大网格”，以村居社区为点，形成基层网格人员带路指引、报告当事人去向、提供线索情报、见证留置、出具去向证明的十分钟协助送达圈。

目前，全市确定协助送达的司法联络员共计 5742 名，其中网格人员 4122 名，村居社区工作者、治保主任等其他身份人员 1620 名。覆盖了全市 75% 以上的村居社区，在泉州基本形成了小网格横向到边、跨域协作，大网格纵向到底、精准支援的地毯式送达新模式、新格局。由此，为破解“查房找人”送达难题建立新平台、找到新出路。

3. 约束化

按照最高人民法院第四个五年改革纲要和福建省高级人民法院 2016 年司法改革工作要点提出的“推动建立当事人确认送达地址并承担相应法律

后果的约束机制”的方向，以送达地址约束机制为核心，把首次送达作为切入点和突破口，探索实践“一次送达、次次送达”“首次送达、后续畅通”，形成操作性强、权责均衡、程序正当的送达地址约束机制。

——首创“提供送达地址告知书”，在首次送达中明确告知拒不提供确认送达地址的法律后果，用于约束拒不提供送达地址的当事人；修改“送达地址确认书（样式）”，明确告知当事人确认送达地址的适用范围及法律后果，用于规范确认送达地址的当事人，即将传统的送达告知事项一分为二，内容更加简洁、责任更加清晰，改变传统送达模式在告知当事人申报送达地址义务、法律责任和不利后果等方面一直以来存在的形式不统一、内容笼统、辨识度不高、法律逻辑性不强等现象，解决了长期以来各法院、各审判部门、各办案人员对于送达地址约束机制约束什么、怎么约束、法律责任等理解不一致、做法不统一，以及约束机制不好用、不敢用的问题。

——划分首次送达和后续送达。将送达顺序拆分为首次送达与后续送达，首次送达是指在第一审程序或者非诉程序的立案受理阶段向起诉人或者申请人成功送达法律文书，以及第一审程序或者非诉程序案件受理后第一次向被告或者被申请人成功送达起诉状副本及应诉通知书的工作。后续送达是指首次送达成功后，对同一案件同一当事人的第二次至第N次送达，以及因管辖异议、上诉、发回重审、指令审理、申请执行案件转入其他法院、转入其他程序的后续全部送达工作。

——规范首次送达与后续送达的不同处理方式。首次送达必须同步向当事人送达“提供送达地址告知书”，明确告知在规定期限内向人民法院申报送达地址，以及拒不申报送达地址，人民法院将依法推定其送达地址及不利后果。首次送达只要合法合规且当事人在规定期限内未向人民法院申报确认送达地址的，人民法院可以推定当事人的送达地址。后续送达，原则上只要按照当事人确认的送达地址，或者人民法院推定的送达地址交邮寄送，当事人签收的，签收之日为送达之日，邮件被退回的，退回之日可视为送达。

4. 信息化

与送达工作改革同步启动全市统一送达信息平台建设，率先实现服务全市两级法院同城化的在线委托送达功能，服务网格化的在线请求基层组织协助送达功能，并逐步将邮寄送达、电子送达、电话送达、短信送达、微信送达、公告送达等纳入信息化轨道，逐步建立起送达事务从发起、发出、办理到结果反馈全网运行，当事人送达记录、送达地址全市法院共享，超期送达、异常送达行为实时监控的统一送达信息体系。

——"信息化+送达管理"。全市统一送达信息平台由统一送达信息系统（内网）、司法送达公开网（外网）、手机平板端送达 App、司法送达（微信公众号）、城乡社区网格化服务管理信息系统构成，系统之间通过内外网安全系统实时交互，逐步实现全市两级法院所有送达工作纳入信息化服务与管理轨道，初步形成一套数据管理、多方共享的送达工作信息化立体化格局。

——"信息化+推定地址"。首次送达后，当事人在规定的期限内未确认送达地址的，依法推定当事人的送达地址，通过电话、短信等适当形式向当事人告知人民法院推定送达地址的情况、可能产生的不利后果，既为后续送达提供约束依据，又确保当事人相应的知情权。2017 年以来全市累计通过电话或短信告知当事人推定送达地址 2 万多人次。

——"信息化+确认地址"。对未确认送达地址（含未确认电子送达方式）的当事人，送达时同步发送短信告知其可通过网上确认送达地址，采用真实姓名、有效身份证件号码、登录查询密码、手机短信验证码等身份识别验证方式，扩大当事人申报确认送达地址的渠道，满足了一部分不愿或无法到法院确认送达地址的当事人需求。

——"信息化+地址共享"。当事人普通地址、当事人确认送达地址、法院推定送达地址及送达记录由全市法院共享利用，2017 年以来累计共享送达地址 2 万余条。探索运用信息化手段建立查询利用的案件关联留痕机制，既确保送达地址有效共享，又保证当事人地址隐私安全。

——"信息化+视为送达"。后续送达过程中，人民法院按照当事人确认的送达地址或者人民法院推定的送达地址直接送达无人接收、邮寄送达邮件被退回，作"视为送达"处理时，同步向受送达人发送短信告知视为送达的法律效力、送达人员联系方式，告知通过网上查看或下载送达材料的方式，既保障了当事人的知情权，又“加固”“压实”了视为送达效力的稳定性。2017 年以来全市累计通过电话或短信告知当事人发生视为送达法律效力 3 万多次。

——“信息化 + 外勤送达”。开发移动送达 App，配置移动平板，服务送达人员、外勤直接送达人员和诉讼服务窗口。送达人员可管理本人送达事务，当事人可到任意窗口领取文书，直接在移动平板电脑上签字确认。外勤人员外出直接送达，当事人可直接在平板电脑上签字签收、拍照确认，自动生成送达回证。送达人员也可在留置送达时，直接进行拍照和录像，作为留置送达的证据。

——“信息化 + 邮寄送达”。自动生成快递详情单，对接邮政公司邮件物流查询系统，实时查看邮件流转、派送情况以及最后一站快递人员姓名及联系方式，方便办案人员指导快递人员依法送达。设立邮寄岗，审判业务部门“一键提交邮寄”，邮寄岗后续全程快速办理，部分法院引入邮政公司驻点服务，实现法律文书、快递详情单打印及封装一体化外包服务。

——“信息化 + 电话送达”。引入移动通信运营商开展战略合作，提供语音和短信集成服务，将电话送达及短信送达工具嵌入统一送达信息系统，通话通信记录全程留存，同步将送达内容摘要以短信发送到当事人手机，自动生成送达回证。

——“信息化 + 委托送达”。泉州两级法院内委托送达全程在线办理，泉州中院实时监管。委托送达可一键提交，系统自动生成委托送达函，连同送达材料一并发送受托法院直接送达，当事人可直接在移动送达终端平板电脑上签字，当事人拒不签收、法院留置送达时通过平板电脑上拍照或录像，相关送达结果及电子凭证同步返回委托法院统一送达信息系统，逐步在泉州地区实现委托送达无纸化流转。

——“信息化 + 公告送达”。推行网上公告送达，符合公告送达条件的，一键自动提交到司法送达公开网送达公告栏，系统自动生成公告送达凭据返回统一送达信息系统留存，同时在官方微信、微博等平台转发，强化公告效果。公告对象或者其近亲属有手机号码的，可同步向其发送短信，告知公告送达的情况，保障当事人的知情权。

——“信息化+网格员协助送达”。送达过程中需要基层网格人员协助带路指引、提供线索情况的，除电话、短信联系外，可一键提交请求，系统自动匹配受送达人所在地的基层网格人员，协助送达信息直接发送到网格人员预留手机短信、微信，网格人员可通过微信公众号提供线索情况，法院工作人员可对网格人员是否协助、协助情况在线评价打分，各级综治办负责人可通过系统实时监督。

——“信息化+网格数据”。引入城乡社区网格化服务管理信息平台，充分运用平台在常住人口、流动人口（含同住成年家属）身份信息及照片、地理空间、三维楼宇等数据，充分利用福建治安便民微信公众号智慧房屋的二维码门牌地址查询、定位导航功能，法院工作人员在办公室、外出直接送达可先行查询、核对受送达人及其同住成年家属的身份信息，查看受送达人员的航拍楼宇外观，随时通过手机在福建治安便民微信公众号内下载、查询当事人二维码门牌地址，并提供精准的导航指引，形成了线上有网格化服务管理数据立体指引、线下有村居社区网格人员精准支援的“天罗地网”。

（三）工作机制

泉州法院在送达工作流程方面，以首次送达为突破口和切入点，严格规范首次送达行为，初步形成了“首次送达+约束机制+专门送达机构+基层组织力量”打头阵，“后续送达+电子送达+邮寄送达+公告送达”紧跟进，信息技术全程用的综合治理模式和工作机制。

1. 首次送达——严格规范

（1）起诉立案阶段，将签订送达地址确认书作为立案的规定动作，要求当事人当场签订送达地址确认书，引导当事人确立电子送达方式，为后续送达提供约束保障。

（2）审前准备阶段，向被告或被申请人首次送达起诉状副本、应诉通知书等审前准备材料和法律文书时，同步送达“提供送达地址告知书”和

“送达地址确认书（样式）”，要求七日内填报送达地址。

——泉州地区范围内当事人的首次送达，一般先电话通知当事人到管辖法院或者就近的人民法院诉讼服务中心、人民法庭窗口领取文书，或者由最近的法院专门送达机构直接送达、当地的基层网格人员协助配合，原则上不邮寄送达。

——泉州以外地区送达的，仍然采用传统的委托送达和邮寄送达，视情况也可委托送达与邮寄送达同步进行。

2. 送达地址——及时固定

首次送达成功后，及时固定送达地址。

（1）确定送达地址的固定。当事人确定送达地址的，将送达地址记入系统，作为后续送达的执行依据。

（2）推定送达地址的固定。首次送达合法合规且送达提供“送达地址告知书”、受送达人在规定期限内未申报确认送达地址的，依法推定送达地址，并将推定的送达地址记入系统，作为后续送达的执行依据。

（3）变更送达地址。当事人在审判执行过程中确认了送达地址的，记入系统，原先推定的送达地址停止使用。当事人变更送达地址的，记入系统，原先确认的送达地址停止使用。

确认送达地址、推定送达地址及变更情况全市共享。

3. 后续送达——快速便捷

后续送达视首次送达完成情况分别处理。若首次送达采用的是公告送达，无特殊情况，后续送达仍然公告送达。首次送达为直接送达或者留置送达的，后续送达视情况原则上采用邮寄送达和电子送达。

（1）邮寄送达。当事人确认送达地址，或者经人民法院推定送达地址的，后续送达原则上交邮寄送达，签收之日为送达日期，邮件退回的，退回之日视为送达，同步电话或短信告知。

（2）电子送达。当事人确认电子送达地址的，除判决书、裁定书、调解书外，后续送达优先通过电子送达方式送达，同时通过短信、微信公众号提醒当事人及时查看签收。

在实际工作中，后续送达中邮件被退回即马上视为送达并不是绝对的做法，在通过电话、短信等适当形式告知发生视为送达的效力的情况下，视案件情况可再次邮寄。从泉州法院的送达实践看，在这种有约束力的情况下，当事人二次签收的比例高达70%以上。

三 成效与经验

泉州两级法院按照“全面管理、全面治理、全面协作、全面服务”的方向，推行“同城化、网格化、约束化、信息化”，“四全四化”多措并举综合治理送达难的新理念新机制新模式，得到各界广泛好评，先后被列入泉州市2017年全市政法系统三项重点工作、全市全面深化改革重点项目，入选最高人民法院司法改革领导小组发布的全国首批20个司法改革案例。其成效主要体现在以下几个方面。

一是减轻审判部门的事务负担。全市法院65%以上的外勤直接送达事务被剥离到专门送达机构办理，并且在逐步扩大比例，让审判部门和法官能够更专注于案件的办理。

二是推动更多辅助事务集约化和法院工作人员分类管理。一些基层法院以送达事务的剥离为契机，同时将审（执）前准备、文书打印、简易速裁等事务及相关人员也分类分流剥离，与专门送达机构合并或者协同办公，形成立案—审（执）前准备—司法送达—简易速裁的流水线作业，一些法院还尝试进一步外包服务，有限的司法资源得到更加合理的配置。

三是加快送达节奏、提高送达效率。专职人员统一送、全市范围就近送，时间安排更加紧凑、路线统筹更加合理，较传统分散送达模式平均每次可节省一周以上。2017年以来，累计送达“提供送达地址告知书”16万多份，从源头约束16余万当事人，80%以上案件的后续送达采用确认送达地址或者推定送达地址交邮即可，后续送达基本不再困难；累计通过电话或短信向当事人发送推定送达地址、视为送达信息6万多次，进一步巩固送达地址约束机制；累计通过网络媒体公告送达16794次，平均每件节省近15天的公告办理期限，同时为当事人节省诉讼费用四百多万元。两级法院在线相互委托、就近送达6400多件次，节省大量来回时间和成本。2017年4月份以来，基层网格人员协助带路指引6203人次、提供线索情报7560次、出具去向不明的证明1208件，基层网格人员协助送达较传统的法院“单枪匹马”和邮寄送达的成功率提高了3～4倍。另外，基层网格人员协助各地法院执行、调解、化解信访等共计2135次，综合效应逐步显现。

四是推进阳光办案和司法公开。司法送达网和短信的运用，让每一位当事人都有机会实时了解和查看送达材料，在解决送达难的同时，进一步推进审判流程公开。

在推进送达难综合治理改革中，泉州法院总结了一些经验，主要有以下几方面。

一是首创送达名册登记管理制度，推行送达资源的同城化、网格化利用管理体系。全市12家法院，从原先个别法院仅有的2个专门送达机构发展到目前的40个送达机构，全部采用名册登记公示管理制度，以乡镇、街道为片区，包干负责，每一个乡镇街道下面的村居社区选任专门的网格人员搭配，同样采用名册登记公示方式，确保送达主体明确、送达责任到位、送达人员共享。通过统一的送达信息系统，一端连接40个专门送达机构的100多名专职送达人员、2000多个村居社区的5000多名网格人员，一端连着12家法院100多个一线审判执行部门，从送达资源上实现了同城化网格化改造，织密了全市送达一张网。

二是系统性引入基层组织协助，将基层组织协助人民法院司法送达列入社会治安综合治理考评体系。请求基层组织协助送达是人民法院的传统做法，但各地做法不一、零星化、碎片化，一些基层组织人员不愿协助、怕得罪人的问题也一直困扰着人民法院。泉州法院在这方面积极争取党委政法委的大力支持，由市综治委出台专门文件，从综治制度、网格队伍、信息技术等方面全面支持人民法院送达工作，明确将基层组织协助人民法院送达列入综治考评体系，人民法院有权对各县市区、各乡镇街道综治机构、各村居社区协助送达情况进行综治考评，为基层组织协助送达提供了常态化的制度保障，是社会综合治理的创新，也是司法体制改革的创新。将司法送达工作融入社会综合治理体系下的网格化服务管理体系，具有深厚的群众基础，也为基层组织力量参与协助执行、信访化解、多元解纷等更多法院事务提供基础平台，具有多重效益。

三是区分首次送达与后续送达，不断完善送达约束机制理论建设与司法实践。传统关于送达制度理论与实务的研究，几乎没有将送达划分为首次送达与后续送达的尝试。区分首次送达与后续送达的价值，主要是解决现行司法解释关于法院推定送达地址的前提条件设置，首次送达担负着人民法院向当事人明确告知申报送达地址的法定义务及法律责任，从而充分保障当事人的诉讼权利，在送达流程设计上也为送达人员提供简单的操作规则，为后续送达适用约束机制创造先决条件，是一揽子解决后续送达难的关键突破口。

四是信息技术全面应用于送达约束机制，补强司法实践中约束机制的薄弱环节。最高人民法院《关于以法院专递方式邮寄送达民事诉讼文书的若干规定》有关当事人“在诉讼文书送达的过程中没有过错的”不适用视为送达的规定，是法院工作人员不爱用、不敢用送达地址约束机制的主客观原因。为此，泉州法院要求送达过程中凡是涉及推定送达地址、视为送达，以及案件因管辖、复议、上诉、发回重审、指令审理等需继续适用该送达地址时，要通过电话、短信等适当形式向当事人告知，并在送达管理系统提供了较完善的技术服务保障，通过充分保障当事人的知情权，做实做强送达程序的正当性和合法性，为后续送达中充分、大胆运用约束机制提供技术支持和程序保障。

五是以送达工作信息化智能化为契机，带动人民法院信息化建设不断转型升级。泉州法院在规划建设送达信息系统时，能够统筹考虑，主动对标2017 年底总体建成人民法院信息化 3.0 版的目标，不仅考虑法院送达人员及当事人的送达体验，还综合送达工作的上下游关联业务系统。特别是紧紧抓住诉讼参与人信息、电子卷宗同步生成、法律文书在线制作等实体数据全面性、真实性和及时性，这一关系到送达信息化程度的基础工作，倒逼电子卷宗随案同步生成等工作及系统建设，为此，2017 年 6 月泉州法院上线的新的材料收转系统、电子卷宗智能利用系统、法律文书制作系统，完善了电子签章系统，既推进电子卷宗随案同步生成及深度利用，也为送达信息化提供数据化、文档化的材料支撑，整体上推动智慧法院基础实体数据建设的升级改造。

四　问题与展望

泉州法院"四全四化"多措并举综合治理送达难的探索与实践，虽然取得一定成效，但目前也存在一些问题，需要在实践中不断加以克服解决。

（一）存在问题

（1）统一送达信息系统存在的问题。一是送达工作中所形成的数据、证据等材料均以电子化的方式保存于服务器中，传统的纸质归档要求已不能适应送达信息化的发展，还需要进一步与电子档案系统做好数据对接；二是涉及上游的电子卷宗同步生成系统和法律文书制作系统还需要进一步规范，形成更加简洁的良好操作页面；三是统一送达信息系统新旧版本目前正在衔接过渡中，有些功能还未集成到新版的统一送达信息平台，目前正在抓紧对接。

（2）同城化网格化约束化存在的问题。专职送达人员队伍还需要进一步扩大补充；有些地方的网格体系建设不够健全、网格人员配置较为薄弱，有些地方网格人员有畏难情绪，各地法院对网格人员协助司法送达考核评价制度有待进一步完善；一些办案人员对依法推定送达地址、邮件退回视为送达的运用还缺乏安全感，宁愿保守采用公告送达，一定程度上助长了规避送达当事人的恶意诉讼行为，需要进一步转变理念，加强培训指导。

（3）最高人民法院《关于进一步加强民事送达工作的若干意见》以下简称《若干意见》出台后需要作相应调整。2017 年 7 月出台的意见在送达地址约束机制方面规定明确、操作性强，需要根据该意见的规定对相关制度及统一送达信息系统作相应调整。另外，在推定送达地址的范围与顺序、诉前约定送达地址、电话送达的适用条件等方面，也需要进一步统一认识和做法。

（二）发展展望

2017 年 7 月 11 日，最高人民法院主要领导在全国高级法院院长座谈会上指出，要把解决送达难问题提上重要议事日程。下一步，泉州法院将继续推进送达综合改革，重点做好以下几个方面的工作。

（1）完善统一送达信息系统。强化统一送达信息系统与上游业务办案系统的互联互通、数据对接，继续完善全面、准确、及时、可用、好用的送达数据服务与管理体系。加快系统功能迭代，在现有多种网上身份识别认证的基础上，引入电话语音验证码、人脸识别等更多便民、更强安全性保障的身份认证方式，为电子送达、短信送达、网上确认和变更送达地址提供技术支撑，同时优化系统现有操作页面，形成更加简单明了、更加清晰易懂的用户体验。

（2）加强对来自全省、全国其他地区法院委托送达事务的管理和服务。在现有要求辖区受托法院及时将委托法院寄送的委托送达录入信息系统以接受统一管理的基础上，要在司法送达公开网（互联网）或者统一送达信息系统（法院内网）开通面向全国法院系统开放的委托送达入口、公开泉州两级法院专门送达机构名册及联系方式，引导上级法院、兄弟法院在线办理委托事务，泉州市中级人民法院将加强管控、实时督促，不断提高委托送达办理效率。

（3）发挥同城化和网格化的平台优势。在巩固送达工作同城化的同时，进一步发挥同城化信息化渠道，加入更多需要跨法院、跨部门协作的司法业务，全面建立与经济社会一体化发展相适应、信息化支撑的司法大协作机制。进一步发挥基层网格人员熟悉本乡本土、熟悉所在村居社区人情事物的优势，按照社会化、信息化、智能化方向，引导基层网格人员协助人民法院执行、信访化解、多元解纷，实现社会综合治理创新与司法体制改革的相互促进。

信息化拓宽诉讼服务

Informatization and Litigation Service

B.16
浙江法院以“大立案、大服务、大调解”为载体的“互联网＋司法服务”调研报告

朱深远　姚海涛*

摘　要： 为有效解决“案多人少”矛盾突出、诉讼服务水平不高、司法公信力不强等短板问题，浙江法院在全省深入开展了“大立案、大服务、大调解”三大机制建设，以互联网信息技术为代表的现代科技为支撑，严格落实立案登记制，做大做强“互联网＋司法服务”，积极探索“三网过滤、二八分流”的办案模式，通过强化诉前化解、立案调解、简案速裁三道案件过滤网的功能，努力使80%以上的案件化解在诉讼服务中

* 朱深远，浙江省高级人民法院党组副书记、副院长；姚海涛，浙江省高级人民法院审判管理处处长。

心，实现“简案快办、繁案精审”的目标，促进审判执行工作的公正、高效，有效增强人民群众对司法的获得感、对法院工作的满意度和对司法公信的认可度。

关键词： “互联网+” 司法服务 大调解 大立案

近年来，浙江法院坚持司法为民、公正司法工作主线，忠实履行宪法法律赋予的职责，各项工作不断取得新的进展。2016年，全省法院收案149万件，结案145.4万件，收案数量位居全国第3，结案数量位居全国第2；一线办案法官年人均结案260.3件，是全国平均数的2.3倍，名列全国第一，以全国法院1/26的编制数办结了全国1/13以上的案件。2017年，全省法院收案170.99万件，结案166.80万件，同比分别上升14.83%和14.65%，一线法官人均结案314.9件，同比增加46.5件，在全国法院继续保持了收案第三、结案第二、人均结案第一的“三二一”态势，主要办案指标继续保持在全国法院前列。

为有效解决“案多人少”矛盾突出、诉讼服务水平不高、司法公信力不强等短板问题，浙江法院认真落实最高人民法院司法体制改革与智慧法院建设双轮驱动破解难题的工作部署，积极响应浙江省委“最多跑一次”改革，在全省法院深入开展“大立案、大服务、大调解”三大机制建设，以互联网信息技术为代表的现代科技为支撑，严格落实立案登记制，做大做强“互联网+司法服务”，积极探索“三网过滤、二八分流”的办案模式，通过强化诉前化解、立案调解、简案速裁三道案件过滤网的功能，努力使80%以上的案件化解在诉讼服务中心，剩余20%的案件由业务庭员额法官精心审理，实现“简案快办、繁案精审”的目标，促进审判执行工作的公正、高效，有效增强人民群众对司法的获得感、对法院工作的满意度和对司法公信的认可度。

一　推进“互联网+大立案”机制建设，打通解决立案难问题的“最后一纳米”

浙江法院积极运用和发挥网络互联互通、即时可达的技术优势，针对不同人群和地域特征，大力推行跨域立案、延伸立案、网上立案，努力实现立案当事人及其代理人100%“最多跑一次”、50%“一次不用跑”，深受人民群众好评。

1. 跨域立案“最多跑一次”

跨域立案是指对依据法律规定属于本省内异地基层人民法院、中级人民法院管辖的一审民事案件、行政案件和申请执行案件，当事人及其诉讼代理人可以向就近的人民法院或人民法庭申请办理立案事务，该人民法院或人民法庭应当代为提供接收、转送起诉（申请）材料等服务，并协助受诉法院办理登记立案工作。浙江省高级人民法院（以下简称“浙江高院”）出台了《跨域立案规则（试行）》，建立了全省法院直至全部人民法庭全面贯通的内网跨域立案系统，提供异地立案服务，让当事人在就近的法院或人民法庭即可一次性完成全省乃至省外管辖法院的立案手续。

舟山两级法院为有效解决海岛多、交通不便而导致的当事人异地诉讼费时费力费钱问题，配强人力物力，组织业务培训，着力推进跨域立案工作，并深化与宁波海事法院协作机制，在各县（区）法院、海岛法庭建立海事案件跨域立案网点，做到海岛普通案件和海事案件的立案无缝对接。

目前，跨域立案不仅实现了浙江省全覆盖，并已经延伸至福建、广东、江苏等地。浙江与福建法院联手完成了全国首例跨省域立案，台州黄岩法院成功受理远在福建泉州的当事人就借款纠纷提起的跨省网上立案，并通过自主研发的法律文书网上送达软件向被告同步送达，从立案到送达整个过程仅花费不到半小时。浙江高院被最高人民法院确定为7个跨域立案诉讼服务试点院之一。2017年5月，利用承办第九届长三角地区法院工作会议的机会促成沪、苏、浙、皖三省一市会签了《长江三角洲地区人民法院加强跨域司法服务协作的协议》，进一步推进了跨省域立案服务体系的建立。

2. 延伸立案“最近跑一次”

针对偏远地区人口分散、交通不便且留守老人儿童多、信息化水平低的情况，研发设置诉讼服务自助终端一体机，各地法院借助当地乡镇综治中心、司法所、村委会等机构工作人员，帮助当事人在终端一体机上就地立案，填补了便民立案服务的又一个空白，切实减轻群众经济负担，把诉讼服务送到老百姓家门口。

衢州市衢江区法院在南部库区、中部工业区及北部山区各选取一个年度案件量超过 200 件的乡镇，在当地司法所、派出所或综治办安装诉讼服务终端一体机，落实一名基层干部专门引导、协助当事人进行自助立案，已有 20 余名当事人通过一体机成功立案。目前，全省法院诉讼服务终端一体机已经安装到位 55 台，另外还有部分设备在采购调试中。

3. 网上立案“最好不用跑”

网上立案是指人民法院对当事人及其诉讼代理人通过网上立案平台提出符合法律规定的一审民事起诉、行政起诉、强制执行申请进行登记立案。浙江高院出台了《浙江法院网上立案规则（试行）》，开通全方位、直通式、兼容性的网上立案服务平台，面向律师、金融机构等信息化知识水平高、互联网操作熟练的群体提供网上立案服务，足不出户即可完成立案。

义乌法院针对批量金融案件多，常规立案方式需要核对录入的信息多、立案耗时长、效率不高等问题，积极向当地金融机构介绍网上立案的优势，推动当地所有金融机构实行网上申请立案，组织金融机构法务人员及相关工作人员进行培训，组建微信群实时解答操作疑问，大大提高了金融案件立案效率。目前，全省法院已网上立案 41 万件，不少法院一审民商事案件网上立案比例已经超过 70%。

二 推进“互联网 + 大服务”机制建设，努力实现司法服务的便民利民亲民礼民

浙江法院大力建设新型诉讼服务中心，融合线上线下各类诉讼服务，能

提供42项功能和100余项服务，构建了以诉讼服务中心、诉讼服务网、12368司法热线和短信平台、移动客户端五位一体的“互联网+”诉讼服务体系，着力提供一站式、全方位、标准化服务，对外服务群众，对内服务法官，赢得广泛好评。

1. 线上服务与时俱进

研发应用集成、功能全面、服务智能的“浙江智慧法院”App，推动办公办案和司法公开、诉讼服务延伸至移动端，最大限度为法官办公办案，为当事人、诉讼参与人和律师参与诉讼提供更加便捷的在线服务。App整合了网上指引、网上立案、网上缴费、网上阅卷、网上查询等在线诉讼服务功能，注重用户体验，让当事人在指尖上即可完成各项诉讼手续。

开发“浙江法院律师服务平台”，为律师提供立案、缴费、证据交换、送达、阅卷、查看庭审录像等便捷高效的网上诉讼服务。平台以满足律师办案需求、节约社会成本为导向，涵盖网上立案、电子送达、远程阅卷、网上沟通、网络庭审、网上查询、网上辅助等七大类31项服务功能，律师“足不出户”即可完成立案、提交证据材料，以及申请诉讼保全、证人出庭、延长举证期限等诉讼业务，可在系统自动生成的案件群聊窗口与承办法官、其他诉讼参与人在线沟通，同时还可对司法行为提出投诉与建议，等等。平台对接浙江省律师协会信息系统，直接提取全省1.5万名执业律师信息，律师无须注册，仅需在平台首页输入律师执业证号、登录密码、手机验证码后即可登录操作；对接银行电子保函系统，以银行保单作为诉讼保全担保的，代理律师在提交诉讼保全申请时，直接输入保函查询号，即可引入诉讼保全担保电子保函供法官审查；对接浙江法院审判信息系统，代理律师提出的各类申请或提交的各类证据、材料会直接进入内网，法官进入系统中新设的“律师平台管理”子栏目即可进行操作，操作完成后，相关情况会以短信形式直接反馈给代理律师，提醒其及时上线查阅。平台依托浙江法院“审务云”平台存储、大数据分析等功能，实现了服务纵向延伸，如律师通过该平台可查看代理案件排期开庭冲突情况、检索代理案件双方当事人在全省法院的关联案件、播放庭审录音录像，以及查看全省1200余家律师事务所分别在全省各法院代理案件总数、案件类型分布等情况。

在全国率先推出微信查询法院诉讼信息服务，把司法公开全流程和诉讼服务全过程“装在口袋里，拉进朋友圈”。手机登录微信，依次点击“我”“钱包”“城市服务”“法院”，即可查询全省所有法院的审判流程、裁判文书和执行信息。微信用户不需要添加或关注任何订阅号和公众号，即可浏览浙江法院公开网相关信息，为当事人和公众提供更好的用户体验。以查询裁判文书为例，支持按照案件类型、地市、法院、案号、时间等方式设定查询条件，可查询文书上百万份。目前已累计公开涉及审判执行工作65个方面的信息点830个，发布信息2.3亿条。建成“浙江法院诉讼服务网”，将在线诉讼服务加以整合集中展示，使得诉讼服务更加直观、便利。

2. 线下服务温馨周到

全面改造升级诉讼服务中心，为人民群众提供多渠道、一站式、综合性的诉讼服务。按照审判辅助性服务、审判事务性服务、审判服务、社会服务和律师服务五大区块合理布局，对全省法院诉讼服务中心进行改造升级，在设施、布局、服务功能等多方面尽可能体现人性化。特别是引入律师、调解员、志愿者、邮政送达、银行人员等第三方人员集中入驻，设置律师服务中心、心理疏导室、母婴室、志愿者服务室等社会服务区域，彰显了司法人文关怀。

衢州市衢江区人民法院投入资金100余万元，扩建后服务中心占地1500余平方米，提供诉讼服务40余项，配齐打印复印一体机、电子触摸屏、ATM机等便民设施，免费Wi-Fi全覆盖；出台岗位职责管理规定，制定文明规范用语，加强礼仪培训，对因作风蛮横、态度恶劣被当事人举报投诉的严肃问责；选派10名放弃入额的临退休法官、19名审判辅助人员、2名兼职心理咨询师常驻中心办公，整合立案、调解、执行、候访等工作将庭审之外的事务前移至中心；会同司法局共建法律援助工作站，与区团委、妇联共同设立家事调解中心，会同交警、保险业协会对道路交通案件实行刑民一体化审理。目前，全省已有69家法院建成新型诉讼服务中心，4家在建。

湖州市南浔区人民法院基于人脸识别系统、智能“云柜”系统，试点运行对诉讼材料进行“随案扫描”，在立案登记时，人脸识别系统的相关当事人、代理人信息，以及“随案扫描”形成的电子卷宗，均可一键读取并将信息回填、引入审判系统，不仅节省了人工录入和检查判断时间，提高了立案服务的质量和效率，也方便后续审判流程开展卷宗管理、案件查阅、电子送达等工作。当事人有材料若要递交给法官，遇到法官开庭、出差、开会等情形就再也不用担心了，只要到“云柜”前刷脸通过验证后，选择适宜大小的柜子以及材料递交的对象，几分钟内便将诉讼材料存储在“云柜”中。系统自动将取件密码以短信推送至收件法官，收件法官在收到短信后可选择以人脸、密码或二维码方式领取材料。“云柜”不仅能帮助当事人免跑冤枉路，对法官工作也是一种很便利的服务方式。

3. 服务法官精准智能

坚持需求导向，开发务实管用的审判执行辅助应用系统，全方位服务、辅助法官办案，有效提升司法质量和效率。

为进一步促进司法公开，倒逼庭审规范化建设，提升审判效率，深化以审判为中心的诉讼制度改革，浙江法院学习借鉴域外法院经验做法，依托覆盖全省所有审判用法庭的2000余个高清数字法庭，在全国首开先河，积极探索以庭审录音录像代替传统书面笔录的庭审记录改革。全省三级法院现已全面推行，截至2017年12月底庭审记录改革适用率已超过84%。协调推进繁简分流工作取得显著成效，《人民法院报》以《繁简分流的信息化武器》为题作了专版报道。为解决录音录像代替笔录对复杂案件裁判文书制作造成的不便，浙江高院研发推广应用语音智能识别系统，实时将庭审语音转化为文字笔录，构建“视频+音频+文字”的智能记录体系，并推广应用到法官合议案件、审判委员会讨论以及文书制作、校对等领域，普通话的识别正确率达到95%以上，有效解放司法辅助人力资源，促进办案流程的提速增效。浙江法院智能语音识别系统具备语音自主学习能力，可以自动学习历史案件数据，结合不同法官和诉讼参与人的语音数据进行有针对性的学习和模型训练，哪怕带有一定口音的普通话，机器经过反复的训练学习，识别率也能不断提升。为提高当事人姓名、案件特定关键词的识别率，还可以

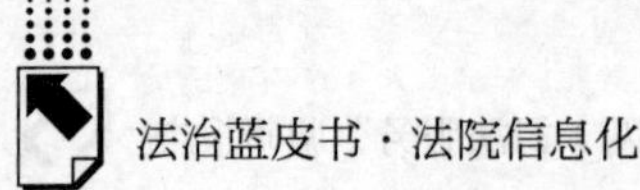

提前导入案件起诉状等内容，让系统进行提前学习。

研发当事人信用画像系统，以法院司法数据为核心，汇集人口、婚姻、金融、政务、电商、信用、社交等周边数据，利用统计学与大数据分类算法，自动对当事人的身份特质、行为偏好、资产状况、信用历史进行科学评测。系统目前主要包括了信息查询、维度展示、信用评分和关系图谱等功能模块，帮助法官从立案环节开始就自动进行风险评估提示。

整合政务网站、电信运营商的用户数据资源，借助第三方平台实时向被执行人推送执行催告文书，着力破解找人难、送达难问题，助力基本解决执行难工作。司法实践中，由于一些当事人或有意隐匿地址躲避诉讼，或地址变更后未登记告知，导致法院大量法律文书无法及时送达，也不利于追查失信被执行人行踪，不但增加了当事人的诉讼成本，也使得不少当事人错失了维护自身权益的最佳时机。浙江高院与公司合作，开通了支付宝用户余额查询及信用数据共享功能，并集成到办案数据关联检索平台。办案法官只需输入案件当事人姓名和身份证号码，系统即可在线调取电商平台和互联网金融平台上与案件关联的当事人的支付宝账户余额、常用地址、收货地址、联系方式等信息，有效提升了法院的文书送达和执行效率。

三　推进“互联网+大调解”机制建设，健全法院内外互联、网上网下互通的纠纷协同化解体系

浙江法院创新和发展“枫桥经验”，配合司法改革建立由未入额法官担任调解法官的专职调解制度，完善引导调解、特邀调解、法官调解“三调合一”的大调解格局。积极探索“三网过滤、二八分流”的办案模式，将其嵌入网上平台，全面支持网上调解、网上办案，公正高效化解纠纷、保障群众合法权益。

1. 首创“在线纠纷多元化解平台”，聚合资源促进纠纷源头化解

充分借助“互联网+”的技术优势，整合线下不同地区、不同法院的调解资源，将调解从线下搬到线上，在网上平台实现跨区域调解资源共享、

优势互补，实现解纷需要与解纷供给相均衡。

杭州市西湖区人民法院（以下简称“西湖法院”）首创的网上调解平台被中央社会治安综合治理委员会确定为国家级创新项目，在线矛盾纠纷多元化解平台集咨询、评估、调解、仲裁、诉讼于一体。2017 年 3 月，王某向西湖法院提起诉讼，请求与妻子李某离婚。由于夫妻俩不愿见面，西湖法院引导王某提交了在线调解申请，说服当事人次日共同参与三方视频会谈。调解过程中，调解员提出多种方案，最终引导当事人确定了具体的财产分割方案。根据双方认可的方案，调解员填写协议内容，由平台自动生成调解协议书。当事人查看协议无误点击确认后，在线调解程序终结。目前已有涉及各个行业、多个地区的 663 家调解机构、3230 名特邀调解员入驻在线矛盾纠纷多元化解平台，随时接受法院的指派开展调解工作，实现了各部门调解资源的整合共享和优势互补。西湖法院“在线纠纷多元化解平台”试点经验在全国司法体制改革推进会上被作为运用大数据提升办案质效的典型向全国推广。最高人民法院主要领导充分肯定平台的使用效益，指出要继续加强在线矛盾纠纷多元化解平台 2.0 版建设，以西湖为起点向全省乃至全国扩大，将矛盾纠纷及时化解在基层，不断提升基层社会治理水平。开展大调解工作要求法院整合传统的委托调解和诉调对接机制资源，将保监局、司法局、劳动局、人民调解委员会等部门和组织“请进”法院，为顺利开展调解工作提供便利条件。宁波两级法院在劳动争议、医疗卫生、物业管理、消费者权益保护等领域的委托调解和诉调对接工作已经取得了卓越的成绩，将大量的案件委托给相关机构进行诉前调解，化解了社会矛盾，节省了诉讼资源。

2. 首创道路交通纠纷“网上数据一体化处理”的“余杭模式”，充分发挥行业调解的作用

随着近年来经济的快速发展、车辆的迅猛增长，交通事故纠纷也呈大幅上升势头，已成为法院受理的第一大类民生案件。这在一定程度上与人民法院、调解组织及保险机构对侵权损害赔偿标准不统一、保险机构赔偿规则不透明、侵权人逃避纠纷处理、纠纷化解程序烦琐等因素相关，而且在纠纷化解中，各部门重复的数据核算也产生重复劳动，当事人需要“多点多线”

往返奔波于公安、鉴定机构、保险公司、法院等部门。为进一步整合各部门的交通事故相关信息数据，确定统一的赔偿标准，有效畅通纠纷化解流程、加强诉调衔接，最高人民法院批准杭州市余杭区人民法院（以下简称“余杭法院”）、市中级人民法院进行道路交通事故纠纷“网上数据一体化处理”综合改革试点。

余杭法院率先探索道路交通事故纠纷“网上数据一体化处理”综合改革试点，实现与公安交管部门、保险公司处理道路交通纠纷的无缝对接，为当事人提供定责、鉴定、调解、诉讼、赔付一体化服务，做到一网办案、一键赔付，诉前调解率达95%，法院同期收案数量下降50%以上，成效明显。目前试点经验推广到全省，在全省90家基层法院实现全覆盖，运用一体化平台调解结案1万余件，调解成功率为89.2%。最高人民法院已决定向全国推广“余杭模式”。

3. 首创“电子督促程序”快速处理网络金融纠纷，有效激活督促程序的“司法减负”与“替代纠纷解决”功能

针对互联网小微金融纠纷全程在线留痕的特点，大力推行电子督促程序，支付令的申请、证据提交、审查、生成等全部实现网上操作，法官审查平均用时30分钟，全流程不超过4小时，切实发挥了速裁程序的过滤网作用。

电子督促程序原则上适用法律关系明确、事实清楚、涉案金额确定、被申请人可以送达的案件，目前主要以涉互联网金融纠纷作为试点案件。法院开通公用邮箱、短信平台作为支付令案件的网上平台。债权人通过电子邮件等网络方式提起支付令申请，诉讼费通过支付宝在线缴纳。法院指定专人进行在线审查，申请成立的，即以债务人认可的电子送达方式向其发出支付令。建议涉互联网金融公司与他人在线签订合同时，明确电子邮件、移动通信等即时收悉的特定系统，可视为纠纷发生后诉讼、执行阶段法律文书的送达方式。发送支付令时，随附支付令风险提示书，告知恶意提起书面异议的法律后果和信用风险，督促及时履行。

4. 首创电子商务网上法庭，实现“网上案件网上审、网上纠纷不落地”

浙江作为全国互联网和电子商务发达地区，拥有众多知名电子商务企

业，涉电子商务纠纷案件高发频发。为顺应互联网经济和电子商务发展需求，推进网上争议诉前多元化解，浙江法院建设电子商务网上法庭，探索网上纠纷在网上解决的司法运行机制，实现诉讼全程在线化。先易后难，试行先期选取发生在网上的纠纷，如在线发放贷款的合同纠纷、在线购物纠纷、信息网络传播权纠纷，或被告身在外地不便、法律关系清晰、争议不大的纠纷进行试点，根据试点效果，逐步扩大案件适用范围。积极推动纠纷化解实现“全程在线”，要求涉网案件原告在线提交诉状及证据等材料，积极引导被告在线应诉。对案件设置15天强制性诉前调解期，并对适宜调解的案件在线过滤和分流。积极运用网上法庭智能工具，在线自动生成诉讼文书、自动反馈、一键送达。将电子督促程序纳入网上法庭系统，创新电子化审理，实现支付令的在线申请、证据提交、审查、送达和询问，并自动生成电子支付令。同时，积极使用网上法庭“智慧庭审”模块和庭审语音识别智能记录系统，切实提高审判质效。加强对网上法庭的宣传和引导，通过法院官网、微信公众号、立案大厅、12368平台等提供宣传和咨询，切实提高公众知晓率。

浙江全省各地法院借助电子商务网上法庭系统处理案件2.3万余件，平均开庭时间不足半小时。电子商务网上法庭的先行先试为设立杭州互联网法院提供了有力的数据支撑、制度准备和实践素材。

四　突出问题导向，推动三大机制深化发展，全力打造“互联网+司法服务”浙江品牌

浙江法院“大立案、大服务、大调解”三大机制建设开展近二年来，已取得了卓越的成绩，满足了人民群众对诉讼服务的新需求、新期待，让案件“立得进、办得出”，让解决纠纷的渠道更多、效率更高、效果更好，真正实现为民、便民、利民的目标。同时还应该看到，“大立案、大服务、大调解”三大机制建设还存在一些困难和问题，需要花大力气加以解决。

一是深度发展和深度应用还需要进一步提升。全省法院建设还不平衡，

部分法院便民诉讼服务点、诉讼服务终端一体机的设置较少，无法满足偏远地区群众的需求。与律师服务平台相比，处在更基层的自助立案终端一体机网上立案成功率偏低，使用率还有待提高；网上庭审目前仍受限于当事人软硬件设备及网络状况，部分开庭的案件中，仍存在当事人网络无法接入、中途断网、互相干扰、笔录无法阅看等情况，影响审理效率。

二是配套法律制度还存在一些障碍。当前中国诉讼法在电子诉讼方面的规定相对滞后，主要包括电子送达、电子方式庭审、电子证据认定等多个方面，导致电子诉讼工作的开展由于缺乏法律依据带来许多操作盲区。随着互联网经济的快速发展，浙江相继开通了电子商务网上法庭，成立了杭州互联网法院，运用互联网方式解决互联网纠纷，网上庭审案件日益普及。而网上庭审的案件适用范围，根据《关于适用〈中华人民共和国民事诉讼法〉的解释》第十一章“简易程序”中第259条的规定，“经当事人双方同意，可以采用视听传输技术等方式开庭”。最高人民法院《关于进一步推进案件繁简分流 优化司法资源配置的若干意见》中进一步明确规定适用简易程序的民事、刑事案件，经当事人同意，可以采用远程视频方式开庭。按照上述规定，只有简易程序审理的案件才可进行网上庭审，关闭了一审普通程序及二审程序进行视频庭审的通道。但在司法实践中，许多一审普通程序案件及二审案件当事人权利义务关系明确、证据多为电子证据，也适宜开展视频庭审。中国现行法律中虽明确了电子送达可以作为司法送达的方式之一，但是就送达成功的确认、接收人身份的认定等方面规定较为模糊，操作性不强。对于调解书、判决书、裁定书，《民事诉讼法》规定上述三类司法文书不可通过电子方式送达。但实践中，这三类文书的线下送达无形中增加了诉讼成本，同时也使得网络审判效率和效果打折，使得全程网络化诉讼难以实现。随着电子签章技术的发展，已经可以确保电子化的三类裁判文书的真实性和严谨性。而在实践中，许多当事人出于便于保存、电子归档的需求，也希望法院能出具电子裁判文书。此外，支付令申请的管辖、网络电子证据和电子公证的认定都需要通过立法给予相应的法律地位。

三是数据的共享和运用还不够充分。在外部层面，诉讼服务中心与行政服务中心、不动产登记中心、公安、检察等外部数据资源对接的机制还不顺畅；在内部层面，立案、审判、执行之间的数据还需进一步整合，诉讼服务中心通过数据分析服务党政决策、服务当事人、服务法官的效果还需提升。

当前，“大立案、大服务、大调解”三大机制建设正在浙江全省法院不断探索和实践基础上朝着全方位、立体化、智能化方向不断向纵深发展。浙江法院将以党的十九大精神为引领，坚持人民群众需求导向，紧紧把握互联网时代发展脉搏，主动拥抱大数据、人工智能等互联网技术，努力打造“大立案、大服务、大调解”三大机制建设为载体的“互联网+司法服务”浙江品牌，为人民群众提供更优质、更高水平的司法服务，让人民群众在每一个司法案件中都感受到公平正义。

一是进一步提升信息平台的智能化水平。推进机器学习、知识图谱、虚拟现实、音视频智能识别等人工智能技术在司法服务中的应用。打造案件繁简分流平台，通过深度学习技术不断提高繁简识别的精准度，实现繁简案件的自动识别，有效推动繁简分流机制落地见效，促进繁案精审、简案快办；研发12368智能问答系统，搭建具有强大自然语言处理能力的法律问答引擎，依托海量法律问答数据和法律知识，为当事人和公众提供法律咨询服务；丰富和拓展浙江智慧法院App，提供更精准、更适配的信息服务。在服务人民群众的同时，开发和实现类案推送、裁判文书自动生成、案件信息回填、审判偏离预警等智能化审判功能，最大程度地为法官办案提供方便。

二是深入推动电子诉讼。全面推广网上立案、网上缴费、网上阅卷、网上证据交换、网上开庭、电子送达等电子诉讼服务。加强现有浙江法院诉讼服务网、浙江法院公开网、律师服务平台、电子商务网上法庭平台、矛盾纠纷多元化解平台的功能融合，突出电子诉讼服务主题，提升应用效果。深入推进电子卷宗随案生成及应用工作，积极探索电子卷宗替代电子档案改革。

三是强化内外数据对接和资源整合。建立跨系统、跨部门、跨区域、跨层级、跨网系的数据共享交换机制，构建“智慧法院”大数据生态圈，全面实现数据互联互通、共享共用。最大限度整合综治办、法院、公安、司法、律师协会、人力资源和社会保障、保险等多个部门和行业的各类纠纷解决资源，实现解纷资源的统一管理和有效调度，真正实现高效协调联动、诉非衔接便民。

四是加强“互联网+”诉讼法律问题研究。适应互联网时代发展要求，针对电子诉讼案件的新情况、新问题，与高校院所和互联网企业合作建立“互联网+”诉讼法律问题研究联盟，共同探讨面临的新型法律问题，向立法机关和司法机关提出法律修改或司法解释建议，完善相关法律规定，或在现有法律框架下对法条作目的性解释或扩张解释，使其满足电子诉讼的法律适用需要。

B.17

应用大数据+人工智能助力矛盾纠纷多元化解的眉山实践

张 能　彭惠琴*

摘　要：　多元化纠纷解决机制的理论及实践体现了一种时代潮流和法治的发展创新。本文深入分析了多元化纠纷解决机制的概念及发展背景，比较分析各地区在多元化纠纷解决机制上的创新与经验，分析眉山多元化纠纷平台的实际运用及业务场景，以期进一步完善多元化纠纷解决机制。

关键词：　多元化纠纷解决机制　人工智能　司法改革

"互联网时代，我们身边一切都在改变，绝不能用旧思维来应对新问题。"因此，四川省眉山市中级人民法院（以下简称眉山中院）的"矛盾纠纷多元化解大数据平台"建设绝不仅仅是将原有机制从"线下"搬到"线上"，而是对现有矛盾纠纷多元化解机制和流程的网上再造。具体讲，就是将法院外部的在线纠纷解决系统与法院内部的办案系统进行跨界融合，构建起贯通法院内外的矛盾纠纷多元化解大数据平台。通过该平台，整合各类纠纷解决资源、各类法律法规资源和各类案例资源，为社会公众提供全方位的在线纠纷解决服务，为各纠纷解决主体提供精准的人工智能服务。同时，切实解决各纠纷解决主体间缺乏信息共享和有效衔接的问题，实现各类纠纷解决资源和纠纷解决机制效用的最大化。

---

* 张能，四川省眉山市中级人民法院党组书记、院长；彭惠琴，四川省眉山市中级人民法院党组副书记、副院长。

一　在线矛盾纠纷多元化解机制建设的现实需求

近年来，为破解“案多人少”矛盾，确保审判质效稳步提升，眉山中院打出了一整套改革组合拳：构建全方位的多元化纠纷解决体系，建立完备的案件繁简分流机制，推进司法责任制改革的精准落地。认真分析这三条路径，矛盾纠纷多元化解机制建设是动员社会力量参与矛盾纠纷解决，从源头上减少进入法院的案件数量。建立案件繁简分流机制、强化司法责任制的落实，是在矛盾纠纷进入法院后，通过审判资源的优化配置，达到提质增效、缓减法官办案压力的目的。相比之下，矛盾纠纷多元化解机制建设才是破解“案多人少”矛盾的治本之策。

完善矛盾纠纷多元化解机制，是党的十八届四中全会确定的一项重要司法改革任务，最高人民法院一直高度重视这一改革项目。在宏观层面，2009年，最高人民法院即启动了诉非衔接改革试点工作。2012 年 4 月，最高人民法院印发《关于扩大诉讼与非诉讼相衔接的矛盾纠纷解决机制改革试点总体方案》，进一步扩大了试点范围。2015 年 12 月，在总结前期试点的基础上，中共中央办公厅、国务院办公厅印发了《关于完善矛盾纠纷多元化解机制的意见》，从制度层面对多元化纠纷解决机制改革作出顶层设计。最高人民法院于 2015 年 4 月在四川眉山召开推进会，部署 50 家示范法院工作。2016 年 6 月 28 日，最高人民法院制定发布了《关于人民法院进一步深化多元化纠纷解决机制改革的意见》和《关于人民法院特邀调解的规定》，把平台建设、诉调对接、特邀调解、在线解纷等内容制度化、规范化。2016 年 12 月，最高人民法院下发《关于在部分法院开展在线调解平台建设试点工作的通知》，在北京、河北、上海、浙江、安徽、四川 6 家高级人民法院和上海海事法院开展在线调解平台建设试点工作。2017 年 2 月 16 日，最高人民法院在安徽马鞍山召开全国法院深入推进多元化纠纷解决机制改革暨示范法院经验交流会，总结交流示范法院改革经验，并举行了在线调解平台启动仪式。2017 年 10 月 16 日发布的《最高人民法院、司法部关于开展律师调解试点工作的意见》，决定在11个省市开展律师调解试点工作。在地方实践中，全国各地法院按照改革试点要求，积极争取党政重视和支持、搭建诉非衔接平台、完善诉非衔接机制、培育非诉调解组织，邀请非诉调解组织入驻法院开展调解工作，运用司法裁判鼓励和支持非诉调解工作，全国各地已基本形成了党政主导、综治协调、政府支持、社会参与、多元并举、司法保障的多元化纠纷解决格局。

按理说，在全国各级法院不遗余力的推动下，人民法院的诉讼案件数量增长趋势应该得到有效遏制。但是，全国法院案件数量持续大幅增长的局面仍未改变。经过认真调研，眉山中院发现了两个“不愿意”的实践难点。

一是现有纠纷分流机制便捷性不足，当事人“不愿意”分流的情况还普遍存在。

近年来，中国注重便民利民举措，诉讼门槛越来越低，诉讼服务环境越来越好，尤其是“智慧法院”建设的深入推进，以诉讼方式解决纠纷变得更加低廉便捷，在非诉程序与诉讼程序相比优势并不明显的情况下，当事人自然“不愿意”选择非诉渠道解决纠纷，矛盾纠纷分流机制“闲置”成为必然。

二是对非诉纠纷解决的支持不足，调解人员“不愿意”参与调解的情况普遍存在。

而中国目前对非诉纠纷解决的运作支持体系尚未建立，让矛盾纠纷多元化解实践中普遍存在的非诉调解能力不足、动力不足和衔接协调不畅的问题难以得到有效解决。

以眉山为例，首先看调解主体。目前，眉山的非诉调解人员主要包括三大类：基层人民调解员、行政机关的调解人员、行业协会的调解人员（如消费者协会、保险行业、律师行业）。这些人员中除律师调解员接受过系统的法律专业训练外，其余调解人员普遍存在法律专业知识和调解技能不足的问题。随着人民群众法律意识的增强，基层调解人员传统的“家长式”说教调解方式已难以适应当下的调解需求。在调解中要想促成调解协议的达成，调解人员将花费大量的时间和精力去学习相关的法律法规、查阅相关的案例资料。在投入和产出不成比例的情况下，调解人员参与纠纷解决的积极性当然不高。

再进一步分析，村社人民调解员主要由居委会、村委会的组成人员兼任，乡镇人民调解员主要由司法所所长兼任，行政调解人员主要由行政机关相关科室人员兼任，调处矛盾纠纷仅仅是他们众多职能中的一项，本着“多一事不如少一事”的观念，参与纠纷解决的积极性自然不高。而保险行业、律师行业调解人员作为社会调解人员，在既无工作职责要求又无调解收费等利益驱动的情况下，要让他们乐于参与调解并长期坚持下去，实难做到。

另外，各纠纷解决主体各自为政、相互衔接不畅的情况还较普遍。“相互衔接”包括诉讼与非诉讼机制的衔接、非诉讼机制相互之间的衔接两个方面。虽然近年来眉山中院致力于解决诉与非诉的衔接，但也仅注重了结果支持，即运用司法裁判确认非诉纠纷解决的结果。现实中，调解员开展调解工作更需要的却是对调解过程的支持，如相关法律法规的提供、同类案例的参考、调解协议的规范化指导等等。但面对数量众多的调解人员和调解案件，法院对调解过程的支持缺乏必要手段。即使法院对结果支持，也因缺乏便捷有效的渠道，实践中的支持率（调解成功申请司法确认的案件比例）也不足10%。当调解员面对其花了大量精力调解成功后又出现反悔而提起诉讼的大批案件，其参与纠纷解决的积极性必然受到影响和冲击。

而在调解、公证、仲裁等各非诉纠纷解决方式之间，虽然已经建立了诸如调解协议申请公证赋予强制执行效力等衔接机制，但因相互间没有打通衔接渠道，也很难发挥应有的作用。

解决两个“不愿意”实践难点的着力点，一是要解决当事人“不愿意”的问题，让当事人自愿选择非诉纠纷解决方式。在中国没有先行强制调解立法的情况下，仅靠最高人民法院、省高级人民法院对诉前调解、诉调对接的倡导性规定，必然出现案件分流难、调解启动难的尴尬局面。要改变这一局面，就必须为当事人提供比诉讼方式更加便捷的纠纷解决渠道和方式。二是要解决调解员“不愿意”的问题，让非诉调解员乐于参与矛盾纠纷调处，就必须为调解员提供全方位的支持和保障，让调解员“傻瓜式”开展调解工作。

二　在线矛盾纠纷多元化解机制建设的眉山实践

要解决两个“不愿意”问题，就必须建立一个真正让当事人和调解员都感到方便的纠纷解决平台。而在互联网时代，增强纠纷解决便捷性的唯一途径就是互联网技术在纠纷解决领域的应用。为此，眉山中院创新研发了“矛盾纠纷多元化解大数据平台”，以人工智能引导纠纷分流，以大数据资源辅助非诉调解，以法院办案系统与非诉调解系统的跨界融合促进诉调对接，最大程度实现社会力量的整合利用，让更多的矛盾纠纷在法院“门外”分流化解。

（一）在线矛盾纠纷多元化解机制建设必须坚持跨界融合的理念

在线矛盾纠纷多元化解机制建设绝不是简单地将纠纷解决从线下搬到线上，而是要实现纠纷解决流程的再造和优化，动员和整合更大范围的社会力量参与矛盾纠纷的解决。因此，在线矛盾纠纷多元化解机制建设就必须始终坚持“跨界融合”的理念，构建起一个开放、动态的纠纷解决平台。

跨界思维是互联网思维的标志性特点，它突破思维认知领域的板块式结构，将不同体系认识论和方法论的共同要素加以提炼，最终形成知识与方法的贯穿与突破。推进在线矛盾纠纷多元化解机制建设，眉山中院必须要用跨界的思维，突破传统的惯性思维，才会有“弯道超车”的机会。因此，眉山中院在矛盾纠纷多元化解网络平台的研发中，注重了以下三个方面的融合。

1. 司法与技术的跨界融合

在线矛盾多元化解机制建设是一项全新的高难度的创新工程，必须紧紧依靠科学技术，深度跨界融合网络技术是最鲜明的特点。因此，矛盾纠纷多元化解网络平台的研发，已不能简单地通过“买技术”或者将系统开发外包给技术公司就能解决，而是必须将眉山中院的矛盾纠纷多元化解领域的专业人才与研发公司的技术人才进行整合，协同攻关平台建设的各种系统集成、核心技术、大数据算法、人工司法智能等，形成真正意义上的“强强联合”。这也是眉山中院推进“智慧法院”建设应当坚持的理念。

2. 法院办案平台与互联网平台的跨界融合

眉山中院历来非常重视信息技术在纠纷解决领域的应用，早在2014年即研发了“诉非衔接管理系统软件”。但该软件是对法院办案系统的延伸开发，并没有实现内网与外网的贯通融合，注重的是对诉非衔接工作的数据管理和分析研判，并没有实现对非诉纠纷解决的服务和支撑，也没有减轻调解员、法官的负担。而眉山中院此次开发建设的矛盾纠纷多元化解网络平台，就是要实现法院办案平台与互联网平台的跨界融合，打通内外网的技术壁垒，实现案件数据在内外网间的相互传输，真正实现用信息技术解放“生产力”的目标。这也是眉山中院进行“智慧法院”建设应当坚持的目标之一。

3. 诉讼与非诉讼解纷方式的跨界融合

在线矛盾纠纷解决平台建设，绝不是法院关起门通过科技为法官减负、解决“案多人少”矛盾，而是通过平台的建设建立起与诉讼外的纠纷解决力量的跨界合作。按照“二八定律”进行“节源分流”，建立80%的简单纠纷诉前化解、20%的疑难复杂案件进入诉讼程序的纠纷解决新格局，构建由党政主导、综治牵头、各界参与、司法保障的矛盾纠纷化解一体化平台，实现社会治理的现代化。这是眉山中院进行系统平台研发所追求的最终目标。

（二）眉山法院矛盾纠纷多元化解大数据平台的功能设置

平台的功能设置，应当满足用户的需求。矛盾纠纷多元化解网络平台的使用者包括当事人、调解员和法官三类主体。对当事人来讲，系统要能够为他们提供比诉讼更加便捷的渠道方式，引导当事人自愿选择非诉方式解决纠纷，实现矛盾纠纷的有效分流。对于调解员来讲，系统要能够为他们提供调解所需要的一切可能的服务，以减轻他们的工作负担，激发他们参与纠纷解决的动力。对于法官来讲，系统为他们提供的服务也同样要实现减轻工作负担的目标，让法官们愿意参与和推进矛盾纠纷多元化解工作。基于以上用户需求，眉山中院在进行矛盾纠纷多元化解网络平台研发时考虑了以下功能设置。

1. 智能辅导——让当事人享受全面服务

一是解纷成本智能预测。人与人发生纠纷，一旦进入诉讼程序，双方当事人往往被纠纷缠绕，心理上、经济上负担极重。若诉讼周期再不断延长，会使当事人负担越来越重，疲于应付。所以人们认为只有寻求法律的公力救济才会公正地实现其价值，忽视了提起诉讼的成本和诉讼的预期价值，忽视了诉讼会出现零收益或负收益情况。

起诉成本可从时间角度和经济角度衡量。从时间角度衡量要经过起诉、立案、调查、庭审、判决、履行、执行等阶段，有一审、二审、再审，短则数月，长则数年。从经济角度看，有案件受理费、勘验费、公告费等直接支出费用，证人、鉴定人、翻译人出庭的各种费用也要负担；如果按照原告就被告的诉讼原则，在异地参与诉讼则还要支付差旅食宿费；另外，昂贵的律师诉讼代理费以及案件审理错误造成的犯错成本，还有因诉讼产生的机会成本，这些成本之和构成了起诉的总经济成本。是否起诉，一个理性的原告必须计算其最优的成本之后才会作出判断。一般来讲，法律诉讼的预期价值大于起诉成本就会起诉，若诉讼的预期价值小于起诉成本就会不起诉。被告在原告提起诉讼时，也必须对此作出计算最优的反应，理性的被告必须解决与原告相类似的决策问题。被告的决策问题是最小化其法律责任的预期成本。以系统中录入或积累的大量案例资源为基础，通过大数据技术为当事人分析出以诉讼或调解方式解决纠纷可能付出的时间成本（如审理周期、执行时间等）和金钱成本（如诉讼费、代理费等），以翔实的数据说话，引导当事人选择最适合的纠纷解决方式。

二是诉讼结果智能评估。传统评估模式中，法官通过主观认识分析判断诉讼风险，形成一个大概的风险范围和预期，对风险要素的把握不可能详尽

全面，更无法细化量化风险。如对“时间账”，法律规定的审限是明确的，但当事人想参考所在地法院审结此类案件的平均审限，想知道一般情况下此类案件处理需要多少时间，法官很难给出准确结果，而系统背后的大数据可以做到。“事实上，诉讼风险评估的过程也是当事人对诉讼风险的自我认知、自我体验、自我调节的过程，填写答题、获取评估报告、修订诉讼预期或完善风险点都可以有效引导当事人依法理性表达诉求，科学调整诉讼预期。”

智能评估以诉讼案件的案由为入口，通过查询类似案件和参与诉讼风险问卷的方式，在风险、亲情、时间、经济、信誉等五个方面进行评估，最终以诉讼风险报告的形式为当事人提供风险评估结果，告知当事人诉讼的风险。根据案件类型、诉讼请求、纠纷事实、证据材料等信息，系统将向当事人智能推送本地类似案件的处理结果，对案件的胜诉率、执行到位率给予智能评估，引导当事人形成合理诉讼预期。

三是调解员智能匹配。当事人接受调解后，系统将根据对调解员信息的掌握和历史调解数据的分析，为当事人智能匹配擅长调解其纠纷的调解员，提供给当事人选择。当事人经值班律师、导诉庭长及导诉员引导后，同意进行诉前调解的，由综合科通过系统进行登记分流。在信息录入时，注重依托信息技术增强信息采集的便捷性，通过外接电子签字板、指纹仪、扫描仪等设备，一次性采集相关信息并电子建档。电子档案可通过系统在各级调解组织内流转，当事人凭借身份信息便可在全区调解组织机构随时查询调解情况、接受调解服务，形成“一证建档，全区共享”的信息化调解服务体系。利用大数据平台对纠纷化解的关键节点进行监测，实现调解流程的智能推进。智能分流：电子档案生成后，由系统根据当事人住所地，结合全区网格化管理模式，自动匹配最优调解组织与调解员。智能提醒：确定调解组织与调解员后，系统将自动发送提醒短信至调解员手机，提醒其及时了解纠纷情况，做好调解准备工作。智能反馈：各级调解组织通过系统接收纠纷后，及时组织调解并在 15 日内将调解结果反馈至诉讼服务中心，实现纠纷受理、分流、调解情况的全程留痕，确保各项调解工作有序开展。

四是诉讼信息智能推送。“让数据多跑路，让当事人少跑腿。”若案件转入诉讼，基于当事人手机终端已与大数据平台建立了联系，系统将自动推送诉讼程序指引，帮助当事人正确行使诉权。审理中，系统将适时推送案件流程节点信息，让当事人了解案件审理进度。以前来法院，由于对法院内部的机构设置、职能分工和诉讼流程不清楚，不知道应该去哪些部门或应该通过何种方式办理自己的诉讼事宜，需要四处打听询问，来回奔波，费时费力。现在通过导诉人员或者自助服务终端系统，就可以快速有效地找到相应的窗口或场所办理诉讼事宜。眉山法院将服务性、事务性工作及部分审执工作前移，使诉讼服务中心从原来只具有单一的立案功能，升级到具有多种功能、多项服务内容，方便当事人办理除庭审外的所有事务，实现告知一次性、办事一站式、服务一条龙。为进一步满足人民群众日益增长的多元司法需求，把诉讼服务中心塑造成“百姓诉讼超市”，使当事人真切感受到司法的人文关怀。当下人人拥有互联网的时代，矛盾纠纷的解决方式应充分利用互联网足不出户便知天下事的利处，让数据多跑跑路，让人民群众充分享受到互联网发展带来的便利。

2. 智能调解——让调解员规范高效调解

一是提供调解指引服务。调解员接收案件后，根据案件类型、诉讼请求、基础证据、抗辩理由等要素，系统内的民事法律指引体系将向调解员智能推送与案件相关的法律法规、调解要素和专家观点，类案模型将向调解员精准推送同类案例，为调解工作开展提供参考。案件审理方法是通过填写要素表的方式，简化双方无异议的要素，重点审查双方当事人存在异议的要素。裁判文书制作方法同样是围绕案件的特定要素，进行重点阐述、说理，简化双方无争议要素的说理。集中精力处理重要矛盾，以便调解员快速、高效处理各类案件，以最低限度的精力完成大量案件的审理。每年受理的案件中有60%～70%是事实清楚、当事人权利义务明确的简单案件，如果将要素式审判法充分应用到调解过程中，可以帮助调解员熟悉案件类型、锻炼调解能力、积累调解经验；另外，精英调解员和业务骨干则可以腾出精力和时间处理各类疑难复杂案件，这样可以实现调解力量的最优配置。对调解员个

人而言，实行要素式方法将调解过程进行拆解，对当事人无异议的要素进行简化处理，省略对无争议事实的陈述、举证、质证、辩论程序，集中精力处理双方争议要素，找准矛盾焦点，对症下药，实现高效办案。对当事人而言，实行要素式调解法，让案件要素以表格的形式呈现出来，可以让当事人更好地参与庭审，做到“胜败皆服”，也能减少信访和不服判的情况。在调解的过程中，将案件要素以及事实证据点梳理后以人工智能的方式可视化显现，帮助当事人充分了解案件详情，真正做到以调解的方式彻底解决纠纷，避免矛盾的重复处理和二次处理。大调解机制的运行基础并非依赖于新建一个机构去越俎代庖履行各相关部门的调解职能，而是通过各相关部门调解工作触角的延伸和调解工作网络的对接，主动排查社会矛盾，及时报告疑难纠纷，做到早发现、早沟通、早化解，以保证调解工作“以防为主、调防结合、多种手段、协同作战”战略预期的有效实现。

二是在线视频调解服务。程序运行完全依赖网络。在线调解的启动及运行都是以在线方式进行。通过互联网超越了地域的限制，可以使不同地区的当事人进行在线协商，为纠纷的解决节约了时间、降低了费用。传统调解中的调解员往往会发挥人情因素来动之以情、晓之以理开展工作，解决纠纷。然而，在线调解对调解员提出了更高的要求。在线交易的双方多是一次交易，彼此间可以说一无所知，调解员也无从了解与争议有关的更多的背景情况，又缺乏当面交流，调解员无法使用语音语调、肢体语言及面部表情来把握节奏。实践中，在线沟通往往采用文本格式，利用大写、色彩、亮度等进行强调，进而探知对方的真实意思，这样自然就会增加调解成功的难度。目前，在网络空间提供各种选择性纠纷解决服务的网站基本都是私人性机构，大量的企业通过网站徽章、信任标记、商业行为规范等业内自律机制，自愿将自己与消费者的争议交给在线调解服务者处理，并承诺执行在线调解达成的协议。传统调解中往往存在“诉讼背景下谈判”或“法律的荫蔽”现象，也就是当事人可依据法律规定采取谈判的策略。但是，由于网络无国界，在线调解中当事人无从预测可能适用的法律，使在线调解完全超脱了法院管辖权及法律的规制。实践中，提供在线调解服务的各个网站都逐渐形成了自己的网络法则，用户可以根据不同需要从中选择适用，并可自主决定进入或退出在线调解程序，充分体现选用调解规则的灵活性。通过在线调解平台，无论手机端还是电脑端，均可发起和参加在线视频调解，也可随时邀请律师、法官加入在线调解。在视频调解中，系统同时提供案件信息、电子卷宗、类案推送、法律法规推送等一体化智能支持，真正实现调解的便捷化。

三是自动生成调解协议。自动生成的文书格式完整、条理清晰，整合了诉讼费计算器、期限计算器等办案工具，不会遗漏证据、当事人信息等琐碎内容，省去了查阅笔录、法条的时间，大大提高了制作裁判文书的效率。特别是与优秀裁判文书库的对接，可以随时查阅其他同类型典型判例的裁判理由，并借鉴其说理思路，制作文书的同时也提升了业务能力、拓展了法律视野，判决书质量也越来越高。结合优秀的文书模板并在充分理清案件内容的基础上，当事人达成调解协议后，在系统内设置了调解协议自动生成模板，既规范了调解协议制作，又减轻了调解员工作负担。

3. 智能衔接——让各解纷机制优势互补

一是多元衔接一体完成。无论是诉至法院的纠纷分流各非诉调解，还是调解成功申请司法确认或申请对调解协议效力予以公证，抑或调解不成功转入诉讼，均能实现信息共享、成果互用。例如，当事人的身份信息和案件信息可自动导入立案系统，诉前调解电子材料随案移送承办法官，真正实现纠纷解决的全流程衔接。矛盾纠纷的化解，既需要继承优良传统，更需要不断创新。引导社会各方力量积极参与矛盾纠纷化解，着力完善制度、搭建平台、强化保障，推动各种矛盾纠纷化解方式配合衔接，建立健全有机衔接、协调联动、高效便捷的化解机制，是提高矛盾化解工作能力和水平的前提。

在矛盾纠纷多元化解机制不断完善的过程中，法院的作用主要在于搭建矛盾纠纷多元化解机制平台，即诉调对接平台。这个平台广泛开放，可汇聚社会上各种纠纷解决的力量。同时，法院运用法律手段支持保障各种纠纷解决机制发挥作用：赋予调解组织调解协议合同效力；双方当事人在拿到调解协议后，法院给予司法确认。这样，调解协议便具有相当于生效裁判的法律效力，切实提高了公众对调解方式化解矛盾的认可度。

二是解纷资源有效整合。当前社会矛盾纠纷大多牵涉面广、复杂程度高，且多是关涉多个政府部门。传统的纠纷解决方式由于彼此缺乏信息交流，条块分割，各自为政，不能形成有机的统一整体，解决多样化和复杂化社会纠纷往往心有余而力不足。大调解对外而言，就是要整合纠纷的各种解决力量，调动一切可用因素，采取多种手段把纠纷处理好、解决好。

自立案登记制改革实施以来，全国法院不同程度地出现了有限的司法资源难以有效满足人民群众日益增长的诉讼需求的现象。借助社会力量多元化解矛盾纠纷，已经成为解决法院目前人案矛盾的可行途径。通过该平台，可实现综治部门、司法所、调解组织、仲裁机构、公证机关等纠纷解决组织间的互联互通，调解员、仲裁员、公证员、特邀调解员、法院专职调解员、人民陪审员等均可在线参与矛盾纠纷解决，真正实现了纠纷解决资源的最大程度整合利用。积极支持仲裁制度改革，加强与商事仲裁机构、劳动人事争议仲裁机构、农村土地承包仲裁机构等的沟通联系。尊重商事仲裁规律和仲裁规则，及时办理仲裁机构的保全申请，依照法律规定处理撤销和不予执行仲裁裁决案件，规范涉外和外国商事仲裁裁决司法审查程序。支持完善劳动人事争议仲裁办案制度，加强劳动人事争议仲裁与诉讼的有效衔接，探索建立裁审标准统一的新规则、新制度。加强对农村土地承包经营纠纷调解仲裁的支持和保障，实现涉农纠纷仲裁与诉讼的合理衔接，及时审查和执行农村土地承包仲裁机构作出的裁决书或者调解书。

三是精准指导调解工作。矛盾纠纷解决的前提就是诉求表达渠道的有效畅通。当纠纷解决涉及多个部门职责时，部门之间推诿、拖延现象时有发生，随着时间的拖延，当事人花费的成本越来越大，矛盾纠纷日趋复杂，当事人的调解、和解意愿逐渐降低，很容易导致矛盾激化，造成损失扩大。构筑大调解机制，目的就是杜绝推诿、拖延、梗阻现象的发生，畅通群众的诉求表达渠道，给当事人提供更多的低成本、及时、有效的纠纷解决方式。通过对平台大数据的分析和挖掘，让我们能准确掌握各地纠纷状况、解纷力量配置、解纷工作成效、解纷典型案例、调解员工作量、调解员能力等情况，为矛盾纠纷源头治理、调解工作指导、调解员能力评估提供精准参考。随着经济社会发展，中国进入社会转型期和矛盾凸显期，各类矛盾纠纷呈现多样性、复杂性、群体性等特点。与此同时，传统的调解类型也面临种种困境，难以适应及时缓解大量纠纷的现实需要，对解决纠纷的作用日趋下降。这使得惯于把人民调解作为“防止纠纷的第一道防线”的国家产生了构筑一种更具实效、更具权威的纠纷解决方式的内在需要，以改变过去各种调解单兵作战、各自为政的调处格局。

（三）矛盾纠纷多元化解大数据平台的用户体验

矛盾纠纷多元化解大数据平台的研发分两个阶段进行。第一阶段完成了矛盾纠纷分流平台的研发，在 2017 年 9 月进行了为期 1 个月的试运行。随后进行了第二阶段的升级研发，以全方位的纠纷解决服务为核心，于 11 月 13 日完成投入使用。目前已在眉山市东坡区人民法院（以下简称“东坡法院”）、眉山中心城区 3 个街道办事处人民调解组织、交警大队道路交通事故调解中心、房管局物业调解组织、保险行业调解组织、眉州公证处进行了部署使用。因运行时间较短，虽然无法用分流化解的案件数据说明其应用效果，但从问卷调查了解的用户体验，已足以说明其实践价值。

（1）当事人的体验：该平台能够提供全方位的咨询和评估服务、有多种可供选择的纠纷解决方式，能够进行网上自助立案和网上调解，能够与法院、调解员适时建立联系。受访的当事人中 96.1% 表示其需求得到了满足，愿意使用该平台解决纠纷。

（2）调解员的体验：该平台为调解员提供了一个独立的信息化办案平台，能够为他们的调解工作提供法律法规和案例参考，能够网上移送案件并反馈调解结果，调解工作更加方便。受访调解员 100% 表示愿意使用。

（3）法官的体验：目前，东坡法院已将所有的民商事案件纳入平台进行甄别分流。立案法官反映，一方面该平台使用后，绝大多数当事人愿意主动使用该平台进行纠纷解决的成本预测和结果评估，智能的诉讼辅导比人工的诉讼辅导更有说服力，分流效果更好；另一方面，即使当事人不愿意接受分流，但当事人所录入的案件信息、附件材料可自动导入立案系统，立案法官的工作量大大减轻。审判法官反映，平台打通了与当事人的沟通渠道，当事人从手机上就能了解案件进度，接收相关法律文书送达，工作量减轻了，信访反映少了。他们均表示愿意使用，并希望平台功能进一步拓展，这也进一步坚定了眉山中院推广应用该平台的信心和决心。

（四）平台的未来展望

最高人民法院强调没有信息化就没有人民法院工作现代化。矛盾纠纷多元化解网络平台作为“智慧法院”建设的重要组成部分，随着平台的全面推广应用，未来将呈现三大发展趋势。

1. 所有纠纷解决主体一网覆盖

按照工作规划，2017 年底到 2018 年 1 月，将由市区综治部门牵头推动该平台的部署使用。眉山全市 3000 多个调解组织、20000 余名调解人员、3 个公证机关、11 个仲裁机构将全面上线参与纠纷解决，“一张网”覆盖所有纠纷解决主体，实现所有纠纷解决力量的全面整合，信息共享、相互支持、成果互用的多元共治局面将真正形成。

2. 所有纠纷解决流程一体完成

下一步，眉山中院还将对该平台予以进一步的升级研发，从智慧调解向智慧审判、智慧执行延伸，将在线咨询、在线调解、在线立案、在线审判、在线执行、在线信访、电子送达、司法公开等纠纷解决和司法服务功能全面融入该平台，为人民群众提供纠纷解决的一体化平台。

3. 构建预防化解矛盾纠纷的新模式

目前，中国的纠纷解决体系呈金字塔形，人民调解、社区调解等基层社会纠纷解决资源缺位，没有发挥化解大量基层纠纷的作用，中间层的行业调解、商事调解、公证仲裁等专业调解力量还没有形成规模效应，大量纠纷未经过滤就进入诉讼程序，法院成为各种矛盾纠纷的集合地。该平台将通过长期积累的大数据分析各类矛盾纠纷的始发原因、聚集地域、多发人群等，可以起到从源头预防纠纷、提升社会治理水平的作用，构建上端预防纠纷、节源分流，中端分层过滤，底端精准审判的多元化纠纷解决“漏斗式”模式。

未来，眉山诉调服务平台将充分利用大数据和人工智能的便利条件，实时追踪案件从调解到执行的整个环节。不仅使纠纷解决得了，更要使调解协议执行得了，让群众切实享受到多元化解纠纷带来的利益，使矛盾纠纷从人民群众中来，在人民群众中结束，实现良好的社会自治、创造和谐的民居环境。

信息化提升执行能力

Enhancing Enforcement Capacity through Informatization

B.18

“智慧执行”打通实现公平正义“最后一公里”

——广州法院“信息化+大数据”双引擎助力基本解决执行难

广州法院“智慧执行”研究课题组*

摘　要： 近年来，广州法院坚持目标导向，牢固树立“互联网+”思维和“大数据”思维，紧紧抓住人民法院信息化建设3.0版和广州智慧法院建设的契机，建设“广州法院天平执行查控

* 课题组负责人：王勇，广东省广州市中级人民法院党组书记、院长。课题组成员：吴筱萍、龚德家、林武坛、黄健、马伟锋、周冠宇、娄丹杰、刘穗、沈颋、梁婧。执笔人：马伟锋，广东省广州市中级人民法院办公室副主任；周冠宇，广东省广州市中级人民法院审判管理办公室副主任；娄丹杰，广东省广州市中级人民法院办公室综合科科长；沈颋，广东省广州市中级人民法院执行一庭主任科员；刘穗，广东省广州市中级人民法院执行一庭副主任科员；梁婧，广东省广州市中级人民法院执行一庭副主任科员。

网”，解决财产查控难、信用惩戒难；建设智能化执行流程节点管控系统，攻克执行规范难；建设执行可视化综合管理平台，实现精细化管理，解决案多人少难；开发“微执行”微信小程序和审务通手机 App，解决执行沟通难。目前，广州法院已经基本建成以“信息化 + 大数据”为双引擎，以“一网一微一平台”为支撑的智慧执行体系，为实现“率先基本解决执行难”目标提供了切实保障。

关键词： 智慧执行　法院信息化　大数据　解决执行难

实现公平正义是人民法院工作的生命线。依法强制执行生效裁判，堪称实现公平正义的“最后一公里”。然而，在中国经济高速发展、社会深刻转型的历史背景下，受制度、环境、社会信用体系、公众诚信意识、执行体制、工作机制等综合因素的影响，“执行难”已然成为长期困扰人民法院发展的瓶颈，不仅严重影响胜诉当事人的合法权益，而且严重影响司法公信力。解决执行难问题，破除实现公平正义的最后一道藩篱，既是满足人民群众日益增长的多元司法需求的客观需要，是确保司法公正、提升司法公信力的内在要求，也是实现全面建成小康社会和“四个全面”战略布局的题中应有之义。如何准确把握司法工作的新形势，更好地实现好、维护好、发展好人民群众利益，在案多人少矛盾日益突出的情况下，切实解决“财产难查人难找、信用惩戒难见效、执行失范难约束、人民群众难认同”等执行难题，成为广州法院发展面临的新课题。

进入 21 世纪以来，广州市中级人民法院（简称“广州中院”）确立了以互联网技术和数据分析技术为突破口，推进审判执行、司法为民、司法管理的信息化建设思路。特别是最高人民法院《关于全面加强人民法院信息化工作的决定》和《人民法院信息化建设五年发展》实施以来，广州中院在深化智慧法院建设过程中，加快建设执行可视化综合管理平台、大数据分

析平台、“点对点式”天平执行查控网，开通全国首家微法院（微执行），建成审务通、律师通等移动服务平台等执行信息化系统。目前，广州法院已经基本形成以“信息化+大数据”为双引擎、以“智能化、可视化、全栈化”为特点的“智慧执行”体系，为率先基本解决执行难提供了强大的支撑。

一　建设背景：破解影响执行的“五大难题”

随着社会经济的发展，群众法治意识、权利意识的健全，“迟到的正义非正义”“公正不仅要实现，而且要以看得见的方式实现”等现代司法文明理念已经深入人心，人民群众的司法需求呈现多层次、多样化的发展趋势。另外，随着国家民主法治建设的持续推进，司法改革不断提速，对人民法院工作提出了更高要求。作为“最后一道防线”上的最后一个环节，实现“公正、廉洁、高效、文明”执行，是实现“努力让人民群众在每一个司法案件中感受到公平正义”目标的重要保障。

地处全国经济发展窗口、改革开放前沿阵地和国家重要中心城市，广州的法治建设始终走在全国前列。2017 年初，广州市委明确要求，全市法院要争取走在全省乃至全国前列，争取“率先基本解决执行难”。面临前所未有的发展机遇和严峻考验，广州法院的首要课题就是破解影响执行的“五大难题”。

（一）被执行财产难查、被执行人难找

找到可供执行的财产，是执行到位的基础。受限于申请执行人财产查询能力、诉讼保全意识以及律师调查制度的欠缺，绝大多数案件到执行阶段，申请执行人及其代理人无法提供有价值的被执行人财产线索，需要执行法官想方设法地查找。而被执行人多数不如实申报财产，隐匿、转移财产以规避执行的情况更是普遍存在，如通过转移银行存款、低价或无偿转让不动产隐藏对价款、夫妻双方搞“假离婚真赖账”，以虚假诉讼、公款私存、开设多头

账户等方式进行规避，等等。且被执行人在败诉之后往往匿藏行踪，转移住所，加之部分被执行人在外地、外省，传统的"登门临柜"式查询方式费时费力，导致法律文书难以送达，财产状况难以查明，执行措施难以采取。

（二）失信被执行人信用惩戒难以见效

中国社会信用体系建设起步较晚，企业和个人信用信息分散，执行人员在案件办理中查询成本大，难度系数高；缺乏信用惩戒立法和健全的工作机制，惩戒效果差，失信者利用各地、各部门之间信息隔阂的漏洞，变换身份逃避惩罚而得利的情形屡见不鲜。由于联合惩戒工作是一项系统工程，需要整体推进，任何一个方面有短板就会出现"木桶效应"，影响联合惩戒机制整体效果的发挥。正在推进的信用联合惩戒机制尚存在需完善之处：机制的系统性、协同性、规范性还有待进一步提升，联合惩戒工作的常态化运行还没有健全，惩戒领域范围需要进一步拓展，惩戒措施的具体实现方式也要进一步完善。

（三）消极执行、选择性执行、乱执行的问题难杜绝

从内部成因分析，执行案件存在流程长、节点多、管理难等问题，加上"重审判、轻执行"观念的影响，执行队伍素质良莠不齐，重程序结案轻实际执结，滥用"终结本次执行"程序，合议庭功能缺失，合而不议、虚假合议现象严重，疑难案件、重大节点丧失合议庭内部监督制约，极易导致工作失误。监督管理薄弱，节点监控和流程管理效果欠佳，外出调查、查封冻结、评估拍卖等行为仍不规范，导致消极执行、拖延执行、乱执行等问题仍然存在，成为制约执行工作长远科学发展的主要因素之一。2015 年，最高人民法院执行局处理的各类执行涉诉信访总量共 9000 余件。从申诉类型看，超过 70% 是反映地方法院消极推诿、久拖不执问题，其余近 30% 反映超标查封、违法追加变更、利息计算不当、评估拍卖价格过低等问题。

（四）社会公众不理解、不认同执行的状况难改变

近年来，随着信息化技术的发展，信息传播规律发生深刻变化，公众对

法院工作知情权、参与权的需求越来越多，对司法公开的全面性、及时性、准确性提出了更高要求。同时，媒体的迅猛发展，尤其是自媒体、新媒体的发展，一方面活跃了民主法治建设的舆论环境，为法院发展提供了强大动力，另一方面也对法院的司法能力提出了更高的要求。任何程序上不规范、实体上有瑕疵的问题都可能在公众视野中被放大，成为司法舆情事件。如何在法院工作中把握新闻传播规律，实现执行案件全流程、全角度、全天候公开，让当事人和社会公众更多地了解、理解执行工作，进而推动社会形成认同执行、信任执行、尊重和主动配合执行的氛围，是破解执行难所面临的重要课题。

（五）“案多人少”长期存在的矛盾难解决

1997 年，广州两级法院受理执行案件数仅为 15691 件。2016 年已经达到 97926 件，年平均增长速度达 32.84%。2017 年，收案已经达到 144328 件，同比激增 47.38%。随着案件数量持续大幅增长，人民群众对司法工作的期待也越来越高。与此同时，广州法院执行法官人数不增反降，2006～2016 年这十年间，全市法院执行法官人数始终没有超过 180 人，其间由于员额制改革等，甚至一度出现不足 150 人的情况，案多人少的矛盾十分突出。2017 年，全市法院执行法官人均结案 689.48 件。其中，白云区人民法院在只有 16 名执行法官的情况下，结案 13087 件，人均执结 817.94 件。

毫无疑问，在司法资源短期内不可能大幅增加的情况下，破题的关键在于如何立足现有资源办更多的事。经过综合考量，广州法院选择了向科技要生产力，将信息化建设作为优化资源配置的主要抓手，通过“互联网+”、云计算、大数据、人工智能等技术的深入运用，推动信息化与执行工作的深度融合，打造“智慧执行”新模式，进而实现执行能力现代化，推进“率先基本解决执行难”目标的实现。

二　广州法院“智慧执行”模式的具体实践

围绕破解“五个难题”，以提高查控惩戒智能化、案件管理可视化、流程管控自动化、指挥决策全栈化、执行公开移动化为着力点，在广州"智慧法院"建设的基础上，拓展信息化适用领域，深化大数据分析应用，初步建成了以天平执行查控网、广州微法院、可视化综合管理平台为三大支撑点的"智慧执行"新体系。

（一）健全立体化查控网络，解决财产难查人难找问题

1. 建设"点对点"查控网络，实现"一站式"查询

查找被执行人财产是金钱给付类案件执行的第一步，也是案件能否顺利全案执结的关键。在传统"登门临柜"式的执行模式下，财产查找的效率极低，面对恶意赖账的失信被执行人，执行法官往往束手无策。最高人民法院"总对总"财产查控网的开通，开启了网络查控的新模式。同时，受客观原因限制，"总对总"查控网初期的查控范围集中在银行业金融机构，而且多数只能查询，冻结、划扣的环节还需要到现场办理。2015 年，广州法院开发"点对点"的"天平执行查控网"，实现了房地产、车辆、银行存款查询、冻结、划扣全部在网上完成，查控范围覆盖至存款、理财、基金、土地、房屋、车辆等最重要的财产类型，以及人口户籍信息、企业工商登记资料等被执行人基本信息。不仅如此，广州中院与公安机关建立协作机制，对于决定采取强制措施的被执行人，通过网络发送协助请求，由公安机关查找、定位，协助控制。

2. 开发全网络化查询流程，实现查询"一键完成、当天反馈"

通过信息化技术开发，广州中院将天平执行查控网查询功能集成在办案业务系统。执行法官可以通过办案系统一键式完成查、冻、扣操作。广州中院与银行、国土、住建、公安等各联动单位通过网络专线建立链接，除查询可通过系统实时自动完成外，执行法官可将冻结、查封、划扣请求发送到天平执行查控网，由专门的查控人员汇总打包，再以标准化的数据格式集中发送至各协助执行单位，协助执行单位办理完协助事项后将结果反馈至天平执行查控网，执行法官在自己的业务系统中即可接收到反馈结果，整个过程一天之内即可完成。如此一来，所有的查控均通过网络进行流转、办理、反馈。

3. 建立区域化网络协作机制，实现“点、线、面”全方位覆盖

广州中院积极探索横向联动，推动形成“珠三角”大联盟。珠三角沿海地区是中国经济活跃地区，存在大量异地执行案件。由于各地区网络查控系统各自独立，不能实现信息共享，不能发挥最大作用，更无法体现信息化建设的最大优势。广州中院与佛山中院在2009年签订了《广州、佛山两地法院同城化建设司法协作框架协议》，2017年8月份签订了“广佛同城”执行协作协助工作协议，就被执行人在本辖区内的财产查控、送达，对失信被执行人的联合信用惩戒等方面展开全面合作，并与深圳、珠海、中山等地区法院积极联络，推动形成“珠三角”地区查控一体化格局。

（二）建立信用大数据共享平台，解决失信被执行人惩戒难的问题

1. 建立信息、数据共享机制，实现失信被执行人信用惩戒实时化

在信息化时代，要主动适应“互联网+”趋势，追求信息共享效果最大化。除了财产查控功能外，天平执行查控网还是全市联合信用惩戒的统一平台。在广州市委政法委牵头下，广州市制订了《贯彻〈关于加快推进失信被执行人信用监督、警示和惩戒机制建设的意见〉的实施意见》，与27家联动单位实现数据和信息共享。广州中院将失信被执行人曝光平台嵌入天平执行查控网中，通过这一平台将失信被执行人名单实时推送至各联动单位，并与各联动单位的业务办理系统自动对接。失信被执行人到各联动单位办理业务时，各家的业务系统会自动进行数据对比，使其在融资授信、行业准入、投资置业、担任重要职务、享受优惠政策等多方面受到限制，从而“一处失信、处处受限”。同时，天平执行查控网的大数据平台也向各联动单位和其他办案单位、公益性部门开放，并提供委托查询功能，从而实现数据效用的最大化。

2. 共享信息传播平台大数据功能，实现失信被执行人信用惩戒精准化

对失信被执行人进行信用惩戒，靠法院单打独斗寸步难行，仅依赖公权力机关内部合作也不能收到全效。信用体系建设关系到国家、社会的每一个主体，包括企业和个人，特别是在网络信息时代，网络信息传播平台能够发

挥至关重要的作用。广州市中级人民法院除了在最高人民法院的失信平台以及“两微一端”公布失信名单外，与今日头条签订了合作备忘录，利用其大数据功能，将失信黑名单精准推送到失信被执行人的工作圈、生活圈；与移动、联通、电信三大运营商合作，对失信被执行人进行通信限制；与微信合作，利用其大数据功能，将失信黑名单精准推送到失信被执行人的朋友圈、交际圈，让失信被执行人在社会上“无处藏身”。

（三）建设智能化执行流程管控系统，解决执行规范难的问题

1. 完善执行全流程节点管理功能

对执行案件 37 个主要流程节点进行再区分，确定其中的 25 个为关键节点，分预执、查控、实施、结案四个阶段，开发与全国法院执行业务系统相匹配的全流程节点管理功能。立案时，通过办公系统、法官通 App 和短信及时提醒执行人员。执行过程中，至迟在每个节点时限届满前 48 小时仍未处理完毕的，通过手机短信提醒案件经办人；如果超期未处理，则以督办信息和手机短信两种方式，提交庭局领导督促，同时将案件设定为“锁死”状态，在完成前一节点事项并经领导审批解锁后，方可进入下一节点办理；所有审批流程均在网上完成，电子档案同步生成，执行过程全部留痕。

2. 完善执行异常警示、筛查功能

根据执行工作规律，编制标准化执行工作流程。立案后，对于每一个节点和具体实施行为，系统自动在后台进行对比，对于过程化扫描产生的文件进行识别，对于连续或明显偏离标准工作流程的，主动向分管庭局领导、廉政监察员预警；对于某个执行人员连续出现超期情况，或者多起案件同时面临超期时，主动进行预警；对于长时间超期或明显违反流程节点，经庭局领导督办后仍未有进展的案件，主动将相关信息推送到院纪检监察部门进行筛查、甄别；所有诉讼文书均要求在系统内生成并流转、审批，不允许任何实施行为案外运行，避免当事人申请恢复执行案件被人为拖延的情况。

3. 完善终本案件集中管理功能

针对无财产可供执行案件终结本次执行的程序标准和实质标准把握不

严、恢复执行等相关配套机制应用不畅的问题，根据最高人民法院关于终结本次执行案件的相关规定，制订终本案件正面清单和负面清单，在结案环节由系统自动对比，并与执行日志、电子文档进行智能核对，任一条件不满足时，不能结案。庭局领导在结案审批时，可倒查相关条件，严格把控终结本次执行标准。利用终结本次执行案件集中管理系统，自动抓取以“终结本次执行”方式结案的案件，进行专人专库管理，专人跟踪定期财产查询情况和处理当事人提交财产线索，满足条件的及时予以恢复执行。

4. 完善执行款物全流程管理功能

根据最高人民法院修订后的《关于执行款物管理工作的规定》，广州中院在全面落实“一案一账号”的基础上，将执行款和标的物进行专门管理，开发具有全程留痕、动态管理、分级预警等特点的智能化统一管理系统。一是案款、标的物全流程网上留痕，从案款到账、标的物查封开始，每个环节都在网上流转，可以实时进行监控；执行人员可在网上实时查阅承办案件执行款，并通过网络下达退结指令，系统根据指令金额大小和审批权限自动流转或指定流转至审批领导处，审批后再流转到财务处。二是可对全市法院执行款随时进行统计，厘清账目明细，分门别类进行标注，随时做到心中有数，便于总体掌握，而且保证了数据的完整性和透明性。三是与执行业务系统同步，执行人员无法干预也无须干预，避免漏录、错录现象；同时，执行款物的流转可自动触发短信通知，及时通知执行人员和当事人。四是集成二维码识别功能，与微信、支付宝等移动支付平台对接，继诉讼费后，支持执行款通过扫码支付，极大方便了当事人。

（四）建设执行可视化综合管理平台，解决案多人少矛盾突出的问题

执行可视化展示平台是整合人民法院执行案件流程管理、全市法院执行案件管理、信访管理、事项委托管理、指挥协调、远程单兵等应用系统的集成平台，可全方位实现执行管理、执行监督、执行协调、远程指挥等功能，是全市法院执行工作的“数据库”和“调度室”，首次囊括所有主要执行应

用系统的一体化、可视化、规范化、便捷化、实时化平台，最终实现执行工作的网络化、信息化、联动化，切实提高法院执行工作效率（见图1）。

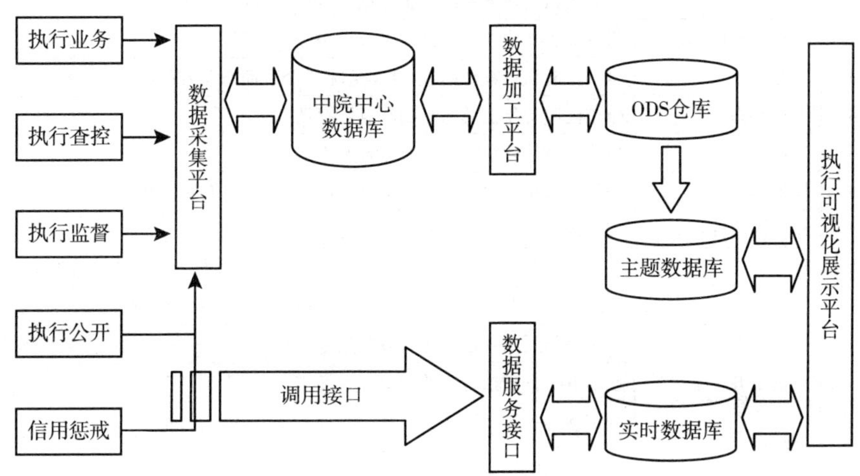

图1　执行可视化展示平台系统架构

1. 整合主要执行系统，实现执行工作的一体化

执行工作不同于审判工作，具有节点多、所涉部门多、案件种类多、管理难度大等特点。为有效提高执行案件的办理质效和管理水平，切实解决消极执行、抗拒执行、规避执行等问题，人民法院先后开发了案件流程管理系统、财产查控系统、终本案件管理系统等多种应用系统，但每个系统独自运行，每项业务模块的数据信息互不相通，形成了多个信息孤岛，一体化执行工作格局相对滞后。为进一步整合各信息系统，为执行工作提供综合信息化支撑，全方位、一键式掌控全市工作动态，广州中院开发了执行可视化展示平台。

一是实现业务模块集约化。执行可视化展示平台业务模块涵盖了采集加工、平台向导、实时动态、汇总动态、流程节点、期限预警、超长期案件、终本案件、财产查控、协执动态、失信公开、执行惩戒、财产变现、案款动态、执行监督、执行质效等16个业务模块，将分属于不同应用系统的功能进行了归口，通过执行可视化展示一个平台即可全面掌握全市法院执行工作的开展情况（见表1）。

表1 执行可视化展示平台的业务模块及功能

序号	模块	功能说明
1	采集加工	从各类执行业务系统采集数据,并进行分析、加工处理
2	平台向导(首页)	将各业务功能通过动画或者 flash 的方式展现
3	实时动态	全市法院执行案件的收、结案情况,"今日动态"情况
4	汇总动态	全市法院历年汇总执行的收、结、存情况
5	流程节点	展示全市法院执行案件各流程节点的动态信息
6	期限预警	预警案件接近执行期限的案件,预警接近控制期限的财产
7	超长期案件	当前未结案件超长期案件的情况
8	终本案件	终本案件反映全市法院办理的未实际执结的案件及终本自动查询情况
9	协执动态	展示各协执单位的查控量及接收查控后的反馈效率情况
10	财产查控	展示网络司法查控的各类查控指令信息
11	失信公开	已公开失信被执行人的数量以及撤销、屏蔽情况
12	执行惩戒	展现执行过程中采取的各种限制性措施、司法制裁措施等,以及可能的惩戒信息
13	财产变现	展现执行过程中司法评估、拍卖、变卖、以物抵债情况
14	案款动态	展示执行案件执行款收、退情况
15	执行监督	反映上级对下级法院执行案件的过程关注情况,同时展现执行行为的异常信息
16	执行质效	展现辖区法院的执行质效指标

二是实现数据的高度融合。可视化展示平台基于全市法院的各类执行业务系统信息，使用 OLAP 技术以及实时采集等方式，采集全市法院执行工作相关数据，建立全市法院执行业务数据的汇总平台；基于全市法院的各执行业务数据，提取相应类别的管理数据，如通过执结案件流程节点数据，自动提取司法拍卖数据、超审限案件数据、终本案件数据、采取强制执行措施数据等，既减轻了人工统计的工作量，亦保证了数据的精准性、实时性；科学展现数据，根据数据的特征和要求，使用对应的、合适的可视化组件展现形式，有冲击力地展现数据，并对展现数据提供数据下钻功能，通过全貌数据下钻到详细的底层数据。

2. 完善执行指挥平台，实现执行全过程的可视化

执行可视化展示平台的主要特征之一即是看得见、听得到、摸得着。一

是执行数据精准展现。执行可视化展示平台基于全市法院的各类执行业务系统信息，将全市法院执行工作数据汇总到执行可视化管理平台，并通过站台的可视化方式（包括各类图表、地区），展现各业务系统的信息，包括法院执行业务、司法公开、执行查控等方面的数据，实现执行过程信息的总体情况、变化情况的可视化。二是全程监控执行过程。平台突破了传统地域限制，只要终端设备处在运营商网络覆盖范围内，执行指挥中心人员只需打开终端服务器，执行现场可得到全方位展现，既可更好地规范执行人员行为，亦可迅速协调处置现场突发情况。例如，在遇到需要现场决定是否采取扣押、冻结、罚款、拘留等强制措施时，法院执行指挥中心可通过“执法可视化管控系统”快速有效地发布指令，确保案件顺利进行。三是随时调取执行视频音频。在日常外勤的执行过程中，执行法官利用其手持终端系统，可及时将所有执行音视频内容回传至系统后台保存，可随时进行调取查看。

3. 完善办案辅助功能，实现执行工作的便捷化

指挥执行建设不仅要考虑如何规范执行、如何科学管理，更应考虑如何服务法官办案。经过深入调研，广州法院认为信息化建设的核心之一即是最大限度地提高执行工作的便利性，最大限度地减少法官工作量。一是对案件实现二次分流，提高办案效率。立案庭收案后，流转到执行可视化展示平台，由专人根据案件类型分流给执行局相应庭室。执行实施案件则集中进行财产查控，根据查控情况再由专人将其分为简易案件和普通案件，分别分流给快执团队和普通执行团队。如发现案件分流有误，可及时反馈给分流岗位，进行重新调整。二是智能推送关联案件信息。执行案件立案后，系统通过被执行人的相关信息，读取全省范围内的案件数据，自动推送被执行人在全省范围内作为申请人的案件信息，并自动在立案审批表中予以显示。三是自动生成执行日志。执行法官制作查询、查封财产等协助执行通知书的同时，系统会根据执行文书内容自动生成执行日志，无须法官手动录入。同时，冻结、划扣、拍卖、发款等关键节点自动以短信方式通知申请人。四是自动生成执行文书。以最高人民法院执行系统提供的文书模板为基础，完善所有文书类型的模板，开发了自动生成功能，法官可根据需要点击套用。五

是异地打印执行文书。开发了电子签章应用系统，所有执行文书实现网上审批、网上流转、网上盖章。为执行法官配备移动终端和便携式打印机，法官外出执行时，如携带法律文书份数不够，或发现文书有误的，可在移动终端上下载，在便携式打印机上打印，突破了时空的限制，极大节约了时间。

4. 实时全面监控执行工作，实现决策精准化

执行可视化展示平台集成全市法院各方面执行业务数据，实时动态展示执行工作情况，为执行工作的指挥与调度管理提供依据，提高执行决策、执行监督、执行指挥的科学性。一是上下级法院间的实时指挥调度平台。通过执行可视化平台，可在上级法院与辖区法院之间进行远程指挥、视频会议、协调案件、执行听证等；法院与法院之间进行工作协调、联合执行、交叉执行等，建立辖区法院上下一体、协调统一、反应快速的运行机制。二是执行行为的实时监督平台。可将现场情况实时传送至控制中心，有效提高执行效率；可实时将现场违法行为录入，保障执法的公开公正，规范执行过程；可在现场实现资料、数据、证据等的采集、整理、录入，降低执行人员的执行强度；通过执行指挥中心的调度台，可根据需要调取现场任意一个执行单兵的图像，进行实时监控。三是各类执行数据的实时汇总平台。实时展现和汇总全市法院日、月、季度、年执行案件的收案、结案动态，展现和汇总案件的旧存、新收、已结、未结等数据；展现和汇总超长期案件的件数、原因，展现和汇总全市法院发送查控申请、反馈查控情况，展现和汇总全市法院对于异地事项委托的办理情况，展现和汇总全市法院财产评估、拍卖、变卖、以物抵债情况，展现和汇总执行案件案款到账、支付动态、长期未支付情况，展现和汇总全市法院质效指标情况及对应的案件清单。既可对历史数据进行历时性分析，对当前执行数据进行实时监控，亦可对未来的趋势进行预测，为执行决策和部署提供参考。

（五）开发人性化移动交互平台，解决执行沟通难的问题

人民群众对执行工作难认同的原因归根结底在于和法院沟通不顺畅，这种接收信息不对等、接受信息渠道单一不清晰的局面，最终导致人民群众对

法院执行工作的不理解、不信任。

1. 开通全国法院首家“微法院”（微执行）小程序，构建沟通“微平台”

当今，在信息化时代背景下，人民群众在日常生活中最频繁使用的工具便是移动服务终端以及微信程序，而其中微信程序中的公众号平台与小程序更是人民群众了解外界资讯、处理日常事务的重要途径。与网页和手机App相比，微信公众号与小程序的优点在于无须安装、卸载，操作简单，回应迅速，触手可及，其容易在用户联系人之间分享的特点，更是让其在传播信息覆盖面方面遥遥领先于其他应用。广州微执行即是通过微信公众号和微信小程序搭建法院与人民群众沟通的桥梁，实现执行公开、信息开放，打破人民群众与法院之间的沟通壁垒。通过广州微执行，人民群众利用手机即可实现随时随地查询、办理案件业务，获取执行业务资讯，向法院提供线索，与法院联系沟通。针对申请执行人，广州微执行通过公开案件基本信息、经办人联系方式、执行流程办案节点，让申请执行人了解案件信息、知悉执行操作流程及相关法律知识；通过节点提示，公开被执行人财产查控信息、执行日志，使申请执行人及时了解案件进展，以及执行工作中遇到的困难，让其对案件执行结果有合理的预判（见表2）。

表2　广州“微执行”主要模块及功能

模块名称	服务对象	主要功能
案件信息、执行进度查询	申请执行人	1. 案件基本信息查询；2. 执行流程、节点展示；3. 案件目前状态及所处节点提示；4. 被执行人财产查控信息查看；5. 执行日志查看；6. 给经办法官留言
业务咨询、投诉及举报	案件当事人	当事人输入身份、手机信息登录后直接进入12368服务平台
失信被执行人名单	社会公众	失信被执行人名单公示及查询
网络司法拍卖		标的物拍卖信息公示，并可直接点击进入网络司法拍卖平台
悬赏信息		1. 悬赏信息公示；2. 即时提供线索
宣传推送		普法、宣传、互动

2. 对接“三通一平台”，构建诉讼服务“全平台”

为满足差异化的诉讼服务需求，“广州微法院”与广州智慧法院体系实现了“三通一平”无缝对接。“审务通”App面向案件当事人，提供案件查询、裁判文书、执行在线、网上立案、在线听证等服务；“律师通”App面向职业律师，对接司法局律师数据库，自动进行身份识别和案件绑定，提供网上立案、网上阅卷、案件查询、裁判文书、执行查询、费用计算、法律法规、庭审直播、电子送达、开庭提醒等诉讼服务；“法官通”App则面向法官，将当事人、律师通过各种渠道提交的查询、反馈、提交线索等需求，即时提交给法官，法官可以在线处理、办结。同时，广州微执行与已运作成熟的广州法院12368诉讼信息服务平台相连接，以办公系统催办和短信形式，及时传达案件当事人的诉求，督促相关经办人及时处理。

3. 借用微信大数据，构建执行信息共享“智平台”

“广州微法院”通过提供方便、快捷的诉讼服务，使用户形成使用习惯，能够合法获取申请执行人、被执行人的关联微信号与手机号码相关的数据信息。在对大数据进行处理的基础上，针对一般公众，广州微执行通过向公众定时推送、查询失信被执行人名单，让公众随时发现身边的失信被执行人，共同打击失信行为，让人民群众增强诚信意识，促进社会诚信系统建设。通过集中公示司法网络拍卖的信息，方便公众获取相关资讯，直达拍卖平台；利用大数据分析，精准查找对标的物感兴趣的人群，进行针对性推送，使公众积极参与到网络司法拍卖活动中，提高执行变现率。通过集中公示悬赏信息，设置提供线索通道，让群众成为执行力量。

建设智慧执行模式，为推动广州法院率先基本解决执行难提供了强大的动力和支持。2017年，全市法院共办结执行案件143363件，同比增长59.16%；法官人均结案689.48件，同比增长79.28%；执行标的金额431.66亿元；执行到位金额214.20亿元。赴京信访、赴省信访比稳定保持在较低水平，化解核销率分别为100%和61.29%。发放代管款25.34亿元；无超审限结案或者超审限未结的案件。执行工作整体呈现结案数、执行率、到位率上升，撤改率、信访率下降的“三升两降”良好态势。

三　广州“智慧执行”模式建设面临的困难与展望

智慧执行的探索也遇到一些制约建设成效的问题。一是执行联动单位的积极性问题。有的联动单位观念保守，认为解决执行难是法院的事情，与自己的职责关系不大，纯粹是配合法院工作，干得好与不好都没有奖惩，不愿意积极推动执行联动机制的建设；有的联动单位担心影响本身业务的拓展，或者顾虑协助法院工作会惹事上身，不愿干“得罪人”的事；有的联动单位提出数据涉密、需要审批等事由，迟迟没有进展。二是联动单位信息化建设水平不一问题。各家联动单位都有各自相对独立的业务系统，数据存储和传输格式不一，需要与法院系统一一对接，存在这样那样的技术障碍；有的联动单位信息化建设进度较慢，自身系统内的数据都没有实现统一管理，信息和数据管理分散，更加无法与法院系统互联互通。三是财产查控网和联合信用惩戒机制有待进一步完善。目前，财产查控网存在重复建设、多头投入的问题，而且还存在部分互联网财产类型未能纳入的情况；联合信用惩戒的场景需要进一步丰富，惩戒的效果有待加强。四是对大数据的挖掘和利用深度问题。主要是基础数据质量有待提高，尤其是基础信息自动提取机制还有较大的改进空间，数据质量检查、稽查工作的力度还有待加大，通过数据信息预测案件趋势的功能还有待发挥，与形成整个法院尊重数据、利用数据的局面还有一定差距。五是经费和人员保障问题。信息化建设需要大量的投入，联动单位往往提出没有预算，要求法院承担相关的技术研发和建设、运维费用；另外，技术开发人员往往缺乏足够的审判执行工作经验，对法官需求理解不够深入，系统上线后，还需要投入较大人力进行系统调试、优化。

党的十八届五中全会提出，要实施“网络强国”战略、“互联网＋”行动计划、国家大数据战略。信息化建设是解决执行难的“牛鼻子”。下一步，广州法院将牢牢把握时代机遇，以改革创新的精神推进执行信息化建设，促进信息化与执行工作深度融合，推进执行模式转型升级，建设更加完善的“智慧执行”体系。一是加快天平执行查控网建设，实现财产查控和

信用惩戒“一网打尽”“一键完成”。推进对网络财产、金融理财产品的查控，实现查控范围全覆盖；加快强制执行区域协同网的互联互通，推进“点对总”系统对接，实现执行信息区域共享、执行资源共享；拓展信用联合惩戒的范围和力度，让失信被执行人“一处失信，处处受限”，在社会上“寸步难行”。二是加快“网上执行指挥中心”建设，实现执行工作的全网络化、智能化管理。进一步完善执行可视化综合管理平台建设，集办案、管理、指挥、信息共享功能于一体，使其成为名副其实的“网上执行指挥中心”，充分利用云计算、大数据手段提高管理水平，建立以数据为基础的全流程智能化监督体系，规范执行行为，解决消极执行、选择性执行、乱执行等现象。三是统筹兼顾，着力完善执行信息化建设的制度规范。加强建章立制工作，规范查控、惩戒、管理、监督的每个环节，做到权责明晰，全程留痕；将网络安全与信息化统一谋划、部署、推进和实施，落实好等级与分级保护制度，完善执行信息化安全体系建设，防止泄密事件发生。四是优化基础支撑，构建以开放共享为特点的大数据生态系统。切实解决不同单位、不同部门以及不同业务系统之间的协调问题，消除“信息孤岛”现象，让整个智慧法院成为信息开放共享、数据互联互通、系统易用便捷的完整生态系统。同时，加强对执行信息大数据的采集、运用，探寻新形势下执行工作的特点和规律，及时发现苗头性、倾向性问题，为加强和改进执行工作提供政策支持，为党委政府和上级法院科学决策提供参考。

B.19
江西法院“法媒银·失信被执行人曝光台”调研报告

——运用“互联网+”思维破解执行难、助推社会诚信体系建设

江西法院“法媒银”平台研究课题组*

摘 要： “执行难”的成因比较复杂，涉及社会的方方面面，其中社会诚信体系不健全、失信成本低是根源所在。基于这一认识，江西法院按照最高人民法院“用两到三年时间基本解决执行难问题”的战略部署，结合江西实际，运用“互联网+”思维建设了“法媒银”平台。“法媒银”平台以失信被执行人曝光、惩戒为着力点，联合法院、媒体、银行和省内外各协助执行单位，发挥社会公众的舆论监督作用，不断完善功能和拓展应用深度，是江西法院执行工作的重要平台之一。以“法媒银”平台为依托，江西法院探索了一条破解“执行难”、助推社会诚信体系建设的合理路径，并进行了卓有成效的实践。

关键词： “法媒银” 失信惩戒 “互联网+”

* 课题组负责人：赵九重，江西省高级人民法院党组成员、执行局局长。课题组成员：罗志坚、匡华。执笔人：李哲，江西省高级人民法院执行局综合处主任科员；吴顺华，江西省高级人民法院司法技术处主任科员。

引　言

“用两到三年时间基本解决执行难问题”，是最高人民法院回应群众呼声、向全社会作出的庄严承诺，是当前和今后一个时期人民法院工作的重点。执行难固然有体制、机制以及执行工作自身等方面的原因，但社会信用体系不健全、失信成本低是问题根源所在。要从根本上解决执行难问题，必须大力倡导诚信价值观、完善社会征信体系和落实失信惩戒制度，价值引导、舆论监督、制度约束多管齐下，促使被执行人自觉履行法律义务。基于这一理念，江西法院在着力提升执行办案能力、苦练内功的同时，运用“互联网+”思维，联合媒体和银行共同打造“法媒银·失信被执行人曝光台”（以下简称“‘法媒银’平台”）。

“法媒银”平台通过互联网将法院执行工作与媒体和银行进行联合和深入融合，同时将互联网共享、开放、协作、互动的思维引入传统执行工作中，借助媒体的传播力和监督力，发挥银行在社会信用体系和失信惩戒中的重要作用，并通过平台整合提升执行联动单位联合惩戒效力，充分发挥群众舆论的举报监督作用，在弘扬诚信价值观、助推社会诚信体系建设的同时探索出一条破解执行难的途径。

一　平台建设背景

（一）政策背景

党的十八大以来，中央高度重视法治建设和社会诚信体系建设，习近平总书记对司法工作提出了“让人民群众在每一个司法案件中都感受到公平正义”的根本要求。党的十八届四中全会提出，要切实解决执行难，加快建立失信被执行人信用监督、威慑和惩戒法律制度，依法保障胜诉当事人及时实现权益。中央重视法治建设、社会诚信建设，为法院执行工作带来了历史机遇。最高人民法院作出了"用两到三年时间基本解决执行难问题"的庄严承诺，对基本解决执行难作出了战略部署，按照"一性两化"工作思路明确了执行工作的路径和发展方向。江西作为最高人民法院确定的第一批省份，要求在2018年初基本解决执行难问题，任务艰巨，责任重大。

江西省第十四次党代会提出了"建设富裕美丽幸福江西"的新目标，省委主要领导强调，要深化平安江西、法治江西、诚信江西建设，为建设富裕美丽幸福江西创造安全稳定的社会环境。人民法院全力破解执行难，对江西经济社会发展具有重要的推动作用。江西省委、省人大、省政府对解决执行难问题高度重视，省委召开常委会专题研究法院执行工作，并由省委办公厅、省政府办公厅下发《关于支持人民法院解决执行难问题的通知》，省人大常委会也专门听取和审议执行工作的报告，并作出《关于推动人民法院解决执行难的决议》。

（二）江西法院执行工作现状

执法办案是法院的第一要务，只有在案件结案率、实际执行率和标的到位率等方面取得实实在在的成效，解决执行难才能获得群众认可。目前，江西全省法院执行系统共有在编执行人员1021人，其中有审判职称（含员额法官、法官助理）的848人。近年来，江西法院收案数量连年上升，2014年收案13.85万件，标的额568亿元；2015年收案17.55万件，标的额973亿元；2016年收案21.96万件，标的额1504亿元。在全省法院所有录入系统的716404件执行实施案件中，案件类型和标的额分布情况是：①3万元以下的微标的案件（主要是民生案件）有321790件，占44.92%；②3万～10万元的小标的案件（主要是民生案件和自然人之间的经济纠纷）有188663件，占26.33%；③10万～100万元的中等标的案件（主要是商事案件和自然人之间的经济纠纷）有162845件，占22.73%；④100万～1000万元的大标的案件（主要是商事案件和金融案件），有37590件，占5.25%；⑤1000万元以上的特大标的案件（主要是金融案件）有5516件，占0.77%。

江西法院执行工作呈现以下特点。一是案多人少的矛盾突出，执行案件增速明显，旧存案件压力大，执行任务非常繁重，案件执行人员不足问题突出。以2016年为例，执行法官人均办案量达到260件，执行干警长期超负荷工作。二是民生案件数量多，这类案件体量庞大，受众点多面广，执行的效果直接关系到老百姓对司法公正的切身感受，关系到案件执结率的高低。三是金融案件标的额大，解决好金融案件，对促进经济社会发展、提高整体的执行标的额到位率意义重大。四是商事案件被执行人规避执行现象严重，造成了社会各界对执行工作的不满，严重损害了司法权威。

江西是中部地区农业大省，2016年经济总量在全国排在第17位。从江西法院执行工作的现状来看，由于江西经济欠发达，信用体系不健全，公民法治意识薄弱，规避执行、抗拒执行比较普遍，暴力抗法事件也时有发生。因此，强制性不突出、执行权威不高、信用环境不佳、主动履行率不高是当前和今后一个时期江西执行工作的主要矛盾。

（三）“法媒银”平台解决执行难的实践基础

1.“执行难”的表现形式及成因分析

执行难，究竟难在什么地方?《中共中央关于转发〈中共最高人民法院党组关于解决人民法院“执行难”问题的报告〉的通知》（中发〔1999〕11号）将“执行难”的表现形式概括为“四难”：被执行人难找、被执行人财产难查、协助执行人难求、被执行财产难处分。这一表述得到了执行实务界和理论界的普遍认可。执行工作点多面广，实践性强，离不开全社会方方面面的协助和支持。“执行难”的成因很复杂，涉及社会的方方面面，既有法院自身的原因，也有相关执行联动机制的原因，还有公众法治观念淡薄、社会诚信体系不健全的问题。要解决执行难，如果不祛除诚信缺失这个病根，只能是治标不治本。

“执行难”的成因是社会性的，因此，破解“执行难”也必然要进行社会综合治理，必须构建“党委领导、人大监督、政府支持、政法委协调、人民法院主办、社会各界配合”的执行工作大格局，并建立与之相应的执行联动新机制。

2. “法媒银”平台的实践基础

针对社会诚信体系不健全、失信成本低这一导致“执行难”的根本原因，江西法院积极构建综合治理执行难大格局，围绕“褒扬诚信、惩戒失信”这一思路，不断深化联合信用惩戒机制建设。在选择建设联合惩戒机制的首批合作对象时，发现媒体和银行具有天然优势。

在现代社会，新闻媒体不仅有相当大的传播力和影响力，还有强大的监督作用。执行机关和新闻媒体合作空间很大、前景广阔，一方面，新闻媒体承担着弘扬主旋律、传播正能量的社会责任，执行案件是新闻线索的富矿，有很多故事可供媒体挖掘；另一方面，借助媒体的传播力和影响力，可以宣传人民法院执行工作取得的成效，扩大曝光“老赖”的覆盖面，强化信用惩戒措施，塑造执行机关的良好形象，营造尊重、理解、支持法院执行工作的舆论氛围。法院与媒体合作具有共同的价值追求。

银行金融机构既是司法服务对象，又是法院执行工作的合作伙伴。江西经济发展相对落后，各项事业的发展离不开银行金融机构的支持。作为服务对象，银行是法院执行案件的最大债权人。据统计，2016 年江西各级法院新收的实施案件中，金融案件标的额为 234 亿元，占比 37.5%。当前经济压力较大，银行不良贷款增多，如何妥善处理好金融案件，既是执行机构的职责所在，也是司法服务金融稳定、服务大局发展的应有之义。作为合作伙伴，银行既是社会信用体系的关键一环，又是网络查控机制和信用惩戒机制的参与者、实施者，要提高执行质效，离不开银行的通力协作。法院与银行的合作，有共同的动力来源。

破解“执行难”，人民法院在立足法院自身、加大执行力度、用足用好各种强制执行措施的同时，必须彻底转变闭门办案的传统观念，真正把执行工作当作一项社会性工作去思考和谋划，凝聚全社会的力量齐抓共治，打一场解决执行难的人民战争，让“老赖”无处逃遁。建立跨行业、跨领域的信用惩戒平台，依靠综合治理，强化执行联动，是解决执行难问题的必由之路。基于以上认识，江西省高级人民法院（以下简称“江西高院”）与江西日报集团、江西广播电视台和18家银行合作，搭建“法媒银”平台，并以此为依托，强化数据共享、探索多元合作，完善联合信用惩戒机制，开创江西执行工作新局面。

二 平台建设内容与特点

江西法院“法媒银”平台以法院、媒体、银行为初创骨干，以曝光、惩戒失信被执行人为着力点和突破口，是新时期以“互联网+”思维构建联合信用惩戒机制的信息化平台。随着平台建设的完善和应用的深入，联动合作单位范围不断扩大，涵盖了地方综治办、文明办、发展和改革委员会，甚至乡镇、街道；平台功能也从单一的失信惩戒扩展到执行相关信息公开、执行宣传、线索举报、执行监督、舆情监测、执行大数据分析等执行工作的方方面面。

（一）平台主要功能模块

“法媒银”平台的主要功能包括如下方面（见图1）。

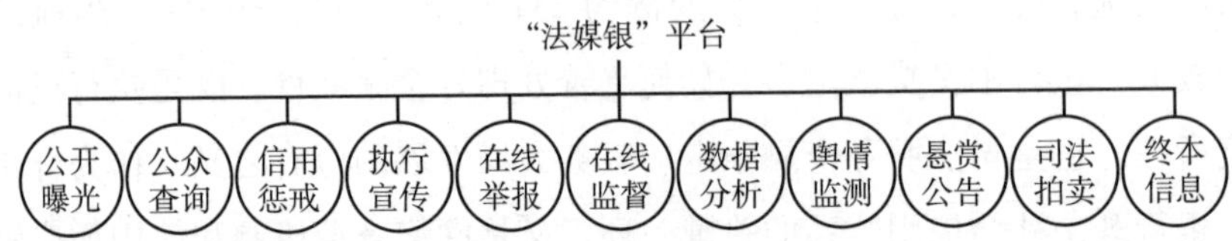

图1 “法媒银”平台主要功能

1. 公开曝光功能

将人民法院失信被执行人名单库江西分库通过专线与中国江西网连接，通过数据共享、及时更新，在“法媒银”平台专题页面上进行曝光。曝光的重点是涉民生、涉金融两类执行案件，并按照12家中级人民法院（含中级人民法院下辖的105家基层人民法院）和18家债权人银行对失信被执行人名单进行分类。失信被执行人履行义务后，将自动在平台上屏蔽，避免侵害当事人的合法权益。

2. 公众查询功能

向社会公众提供免费查询功能，用户只要输入自然人或法人的姓名、名称，即可查询到是否为失信被执行人，以及相关案件的具体信息。

3. 信用惩戒功能

优化系统后台，强化检索功能，将数据库向银行、新闻媒体等成员单位开放共享，并通过最高人民法院失信惩戒系统和江西省公共信用信息平台向有关执行联动单位推送，对失信被执行人进行联合惩戒。

4. 执行宣传功能

平台设有《执行动态》《案件快报》《执行故事》等新闻栏目，并且不定期组织网络直播、人物访谈、实地采访等报道活动，对典型案例进行深入挖掘报道，宣传江西省法院执行工作成效，威慑潜在违约背信人员。

5. 在线举报功能

通过举报《老赖》栏目，鼓励公众举报失信被执行人的财产线索、人员下落和高消费行为，从而发动社会力量参与打击失信被执行人，助推案件执行。

6. 在线监督功能

畅通群众监督人民法院执行工作渠道，当事人发现执行法院有消极执行、执行不规范等行为，可以在线向江西高院执行指挥中心反映情况。

7. 数据分析功能

对失信被执行人名单库进行大数据分析，以可视化、图表式的方式展示失信被执行人数据总量、曝光的人次、失信被执行人构成、公众查询的人次等运行数据，为决策、分析、研究提供参考。

8. 舆情监测功能

依托“大江舆情”系统，及时抓取互联网上对法院执行工作的舆情反映，江西高院执行指挥中心对舆情信息进行研判后，妥善采取措施，回应舆论关切。

9. 悬赏公告发布

免费为全省法院提供悬赏公告发布渠道，各级法院只要录入公告信息，就可以同时在平台网站、移动客户端、微信公众号同步发布悬赏公告。

10. 司法拍卖公开

将全省法院在淘宝网等网络拍卖平台上的拍卖信息同步在“法媒银”平台发布，进一步扩大拍卖信息的知晓率。

11. 终本信息公开

建立终本案件“阳光平台”，将全省法院终本案件在平台上公开，并为当事人提供查询功能，接受社会各界的监督。

（二）平台特点

1. 平台具有开放、协作、互动的互联网特性

“法媒银”平台是“互联网+”思维与传统执行工作相结合的产物，具有开放、协作、互动的互联网特性。平台通过互联网将法院与以媒体和银行为代表的协作单位以及社会公众紧密联系起来，通过平台，法院将被执行人失信情况及其他执行信息向协作单位推送公开，协作单位根据法院提供的信息开展相关协作执行业务并向法院反馈，社会公众可以浏览查询法院公开的被执行人失信信息，也可以通过平台向法院反馈被执行人行踪、财产、高消费的线索或法院执法人员的消极执法、违规违纪现象。

2. 平台体现了智慧法院建设“三全三化”的特征

最高人民法院领导在2017年全国法院第四次信息化工作会议上指出，智慧法院是人民法院的组织、建设、运行和管理形态，其主要建设目标和特征是“三全三化”：即全业务网上办理，构建“网络化”法院；全流程依法公开，构建“阳光化”法院；全方位智能服务，构建“智能化”法院。“法媒银”平台将传统的执行业务在互联网上移植再造，并依法向执行协作单位和社会公众公开相关执行办案信息，进一步通过平台录入、收集、反馈的信息进行大数据分析，指导法院执行工作的深入开展，体现了“三全三化”的特征，是江西法院智慧法院建设的重要组成部分。

3. 平台贯彻了执行工作“一性两化”的工作思路

最高人民法院准确把握执行工作发展规律，明确执行工作的基本思路为“一性两化”，即“依法突出执行工作的强制性，全力推进执行工作信息化，大力加强执行工作规范化”。“法媒银”是执行工作的联动协作信息化平台，一方面，通过信用惩戒功能模块进行失信执行人信息共享推送，并对失信被执行人实施联合惩戒，凸显了执行工作的强制性；另一方面，通过在线监督功能模块对法院执行人员的消极和违法执行行为进行社会监督，通过拍卖信息公开、终本信息公开等功能模块对相关执行信息进行及时公开，促进了执行工作的规范化。因此，“法媒银”平台贯彻了“一性两化”的执行工作思路。

三 平台具体实践

自“法媒银”平台建成上线以来，江西法院一直在持续推进平台功能的完善和应用深度、广度的拓展，不断探索具有江西特色的执行工作新机制。

（一）坚持问题导向，推动平台创新发展

“法媒银”平台是一个以惩治“老赖”为主线的工作平台，自创建以来，江西法院始终坚持以问题为导向，坚持面向社会、面向基层、服务执法办案，及时回应执行实践中的实际需求，有针对性地完善系统功能。目前，平台已经从单一的失信被执行人曝光平台，发展成集公开曝光、公众查询、信用惩戒、执行宣传、在线举报、在线监督、数据分析、舆情监测、悬赏公告发布、司法拍卖信息公开、终本信息公开等多种功能为一体的执行综合事务平台，并且融合了网站、移动 App、微信公众号等多种媒体形式，实现了功能和载体的集聚整合（见图 2）。

（二）强化规范管理，提高平台应用水平

平台建成后重在应用，应用深入重在管理。“法媒银”各成员单位高度

图2 “法媒银”平台的多种呈现形式

重视平台的使用和管理。

1. 实现执行指挥中心与“法媒银”平台内外互通

江西高院印发《平台操作规程》，进一步明确了平台各项具体工作流程。各成员单位制定实施细则，并指定专人负责平台管理。江西高院执行指挥中心组建专门团队，对平台运行履行监督管理职责，对各级法院勾选、各家银行申请曝光的失信被执行人信息，依法进行审核，确保信息的准确性、规范性；对于群众举报的“老赖”财产线索、高消费行为，依法指令下级法院调查处理，并进行督办；对于群众举报执行人员消极执行、乱执行的，依法依规由专人调查核实，必要时移交纪检监察部门处理；对于涉执舆情信息，进行分析研判，及时妥善应对。

2. 形成常态化沟通机制

为保持各成员密切沟通，在微信上建立“法媒银工作联络群”，吸纳全省各级法院执行局领导、新闻单位领导、银行金融机构领导共270人加入，及时就全省执行工作开展情况同步进行交流；建立“全省法院执行宣传工作群”，吸纳全省各级法院执行局通讯员、各家新闻单位一线采编记者共255人加入，各级法院通讯员可在群内直接和记者交流，提供新闻线索和素材。此外，江西高院执行局不定期召开“法媒银”平台工作座谈会，研究解决平台建设中的重大问题。

3. 建立考核通报制度

为强化责任落实，江西高院把"法媒银"平台列为全省法院执行办案的重要平台之一，要求各级法院及时将本辖区典型失信被执行人推送到平台曝光，及时向媒体提供执行工作新闻线索，相关工作情况实行每月通报，并纳入执行工作考评内容。各银行金融机构积极配合，对其分支机构平台运用情况进行督促、检查，定期汇总平台运用成效数据和典型案例。

（三）推动多元合作，完善信用惩戒机制

"法媒银"平台是一个开放共享、不断成长的协作体系，并不局限于法院、媒体、银行三家单位。为拓宽联合信用惩戒范围，江西高院不断与相关执行联动部门对接，建立执行社会化协同机制，深化"法媒银"失信名单数据的实际运用，借助各行各业的职能作用，对失信被执行人实施联合惩戒。

1. 提升人民法院和银行金融机构的协作互助关系

银行是社会信用体系的关键环节，"法媒银"平台建立后，形成了人民法院与银行业良性互动的生动局面。江西法院切实强化金融债权保护，同时，各协作银行把登录"法媒银"平台查询失信名单作为信贷客户准入的必经环节，有的银行还将"法媒银"平台曝光信息制作成风险告知函，与催收通知书一起送达债务人，增强了失信名单制度的威慑力。

2. 建立综治网格化服务与法院执行工作衔接配合机制

江西高院与省综治办协作，在加强执行工作综治考核的基础上，将执行工作嵌入综治网格化管理系统，充分发挥各级综治部门及网格员的作用，建立健全协助执行网络。把网格员定位为法院执行局在基层的哨兵，利用他们触及面广、熟悉当地民情的优势，协助法院查找被执行人下落、调查被执行人财产、送达法律文书、做好执行和解等工作，提高执行效率。

3. 将执行工作全面纳入文明考评体系

从 2014 年开始，江西高院联合省文明办、省工商局等省直机关每季度发布"诚信红黑榜"，2017 年第 1 期首次发布公职人员失信被执行人黑榜，

社会反响强烈。2017年3月份，江西高院与江西省文明办进一步深化合作，联合印发《关于将有关机构和个人履行人民法院生效裁判情况、依法协助人民法院执行情况纳入文明单位等荣誉考评体系的通知》，将执行工作全面纳入文明考评体系。

4. 探索符合农村地区特点的失信惩戒机制

由于农村居民的生活习惯、交易习惯有其自身特点，通常的限制坐飞机、高铁等限高措施对他们往往难以奏效，因此需要结合农村实际，采取更加“接地气”的惩戒措施。为此，江西各级法院对执行案件进行清理，按照户籍所在地的标准，以司法建议书的形式，向乡镇、街道以及民政部门推送案件和失信被执行人名单信息，借助基层政权组织、群众自治组织的职能作用，限制失信被执行人申报办理农村宅基地、旧房改造、房屋翻新的审批，协助法院冻结、提取被执行人的拆迁补偿款等。

（四）深化执行调查，推进执行攻坚

建立信用惩戒和司法制裁的衔接机制，失信被执行人被曝光以后，如果仍然不履行义务，江西法院将加大执行调查力度，充分利用“法媒银”平台及其他相关机制，发现线索、收集线索、查找线索、锁定证据，坚决采取强制措施，严厉打击规避执行、抗拒执行等违法失信行为。江西法院开展执行调查工作，在实践中形成了“深查财产状况、打击拒执犯罪、发布典型案例”三步工作法。

1. 深查财产状况

重点依托执行指挥中心和“法媒银”平台所掌握的信息与线索，成立执行调查专项工作领导小组，组织专门人员，对案情复杂、涉及面广的系列执行案件进行大查、广查、细查与深查。通过被执行人资产信息、消费信息、通话记录、行动轨迹、社会背景的调查，全面了解被执行人状况，利用银行流水、消费记录、纳税记录、资产转移信息、婚姻家庭信息，收集涉嫌拒执罪的有关证据，为追究被执行人法律责任奠定证据基础。

2. 打击拒执犯罪

江西高院和省检察院、省公安厅联合印发《关于办理拒不执行判决裁定刑事案件的指导意见》等文件，健全公检法协调配合机制，形成打击拒执罪工作合力。在锁定被执行人规避执行、抗拒执行相关证据的基础上，对于情节严重的，坚决将被执行人的民事责任向刑事责任转化，打击拒执行为，维护司法权威，捍卫法律尊严。

3. 发布典型案例

2016 年以来，江西法院先后组织开展“春雷行动”“夏日风暴”“秋季行动”“冬日融冰”等系列执行专项活动，形成打击失信被执行人的高压态势。在活动开展中，注重对拒执罪典型案例的宣传，发布拒执罪典型案例 50 例，对失信被执行人进行教育警示，逐步净化社会诚信环境。

（五）促进媒体融合，主动宣传推介

江西法院将执行实践与法治宣传教育相结合，以“法媒银”平台为主阵地，与省内主流新闻媒体建立友好合作关系，构建常态化的新闻宣传机制。一是明确宣传导向。坚持教育、惩戒、感化、威慑并重，注重失信惩戒、守信激励两个方面的宣传。一方面，通过媒体曝光失信被执行人，促使其履行义务；另一方面，对被执行人改过自新、摆脱失信污点的案例，及时发布其履行义务信息，发挥司法的教育、指引、评价作用。二是拓展宣传渠道。融合网站、移动客户端、微信公众号、电视、广播、报纸、户外广告等多种媒介形式，打造立体化执行宣传平台。如开通“江西执行”微信公众号，和中国江西网、江西手机报 App 合作开办执行新闻栏目，和江西电视台都市频道合作拍摄《晚间 800》执行专题节目，和《新法制报》合作发行《江西执行》专刊，和江西交通广播联合播出《执行最强音》节目，在公交媒体发布“失信被执行人黑榜”等等。三是丰富宣传内容。组织“人大代表、法院院长、律师话执行”系列访谈活动，取得良好效果。面向全省法院开展“执行故事”“执行人物”征集活动，展现一线执行干警执法办案风采。组织“正在执行”“执行攻坚战”等大型电视、网络直

播活动，累计收看人数达2600万。拍摄“守法明理、共筑诚信”系列公益宣传片和执行题材微电影，在电视、网络和人流密集场所投放。上述举措扩大了执行工作的社会影响，强化了执行工作的内外监督，在全社会广泛形成了“守信光荣、失信可耻”的浓厚氛围，对失信被执行人产生了强有力的震慑作用。

四　平台应用成效

江西法院“法媒银”平台自启动以来，有力地促进了执法办案，规范了执行行为，提升了司法公信力，为执行工作创造了良好的外部环境，在社会诚信体系建设方面探索和积累了有益的经验。

（一）提升了执行质效，规范了执行行为

平台发动群众力量打击失信被执行人，产生强大威慑力，促使一批案件得以执结。据统计，从2015年12月至2017年12月底，平台提供16.8万条信息可供查询，重点曝光的3.8万名典型失信被执行人中，有7132人履行了义务，标的额达6.31亿元，自动履行率为18.7%。发布悬赏公告195条，收到在线举报失信被执行人财产线索、人员下落和高消费行为信息325条，执行指挥中心受理有效举报线索302条，转办193条，督办109条。其中，永修县人民法院办理的“法媒银平台助力执行案”入选“2016年全国法院十大执行案件”。平台共收到当事人反映执行人员消极执行、选择性执行、乱执行等监督信息33条，受理有效监督信息29条，经执行指挥中心调查核实后，通报消极执行案件2期10起，移送院纪检监察部门调查处理4起，进一步严明了执行纪律，规范了执行行为。收到舆情信息102条，全部按照“三同步”原则及时有效处置，未发生重大涉执网络舆情事件。平台还提供14.7万件终本案件可供查询，并与淘宝网同步公布了1652条网络司法拍卖信息，进一步扩大了执行信息公开覆盖面，方便社会各界进行监督。

（二）提高了群众对执行工作的满意度

全省各级法院在主流媒体发布专刊19期、专题节目60期，共计宣传稿件5364篇。经过广泛的宣传推介，“法媒银”平台越来越受到群众欢迎，已经成为江西权威性的信用平台之一。据统计，截至2017年12月底，平台失信名单信息查询量达到902万人次。部分全国人大代表在参加“人大代表话执行”访谈活动时，对平台给予了高度评价。从执行信访案件的情况看，江西法院呈现了“一升一降”的良好趋势。2014年立案登记485件，化解率51.3%，2015年立案登记362件，化解率60.12%，2016年月立案登记190件，化解率84.73%；近三年进京执行信访案件共计67件，其中2014年共计17件，化解率69.95%，2015年共计25件，化解率61.23%，2016年共计25件，化解率100%，整体呈现“立案数逐年下降、化解率逐年提升”的良好趋势，特别是2016年四个季度进京执行信访案件平均化解率100%，全国排名第一位，受到最高人民法院的通报表扬。

（三）为综合治理执行难和社会诚信体系建设提供了有益的借鉴

平台建设得到了新闻媒体的广泛关注，获得上级部门和领导同志的充分肯定。中央电视台《新闻联播》在2016年10月9日、11月27日两次进行报道，《人民日报》、新华社、中央电视台等百余家主流媒体三次进行集中宣传，刊登稿件300余篇。平台先后获得中共中央、最高人民法院和江西省委领导批示肯定。中央全面深化改革领导小组办公室通过《改革情况交流》对“法媒银”工作经验作了全面介绍，并将此案例作为探索创新性强、具有典型示范意义的改革案例选入《人民法院司法改革案例选编（三）》。2016年10月，“法媒银”平台在全国社会治安综合治理创新工作会议上作了展示。2017年4月13日，中共中央宣传部、中央政法委召开贯彻落实《关于进一步把社会主义核心价值观融入法治建设的指导意见》电视电话会议，江西就打造“法媒银”平台的做法作了典型经验介绍。2017年6月20

日，中宣部、最高人民法院在南昌召开“推进诚信建设制度化 培育践行核心价值观”现场交流会，向全国推介“法媒银”平台建设经验。2017年10月10日，根据新华社播发通稿，中宣部、最高人民法院、银行业监督管理委员会已联合下发通知，要求各地各有关部门认真学习借鉴江西“法媒银”经验，推进全面依法治国和培育践行社会主义核心价值观工作深入开展，确保取得实效。此外，平台还获得“互联网+法治建设十大典型案例”“江西十大法治事件”等荣誉。

五 展望

短短不到两年的时间，“法媒银”平台从地方探索上升到全国经验，取得了令人瞩目的成绩。站在新的起点上，平台将进一步升级改造，深入打造3.0智慧版。提升科技含量，切实强化平台的各项功能，将平台建设成惩戒失信被执行人的重要抓手，人民群众了解、参与、监督执行工作的重要窗口，宣传诚信价值、传播诚信理念的重要媒介，锻造平台的核心竞争力和长久生命力。

（一）将“法媒银”平台与执行案件管理系统对接，打通数据梗阻

打通内外网，实现“法媒银”平台与全省法院执行案件管理系统的网络互通。通过数据接口的方式，让执行法官通过执行案件管理系统，即可勾选失信被执行人信息，经上级法院审核后，向“法媒银”平台进行推送曝光。与此同时，实现执行案件管理系统中的失信被执行人名单库每日自动向“法媒银”平台推送更新，确保数据的客观性、时效性。执行法官还可在执行案件管理系统生成律师调查令文书，向法媒银平台自动推送，实现协助执行部门对律师调查令的互联网查询，核实真伪。

（二）将“法媒银”平台与执行监督管理系统对接，实现业务融合

建设全省法院执行监督管理平台，通过“智能生成”“智能推送”“智

能管控”等多方面功能，加强监督、督办，解决法院执行工作中的乱作为、不作为问题。实现“法媒银”平台中线索举报信息向执行监督管理平台的推送，江西高院执行局通过执行监督管理平台直接向下级法院转办、督办，持续跟踪，并向举报人反馈。各级法院还可通过执行监督管理平台，创建执行悬赏公告信息，经上级法院审核后，通过数据接口的方式，向“法媒银”平台进行推送、公开。对终本案件和长期未结案件进行动态监控，并在“法媒银”平台上进行公开。

（三）将“法媒银”平台的传播作用与江西法院特色亮点工作相结合，实现体系化的执行宣传

自最高人民法院作出“基本解决执行难”战略部署以来，江西各级法院行动迅速、扎实有效、成果显著，特别是创造性地建立了司法建议集中推送、执行工作嵌入综治网格化、律师调查令、悬赏执行等社会化协同机制，值得深入集中宣传报道。在“法媒银”平台专门设置“执行创新”新闻模块，下设若干子栏目，每一个子栏目由江西高院确定若干重点法院，对这些法院的探索和经验进行重点报道，通过体系化、系统化的宣传，树立典型、提炼经验，实现以点带面，向全社会推介江西法院的执行创新举措。

“法媒银”平台的实践证明，解决执行难问题，必须依靠社会综合治理，整合各方力量，加强执行联动；惩治失信，必须依托信息化手段，推进失信惩戒平台建设。下一步，江西法院将继续探索，深入打造“法媒银”平台，为全国性联合失信惩戒机制的完善作出应有的贡献。

B.20

运用大数据分析“履行力”破解“执行难”

——无锡法院建立大数据分析系统

弓建明　邱必友　王　坚　诸啸军　闵仕君*

摘　要： 本文通过对案多人少矛盾、信息技术发展与认知矛盾、当事人对执行不能案件理解不足、法院对违法犯罪行为处理难等目前执行工作面临的难点及问题的分析，阐述“大数据分析系统”研发的必要性。根据大数据发展的政策要求及无锡市大数据技术发展优势和现有数据优势进一步论证“大数据分析系统”建立的可能性，明确其运行原理在于运用海量数据，揭示数据背后隐藏的客观规律和发展趋势。通过系统功能的展示，介绍系统运行以来无锡市两级法院执行工作取得的成效，最后分析系统存在的不足及问题。

关键词： 大数据　履行力　执行难

引　言

信息通信技术的飞速发展以及互联网新媒体的深入普及，使全球数据信

---

* 弓建明，江苏省无锡市中级人民法院副院长；邱必友，江苏省无锡市中级人民法院执行局局长；王坚，江苏省无锡市中级人民法院执行局副局长；诸啸军，江苏省无锡市中级人民法院信息处处长；闵仕君，江苏省无锡市中级人民法院执行指挥中心副主任。

息量呈指数级增长。大规模生产、分享和应用数据的大数据时代已经到来。

大数据技术是一种信息整合应用的技术，主要以数据收集、储存为基础，对相关数据进行分析，深入挖掘，并由此获得仅凭直觉难以发现的有用信息，揭示数据背后隐藏的内在规律和发展趋势，根据各种需求提供切实有效的解决方案。如何通过大数据技术，采集、整理、归纳、分析每天产生的海量信息及人、财、物等碎片化信息，挖掘数据的可利用价值，为执行法官提供案件查询、核实线索、财产分析、违法惩处等执行办案中个性化、精细化、智能化功能，是无锡市中级人民法院（以下简称“无锡中院”）在“智慧法院”建设过程中一直思考的问题。2017 年，通过到贵州、上海等地实地考察，无锡市中级人民法院坚持以需求为导向，以应用为目的，深入进行理论研究和实践分析，自行成功研发并使用“被执行人履行能力大数据分析系统”（以下简称“大数据分析系统”）。

一　系统研发的必要性

“大数据分析系统”的研发，坚持问题导向，秉持新的发展理念，实行重点突破。目前全国执行工作面临的难点和问题表现为以下方面。

（1）案多人少的矛盾日益尖锐。近几年来，各级法院执行案件呈爆发式增长，而执行法官相对有减无增，案多人少的矛盾已经成为执行难的首要问题。有些执行法官个人未结案件高达 700 余件，完全超过人脑管理极限，甚至连当事人的姓名都不能完全记住，基本是听着当事人的催促电话被动工作，严重超负荷运转。

（2）高科技信息技术的迅猛发展与执行人员认知操作能力薄弱之间的矛盾突出。随着信息技术应用的加强，执行工作要求的增强，执行办案系统和管理监督系统都存在不同软件公司设计的软件和不同硬件配置的要求，但执行人员学习、认知能力不一，一些执行人员疲于应付，将大量的时间花费在电脑操作程序上，非但不能方便工作，反而严重影响执行工作进程。另外，目前涉及监督管理的软件多，有利于执行工作实际的应用软件少；软件更新换代快，但系统功能不到位，运行状态不稳定。同时被执行人的相关信息分散于各个系统或操作软件中，蕴含的信息往往也参差不齐，执行人员要从海量信息中获取可利用的信息，需花费很大的精力和很多时间，经常处于无益信息过载的烦恼或存在遗漏重要信息的风险。

（3）人民群众对执行案件到位率的期望值与案件实际执行不能之间的矛盾非常大。每个执行案件的申请人都认为只要人民法院加大执行力度，执行法官只要多花点时间，案件就能执行到位，而不会区分被执行人是否属于完全丧失执行能力的执行不能案件。因此，当被法院告知被执行人无可供执行财产，法院已经穷尽执行措施时，当事人总会产生“执行人员是否已经尽责尽力的合理怀疑”，当事人又经常找不到外出办案的执行法官，交流存在一定障碍，导致当事人对法院工作始终不能理解，甚至将本来存在的市场风险、交易风险转化为对法院工作一定程度的怨恨。如何证明被执行人确无履行能力，案件是否属于执行不能，目前没有简单明了的有效证明和认定办法，一般只能通过在终结本次执行程序的裁定书中罗列流水账式的执行工作，缺乏说服力和证明力。

（4）对被执行人“规避执行”“抗拒执行”行为查处不够，打击不够。目前执行过程中，被执行人通过债权转让、长期租赁、股权转让、法定代表人变更等方式，千方百计转移资产，企图逃避法院的追究和规避执行。而执行人员从形式上审查根本无法厘清内在复杂关系，按照传统执行方式只能对被执行人账户往来明细进行逐笔核对、清查，工作量巨大；并且目前收集被执行人信息的重复劳动比较多，没有更好地筛选、沉淀和积累。

（5）“违法高消费”与“有能力而拒不履行”等情节认定存在难度。“违法高消费”与“有能力而拒不履行”是人民法院追究被执行人违法甚至刑事责任的重要依据，但如何证明被执行人有履行能力、如何证明被执行人主观故意不履行等情节都需要确凿的证据。对被执行人违法证据的及时收集与固定、对违法行为的及时研判分析，目前都是法院执行工作的一大缺陷，更是法院执行工作必须正视的问题。

运用大数据软件来替代人工手动操作，势在必行。除执行公开外，目前没有真正让当事人彻底信服的有效工具。人民法院信息化建设是“努力让人民群众在每一个司法案件中都感受到公平正义”的必然要求。如何让执行工作理念与大数据时代的技术、思维相融合，如何提升大数据的分析、处理能力，如何推进数据的共享整合、共享共有，如何保障执行工作的数据安全，这些问题足以证明研发“大数据分析系统”势在必行。

二　系统建立的可能性

大数据时代有机会和条件在很多专业领域非常深入地获得和使用全面数据、完整数据和系统数据，并可以深刻洞悉事物发展规律。

（1）2016 年 6 月，国务院发布《关于建立完善守信联合激励和失信联合惩戒制度　加快推进社会诚信建设的指导意见》，明确要求要建立完善守信联合激励和失信联合惩戒制度，加快推进社会诚信体系建设，加强信用信息公开和共享，制定信用信息采集、存储、共享、公开、使用和信用评价、信用分类管理等标准及守信联合激励、失信联合惩戒的工作流程和操作规范。

（2）国家发展和改革委员会 2017 年 8 月 22 日召开“加快推进落实政务信息系统整合共享工作”会议，要求各地区、各部门于 2017 年底前统一接入国家数据共享交换平台，加快推进跨部门、跨层级、跨地域的数据共享。

（3）最高人民法院于 2013 年底开始进行“人民法院数据集中管理平台”建设工作，该平台基于全国法院审判业务数据，以司法审判信息资源库及相应的信息资源为支撑，构建以司法统计、执法公开、执行决策等业务为主的司法信息库。司法信息库生成的“大数据”是极其宝贵的司法资源。通过司法信息资源的海量储存、快速检索、分析挖掘和高效利用，可以在微观层面精准把握法院审判、执行实践的总体状况，科学预测审判、执行实践及发展趋势，切实为法院的日常办公提供信息服务和决策支持；还可以从宏观层面衡量法治建设的进度、立法和法律实施情况，更好地回应、满足广大人民群众对于司法工作的新关切和新需求。

（4）2016年2月，最高人民法院通过《人民法院信息化建设五年发展规划（2016～2020）》。最高人民法院领导强调，要加强人民法院信息化建设发展规划，推动人民法院信息化建设转型升级，尽快建成以大数据分析为核心的人民法院信息化3.0版，促进审判体系和审判能力现代化。要紧紧扭住数据深度应用这个“牛鼻子”，整合全国法院各类数据资源，实现对全国法院信息资源的海量存储、科学分类、多元检索、深入分析，运用大数据、云计算等信息网络技术服务人民法院审判、执行工作。法院信息化建设需要基于平台汇聚的各类数据，不断加强数据分析能力，推进数据关联融合，拓展数据分析应用，提高可视化展现效果，提升平台数据分析服务水平，满足法院干警、人民群众的数据检索和分析需求，为领导决策提供参考依据。

（5）最高人民法院从顶层设计的“总对总”网络执行查控系统，可查询的信息进一步丰富，从最初的银行存款1类信息，扩展到14类16项信息，包括人民银行的开户行信息、银行存款信息、理财产品信息、公安部的车辆信息和出入境证件信息、农业部的渔船信息、交通部的船舶信息、国家工商总局的企业法基本登记信息和企业的对外投资信息、证券业监督管理委员会的证券信息、中国银联的银行卡消费记录信息、腾讯的财富通账户存款信息、支付宝的账户财产信息、京东金融平台的财产信息等。实现与地方各级法院“点对点”网络执行查控系统的对接，目前可以查询包括21家全国性银行在内的3652家银行存款、理财产品信息，全国所有省会城市及部分一线城市的不动产信息，随之配套的网络化、自动化执行查控体系已经建成并实际使用，人民法院对被执行人财产的调查达到了前所未有的深度和广度，执行工作“线上查控”财产力度空前加大。

另外，江苏省高级人民法院与企业联手，打造“江苏执行云平台”，所有查控数据都集中在一起，可实现相关数据的实时导入。

（6）2017年2月，最高人民法院《关于人民法院执行指挥中心建设技术标准》明确要求，要利用信息技术手段，将数据挖掘及智能分析决策等系统有机整合为一个整体，实现辖区法院信息共享、联动配合和规范管理。

因此，必须充分运用大数据技术，打造执行信息的大数据分析平台。

（7）在创建智慧城市建设过程中，无锡市建立了“无锡城市大数据中心”。存储的数据包括人口库、法人库、空间地理库、宏观经济库、物联网数据库等基础数据库，还包括利用已有的大数据中心应用系统或者互联网数据采集手段，将特定数据进行采集和入库的互联网数据库。截至2016年12月，无锡城市大数据中心已完成107家单位的信息资源登记，信息系统123个，信息资源1354个，数据元6887个。已汇聚来自39家委、办、局共5748个数据项，汇聚结构化数据5.9亿条，非结构化数据28.4亿条。

（8）作为首批国家信用建设示范创建城市之一，无锡市首创建立“无锡市公共信用综合服务平台”，该平台整合“无锡市企业信用数据”“无锡市个人信用数据库”“诚信无锡网”“信用资源库”“失信企业黄黑名单库”等资源，对数据库架构、信用数据格式、内容、指标和标识等制定统一标准，确保数据项相互兼容。目前全市共有54个成员单位及部门常态化提供信用信息。入库企业22.1万家，社会组织4106家，个体工商户75418家，工会法人4831家，共归集入库数据1.6亿条。

国家政策及地方性的有利条件，使无锡市中级人民法院针对被执行人履行能力建立“大数据分析系统”成为可能。大数据本身不是目的，目的在于价值。如何整合本地数据，协调所有开放数据和互联网数据，建设数据资源池，提高数据资源开发利用价值；运用大数据、云计算、人工智能等新兴技术，通过智能学习、多维度数据支持、全流程数据服务，实现为案情画像、为法官执行提供多方位思路和方案。

三　系统运行原理

数据无价，转化为王。“大数据分析系统”自动梳理汇总涉被执行人的相关信息数据，运用“大数据”，计算“履行力”，揭示数据背后隐藏的客观规律和发展趋势，获得被执行人履行能力的精准判断，实现执行工作的“人在干、数在转、云在算”。其运行原理主要在于以下方面。

（1）海量数据的获得。“大数据分析系统”与最高人民法院开发的“执行案件管理系统”进行对接，将执行办案中通过“总对总”“点对点”系统查询到的被执行人银行存款、房地产、车辆、证券、股权等主要财产信息，全省三级法院的涉案信息、涉案金额等信息，实时导入大数据分析系统；将江苏省信用办、无锡市信用中心的失信惩戒数据库信息通过专线对接形式导入系统；通过无锡智慧城市大数据中心导入无锡市各部、委、办、局现有涉及被执行人的相关基础数据；执行人员将办案过程中调查到的有关被执行人通信、消费、出行等数据信息及被执行人其他可供执行的财产线索或规避执行的证据材料上传到系统；自行研发软件将涉案被执行人在互联网可查询的财产公开信息导入系统。形成多渠道海量数据的获取和汇聚。

（2）运行原理。依托海量数据，以数据可视化动态描述被执行人社会关系、资产信息、资金往来、流转情况、消费信息、出行记录、涉案债务等综合状况；多个维度对文件、网络的海量数据进行关联性分析，并辅以多种图表形式，对同一数据进行描述；将各项应用共享同一数据通道，将不同平台、不同架构和不同功能的各职能部门的业务数据连接起来，并在一定程度上实现业务数据整合；建立动态模型，评估被执行人偿债能力、隐形可支配资产，分析财产转移概率等系列关键性指标，为执行法院对被执行人真实履行能力的决策提供有价值信息和分析参考；同时对被执行人进行动态聚类分析、自动特征提取以及异常预警，对被执行人财产隐匿、转移、共享可能性分析以及线索提示；基于偿债能力评估模型，多维度评估和计算被执行人偿债能力。

四　系统功能

（1）模糊（精准）查询功能。输入被执行人名称或名字的关键字可以实现对被执行人的模糊查询；输入准确名称（名字）、统一社会信用代码或居民身份证号码可以实现对被执行人的精准查询。系统会显示所查询被执行人在全江苏省涉及被执行人案件总数。查询功能有利于执行法官随时查询个案情况及被执行人在全省的涉案情况，无须进入办案系统查询。例如，无锡市梁溪区人民法院是由原南长区、北塘区、崇安区人民法院合并而成，原来查询案件需在原三个法院的办案系统中分别查询，费时费力，利用大数据分析系统查询功能则将案件查询问题迎刃而解。

（2）被执行人信息展示功能。主要包括以下几个方面：基础信息，主要有主体类型、名称、证件号码、民族、性别、出生日期、住所地、是否纳入失信名单、联系电话；统计信息，包括涉执行案件金额、可执行财产金额、房产预估金额、车辆预估金额、银行存款及理财产品金额；统计示意图，用各种图形描述各类财产占比情况，预估可履行能力比例；还包括电话直接拨打功能，直接点击系统显示电话号码，可以直接拨打被执行人电话，并将通话过程自动录音。

（3）关联案件分析功能。系统自动收集涉被执行人在审或审结的审理案件、在执或执结的执行案件、作为原告或申请执行人的在办案件明细及案件详细情况（包括涉案法院、案件状态、案号、案由、承办法官、立案时间、结案时间、结案方式），并可以调取相关法律文书，可以根据案件状态、涉案法院、案号等各类情况单独查询个案的详细情况，并可以将涉被执行人查出的审判、执行案件信息导出到 Excel 文档中。这项功能主要在于统计被执行人在全省总的涉执行案件总金额，了解其作为原告或申请执行人的债权金额，综合分析被执行人的欠债情况。

（4）资产分析功能。将执行办案管理系统中通过“总对总”和“点对点”查控系统查询到的资产进行价值分析。例如，银行存款分析包括开户银行、账号、余额、交易明细等信息，车辆分析功能根据系统内置的二手车辆交易市场信息及车辆销售部门的同类型车辆价格初步预估查询到的被执行人车辆价值。房产分析功能则根据同地段相近户型、面积的二手房交易记录，对被执行人房产进行对比分析，初步预估房产价值。同时执行法官另行调查了解到的被执行人的相关财产，可以及时将相关数据信息上传至系统中，保证被执行人相关信息的完整性，形成对被执行人主要资产情况的综合分析。

（5）资金流分析功能。通过对被执行人账户以及可疑账户往来明细记录的分析，系统对相关账户之间形成的资金回路信息进行警示提醒，执行法官对相关资金回路信息进行重点研判，确定被执行人是否存在通过他人账户故意转移资产、隐瞒财产的行为，有力打击被执行人抽逃注册资金等规避执行行为。

（6）轨迹分析功能。可了解被执行人的出行记录、出行方式，用图形立体展示被执行人的出行轨迹，并根据时间段、出行地点等进行分段查询。分析被执行人是否存在违法高消费行为，是否存在有能力而拒不履行的违法行为。

（7）综合研判报告功能。通过对被执行人可供执行资产、所欠债务情况、财产权利限制或处置情况、社会信用情况等，根据预设大数据分析模板，综合分析被执行人履行能力情况及急需处置的财产等综合情况，最终形成条理清晰、层次分明、简单明了的被执行人履行能力分析报告，供执行法官对案件进行繁简分流，依法执行，并根据调查情况继续完善被执行人财产信息。

（8）告警管理功能。对于同一被执行人案件在全市超过一定数量时，系统会自动告警并予以提示，便于无锡市中级人民法院执行局及时进行统一管理，对相关执行案件进行协同执行、指定集中执行。同时列表数据可以分组列出每个基层法院针对该同一被执行人的执行案件数量；执行法官也可以根据证件号码、被执行人名称、执行法院等实时查询被执行人分散在各个法院的案件数量，方便财产处置等协调工作。

（9）监督管理功能。系统自动记录每个用户、每个 IP 地址的任何操作记录，并形成完整操作日志。可以有效防止相关功能的滥用和违规操作，确保系统使用和数据的安全，也可以监督执行法官、执行法院对系统的使用情况。

（10）数据采集功能。除查控系统外，执行过程中查询到的财产线索或凭证，包括从各部门调取的书面材料，可以单独上传或批量上传。尤其对于有些基层法院相关被执行人财产几年的台账都可以一次性批量导入。

（11）数据筛选功能。将采集信息进行自动筛选，如将被执行人已经履行完毕的案件予以涤除，只显示未结案件标的；将被执行人子女的学籍信息与被执行人身份证号码自动匹配，展示被执行人的高消费行为；将被执行人申报财产信息与系统数据进行对比，获取被执行人申报财产是否属实的证据，并根据相关情形对申报不实的被执行人作出处罚；将人大、政协候选代表身份信息等导入系统后，系统自动筛选出被执行人的匹配项，及时报送有关机关取消资格。真正实现对被执行人高消费行为及身份限制的精准打击。

五　系统的安全保障

（1）应用软件部署在法院内网，不与互联网进行直接链接，保证病毒、木马等无法从网络外界非法侵入。

（2）具备完善的日志管理系统，不同用户的所有操作后台都有操作日志，全程留痕，确保软件运行过程的可追溯功能。预防相关人员的非法操作。

（3）设置使用人员 USB 等功能禁用，有效防止数据的流出以及病毒的植入。

（4）配置必要的安全硬件设备，如有三层至七层应用防火墙，不仅可以配置传统的基于 IP 及端口的防火墙策略，也可以配置基于网络应用的策略。

（5）采用双机热备功能，在一台物理服务器出现故障时，另一台机器能够及时切换，保证应用系统不中断。

六　系统运行效果

系统日志记录及两级法院相关统计报表显示，“大数据分析系统”运行以来，无锡市两级法院已通过大数据分析系统对 26289 个被执行人的信息进行分析，对相关被执行人的财产及时采取查封、扣押等执行措施 38256 次，执结案件 9154 件。对被执行人采取罚款、拘传、拘留等强制措施人数增加 363%，移送和判处“拒执罪”的被执行人同比上升 150%，被执行人自觉履行率上升46%。

（1）大大提高执行工作效率。通过系统分析报告，可以清楚知晓被执行人的财产情况、欠债情况，有利于给执行法官提供办案思路及反馈财产线索，及时有效处置被执行人财产，提高案件的执行效率。同时对于被执行人通过查控系统查询的信息无须人工查阅，节省执行法官的工作时间，也有利于执行指挥中心在执行案件启动过程中，根据系统提供情况及时对案件进行繁简分流。

（2）有力打击被执行人规避执行、拒不履行判决、裁定行为。通过对被执行人财产转移、资金流向等的大数据分析，可以形成清晰明了的资金回路，使任何“合法的形式”都掩盖不了被执行人转移资产的非法目的，有效遏止目前事实存在的大量规避执行行为。

进一步完善对被执行人失信、限高行为及时取证的有效性。通过消费记录、出行记录等分析，基本可以固定被执行人拒不履行或规避执行的证据，为执行法院采取强制措施、追究被执行人违法责任或刑事责任提供有力的法律保障。

（3）有利于消除当事人的合理怀疑。系统最终将被执行人的资产情况、债务情况、法院执行等情况进行立体展示，并形成翔实的研判报告，供当事人查阅，使当事人更加直观地了解被执行人的总体情况；对穷尽传统查控措施，且经大数据系统综合分析，判断属于执行不能的案件，把所有的财产过滤一遍，给当事人打出一份清单，查到了什么财产，没有查到什么财产，用确凿翔实的数据告知当事人，给当事人一个交代，使相关当事人更信服法院的工作，更能理解执行不能案件，支持法院的执行工作。

（4）有效为第三方评估提供科学的依据。中国社会科学院等组织近期将对法院“用两到三年基本解决执行难”的相关情况进行第三方评估，评估过程同样会对被执行人履行能力问题及法院是否穷尽执行措施产生合理质疑，因此通过大数据分析技术对被执行人是否具有履行能力的分析模式及运行结果将成为第三方评估的有效参考依据。

（5）有利于加大联合惩戒力度，促进诚信体系建设。运用大数据推动诚信体系建设，是改变社会治理结构的重大举措，必将对整个经济运行和现代社会治理都将产生深刻影响，大数据分析系统集合财产、信用、司法案件信息等多方面、多部门集成数据，必将成为中国诚信体系建设的重要资源平台。2017 年，无锡市中级人民法院首次将全市私立高收费学校招生名录导入“大数据分析系统”进行自动比对，显示有 11 名失信被执行人子女准备就读私立高收费学校，属于违反限制高消费的行为，遂及时将相关情况反馈至无锡市教育局，并向其发出协助执行书，通知相关学校停止招录；同时向被执行人做好相关法律宣传工作。8 名被执行人当即履行了义务，3 名被执行人子女重新选择公立学校就读，起到了良好的震慑效果及联合惩戒作用。

“大数据分析系统”在全国法院属首创，也是国内首个对自然人、法人综合财产的分析系统，已得到最高人民法院及江苏省人民代表大会、江苏省高级人民法院相关领导的认可及表扬。2017 年 7 月，该系统荣获“江苏省政法工作优秀创新成果”二等奖。

七　系统发展展望

“大数据分析系统”虽然已经初见成效，也得到了各界人士的好评，但由于各种原因，尚属初步阶段，还存在很多不足和问题，需要逐步解决和克服。

第一，解决数据精准度不足的问题。大数据分析系统首先对接的是最高人民法院开发的“执行案件管理系统”，查控数据等大部分数据来源于该系统，但在实践操作中，执行人员很多节点内容均未及时录入甚至录入错误，导致引入大数据分析系统的数据延迟或错误，甚至污染原有数据，造成一定差错。因此，首先必须把握“执行案件管理系统”录入信息的精确化、具体化和多元化，确保数据全、齐、准，如被执行人的住址、照片及查询车辆的品牌、型号、颜色等，便于查找方便或易于辨认；尽可能多方位完善被执行人的信息，如融资贷款、税收盈利、资产抵押等影响履行能力分析的相关数据应继续完善。

第二，解决数据来源不足、广度不够的问题。目前对“执行案件管理系统”的相关信息尚未全部导入，省级机关的相关信用惩戒数据尚在开发过程中。同时执行案件需要查询的一些重点部门的数据尚未完全落实到位，如公安部门的临控、出入境信息和住宿、上网及其他使用身份证信息，工商部门的企业年检信息、对外投资信息、股权权利限制信息，不动产中心的综合房产信息、权利限制信息、二手房交易信息，税务部门的企业纳税信息、个人所得税交纳信息，商检海关等部门的进出口信息，等等。

第三，解决执行办案的关键数据、重要数据挖掘不够的问题。系统功能是否强大取决于数据的质量和重要性。应该继续拓展更有实用价值的数据来源，强化与实效部门的沟通对接，如与公安部门大情报系统对接，全方位掌握被执行人的主要社会关系、消费情况、出行记录、居住准确地址、联系方式；与公安局反黑打假部门合作，即时调取被执行人账户的交易往来信息；与三大电信运营商进行对接，查询被执行人的通信信息及出行轨迹。但由于长期的部门限制及信息壁垒，相关部门缺乏信息共享意识，沟通难度非常大，需要进一步加强协调。

第四，解决系统功能深度开发不够的问题。由于数据来源尚且不足，大数据分析系统有很多综合功能、组合功能尚需进一步开发，发挥的功能尚显不足。无锡中院将根据执行办案所需，进一步拓展数据来源，深度开发实用功能，如数据扫描自动导入功能、数据自动提取分析功能、财产措施到期自动提醒功能；利用即将建成的无锡市政法数据大平台，设置“拒不履行生效判决、裁定罪”“非法处置法院查封财产罪”“妨害公务罪”等执行中常见刑事犯罪构成要件预警模块，逐步完善系统，彰显更强功能。

能否如期基本解决执行难问题，事关人民群众的切实利益，事关宪法和法律权威的树立，事关全面推进依法治国，责任重大，任务艰巨。无锡市中级人民法院将坚决实施大数据工程，用数字说话、用数据决策、用数据管理、用数据创新，破解执行难题。切切实实使执行法官产生获得感，使当事人形成信任感，提高人民群众对法院执行工作的满意度，为进一步促进和完善社会诚信体系建设进而为全面推进法治建设提供坚实的科技支撑。

信息化助力司法大数据运用

The Application of Judicial Big Data

B.21

借力大数据　智慧助法官

——北京法院睿法官系统

佘贵清　李　响　孙　冰　吴　娟*

摘　要： 北京法院运用大数据、云计算、人工智能等新兴技术，依托北京三级法院统一的审判信息资源库，整合司法审判、司法人事、司法行政、共享数据等多类数据资源，立足于法官办案的核心需求，运用大数据、云计算、人工智能等新兴技术，创新构建了服务统一裁判尺度、提供统一办案指引、智能支持办案全流程的睿法官系统。该系统与法官日常办案无缝对

* 佘贵清，北京市高级人民法院信息技术处处长；李响，北京市高级人民法院信息技术处处长助理；孙冰，北京市高级人民法院信息技术处司法数据分析中心主任；吴娟，北京市高级人民法院信息技术处资源管理科科长。

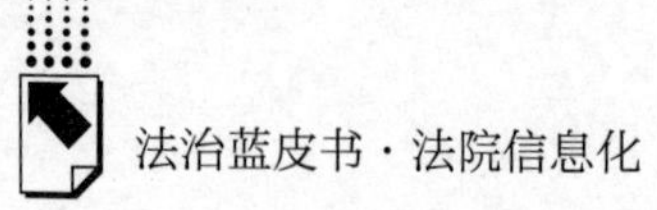

接，在深挖大数据的基础上，为立案、庭审、合议、文书撰写等环节提供审判辅助和决策支持，是辅助法官办案的智慧应用。

关键词： 统一裁判尺度　办案指引　全流程智能支持

为深入贯彻最高人民法院关于建设人民法院信息化3.0版的战略部署，落实智慧法院建设要求，北京法院运用大数据、云计算、人工智能等新兴技术，依托北京三级法院统一的审判信息资源库，整合司法审判、司法人事、司法行政、共享数据等多类数据资源，立足于法官办案的核心需求，运用大数据、云计算、人工智能等新兴技术，创新构建了服务统一裁判尺度、提供统一办案指引、智能支持办案全流程的睿法官系统。该系统与法官日常办案无缝对接，在深挖大数据的基础上，为立案、庭审、合议、文书撰写等环节提供审判辅助和决策支持，以大数据推进法律适用和裁判尺度的统一，是辅助法官办案的智慧应用。

一　建设背景与建设思路

当前，第四次世界科技革命方兴未艾，以数字化、网络化、智能化为特征的信息化浪潮蓬勃兴起，给人民法院工作带来广阔发展前景，作为国家的审判机关，担当着建设法治国家的重任，既是社会发展的重要组成部分，也是推动社会发展的重要力量。当今世界已进入“大数据”时代，中国的法治建设和人民法院的发展既面临着种种挑战，也迎来了难得的发展机遇。

近年来，全国法院信息化建设蓬勃发展，信息化与各项业务工作的良性互动格局基本形成，为科技提速、创新驱动、全面推进信息化转型升级奠定了良好基础。2017年5月，最高人民法院在全国法院第四次信息化工作会上强调，加快建设智慧法院是落实“五位一体”总体布局和“四个全面”

战略布局的必然要求，是国家信息化发展战略的重要内容。没有信息化就没有人民法院工作的现代化，通过信息化实现审判体系和审判能力现代化，建设智慧法院，是顺应新一轮科技革命浪潮的必然选择，是提升司法公信力的重大举措，是提升人民群众获得感的有效手段，是深化人民法院司法改革的重要支撑。会议首次明确了智慧法院“三全三化”的建设目标，即实现“全业务网上办理”，构建“网络化”法院；做到“全流程依法公开”，构建“阳光化”法院；提供“全方位智能服务”，构建“智能化”法院。

睿法官系统正是北京法院贯彻落实最高人民法院信息化建设战略部署、为首都智慧法院提供智能服务的集中体现，睿法官系统的探索和推进具有重要意义。

（一）亟须化解的“案多人少”矛盾

党的十八届四中全会提出，要努力让人民群众在每一个司法案件中感受到公平正义。人民群众对审判工作公开透明、质量效率的要求进一步提高，特别是立案登记制实施后，案件数量持续大幅增长，未结案件数量不断累积，新领域案件日趋多发，大量案件成因更加复杂，加大了化解矛盾纠纷的难度。同时，由于北京的区域特征，重大、敏感、新类型案件不断增加，法官的办案压力随着人均办案量和办案难度的提升而日益加剧。特别是北京作为首都，营造安全稳定社会环境的任务繁重、责任重大，相应地全市法院服务保障首都经济社会发展的任务繁重、责任重大，各类诉讼急剧增加。要想解决“案多人少”矛盾，对外要建立和加强多元化纠纷化解机制，对内必须要依靠科技手段，向信息化要效益，睿法官系统与北京法院新审判业务系统深度融合，与法官日常办案无缝对接，在深挖大数据的基础上，有效地为法官提供了办案帮助，切实为法官减负，提升审判工作质效是辅助法官办案的智慧应用。

（二）实现“繁简分流”，优化资源配置

北京法院积极适应形势变化，认真贯彻落实《最高人民法院关于进一

步推进案件繁简分流 优化司法资源配置的若干意见》，深入推进案件繁简分流机制改革，合理配置司法资源，提高审理刑事案件的质量与效率。案件繁简分流机制从制度创新上解决了精心办理疑难复杂案件与快速办理简单案件的矛盾，通过科学调配和高效运用审判资源，依法快速审理简单案件，严格规范审理复杂案件，实现简案快审、繁案精审。做到该繁则繁，当简则简，繁简得当。根据案件的繁简程度，法官需要不同的知识储备、办案经验及办案要求。

睿法官系统针对简单案件类型化比较明显的特点，通过历史裁量规律帮助法官进行预判、自动生成裁判文书，辅助法官进行事实校准复核、量刑研判分析，减少法官工作量，提高法官工作效率，为实现法官精英化、专业化提供有效保障。该系统还针对复杂案件事实争议较大、证据繁多的特点，帮助法官自动提取裁量因素，将控辩双方争议焦点进行对应，指引法官进行事实认定，自动组装裁判文书表述，减轻法官思考负担，实现精细化审判。

（三）统一裁判尺度，规范办案流程

统一法律适用，确保同案同判，既是司法改革的题中应有之义，也是信息化建设探索的方向之一。北京法院每年都形成若干办案规范和指导文件，同时持续加强审判管理和监督。睿法官系统基于各类案件案情特征梳理的规范化案件材料有助于提升系统自动化识别的效果，从而为办案环节的个案案情梳理和信息复用提供便利，节约法官梳理案情的时间。

基于知识中心，依托知识图谱，系统通过提供从庭前、庭中到庭后的全流程要素审判智能化辅助，以提高个案质效。从庭前智能匹配本案要素、确定争议要素、自动生成庭审提纲，到庭审中围绕争议要素重点审查指引，最后到庭后辅助裁判文书生成，最大限度替代机械重复性劳动，让法官回归真正裁判者的角色。同时在这一过程中案件要素得以规范化呈现，从而实现裁判尺度的统一。

二　实现路径与关键技术

北京法院睿法官系统的建设目标是：依托北京三级法院统一的审判信息资源库，整合司法审判、司法人事、司法行政、共享数据等多类数据资源，对数据资源进行挖掘分析，在法官办案过程中自动推送案情分析、法律条款、相似案例、判决参考等信息，为法官判案提供统一、全面的审理规范和办案指引。

（一）实现路径

睿法官系统依托包含法律规定及审判经验的北京法院法律知识图谱，以各类案件的案情要素为切入点，通过智能机器学习形成完整的知识体系及办案规范和权威知识体系，提供规范流程引导，并指导机器进行自主、深度学习。系统拥有多维度数据支持，自动根据法官审理的案件，多维度匹配当事人情况分析、该类型案件态势分析、历史案件综合分析等内容，并依托法律规则库和语义分析模型，提供覆盖全部案件的相似案例推送。睿法官系统打造全流程的数据服务，实现从立案到结案整个审判流程的大数据服务。全流程的数据服务主要体现在立案环节自动提取案件信息，生成“案件画像”；审理环节根据案由特点和个案案情，自动生成审理提纲及笔录模板；结案环节自动生成裁判文书，提高办案效率和准确性。

经过广泛调研，北京法院建立了睿法官系统的实现路径，具体做法如下。一是依托北京三级法院统一的审判信息资源库，提供智能研判、办案规范、法律法规、案例参考、观点采撷、专题点评、域外集锦、舆情推送、案件画像九大类数据服务。其中案件画像提供包括案件详情、审判日志、基本分析、电子卷宗、庭审视频等基本信息服务。二是依托法律知识图谱，根据案由特点和个案案情，实现简案简办快办，繁案细办精办。三是依托北京法院办案规范和权威的知识体系，提供规范流程引导、信息提示及基于争议焦点的相似案例推送。四是依托法律规则库和通用语义分析模型，提供覆盖全部案件的相似案例推送。

（二）关键技术

通过借鉴国内外相关研究成果，依托智能决策理论、信息抽取理论、大数据思想以及 OCR 图像识别、语音识别等成熟技术，结合专业法官的智慧经验，总结大数据背景下法院智能辅助支持系统的总体思路和关键技术如下。

一是以法律构成要件和要素为基础，构建法律知识图谱。案件构成要素，是指某一行为成为法律上所规定的行为时所必须具备的要素。这些必须具备的要素，也是法官在进行案件证据审查过程中所需要审查的案件关键点。以故意伤害罪为例，法官需要判断行为人的年龄，精神状况，主观故意抑或过失的状态，伤害行为的手段、工具，被害人重伤或者轻伤的结果，是否存在犯罪未遂或中止，是否存在多名行为人共同犯罪，是否具有正当防卫紧急避险的违法阻却事由等，这些要素的总和也就是构成要件。而图谱基于历史审判裁量经验和客观法律关系构筑，通过法学和司法专家针对不同法律关系的案件信息和法律法规、司法解释信息进行梳理，形成了案件构成要素。由资深法官结合实务经验，将涉及的案件构成要素进行分类、组合、关联、更新，构建为一个完整的知识体系。在此基础上，运用大数据技术，通过对北京法院近二十年积累的法律法规、公布案例、裁判文书、案件信息、电子卷宗、庭审视频等各类司法审判信息数据的挖掘和分析，从海量数据中智能识别、抽取和关联案件属性特征和相关法律知识点，实现了对法律知识的谱系化输出。最后，由法官对计算机智能学习和推荐的内容进行甄别和确认，从而固化审判经验并指导计算机进行自主、深度学习，持续迭代，确保法律知识图谱关联数据的全面、详尽且实时更新。

二是利用实体识别引擎、OCR 图像识别和语音识别技术把文书、图像和语音转化为可进一步分析挖掘的结构化数据，并与已有的结构化数据相互融合。当以一个个散落的点的形式存在的数据，与逻辑体系清晰的知识图谱相融合时，就形成了“法律+大数据”的全新组合。

三是在知识图谱和实体识别技术的基础上，实现法律逻辑与法律知识的挖掘，建立每个案件事实与法律之间的动态关联关系，为后续分析类案历史裁判规律、辅助知识推送打下基础，并实现对起诉书、裁判文书、庭审笔录等相关要素、场景的提取以及案例、法条的关联。

四是结合用户行为分析引擎收集智能应用的使用信息，根据法官的使用习惯和推荐案例引用情况等持续修正推荐算法，从而最终在业务应用过程中实现数据的循环。

三　应用实效

北京法院睿法官系统是“大数据+人工智能”的完美结合，它颠覆了传统工作模式，真正意义上探索实践了智慧审判的效应。在构建系统的时候，北京市高级人民法院技术部门多渠道汇集司法审判案例、裁判文书和法律法规，不仅挖掘全院20年来所有的案件信息、裁判文书、指导性意见，更整合了全国各级法院的公开裁判文书、参考案例，最高人民法院权威发布的指导性案例、公报案例等数据资源，并做到数据资源实时更新。

睿法官系统通过大数据技术模拟法官办案思维，采用体系化检索方式，便于法官快速精确地找到目标案例，进行定制化分级推送，依据不同层级对检索出的案例内容进行分类，法官可以根据自己的关注点，对分类结果进行个性化设置，系统根据法官设置的优先级别调整推送结果，确保展现出的案例最贴合法官的办案需要。通过对案例的深度分析，可以让法官在查看具体案例信息时，不仅能同步了解到其他相关案例，还能对此类案件的主体特征、事实认定、证据采信、法律适用和裁判情况进行研判分析。通过多维度的可视化统计分析，法官不仅能对某一类型案件进行趋势化、规律化的司法研究，还能对所有相关案例进行个案的具体分析。睿法官将原有的经验性、模糊化知识获取方式转变为数字化、精密化、科学化、智能化自主服务模式，切实在提升审判质效的同时，促进审判能力的提升。统计表明，睿法官系统的推广使用有效降低了法官的案件办理压力，将法官的案情分析效率提升75%以上；将文本检索的案例匹配度从20%提升到基于法律知识图谱与事实相似的90%；自动支持推送，信息的获取时间从以往的5天降低到5分钟。从裁判过程精准度来说，精准的优秀相似案例裁判文书推送，可将裁判文书编写质量提升70%以上。与此同时，基于睿法官系统对相似案例集合裁判尺度的分析，又可将法官的裁判尺度偏差度降低一半以上。

为检验改革工作中是否实现了预期目标，北京法院依托大数据分析平台，对睿法官系统在案件办理中的使用情况和效果进行了统计分析。

（一）立案环节制作“案件画像”

应对司法改革的相关要求，北京法院立案审判工作规范化建设、敏感案件应对处置机制的完善、多元化纠纷解决机制改革实效的提升等工作都在不断推进中，为此，信息化建设为立案工作提供技术保障迫在眉睫。司法改革在立案阶段的重要变化主要体现在以下几个方面：案件类型及字号的变化、立案审查制到立案登记制的转变、立案方式的不断拓展等。这些变化都不同程度地增加了法院立案数量。北京法院高度重视立案工作的质量及效率，防控化解立案风险，全力维护社会稳定。依托睿法官系统，从收案来源、案由、案件管辖、重大敏感信息、是否重复立案、案件分流建议等方面对当事人的立案请求制作“案件画像”，并将分析结果主动推送给立案法官。

根据大数据分析平台的统计分析，从2017年1月1日至12月31日，全市法院新收案件768897件，2016年同期全市法院新收案件651614件，同比增加18%。其中，通过网上立案新收案件86011件，2016年同期网上立案新收案件39476件，同比增加118%。诉讼量的增加，必然会相应增加法官工作量，而睿法官系统提供的便捷登记服务，高效整合当事人及案件信息，减轻了法官手动登记案件信息的工作量，同时睿法官系统也提供了类案处理服务，支持案件的批量信息登记、批量分案，法官可在1分钟内完成大批量案件立案工作，大大缩短了法官登记案件信息的时间，提高了立案效率。

在网上立案大数据支持下，睿法官系统实时整合当事人网上申请数据、北京法院历史案件数据、当事人历次来院数据等内容，在立案法官登记案件信息前，通过内外网数据共享、历史数据比对等方式，为立案法官呈现当前案件的“案件画像”。立案法官可通过此“案件画像”判断案件管辖问题、判断案件是否为重案、标记案件重大敏感信息、核实当事人身份信息，实现案件的分流，提高立案质量。

截至2017年底，通过“案件画像”的风险预警与自动拦截，已经成功预警案件3525件，分流民事及行政案件305378件。

根据大数据分析平台的统计分析，在3525件预警案件中，涉及当事人446名，同一个预警信息有效预警案件320件，同一名当事人被预警次数高达204次，同一名当事人最多被6家法院预警。在被预警的案件中，3104件经法官处理并审理完毕，421件经法官确认确有瑕疵，无法立案。

在民事及行政分流案件中，有511件被认定起诉材料不全，需当事人补充补正后再次来院；有304886件被认定为符合化解调解，分流至多元调解组织。分流至多元调解组织的案件，从调解结果看，有71282件调解成功，177625件未调解成功，55960件正在进行调解，19件调解中止，调解成功率为23.4%，较好地化解了社会矛盾，减少了司法资源的浪费。

（二）审理环节实现“繁简分流”

区分繁简案件，实行繁简分流机制，就是为了缓解案多人少的矛盾，提高司法效率。因此要针对繁简案件有针对性地分配有限的审判资源，对简单案件相应分配较少的资源。睿法官系统针对繁简案件的不同特征，提供有针对性的智能服务，从而实现对全案裁判行为的规范，保障裁判尺度统一。以大数据分析服务还原法官的裁量过程，并辅助对法律规定、裁判规范进行比对，帮助法官完成事务性、重复性的工作内容，保障办案质量；实现简案简办快办，繁案细办精办，进一步优化司法资源配置，提高

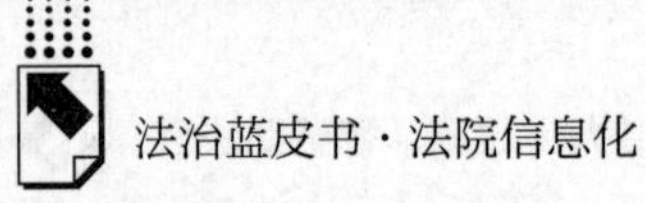

审判效率。

根据大数据平台的统计分析，2017年1月1日至12月31日，全市法院新收刑事一审案件18584件，其中刑事简易案件12820件，占刑事一审案件的68.98%，刑事简易案件排行前五的案由为盗窃罪、危险驾驶罪、故意伤害罪、寻衅滋事罪、走私贩卖运输制造毒品罪；新收民事一审案件447652件，其中民事简易案件335587件，占民事一审案件的74.97%。

在睿法官系统推广使用后，经统计分析，在系统提供案件"繁简分流"办案模式前，法官审理每个简易案件，在阅卷、文书、开庭等审理活动中耗费的工作量平均每个案件至少要在4小时以上。而睿法官系统帮助法官优化了审理模式，以自动生成裁判文书服务为主，以案件事实校准复核、量刑研判分析服务为辅，在确保案件判决结果公平公正的同时，显著提高了法官办案效率，阅卷效率提高80%，裁判文书编写效率提高80%，裁量要素覆盖95%以上，量刑精准度则趋近100%。

以刑事案件为例，"繁简分流"的应用根据简易案件裁判规律相对稳定的特点，依托知识图谱，自动帮助法官将起诉书中的裁量要素解构出来，从实然角度还原检察院的指控策略，与法律应然规定结合比对，辅助法官裁量，保障裁判质量。

对于案件事实类型化程度高、事实清楚的案件，依据历史裁判规律对案件进行预判；法官可根据案情实际情况对预判结果进行修改、添加；减少法官梳理案情的时间。

依托多种数据融合的知识中心，为法官提供当事人身份、前科劣迹等案件事实复核的信息提示，帮助法官掌握庭审要点，减少庭前准备时间。

依据历史裁判规律，展现基于全真数据分析的量刑分布规律，帮助法官掌握统一的裁判尺度。

对于复杂案件，实现案件审查要素自动提示。系统可自动对法官正在办理的个案进行全面分析，提示待审查要素，由法官逐一对照控辩/诉辩双方意见以及相应的卷宗材料，进行确认，从而大大提升办案效率。

此外，对于民事案件，睿法官系统根据案由的不同特点，提供不同的智能辅助支持功能。例如，机动车交通事故类案件主要特点在于赔偿项目多、计算复杂，容易出现审理遗漏和计算错误，所以睿法官系统主要提供的辅助功能是智能计算；离婚案件的主要审理难点在于财产分割，查明和分配财产的工作比较繁杂，提供的辅助功能主要是通过建立财产池、分割模型帮助法官审理和判断；民间借贷、买卖合同属于争议场景较为繁多、裁量因素复杂的案件类型，所以提供的主要辅助功能是帮助确定裁判尺度的类案。

所有案件均实现适用法条智能推荐功能。根据案件案由、案情等关键信息，无须人工检索，睿法官系统可在案件审理不同环节自动为法官推送同类案件的适用法律条款，有效缩短法条查阅时间，提升审判工作效率。

睿法官系统还为办案法官提供了类案处理服务，可实现批量处理案件。包括批量完成事务性工作，如批量分配任务、批量变更审判组织成员，批量变更承办人，批量同步串案数据，批量预定法庭等；也包括批量完成部分专业性工作，如批量制作文书、批量公开文书、批量结案等，不断为法官减负，让法官有更多精力投入案件实体审理。

（三）结案环节生成“裁判文书”

裁判文书是对案件及其审理活动的高度概述，蕴含着大量的信息，既是一个案件的结论，也为其他案件研判提供高精度审判数据。睿法官系统在结案环节可以自动生成裁判文书，不仅对裁判文书类型全面覆盖，对裁判文书中的内容也能够达到100%覆盖，与同类系统相比大幅度降低了法官手动修改的工作量。对于裁判文书中的“本院认为”部分自动生成的精准度一直以来都是技术无法攻克的难题，睿法官系统根据案件审理逻辑和大数据实证分析，基于知识图谱对历史裁判规律的分析预判，结合自主研发且自有知识产权的核心技术，与机器学习、自然语言处理等技术相融合，将法官的行为数据与知识数据进行组装，真正实现了裁判文书内容的全量精准生成，既提高了法官文书编写的效率又有效保障了判决的公正性。同时，系统还能够记录法官行为习惯，在案件办理过程中完成知识循环学习，覆盖本地裁判规律，实现全案裁量尺度的统一和全院裁判行为的规范。

睿法官系统结合案件信息及前置文书信息，自动生成裁判文书初稿。自动生成的初稿内容包括文书首部、当事人基本情况、案件由来、诉讼请求及理由、审理查明、本院认为（裁判说理、裁判依据、裁判主文）、落款等大部分内容。自动生成本案事实与赔偿认定表作为查明事实部分。系统根据本案起诉材料结合赔偿项认定情况，以表格形式自动生成裁判文书中的查明事实部分；同时，根据原告赔偿请求、法官赔偿项认定及其计算过程，按照裁判文书说理要求智能生成裁判文书的说理部分；最后根据原告赔偿请求及法官赔偿项认定情况，结合案件法律知识图谱，按照裁判文书对法律依据引用的要求智能生成法条依据部分。

大数据平台的统计分析表明，北京法院睿法官系统提供裁判文书模板共713个，提供审理报告模板34个。2017年1月1日至2017年12月31日，北京法院有2237名法官使用睿法官系统的智能文书编写功能，总登录次数为24069次，编写文书14946例。从服务的用户来看，北京市昌平区人民法院速裁审判庭谭舒戈法官使用频率最高，共登录系统435次；北京市朝阳区人民法院金融审判庭李方法官产出成果最多，共制作文书478例，涉及案件443件。

正是基于上述一项项的精准化服务，睿法官系统在真正意义上达到了大幅度降低法官工作量的效果。睿法官系统还将继续致力于为法官办案提供智能化的服务、精细化的研判分析，以进一步减轻法官负担，促进法官提升类案同判、量刑规范的审判能力，全面提升人民法院的审判执行工作质效。

《智能革命》一书中对睿法官系统有这样一段描述：2016年12月，北京市高级人民法院上线了一款名为睿法官系统的人工智能系统，它不仅仅停留在收集资料、为案情“画像”的辅助阶段，而是已经可以做到对案情进行分析，采集案件的多元化信息，识别出影响案件定罪量刑的相关要素及当事人上诉的理由，帮助当庭法官作出初步判断，已经十分接近“判案”形态了。使用人工智能助理的律师事务所和法庭能够比同行更高效地处理案件，从而创造更高的收益和社会效益。

四　存在的问题

睿法官系统全力为法官打造全流程智能应用，努力在统一裁判尺度、规范办案流程上提供办案支持与决策辅助，力求以信息化手段提升审判质量和效率，提升司法公信力。但目前，还面临一些问题有待解决。

一是现有数据“孤岛”有待进一步全面打破。审判及司法相关领域有待进一步深度融合，从而形成有机循环。北京法院已经积累了不同类型的海量数据，若这些数据从不同的生产系统中加以整合、贯通，破除数据物理上的孤立，则可有效避免资源浪费。此外，法院外部的数据资源相对匮乏，应进一步全面开展更宏观层面的数据分析挖掘，实现数据一体化。北京法院司法数据在社会治理方面尚需通过完善从而发挥更大作用。

二是从司法办案的专业性以及已完成的实践探索来看，仍存在专业壁垒、投入壁垒和融合壁垒。要做好法律信息系统的智能化，必须逐一打破这三大壁垒。打破专业壁垒，要求在锁定争议焦点、分析事实认定、引用法律法规基础数据分析等方面都需要资深的专业实务人员支撑；打破投入壁垒，需要针对不同案件类型、不同法律关系的案件以及有效信息较难挖掘的诉讼材料，投入更多的数据挖掘成本；打破融合壁垒，要求审判人员理解技术思维和技术路径，技术人员有较强的行业经验和法律知识，需要业务部门、技术部门共同支持、紧密配合。

三是实现可持续的智能服务，需要进一步提高系统的学习能力、适应能力。北京法院睿法官系统已有的业务规则是基于历史数据产生的，系统尚无法从新的案例、新的数据中学习新知识来修正原有知识库中的知识和经验，这使其无法为法官提供更加精准的智能服务，适应司法改革及法律法规的新变化，因此需要通过用户行为分析持续提高目标案例推荐的准确度，通过机器学习提升输出法言法语的能力，持续提高系统的学习能力。

四是成文法体系下，法律法规的相对滞后性。中国作为成文法国家，审判人员判案主要依据的是制定法，而由于法律的局限性，不可能将社会万象包罗其中。所以，当新情况、新问题以及新类型案件出现时，法律依据不足，法官对新类型案件的理解缺乏统一认知，但随着该类案件由新奇到普遍，法律对此的相关规定也会由模糊到明朗，这个过程中就容易出现前案与后案判罚不一的情形。

五 未来展望

北京法院睿法官系统是当前北京法院结合大数据、云计算、人工智能等新技术的产物，已经在北京多家法院、数千名法官的办案工作中得到不断验证和完善。下一步，北京法院睿法官系统将从一体化角度不断提升和推进，切实与法官实际工作相融合，为办案工作提供支持和辅助。

一是数据一体化。从一体化的角度进行信息汇集，包括数据资产的汇集、管理和业务智慧成果的汇集、管理，如案件信息系统的资料、内部文书、电子卷宗、办案规范、专题研究成果等。

二是技术一体化。通过数据治理、感知计算手段，对数据资产、业务智慧等多元数据进行融合和关联。同时，通过法律知识图谱的构建和自然语言理解、机器学习技术、法律认知技术的运用，实现法律概念理解，构建法律认知引擎、数据分析模型和知识服务工具。

三是服务一体化。打造一体化的知识中心，实现对法官办案的智能辅助支持，包括知识推送、知识检索、智能研判等。同时打通个案数据、用户行为数据和外部数据的采集，形成数据循环。以劳动争议案件为例，可通过打通与劳动仲裁、社会保险的数据壁垒，实现业务联动，提升法官办案效率。

未来，睿法官系统将更多、更好地结合北京法院审判规律，从办案规范、业务要求、数据内容、用户应用等方面着手，对所构建的知识服务模型持续调优、本地化处理，最终良好匹配本地审判习惯。睿法官系统为服务法官、服务审判而建，这其中也融入了无数的法官智慧，推动睿法官系统更加完善。

B.22 江苏法院“同案不同判预警平台”调研报告

王禄生　刘　坤　杜向阳　梁雁圆*

摘　要： 最高人民法院司法大数据研究基地依托全国法院裁判文书大数据，按照“图谱构建→情节解析→权重排序→类案识别→模型训练→量刑预测→偏离预警”的基本步骤，构建了服务裁判尺度统一的“同案不同判预警平台”。该平台整合了相似案例推荐、法律知识推送、量刑智能辅助、文书智能纠错、量刑偏离预警五大功能模块，不仅为员额法官办案提供智能化辅助，同时也给案件质量管理提供了精准化参考。预警平台的开发与应用在充分保障法官依法独立办案的前提下，通过静默化的案件质量管理促进裁判尺度统一，从而为审判体系和审判能力现代化建设提供了坚实的保障。

关键词： 同案不同判　法院信息化　司法大数据　法律人工智能

一　预警平台的开发背景与时代价值

（一）预警平台的开发背景

1. 实现同案同判是司法改革的核心目标

习近平总书记明确指出，“要努力让人民群众在每一个司法案件中都感

---

* 王禄生，东南大学法学院副教授、院长助理；刘坤，江苏省高级人民法院审判管理办公室主任兼技术处处长；杜向阳，南京擎盾科技有限公司总经理；梁雁圆，南京擎盾科技有限公司技术总监。

受到公平正义”。司法实践反复证明，司法裁判的公正性往往来自于裁判的一致性。可见，司法公正是司法改革最为核心的目标，而同案同判则是司法公正的底线要求。传统上，法院内部主要通过两种途径来保障同案同判：第一，提高法官认定事实和适用法律的能力；第二，围绕案件审批所构建起来的案件质量管理体制。当前，员额制和司法责任制改革已经在全国范围内展开。本轮改革的核心在于还权于一线法官，真正实现“让审理者裁判，让裁判者负责”。因此，对入额法官，在放权的同时如何提升案件办理能力、合理规范自由裁量权，从而切实提升审判质量、充分落实司法责任制，最终实现同案同判与司法公正已成为摆在全国法院面前的迫切课题。

2. 大数据驱动的审判体系为实现同案同判提供全新的可能

中共十八届三中全会明确提出“推进国家治理体系和治理能力现代化”的战略要求。法院是国家治理的重要参与者，法院审判体系和审判能力的现代化被视作国家治理现代化在新时期的重要需求和根本体现。可以说，推进审判体系和审判能力现代化是中国当前全面深化司法改革的总目标之一。司法信息化是司法现代化的重要手段，信息化技术的运用确实大幅度提升了司法的数字化与网络化水平。然而，在“小数据时代”，受到理念与技术的限制，司法信息化驱动的司法现代化呈现突出的法院本位与管理本位特征，不能有力回应法院工作人员对自动化、精准化与智能化司法辅助的期待。当今社会正在由 DT（大数据）时代向 AI（人工智能）时代过渡。技术日益成为重塑社会生活的重要力量。大数据与人工智能技术正逐步被应用到教育、医疗、司法等细分领域。前沿科学技术给司法现代化，尤其是通过技术来辅助实现同案同判带来全新可能。

（二）预警平台的时代价值

针对员额制与司法责任制改革放权之后如何加强科学、有效的监督管理问题，江苏省高级人民法院和东南大学联合成立的最高人民法院司法大数据研究基地研发出“同案不同判预警平台”（以下简称“预警平台”），利用法律人工智能和司法大数据技术，从百万量级的判决文书中汇聚法官的集体智慧，为法官提供智能辅助量刑、偏离度自动监测和类案及法律知识推送等智能审判辅助。智能辅助量刑通过自动分析公诉书和庭审记录，提取案件情节信息，智能预判量刑结果，并对高偏离度的案件进行实时预警。

预警平台的价值主要体现在以下五个方面。第一，大幅度提高法官办案的辅助水平与智能化水平，通过类案智推、量刑推荐、文书质量纠错、偏离预警等功能模块，为法官办理案件提供智能化的决策辅助。第二，大幅度提高司法管理的精准化与静默化水平。一方面，法院庭长不用再对每个案件进行审批，而只需对偏离度较高的案件进行有针对性的干预，司法管理实现了有的放矢；另一方面，静默化表现在只在违规的时候法院工作人员才感受到管理的存在，当合规时感受不到管理的存在。第三，大幅度提高司法公正水平。预警平台有效衔接“还权”与“管理”，既保证员额法官依法行使审判权，又满足法院对案件质量管理的需求，从而提升案件质量、落实“同案同判”、推动司法公正，让人民群众在每一个案件中感受到公平正义。第四，有力推动审判体系和审判能力现代化建设。法官办案能力与司法管理能力是审判能力现代化的有机组成部分。“同案不同判预警平台”提供的类案推荐、量刑辅助、智能纠错与偏离预警等功能将会大幅度提升法官的办案能力与司法的管理能力，从而促进审判体系和审判能力现代化。第五，有助于探索中国特色的法院现代化之路。从世界范围来看，西方国家司法系统对信息化技术持谨慎甚至是保守的态度，而中国审判体系和审判能力现代化则包含显著的技术驱动含义。“同案不同判预警平台”本质上是借助前沿科学技术来实现司法公正，是“技术驱动的”，因此也是极具中国特色的法院现代化之路。

二　预警平台开发的技术机理

（一）“智慧法院”建设的三大技术路线

“同案不同判预警平台”是“智慧法院”建设的重要构成部分，因此要明晰该平台的技术机理，就必须首先明确“智慧法院”中大数据与人工智能路线的基本思路。按照技术细节与技术目标的差异，可以将“智慧法院”建设的技术路线划分为初级、中级与高级三种。

1.“智慧法院”建设的初级技术路线

初级技术路线正是按照大数据技术的底层逻辑展开的，具体可以分为四个步骤。①内外司法数据的汇聚：在审判体系和审判能力现代化建设过程中，将法院内部的案件、人事、政务、研究等数据以及与法院相关的银行、交通、政府、工业、商业、医疗、教育、舆情等外部数据进行汇聚。②内外司法数据的联通：数据汇聚只是大数据最基本的步骤，汇聚之后要让数据能够达到应用水平，还需要按照统一的标准对数据进行抽取与转换。此时，通过文本处理、视频处理、语音处理、图片处理等技术对数据进行标准化就成为关键步骤。③内外司法数据的融合：在对数据进行一定抽取与处理之后，通过数据融合步骤整合成国家司法审判信息资源库。资源库由六大子库构成，分别是审判执行库、司法人事库、司法政务库、司法研究库、信息化管理库和外部数据库。上述六大子库并非彼此隔离，而是由统一的标准与规范形成数据之间的联通。④基于国家司法审判信息资源库的应用：通过提取、挖掘、加工审判资源库中标准化的数据即可以开发审判体系和审判能力现代化建设的具体应用，服务于司法公开、诉讼服务、案件审判、判决执行与司法管理。举例而言，经过高质量压缩的视频数据可以借助已有的网络平台进行庭审直播；证据经过图片识别技术（OCR）处理之后可以直接应用于庭审，并为判决书自动生成提供素材；经过虚拟现实技术（VR）转换的场景可以直接应用于虚拟现实展现犯罪现场和诉讼场景；经过三维成像处理之后的物证则可以应用于虚实一体化的示证平台。可以说，初级技术路线通过对内外司法数据的汇集、处理、融合，实现了审判体系和审判能力现代化建设应用。该路线具有由数据层到应用层的双层结构。

2.“智慧法院”建设的中级技术路线

与初级路线形成明显对比的是，中级技术路线增加了“知识层”，从而由两层结构进阶为三层结构。故而，中级技术路线是通过知识图谱的技术围绕“知识层”展开。也就是说，初级技术路线是在汇集资源基础上的应用，而中级技术路线则是在挖掘资源基础上形成知识，并在知识层面上展开应用。具体而言，中级技术路线分为四个步骤。①法律知识图谱的建构：围绕进入司法场域中的案件、人物（当事人、法官、检察官、证人、公众等）、事件三大对象，采用知识图谱关键技术，对上述对象进行本体构建、本体管理、数据映射、实体匹配、本体融合，深度挖掘国家司法审判信息资源库中案、人、事的本体特征及彼此关联，从而构建出案件知识图谱（如案件关键情节图谱）、人物知识图谱（如公众司法兴趣图谱、公众社交关系图谱）和事件知识图谱（如法律舆情图谱）。②知识融合：在分主题构建知识图谱的基础上通过深度知识融合，形成国家司法审判信息知识库。相对于资源库而言，知识库是深层次的数据挖掘，而非浅层次的数据整合。知识库中包含案件知识库、人物知识库、事件知识库、法言法语知识库。知识库中包含所有案件类型的基本特征、关键情节，所有当事人的诉讼行为、社交关系、财产情况、前科情况，社会公众的兴趣爱好、社交网络，所有法官的案件专长、职业信息，司法舆情的形成机理，涉诉信访的形成机理等。③基于国家司法审判信息知识库的应用：在知识库之上，通过向量计算、聚类、分类、协同过滤等基本应用技术便可以开发服务人民群众、服务审判执行、服务司法管理的智慧法院应用。④知识库反向支持资源库建设：需要特别强调的是，初级技术路线与中级技术路线并非单向度的，而是一种循环的闭合路径。国家司法审判信息知识库中的诸多知识将会反向服务于初级技术路线中的技术处理过程，实质提升国家司法审判信息资源库的建设质量。举例而言，法言法语知识库中相关知识的嵌入将大幅度提升文本处理与处理过程中自然语义识别、语音转换与语音互译的精确程度。

3. “智慧法院”建设的高级技术路线

中级技术层面的应用只是知识库的单纯开发，尚未应用到预测、预警等人工智能的技术与算法。众所周知，知识图谱是人工智能技术的底层技术。相较于中级层面的技术路线而言，高级技术路线的显著特征是基于算法，采

用本体推理、规则推理、路径计算、社区计算、相似子图计算、链接预测、不一致检测等核心技术，使得应用具备基于知识库的知识进行计算、推理、预测、预警的能力。以类案推荐应用和量刑建议推荐应用为例即可说明两者的区别。类案推荐的基本思路是通过情节、证据、争议焦点、适用法律等关键要素的自然语义识别形成特定的案件知识库，当出现新的案件时计算机通过提取新案件的关键要素，与原有知识库中的案件进行匹配，并推荐最为相似的案件。这种应用可以说是在知识库之上的直接应用。而量刑建议的应用则是在大范围学习特定类案量刑的基础之上，人工智能基于随机森林和决策树模拟案件判决结果（非简单基于量刑平均值）。这个过程还需要运用人工智能中的认知智能。两者虽然只有一步之差，却决定了技术路线的中级与高级的差异。当然，中级技术路线与高级技术路线并非完全隔绝，中级技术路线的智慧法院应用可以在条件允许时采用高级技术路线的人工智能技术，从而提升相关应用的智能化水平。

（二）“同案不同判预警平台”的开发思路

通过前文的分析可以得知，“同案不同判预警平台”是典型的高级技术路线的应用，需要使用大数据与人工智能的多项技术（机器学习、知识图谱和自然语言处理技术等），依托全国法院裁判文书大数据，按照“图谱构建→情节解析→权重排序→类案识别→模型训练→量刑预测→偏离预警”的基本步骤进行系统开发。

1. 图谱构建

“同案不同判预警平台”的第一步是让计算机能够读懂法律文书，此时就需要给人工智能提供理解法律问题的框架，这个框架就是法律知识图谱。具体而言，由法律专家对法律法规、司法观点、指导案例等法律知识进行碎片化处理，建立法律知识图谱。法律知识图谱定义了法律主体、客体、法律关系以及各种主观要件、客观要件、裁判规则的概念层次关系以及逻辑推理关系。根据不同案由的相关法律知识进行知识图谱的构建，是法律建模特征工程的第一步，为接下来案例数据法律特征表示提供基础特征的定义。利用知识图谱技术对法律知识原始数据进行半自动实体识别和知识链构建，大大提高法律知识图谱的构建效率（见图1）。

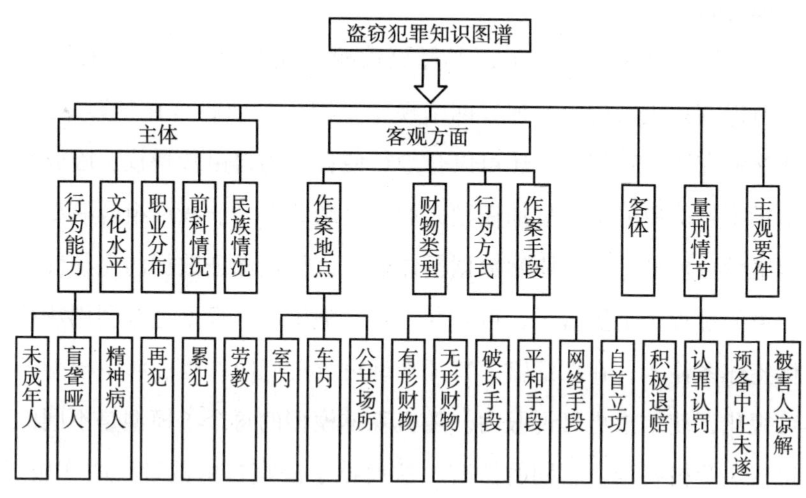

图1　盗窃罪知识结构示意（简化版）

2. 情节解析

利用第一步构建好的法律知识图谱，运用自然语义分析技术，通过对各类文书，包括起诉建议书、起诉书、判决书等案例数据，进行智能法律特征的自动标注和识别。针对其中的法律要素，对影响案件判决结果的因素进行提取，为后续的文书案例判决模型学习提供结构化训练样本，也便于法官快速了解文书的情节及案件的法律要点。

3. 权重排序

在从海量文书提取足够情节之后，借助相关性分析，测算各情节与裁判结果之间的关联程度。有些图谱构建时认为是重要的情节，但实际上与裁判结果关联不大。由此，可以把案件事实情节的重要性进行权重排序，如刑事案件中，盗窃金额就是高权重情节，而被告人性别就是低权重情节。

4. 类案识别

在完成上述三项工作之后，再进行类案识别：同一案由之下的高权重情

节匹配。这里关键在于，系统优先匹配高权重情节，而不是不分主次地关联所有情节。

5. 模型训练

在准确区分类案的基础上，通过决策树的模型对系统进行良性模型训练。之所以选择决策树而非神经网络模型是因为各位法官在判案的过程中，除了严格遵守法律法规外，还可以合理行使自己的自由裁量权，因此案件的判决结果不是简单的单元累加模型，而是复杂的多元非线性组合模型。深度神经网络学习模型适合将原始数据整体输入，尽量保证数据的完整性，但是模型决策的过程是个黑盒子，可解释性差。随机森林模型适合利用法律专家定的标签体系输入，在保证输入特征准确可靠的同时，也能够将模型的决策过程可视化，使结果更具说服力。随机森林模型的每个子模型是不同的决策树，每棵决策树相当于不同的法官，这模拟了法官自由裁量权的实施过程，同时利用集体决策的方式保证结果的可靠性，避免了单一决策的随机性误差。

为进一步考虑地区差异，并促进系统向优秀法官学习，系统在本地化部署的过程中，将本地区案例特征和法官档案数据作为模型权重参数加入基础量刑模型中，对基础量刑模型结果进行优化，使得模型结果更符合当地法官的整体判决风格，确保一个地区的裁判规则统一。

6. 量刑预测

在充分训练之后，“同案不同判预警平台”就具备了量刑预测的功能，也就是在导入相应文书后，系统自动识别关键情节，并根据已有的智能算法，按照最优决策树得出推荐的量刑结果。

7. 偏离预警

系统通过自动抓取案件卷宗材料，利用非结构化数据分析模块和自然语义分析技术，进行法律情节特征信息的自动提取，构造预测模型的输入数据格式，调用模型进行准确判罚结果的预测，并将实际判罚结果和预测判罚结果进行对比，计算偏离度。

三　预警平台的核心功能模块

“同案不同判预警平台”在开发过程中遵循了司法大数据高级技术路线所匹配的七大步骤：“图谱构建→情节解析→权重排序→类案识别→模型训练→量刑预测→偏离预警”，在整个开发链条中的每个环节都可以结合“智慧法院”建设不同的应用场景形成相应功能模块。

（一）相似案件推荐功能

在“同案不同判预警平台”的开发过程中，对类案的识别是必经的程序，只有精准识别类案才能进行科学的量刑模型训练，进而进行刑期的预测和偏离度考察。正因如此，类案推荐也成为“同案不同判预警平台”的当然功能模块。

法官在遇到疑难案件的时候，需要参考本地区及本省的参考案例，以往需要法官自己根据案件特征组织关键词利用文书检索工具自行检索，从大量检索结果中筛选与自己案件相似的类案，不仅效率低下，而且精准性不足。“同案不同判预警平台”与审判业务系统实现数据对接，可以实时获取案件卷宗、庭审笔录、裁判文书文本数据，利用非结构化分析引擎进行情节特征自动提取，利用后台智能类案模型根据解析出来的情节特征自动推荐高度相似的案例，供法官办案参考，使法官能够更方便地汲取集体经验和前人智慧。

（二）法律知识推送功能

在“同案不同判预警平台”的建构过程中需要进行知识图谱的构建，因此会沉淀相应的法律知识、理论知识，这也就为法律知识推送模块提供了条件。一方面，系统可以提取法官当前办理案件的关键情节，后台智能匹配相应的专业知识库，推送给办案法官参考。另一方面，系统还构建了包含全国各地、各层级法律、法规、规章和其他规范性文件的数据库，可以通过自动识别和提取裁判文书中的法定情节，推送相关条文，大幅度减少法官的资料检索和工作量，提高法律适用的精确度。

（三）量刑智能辅助功能

“同案不同判预警平台”通过自动识别和提取当前案件庭审笔录或法官已撰写的裁判文书中的量刑相关情节，综合分析法律法规、相关政策性规定、内部指导意见以及类似案件的平均量刑幅度，推送建议的量刑结果，使法官能够更为科学地把握量刑幅度，规范统一裁量尺度，促进实现同案同判，进一步提升法律适用水平。

同时，针对环境保护公益类、药监食品安全类等新型案件，由于缺乏历史裁判案例数据积累，系统将依靠后台特定领域的法律知识图谱构建专家决策系统，通过智能文书分析抓取核心关键情节，适配知识图谱中的相关决策路径，智能推荐该裁判路径下的法律依据和指导案例数据，结合类似案例的判决结果给出初步的量刑预测范围。

（四）文书智能纠错功能

在案多人少的情况下，法官面临着巨大的工作压力，难免百密一疏。法言法语使用不规范、数据错漏、文书说理不足等问题在裁判文书中并不罕见。知识图谱的构建为文书纠错提供了可能，预警平台可以自动发现裁判文书中的书写错误，如语言使用不规范、判决结果笔误、金额和数量单位写错等情况，通过高亮相关文字的方式向法官提醒。同时还可以参照裁判文书模板规范，根据法律实体构成要件和判定规则，自动检查法律实体关系，对说理不充分或者缺少关键情节说理的文书进行预警。

（五）刑事附带民事诉讼调解辅助决策功能

做好刑事附带民事诉讼（以下简称刑附民）调解工作是人民法院在刑事司法领域构建和谐社会的重要司法措施，在新形势下具有重要的现实意义。刑附民诉讼主要集中在故意伤害、交通肇事、非法拘禁、寻衅滋事、抢劫、强奸等案件。在此类案件审理过程中，通过刑附民调解辅助决策模块，一方面法官可以进行减轻情节、加罪情节、赔偿金额的组合筛选和调整，利用系统智能计算出不同判决思路下的量刑预测结果和判决偏离度；另一方面，法官也可以直接输入理想的量刑结果，系统将智能推荐出不同的减轻情节、加罪情节和赔偿金额的组合策略。在这样的辅助决策功能帮助下，法官就可以在合理裁判尺度范围内，尽可能选取一个能够平衡双方当事人及其家属对赔偿和量刑方面利益诉求的判决思路，从而更好地开展刑附民调解工作。

（六）量刑偏离预警功能

由于对法律的理解和适用存在差异，不同法官的裁判标准难以统一，同案不同判现象时有发生，严重影响了司法公信力。当法官确定判决结果，完成裁判文书编写后，系统将自动抓取法官编写的裁判文书进行智能分析，自动预警高偏离度的案件，并利用司法大数据可视化技术，通过类案判决分布和判决结果偏离状况分析，向法官解释产生高偏离度的原因。

作为审判管理者，在保证法官依法办案不受外部干预的前提下，如何对海量案件判决进行有效监督，一直是审判管理办公室（以下简称审管办）进行审判监督的难题。传统的随机人工抽查方法虽然也起到了一定作用，但尚无法实现案件质量管理的全覆盖。“同案不同判预警平台”可以实现实时案件偏离度检查和质量分析，为审判管理者提供本地区案件偏离度综合分析汇总。庭长和审管办领导只需要通过本地区总体偏离度大数据分析界面，即可快速掌握本地区案件质量总体概况和发展趋势，快速定位高偏离度的案件和案件类型，有针对性地开展监督工作，大大提高了审判管理工作的精准化水平。对于高偏离度的案件，通过全流程可视化的管理界面进行实时、动态与定向化的管理。

此外，“同案不同判预警平台”还为法院领导的管理提供了充分的便利。以前法院院庭长要通过案件审批来实现对案件质量的把控，这种做法不仅费时费力，也不利于法官依法独立行使职权。有了这套系统，院庭长不再需要对所有案件进行干预，而只需要对系统预警超过一定范围的案件进行有针对性的管理。系统未预警的案件，法官有充分的自由裁量权。司法管理的效率与精准化程度都有了明显的提升。通过这套系统，既保证了还权一线法官，又实现了案件质量管理，这就是“放权而不放纵”。随着系统的大范围推广，同案不同判的现象将逐渐减少，司法公正与司法公信力将会得到实质提升。

结　语

案件审理能力是法官在案件审理过程中适用法律、定纷止争的能力，是审判能力的核心要素。当前，案件审理能力提升的瓶颈有两方面：一是法官人才储备仍然不够充分，职业素质参差不齐，案件审理水平的地区差异较大；二是由于当前法院面临“诉讼爆炸”，法官审判工作量日益攀升，面对大量的简单重复劳动，员额制改革削减法官数量后更是雪上加霜。针对上述瓶颈，“同案不同判预警平台”以自动化与全面辅助为导向，一方面，运用大数据技术对案件审理过程中的简单工作进行自动处理，减轻法官重复劳动的压力，提升办案效率；另一方面，运用大数据技术对复杂工作进行全面辅助，实现法律适用过程由个人经验向集体经验转变，从而提升审判质量。无论是简单工作自动处理还是复杂工作全面辅助，大数据技术的运用均不能取代法官在司法决策中的核心地位，但能优化和升级法官个体能力和以经验为主导的传统决策模式，强化司法决策过程的科学性。目前“同案不同判预警平台”已经在江苏省盐城市、南京市、苏州市等七个城市的中级人民法院、56 家基层人民法院的 350 名法官中使用，成功预警高偏离度（三级预警）案件 120 多起，总预警案件占总案件数的 3.3%，准确率达到 92%。在使用过程中，各地法官也结合审判实务经验反馈了一些建议及实际工作中的痛点需求，如增加实务中考虑到的非法定情节、罚金与缓刑的偏离度计算权重调整和取保候审刑期自动计算等等。

当然，“同案不同判预警平台”仍然存在进一步完善的空间。首先，目前预警平台虽然已覆盖了刑事案由的80%，但下一步仍需继续增加没有涉及的案由以及支持用户定制专属案由。比如，铁路法院审理涉及环境资源类的案件，首先要查看关于环境资源类案件会涉及哪些案由，对这些案由的文书数量进行统计，从中选择文书数量较多的案由，进行知识图谱的构建，利用构建好的知识图谱进行模型的训练，同时，涉及知识产权类的案由也逐步纳入系统当中。对于已经训练好的案由，需要采集更多优秀案例进入训练模型，提高预测判罚的准确性。关于类案，后期会逐步采集更多的数据集，进行实时更新，优化类案推荐的准确性。将法官的决策路径用知识图谱的形式展示，对文书进行解析，为法官梳理出案件脉络，直观展示案件涉及的法律关系，节省办案时间。其次，“同案不同判预警平台”目前只涉及刑事案件的量刑。下一步会开发民事版本和行政版本的同案不同判辅助办案系统，提高法官办案效率，杜绝冤假错案的发生，让人民群众在每一个案件中都感受到公平正义。

B.23
司法证据的大数据分析

——以贵州法院的实践为例

贵州省高级人民法院信息技术处 *

摘　要： 大数据的意义不仅在于掌握庞大的数据资源，也在于对这些有意义的数据进行专业化处理后产生的巨大价值。法院的海量司法数据是支撑人民法院科学发展的宝贵财富。运用大数据技术对司法数据进行分析提炼，探索大数据技术运用于证据分析的实际工作场景，通过对证据推理的逻辑分析，提出大数据的相关性，强调数据间关联，基于全量数据分析，规模化数据处理能力是人的经验以及理性无法胜任的课题，而证据相关性更加强调法律人的经验和逻辑理性。

关键词： 大数据　证据指引　要素　分析

大数据是以容量大、类型多、存取速度快、应用价值高为主要特征的数据集合。大数据应用正在快速发展为对数量巨大、来源分散、格式多样的数据进行采集、存储和关联分析，从中发现新知识、创造新价值、提升新能力的新一代信息技术和服务业态。大数据作为当下“互联网 +”时代的显著标签之一，大数据分析技术已经成为社会各领域创新的原动力和新型知识分析工具，它的广泛应用给各行各业带来了变革。尤其在司法领域，这是前所

---

* 执笔人：梁国昕，贵州省高级人民法院信息技术处副处长；陈昌恒，贵州省高级人民法院信息技术处副处长；马娅宏，贵州省高级人民法院信息技术处干事。

未有的一次机遇和挑战，对传统的法律实务模式产生了冲击。面对人民群众日益增长的多元司法需求，最高人民法院公布的《人民法院第四个五年改革纲要（2014～2018）》提出，要以“大数据、大格局、大服务”理念为指导，逐步构建符合审判实际和司法规律的实证分析模型。在推进司法体制改革的试点工作中，贵州法院运用“大数据”这一科技成果作为实现改革目标的主要抓手和探索变革途径的指路明灯，着力推进“互联网＋审判”改革，努力打造“智慧法院”。

一　贵州法院证据大数据分析路径探索

随着司法改革的深入推进，仅仅依靠体制创新难以有效解决司法工作面临的新情况、新问题。例如，立案登记制改革后，“案多人少”矛盾日益突出；随着“审理者裁判，裁判者负责”的推进，取消了传统层层审批的模式，而此时如何保障案件质量和同案同判、如何实现司法监督，都是司法改革必须要解决的现实问题。科技的创新和运用是解决当前司法工作难题的重要手段。面对新形势、新要求，贵州法院充分发挥信息化、大数据技术的优势，开发智能审判辅助系统，运用大数据技术助力司法改革，着力加强法院管理，提升审判质量和效率，提高司法公信力，努力实现让人民群众在每一个司法案件中感受到公平正义的目标。

中央政法委领导多次强调，在司法体制改革进程中，要最大限度地实现科技创新与制度创新深度融合，努力提高司法的公正、效率和公信力。要充分认识到，强化大数据深度应用，把统一适用的证据标准嵌入数据化的程序之中，实现科技创新与制度创新协同发挥作用，是加快推进以审判为中心的刑事诉讼制度改革等司法体制改革的必由之路，是解决证据标准适用不统一、办案程序不规范等实践难题的必由之路，是提高司法效率、促进司法公正的必由之路。

（一）证据大数据分析思路

贵州法院在推进以审判为中心的诉讼制度改革过程中，坚持系统思维，遵循司法规律，提出“审判实践归纳+大数据分析印证”的模式，将证据大数据分析技术引入系统，总结提炼办理刑事案件的特点和规律，科学制定契合证据法律规范、符合司法裁判要求、适应各类案件特点的证据参考标准，统一公安机关、检察院和法院的刑事证据要求，为办案人员提供细致明晰、切实可行的办案参考，各环节的办案机关按照裁判的要求和标准收集、固定、审查、运用证据，在各个诉讼阶段严把案件事实关、证据关。抓住证据标准的核心要求，建立证据规则与定罪量刑之间的联系（即系统校验规则），在证明对象上确保定罪量刑的事实都有证据证明，在证明手段上确保诉讼证据具备证据能力和证明力，在证明标准上确保综合全案证据排除合理怀疑。立足实践问题和司法需求制定证据标准，充分发挥证据标准的指引、规范等作用，把握证据的方向标准，按照先易后难、循序渐进的原则，分期、分批制定并同步完善各类案件的证据标准。任何一个环节提供的证据不符合或缺少，系统均会进行提示，要求公安机关或检察机关进行补证，如果办案机关不采纳系统提示意见需对此进行说明，为下一环节办案人员提供参考，最终实现证据大数据分析的合理设计，构建证据大数据神经网络模型（见图1）。通过案中材料内容后，提取关键证据要素，通过神经网络审判过程，输出智能判决结果。有效避免“一步错、步步错、错到底”的现象发生。案件到达法院后可以做到事实证据调查在法庭，定罪量刑辩论在法庭，裁判结果形成于法庭，为公正裁判奠定可靠基础，最大限度避免冤假错案的产生。

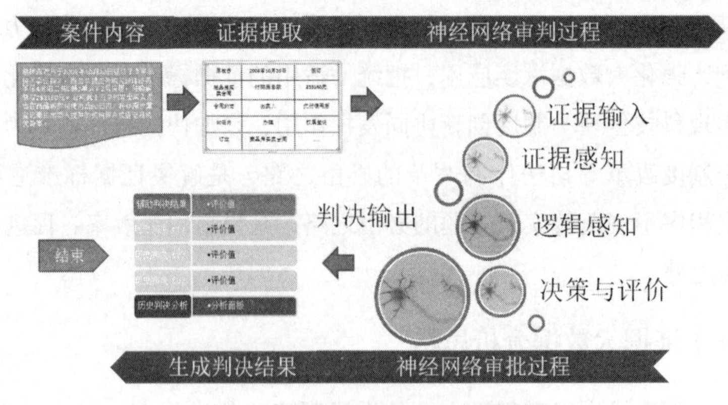

图1　证据大数据分析网络模型

（二）证据大数据分析原理

从本质上来说，法官审理案件分为两个部分，一是认定事实，二是适用法律。客观或较为客观地认定案件事实是准确适用法律的前提，而借以认定事实的依据就是证据。事实上，诉讼所涉及的争议事实，是过去已发生的客观事实。审理该案件的法官不可能事先介入或者见证（如果法官事先介入或者见证该案件，该法官就成为该案件的当事人或证人，不能参加该案件的审理工作），更不得事后凭空推断，只能而且必须凭借能够证明当时客观事实的一切证据（包括书证、物证、视听资料、证人证言、勘验笔录、鉴定结论、当事人的陈述等各类型证据）来认定事实。诉讼参与人依据诉讼法规定的程序和方式以及相应的举证责任，向法庭举证并进行质证。法官基于行使审判权的职能，严格依照诉讼法规定的程序和方法以及证据规则，进行法庭调查，发现、收集、审查和判断证据资料，尽可能地查清客观事实、还原真相，为适用法律和作出裁判做好准备。

从中不难看出，法官查清案件客观事实的过程，实际上就是听取当事人举证、质证和发现、收集、审查、判断证据资料的过程。证据决定事实，事实决定法律适用，法律适用决定裁判，因此，查明事实是法官审理案件的基础和前提；事实需证据证明，这就离不开证据分析。证据分析是事实认定的重要环节，是法官心证形成过程的外在表现形式，证据分析的过程就是刑事审判法官心证形成的过程。案件中每个单一的证据大都只能证明特定的事实片段，而不足以证明整个案件事实及全过程。就具体案件而言，只有在纷繁庞杂的证据之间建立起逻辑联系，且按照诸多证据之间的内在关联将所有的证据予以科学整合，才能实现“用历史的碎片拼凑事实”，才能最终查明案件事实。换句话说，法官只有对证据进行甄别、筛选、分析、组织，形成系统的证据体系，才能准确地认定且厘清案件事实。理论界对审判证据分析的论述较多局限于对单个证据或一类证据的审查，如何为个案中的证据分析提供可操作性方案，展现法官认定事实心证形成的过程，更多依靠一线法官实践经验的积累。因此，我们提出“审判实践归纳 + 大数据分析印证”的模式，将法官审判实践过程中面对证据时的分析思维活动中典型的思维过程和方法转化成计算机所能识别的校验及计算规则（即算法），并关联匹配与该证据相对应的法律条文，构建证据大数据分析模型，再通过一定数量案件的测试，不断进行修改完善，将分析结果与法官认定的结果进行对比印证，对法官进行实时提醒，避免法官因感官或错觉作出不合理或不合法的裁判。

（三）证据大数据分析技术

1. 建立证据和法律法规间的关联关系

对象及其属性、同一对象的属性之间具备关联关系。例如，“张三身高1.8 米”就是对象（张三）与属性（身高）的关联。再如，如果我们知道张三体重 75 公斤，则“1.8 米”和“75 公斤”之间就因“张三”建立了关联。在数字化的世界里，不和其他的符号（数字）关联的符号（数字）是不包含任何信息的。从不包含信息的素材，得不到包含信息的结论。因此，这要求我们在收集证据数据时，要尽可能地把关联关系建立起来；没有关联关系，数据很容易成为垃圾。这种情况并不少见：有些实验室，把针对同一试样的各项实验结果分别保存起来，而没有建立统一的 ID，关联关系丢失。这样的数据，再多也没有用处。

2. 挖掘证据和事实之间的映射关系

知识（或信息）的发现与挖掘，其本质是寻找映射关系：通过对象的一部分已知属性，把对象的另外一部分属性或对象本身找出来（或缩小范围）。产生这类问题的原因是：只有一部分属性已知、容易得到、容易识别、容易表述，而另外一部分未知、不容易得到、不容易识别、不容易描述。信息挖掘指的是预测某个特定对象的属性，如某重要证物上能够提取的指纹应与犯罪嫌疑人的指纹作比对，说明该犯罪嫌疑人接触过此重要物证；知识发现是确定一类对象的属性之间的关系，如 DNA 中 Y 染色体区别人的性别。

3. 映射关系的差别——提炼要素

正确、高效地识别，最好的办法是找到好的素材（即要素）。素材与结果之间的关联强度是不一样的：有的比较强，是因果关系、必然联系；有的比较弱，是相关关系、偶然联系。例如，我们可以根据 DNA、相貌、衣服来识别一个人。但三者相比，DNA 的联系是强的必然性联系，衣服是弱的偶然性联系，相貌是介于两者之间的联系。正如淘宝网根据用户对商品浏览的次数及特点推送相关商品。从数据得到的知识和信息，往往不是绝对正确。一般来说，可靠的结论基于可靠的数据和可靠的分析方法。数据量增大以后，滤除干扰的可能性也随之增大，从而可以从原来可靠度低的数据中，得到可靠性相对较高的数据。所以，提炼要素是做好证据大数据分析的关键一步。

4. 相关性与因果关系

有些相关性的背后，有因果关系存在。两个要素由因果产生关联的机制大概可以分成两类：①两个要素具有因果关系，如刚做父亲的青年人常会买尿布；②共同原因导致的两个结果之间的关系：如孩子的父亲会常买啤酒，也常买尿布，于是，啤酒和尿布就可能关联起来。当我们需要根据关系作出判断时，需要研究因果的逻辑关系：到底是谁影响了谁。否则，盲目分析可能适得其反。“到底谁影响了谁”为什么会成为问题？大概有两类原因。

第一类原因是：忽视了时间因素，如“统计结果表明，练太极拳的人身体差”。现实却是：很多人身体变差（包括衰老）以后，才练太极拳。一般来说，具有因果关系的两个要素之间，时间上有前后关系：原因在先，结果在后。

第二类原因是：忽视了前导因素，“公鸡一叫，天就亮了”，现实却是，天亮之前的迹象被公鸡察觉到了。两者是第二种因果关系，只是看似“原因在后、结果在前”了。

5. 数据分析的先导因素

从某种意义上说，数据分析的过程，就是寻找强的相关关系（必然性、因果性），或对弱的相关关系进行综合、得到强的相关关系。机器学习的过程，本质上是基于这样一种假设：A 和 B 的一部分属性类似，则推测另一部分属性也应该类似。例如，A 和 B 的身高相似，则体重也可能相似。现实

中，两个属性确实具有强烈的相关性，但身高相同而体重不同的也大有人在。这时，如果我们还知道他的体型，是瘦弱、偏瘦、正常或偏胖、肥胖型，对体重的估计就可以准确一些。由此可见，用数据发现知识的过程，本质上就是提高相关性、可靠性的过程。但在做数据分析之前，我们已经有一定的知识积淀，但认识不清却是一种常态；我们希望通过对数据的分析，来改变这种常态。而改变认识的过程依赖于数据的质量和分析数据的方法。所以，除分析方法外，分析过程依赖于两个先导性因素：一是数据质量（包含多方面的含义）如何，二是我们已有的认识如何（包括如何用复杂函数关系表述认知的知识）。

6. 数据分析的过程

在很多情况下，猜出一个结论并不难，难的是论证一个结论。如何让分析结果能够被法律法规和案件数据双重认证是最关键的环节。大数据分析的一个重要特征是：传统概率理论的假设往往不成立。例如：大数定理的条件往往不成立、模型的结构往往未知、因果关系不是天然清晰、自变量的误差往往不能忽略、数据分布往往是没有规律的。所以，为得到可靠的结果，我们工作的重点是运用已有的知识去验证这些条件、构造这些条件。从某种意义上说，数据分析的过程，主要是排除干扰的过程，特别是排除系统干扰的过程。数据量大的直接好处是排除随机性干扰。但排除系统性干扰却没那么容易，数据量大是必要条件但不充分，需要我们运用法官的专业知识认定一个结论成立并明确结论成立的范围，然后确认它的“可重复性”（指的是在各种分组下都成立的结论：最好能在不同时间分组中也能成立，分组越多、分组的维度越多、结论的可靠性越高）。整个过程包括：数据选取和分组、确定范围、构筑逻辑链条、数据结果的解读、数据结果与法官专业知识的融合、搭建模型。

二　证据大数据分析在审判执行工作中的应用

2015 年 1 月，贵州成为全国第一批司法体制改革试点省份。随着司法改革的全面推进，员额法官遴选工作的完成，法官人数大幅减少，人均办案数量明显增加，办案压力增大。在当前法官素质仍然参差不齐的情况下，案件取消了院长、庭长的层层把关，如何保障案件质量，加强监督，防止任性办案，都是法院面临的难题。在推进司法体制改革过程中，贵州法院借助大数据东风，探索“法律＋技术”审判新模式，积极打造“智慧法院”，以贵州司法大数据分析工作为平台，自主探索设计智能决策分析系统、智能审判辅助系统和智能公众咨询系统，建立了具体的案由模型，实现了智能证据分析、文书生成、自动匹配精准相似案例等功能，实现信息化应用全覆盖，促进贵州法院审判体系和能力现代化，提升审判质效。

（一）统一标准，提高办案质效

通过对近 5 年来贵州省因证据不足被发回重审的刑事案件进行梳理、排查，发现影响案件质量的主要因素如下。

（1）证据不足，取证程序有瑕疵严重影响刑事案件办理的质量及效率。首先，纵观所有冤错案件，几乎都存在明显的证据缺陷问题。侦查机关是否全面收集、移送证据材料，检察、审判机关是否认真审查全案证据，依法排除非法证据，对防范冤错案件都有至关重要的作用。其次，证据不足、取证程序有瑕疵也是导致案件被发回重审、改判乃至宣告无罪的重要原因。近五年来，贵州省因事实不清、证据不足被发回重审的刑事案件共计 1390 件，占发回重审刑事案件总数的 78.4%。一审没有查清的事实，由于时过境迁，到二审阶段补查难度进一步加大，容易导致案件事实难以查清，最终对定罪、量刑造成影响。

（2）证据标准不统一，证据规则落实不到位是影响刑事案件质量的重要因素。防范冤假错案、降低刑事案件发改率，除了加强法院内部的制度建设、增强法官的业务能力和责任意识外，还需要加强与公安机关、检察机关的沟通，对于因事实不清、证据不足而宣告无罪的案件、发回重审的案件，总结经验教训，将法院审判案件定罪量刑的证据裁判标准传递给侦查、起诉机关，以审判为中心引导侦查、起诉。

2016年4月27日，贵州省高级人民法院与省人民检察院、省公安厅共同制定了《刑事案件基本证据要求》，为刑事案件大数据分析提供了基础资料。

以《刑事案件基本证据要求》为基础，借助科技力量，将证据指引嵌入办案系统。目前已完成了证据指引建模和系统开发工作，并将花溪区人民法院、红花岗区人民法院、西秀区人民法院、织金县人民法院作为试点，开始运行。登录系统操作界面，点击案件办理后补充证据功能按键，便可看到证据已由图谱的形式展示，用颜色和符号实现证据的区分，法官可以点开每一份材料进行电子化查阅，系统将自动提示该案件的必要证据是否缺失。

（二）要素匹配，提供审判辅助

大数据分析的价值之一在于通过优化法官的认知能力，从而实现辅助法官办案的目标。理想的认知过程，是法官在经验充足、完全理性、信息充分条件下的事实认定过程。但事实上，人的经验是有限的，获得经验所经由的逻辑通道亦是有局限的，法官不可能对各个领域全知全能。大数据可在短时间内对全量数据进行收集、分析、归纳和处理，为法官提供了相对完整的信息，能够填补法官对繁杂信息的认知能力，拓展认知视角。此时，法官只需充分运用自身的理性、良知、经验即可从完整的信息图景中作出最优判断。贵州法院于2016年3月开始和大数据专业分析团队进行合作，以相关法律法规法条以及全省三级法院案件数据库作为指引，在对基础数据进行梳理和分析研判后，定位案件要素与证据关系，案件要素与法律法规、判案指引、相关鉴定标准的关联，针对具体案由建立案由模型，实现审判实体与判决依据，以及法律法规等数据库的对应。办案法官运用系统，便能从繁杂的事务中解放出来，集中时间与精力，聚焦案件争议焦点（例如，法官可以点开每一份材料进行电子化查阅，系统已自动将非结构化的扫描卷转化成为可编辑的半结构化文档供法官使用，同时具有自动记录庭审笔录、合议笔录等功能，此外，还可以通过对法官的阅卷笔录和庭审情况的自动采集，自动生成普通程序不认罪、普通程序认罪认罚、简易程序、轻罪速裁、刑事附带民事及未成年人犯罪 6 种法律文书，法官只需稍作修改即可）；同时系统为法官自动推送类似案例，提出量刑建议，对法官作出的裁判进行偏离度分析，让法官裁判更加自信、更有底气。

（三）技术监督，提高司法公信力

在辅助法院管理方面，系统让法院领导能实时分析案件审理情况、实时掌握案件进展，并能通过分析审结案件的审判偏离情况，为倒查问题案件和瑕疵案件提供数据支撑。截至 2017 年底，系统已对 94671 件有电子裁判文书的历史案件进行了偏离度分析，其中偏离度大的案件有 3189 件。

刑事案件当事人对涉及的案件裁判有心理预期，可以减少上诉、申诉的概率。系统推送类似的生效案例作参考，让当事人合理设定心理预期，引导被告方与被害方达成谅解，实现法律效果与社会效果的有效统一。通过当事人选择案情描述，匹配案由模型，精准推送相关判决依据和法律法规，让当事人对案件审判结果有一定的预期，实现司法信息对称，维护司法公平正义，促进审判体系和审判能力现代化。

三　证据大数据分析工作取得的成果

2016 年以来，贵州法院组织开发多类别多案由的证据指引模型以及刑事办案智能辅助系统，将人工智能技术，包括图文识别、语音识别、科学算法等技术引入系统，分析提炼刑事案件的特点和规律。从坚持以“侦查为中心的诉讼制度”向“以审判为中心的诉讼制度”转变。一方面，固定定罪量刑的关键证据类型，从侦查阶段便作必备规范，从源头上保证案件的必备证据齐全。另一方面，统一定罪量刑的关键证据证明要素和形式要件，从源头上便按照审判阶段认定事实的要求收集并审查证据。在此基础上，将统一的证据规则和要求嵌入刑事案件办理的数据化流程，并充分发挥数据自身的“筛子”功能。数据流程凭借是否是统一证据的识别和是否符合要求的证据判断，自动筛选证明力强且审判环节所需的规范证据，并将有明显瑕疵和证据不全的案件拦截于侦查和公诉阶段。从而借助计算机辅助系统技术机制性地防止冤假错案的发生。当然，该技术手段不仅成为力戒冤假错案的有力屏障，也是提升办案质效的助推器。贵阳市花溪区人民法院通过贵阳市政法系统协同办案平台，自动拦截不符合证据规范要求的案件，确保了侦查案件质量，避免了案件“定放两难”的窘境。贵州法院针对故意杀人和伤害案件及抢劫、盗窃等几类常见案件的证据要求加以规范，坚持问题导向，对存在瑕疵、问题案件分析中总结出的共性问题，依据刑法犯罪构成理论和审查判断证据合法性、关联性、客观性要求，分析提炼出影响定罪量刑的关键要素，打破了传统《刑事诉讼法》规定的证据类型的归类，根据破案的内在逻辑联系来设计证据模块，按照破案的自然过程要素化、结构化，形成证据指引，在立案时对相关证据进行筛查，及时发现不符合刑事基本证据要求的案件，充分发挥“筛子”作用，使办案人员能够一目了然地知晓哪些证据该收集固定。既解决证据取证范围即证据量的问题，也解决证明力即证据质的问题。同时，系统依托大数据技术，进行量刑预警及审判监督，将刑事裁判文书（包括已生效和未生效的）解构分析，对影响裁判结果的量刑要素进行抓取，通过系统作出裁判并与原裁判结果进行比较，分析量刑偏离度，同步推送相关案情统计分析及匹配相似案例，并将裁判结果与相似案例结果进行对比分析，逐步完善“镜子”功能。系统还对案件进行偏离度分析，对偏离度高的案件适时启动复查程序，确保案件裁判正确。实现了监督全覆盖，监督无盲区。从2016年10月20日起，贵州开发完成了刑事四类案由证据大数据分析平台，并选择贵阳市花溪区、毕节市织金县等4地基层法院作为刑事案件大数据试点法院，截至2017年12月31日，4家试点法院通过大数据系统共办结4类试点案件2594件。从织金县人民法院试点的情况来看，共审理案件131件，结案率高达100%，平均审理时间12天，当庭裁判率为99.10%，服判息诉率为87.10%，案件审判质效明显提升。民事和行政案件已完成建模和案件要素的梳理工作，正在对历史已结案件进行试运行。而证据模型由以下几部分内容组成。

（一）证据规则

为进一步拓宽证据大数据分析的功能，贵州法院积极部署证据大数据推进工作，加快刑事、民事和行政三大审判的大数据智能辅助办案系统的开发运用。案由选择以量大面广的案件为突破口，从简单到复杂，由刑事到行政再到民事。刑事案件选择了故意杀人、故意伤害、抢劫、盗窃四类案由，行政案件选择了房屋征收和补偿两类案由，民事案件选择了商品房买卖合同纠纷一类案由进行大数据建模分析。每一类案由都有相应的证据指引规则。证据规则模型规定了必要证据和可选的证据。每个证据项都给出了具体的信息项要求，同时存储结构化数据和扫描原件（见图 2）。

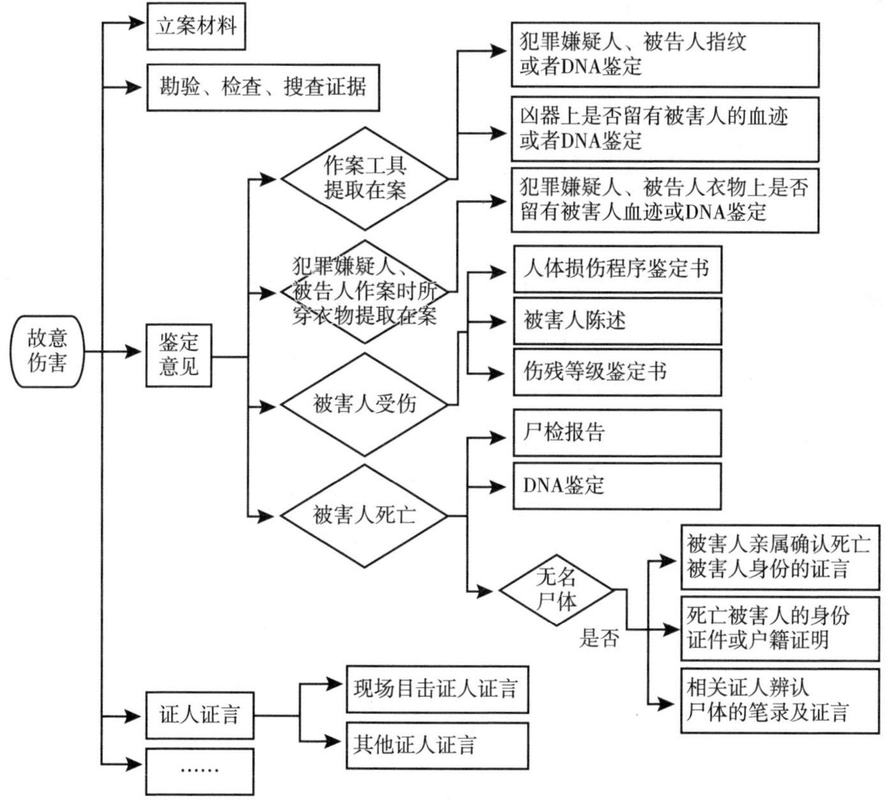

图 2　故意伤害罪证据规则模型

（二）证据校验

根据证据规则标准，在立案系统中对案件证据材料进行校验。一方面系统会自动校验各种数据，如果有必要证据资料没有提供，系统会给出提醒或直接不能通过校验，不予立案。另一方面，系统也会根据证据规则，自动分析需要的证据资料（见图 3），如当案情中能证明凶器提取在案的，系统会检查证据中有没有提供被告人指纹或 DNA 鉴定书，并根据检查结果对法官进行提示。

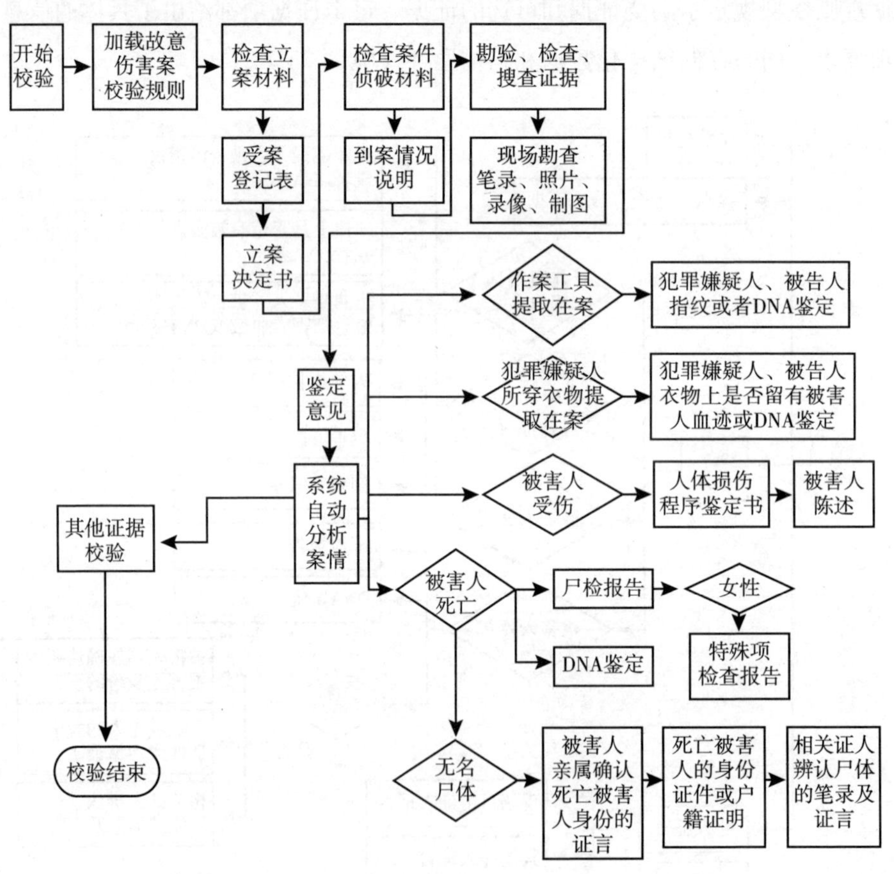

图 3　故意伤害罪证据校验模型

（三）证据分析

证据分析目前主要完成了案件要素提取功能。系统通过自然语言分析等技术，从相应的证据资料里提取案件的要素。对于扫描件，系统通过 ORC 技术自动识别文字，再分析提取。同时，正在开发证据逻辑挖掘功能，通过对证据的分析，可以自动找到内在关联（见图 4）。比如，找到证言与证物之间的关系，可以实现将控辩双方的证言在一个界面分别展示，方便法官分析案情。

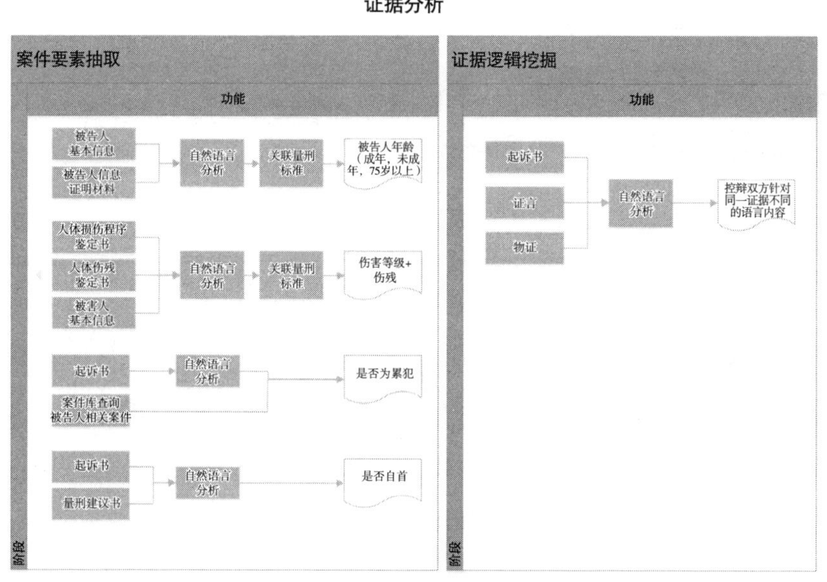

图 4　故意伤害罪证据分析模型

（四）辅助知识推送

量刑建议与偏离度推送：案件要素提取出来后，系统通过关联量刑规则，分别提取出基础刑期和从轻、从重的量刑，将这些结果合并处理，生成电脑判决的结果。同时，将电脑判决的结果和法官判决的结果进行比较，计算出偏离度。

类案推送：对于现有的案例库，通过 NLP 自然语言分析等技术，利用每个案由的模型提取出相应的要素，生成带有要素的案例库（见图 5）。通过大数据技术，把当前案例的要素情况作为条件去检索，检索的结果推送给法官参考。同时，也利用大数据聚合技术，生成相关案例的判决结果汇总，并将结果转化成图和表，方便法官参考。

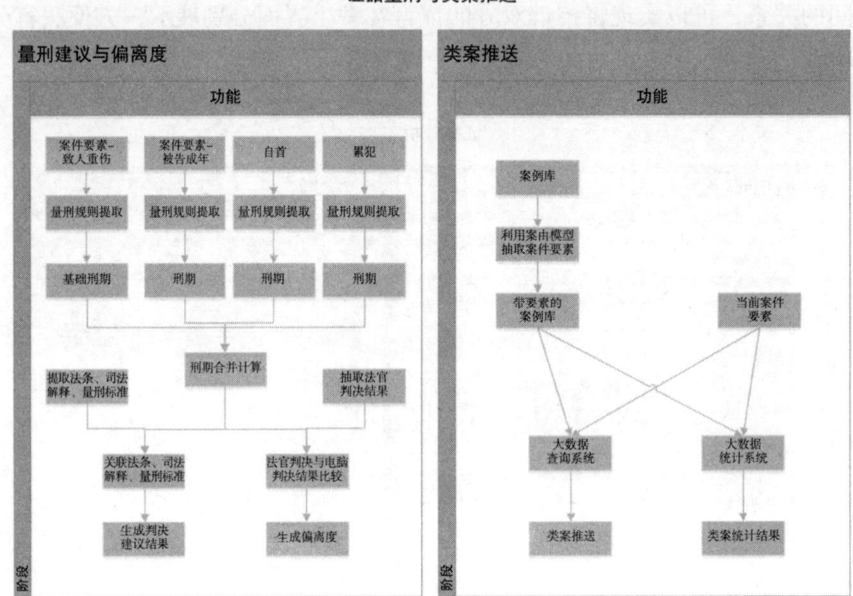

图 5　辅助知识推送模型

四　证据大数据分析中遇到的问题

在证据大数据分析过程中也发现一些问题需要进一步解决，如数据的质量、来源、分类等都是下一步需要重点研究解决的问题。

（一）数据质量问题

首先，大数据分析以全量样本为基数，不是随机数据，因此，数据多源异构、复杂高维，在分析时有不完整、不全面、不精准之处；其次，大数据分析不关注数据的来源，数据中包含了错误和虚假的信息而分析系统无法识别，分析中需耗费较长时间对数据进行“清洗”，筛出部分碎片化数据，在舍弃的数据中可能包括部分关键数据，从而影响分析结果。

（二）数据来源问题

大数据的采样过程以及计算过程依托某种电子数据系统，其最终呈现载体大多为电子数据。故如果数据系统处于非正常运算状态、电子设备的清洁性存在隐患（如被植入木马），采样过程和计算公式的输入存在人为偏差（如故意漏掉某部分样本数据）等，均会导致结论的不客观与不真实，尤其在大数据分析结论系由一方当事人提出，由非官方机构进行收集和计算的情况下，该结论的客观真实性更难以保障。

（三）分析的科学性

法官在认定证据和事实过程中具有主观性和隐蔽性，甚至存在主观臆断的可能性。为防止心证恣意化，各国确立了直接言词原则、最佳证据规则、辩论原则、非法证据排除原则，明确了诉讼证明标准，多方位、多维度推动心证的客观化。如将大数据作为证据，自然有严格的证据规则对法官的心证予以限制。然而，对于司法认知的程序和标准，中国立法并无规定。这就导致了当大数据分析作为法官获取知识的方法时，法官对其采纳与否缺少规则约束，亦无标准可供参考，完全取决于法官的自由判断，法官很有可能以先入为主的经验甚至个人好恶对大数据分析结论予以采信或排除。

五　证据大数据分析开发建议

一是重视和发挥数据治理的积极作用。未来法院所承担的数据甄别、收集、分类、存储和分析将面临巨大压力，各级法院应积极转换思维观念，重视数据、尊重数据、未雨绸缪，既要注重对已有数据的保存、分析应用和深度挖掘，又要加强外部合作，加快内部研发，推荐数据治理和数据应用系统的建设和完善，不断扩大数据容量，构建模块化的专业数据库，加强数据收集分析能力，为大数据分析模式的全面推广做好最基础的准备工作。

二是积极扩大数据采集范围，推进大数据分析项目建设。当前，法院的数据积累主要集中在司法统计上，数据信息有限，应尽可能地采集各种数据信息。在采集内容上，不仅要采集传统的案件信息数据，还应采集案件稳定风险、当事人对判决的意见、公众对法院判决的认同度、司法热点等与审判执行有关的数据信息。另外，加大对海量数据的自动挖掘和分析开发，运用大数据分析原理为法院各类案件的审判工作建构裁判模型，为法官裁判案件提供参考。

三是树立证据大数据分析思维，总结推广经验做法，巩固和发展现有成果。证据大数据分析应用已经成为司法领域不可或缺的一部分，是法律审判应用中的新兴内容，对于未来的司法审判以及法律应用，不应只局限于现有的开发规模，更应该开阔视野，在审判实践工作中不断探索总结，充分挖掘证据大数据在审判执行工作中的作用，不断发现证据大数据在司法工作中的规律，提炼更加科学合理的分析方法和数据分析模型。

附　录

Appendix

B.24

2017年中国法院信息化大事记

一　月

1月14日　全国高级法院院长会在北京召开，最高人民法院主要领导在讲话中强调，要深入推进法院信息化建设，促进审判体系和审判能力现代化。要加快“智慧法院”建设，用大数据铸牢制约司法权的“数据铁笼”。要发挥信息技术对司法公开的支撑作用，让司法权始终在阳光下运行。要创新审判监督管理信息化，促进规范司法行为、提升审判质效。

二　月

2月8日　最高人民法院信息中心获得国家版权局颁发的“面向特定专题的裁判文书文本分析软件”和“基于案由层级的裁判文书分析通用软件”共2项计算机软件著作权登记证书。

2月23日 中国社会科学院法学研究所发布法治蓝皮书《中国法院信息化发展报告 NO.1（2017）》，并在北京召开新闻发布会。报告显示，“以网络化、阳光化、智能化为标志的智慧法院已具雏形并在全国法院生根发芽”。

同日 最高人民法院召开智慧法院建设专题座谈会，最高人民法院主要领导出席座谈会并讲话强调，要坚持问题导向、需求导向，把握发展机遇，突出主攻方向，在社会各界共同支持下，加快智慧法院建设步伐。

2月28日 全国法院诉讼活动通知平台上线试运行，打通新浪微博、新浪邮箱、支付宝等网络渠道，向案件当事人提供诉讼通知发送服务，提升诉讼服务效果，同时为推进电子送达的业务规范完善进行技术验证和资源积累。

三月

3月31日 最高人民法院信息化建设工作领导小组（现名最高人民法院网络安全和信息化领导小组）召开2017年第一次全体会议，最高人民法院主要领导主持会议并指出，要把握时代机遇，认清差距、永不满足，进一步加大人民法院信息化建设力度。最高人民法院分管领导指出，要进一步明确提出智慧法院概念、归纳智慧法院典型特征，指导全国智慧法院建设。会议审议通过了《关于加快建设智慧法院的意见》《人民法院信息化项目建设管理办法》等文件。

四月

4月7日 最高人民法院在安徽召开全国法院减刑假释信息化办案平台建设推进会，会议肯定了各地法院试点经验，深刻阐述了平台建设的重要意义。

4月10日 最高人民法院组织信息中心、上海高院、河北高院、四川高院、中国司法大数据研究院共5名专家成立最高人民法院信息技术援藏专家组，开展信息化智力援藏工作。形成了有关调研报告，对其信息化工作和配套保障措施提出了相关建议。

4月11日 中国司法大数据研究院、最高人民法院司法案例研究院发布电信网络诈骗、中小型股份制商业银行涉诉纠纷两份司法大数据专题报告。

4月12日 最高人民法院发布《人民法院信息化项目建设管理办法》和《法院信息化基本术语》等20项信息化技术标准。

4月14日 河北法院智审系统1.0版上线，在案件审理阶段实现电子卷宗OCR识别、利用，实现司法文书辅助生成，实现关联案件及类似案件查找及推送，支持办案人员最大限度减轻非审判性事务负担。

4月20日 最高人民法院发布《最高人民法院关于加快建设智慧法院的意见》，明确建设智慧法院的意义、目标和要求，提出六个方面23条指导意见。

五　月

5月3日 最高人民法院发布《人民法院信息化建设五年发展规划（2017～2021）》，对五年发展规划的发展现状、重点任务及实施路线图进行了滚动修订。

5月11日 全国法院第四次信息化工作会议在山东济南召开，最高人民法院主要领导强调，要深入学习贯彻习近平总书记系列重要讲话精神和治国理政新理念新思想新战略，坚持需求导向和问题导向，以提升司法为民、公正司法为目标，加快智慧法院建设。最高人民法院分管领导还部署了当前和今后一个时期全国智慧法院建设任务。会议期间举办了全国法院信息化（智慧法院）建设成果展，赢得参会代表与参观团体的高度评价。

5月17日 最高人民法院在江苏苏州组织筹办智慧法院建设国际研讨会，来自联合国开发计划署、孟加拉国最高法院、韩国大法院、巴基斯坦白沙瓦高等法院的代表，部分专家学者等参加会议。

5月19日 全国31家高院和兵团法院全部完成与大数据管理和服务平

台的电子卷宗汇聚接口打通，支持各级法院电子卷宗数据的汇聚管理。

5月22日 在国家法官学院举办全国信息技术工作培训班，来自全国各高院、部分中级法院信息技术部门的168名学员参加了此次培训，并圆满完成了全部课程。

六月

6月8日 第二届中国—东盟大法官论坛在广西南宁开幕。中国、东盟以及特别邀请的部分南亚国家最高法院院长和大法官出席论坛。会议期间成功举办智慧法院专栏成果展示，赢得国内外嘉宾一致好评。

七月

7月6日 中国司法大数据研究院、最高人民法院司法案例研究院发布信用卡诈骗、知识产权侵权纠纷两份司法大数据专题报告。

7月10日 上海刑事案件智能辅助办案系统（简称“206”工程）上线运行。围绕证据主线，以大数据、人工智能等技术为支撑，为办案人员提供统一适用、方便快捷、可数据化的办案指引。在公检法之间建立统一刑事办案系统，初步实现了刑事办案网上运行、互联互通、信息共享。

7月11日 全国高级法院院长座谈会在贵州贵阳召开。最高人民法院主要领导出席会议并讲话，强调要聚焦信息化建设，扎实推进司法为民、公正司法，努力让人民群众在每一个司法案件中感受到公平正义，推动人民法院各项工作不断实现新发展。

7月26日 最高人民法院召集信息化合作厂商进行廉洁提示，信息中心与信息化合作厂商签订“合作厂商廉洁承诺书”。最高人民法院分管领导出席活动并讲话强调，要认清职责，廉洁务实，努力筑牢防范法院信息化建设廉政风险的安全屏障，共同创建法院信息化建设健康发展生态，同心协力打好“智慧法院”建设攻坚战。

八　月

8月15日　人民法院即时通信系统在最高人民法院部署上线，实现了全国法院间跨部门、跨区域的沟通交流和信息共享，系统支持即时消息通信、文件传送、视频沟通等功能。

8月18日　杭州互联网法院正式揭牌，成为全球首家互联网法院，探索用互联网方式审理互联网案件，当事人通过互联网，足不出户就能完成诉讼，实现了“网上纠纷网上了”。

8月27日　泰国法院信息化建设研修班在国家法官学院举办，为来自泰国的30名法官提供为期7天的信息化考察研修。

九　月

9月11日　最高人民法院主要领导主持召开最高人民法院党组会议暨信息化建设工作领导小组（现名最高人民法院网络安全和信息化领导小组）2017年第二次全体会议并讲话，强调要认真学习贯彻习近平总书记系列重要讲话精神和治国理政新理念新思想新战略，坚持问题导向和需求牵引，突出工作重点，全面加强智慧法院建设，推进人民法院信息化建设再上新台阶。

9月18日　最高人民法院发布《人民法院信息化标准制定工作管理办法》，确立了信息化标准从立项到实施、修订废弃各环节的规范要求、程序标志。

同日　最高人民法院发布《网络司法查控应用技术要求》等10项信息化技术标准。

9月26日　最高人民法院在甘肃省敦煌市举办丝绸之路（敦煌）司法合作国际论坛。来自俄罗斯等15国的最高法院院长、副院长、首席大法官或大法官与会。会议期间成功举办智慧法院专栏成果展示，赢得国内外嘉宾一致好评。

十　月

10 月 15 日　中国司法案例网升级改版并上线手机 App，升级改版包括创建案例众筹平台，运用大数据技术从裁判文书网中快速发现案例，为用户精准推送案例，发布相关专题报告，探索建立司法案例标准等。

10 月 17 日　2017 年新常态下电子政务建设经验交流大会在成都召开，北京等法院及个人得到表彰，获得电子政务应用先进单位和先进个人的荣誉。

10 月 23 日　江西省法院建立“电子卷宗集中生成模式”，“收转发 E 中心”正式上线运行。采用诉讼材料集中管理模式，借助信息化支撑手段，在各级法院诉讼服务大厅设立“收转发 E 中心”，实现诉讼材料“收、转、发”事务的全流程集约化、智能化管理，确保电子卷宗的随案同步生成。

十一月

11 月 1 日　全国破产重整案件信息平台完善升级服务并正式上线，基本覆盖全部破产案件，完成了破产上诉、清算、审判监督和执转破案件的业务流程和管理功能，实现破产案件全业务网上办理、全流程公开，进一步提升破产平台的办案效率。

11 月 17 日　江苏省高级人民法院建成“微法院”，推出微信与法院工作深度融合的移动互联网全业务生态平台。

同日　全国精神文明建设表彰大会在京举行，最高人民法院信息中心荣获“第五届全国文明单位”称号。

11 月 23 日　全国减刑假释信息化办案平台正式开通，检察院、法院、监狱办理减刑假释案件将全部在这一平台进行，并实现信息共享和全面公开。

11 月 24 日　中国司法大数据研究院成立一周年。最高人民法院主要领导前往中国司法大数据研究院调研，要求充分运用司法大数据，促进公正司法，服务经济社会发展。

11 月 28 日　全国部分地区道路交通事故损害赔偿纠纷“网上数据一体化处理”试点工作视频会暨新闻发布会召开。道路纠纷一体化系统横向打破各个部门之间的资源和信息壁垒，纵向无缝衔接纠纷处理的各个环节，在化解矛盾纠纷方面表现出数据共享、公开透明、标准统一、便捷智能等明显优势。

11 月 30 日　中国司法大数据服务网上线运行，以满足国家和全社会发展对司法大数据的深度利用需求，网站主要提供专题深度研究、司法知识服务、涉诉信息服务、类案智能推送、智能诉讼评估、司法数据分析六类服务。

同日　发布未成年人犯罪、涉黑犯罪、环境污染责任纠纷、互联网司法大数据热点专报四份司法大数据专题报告。

十二月

12 月 12 日　第 6 届中韩司法研讨会在杭州互联网法院召开，来自韩国大法院的司法信息技术代表与最高人民法院、浙江高院、安徽高院、杭州中院、杭州互联网法院等中方代表，聚焦“第四次工业革命与司法信息技术的未来”，进行了深入交流和探讨。

同日　最高人民法院发布《智慧法院建设评价指标体系（2017 版）》，并组织开展全国智慧法院建设的评价工作。

12 月 13 日　“基于人工智能的庭审信息化关键技术及装备研发与应用示范”项目作为国家重点研发计划“公共安全风险防控与应急技术装备”重点专项 2018 年度申报指南的新增研究任务，正式发布。

Abstract

In 2017, China has vigorously promoted the transformation and upgrading of the court informatization system, made new advancements in constructing the infrastructure, deepening the application, integrating the resources and ensuring the security of this system, accelerated the construction of the four main platforms of judicial openness, advanced in an all-round way the informatization of judicial enforcement, relied on informatization to modernize the trial system and the trial capacity of courts, and continuously improved the planning and the quality of court informatization. As a result of the above efforts, currently the overall development of court informatization in China has reached the advanced level of the world, and even taken the leading position in many areas. In 2018, China will, on the basis of effectively solving the existing problems in the current court informatization system, further improve and develop the system, so as to realize the objective of "complete the construction of Version 3.0 of People's Court Informatization System by the year 2020". More specifically, it will take "servicing the administration of justice" as the criterion to examine the orientation of court informatization, realize the interflow and integration of data between different parts of the system, improve the usability and security of the system, combine technology with court work, and actively embrace new technologies. The Blue Book on the rule of Law: Report on the Development of Court Informatization in China (2018) comprehensively summarizes the achievements made by China in court informatization in 2017 in such aspects as promoting judicial reform through the construction of "intelligent courts", expanding litigation service, overcoming difficulties in judicial enforcement, and utilizing judicial big data to assist court in enforcement and promote social governance. The book also summarizes the latest achievements made by local people's courts in utilizing court informatization to promote judicial reform and assist judges in the handling of cases, in the provision of litigation service, and in the application of judicial big data, as well as the experiences gained by local courts in the construction of the court informatization system.

Keywords: Court Informatization; AI; Judicial Reform; Judicial Big Data

Contents

I General Reports

Abstract: China has come a long way in the construction of the court informatization system in recent years: information technology has been making the work of people's courts more convenient and providing more reliable solutions to the problem of "heavy caseload and lack of staff" in courts. In 2017, China has made new breakthroughs in the construction of the court informatization system on the basis of the version 2.0 of the system: the system has been playing an increasingly important role in the court work, the construction planning increasingly complete, and its quality and efficiency markedly improved. Informatization is helping people's courts to provide better quality judicial services, intelligentize the trial, basically overcome the difficulties in the enforcement of judgments, and automate court administration. An intelligent court informatization system, characterized by "online handling of all court businesses, openness of the whole case-handling process in accordance with law, and all-around intelligent services", is beginning to take shape in China. In 2018, China will make continuous efforts in the realization of the preset tasks and objectives of development of the idea, theory, technology, and safety of the court informatization system.

Keywords: Court Informatization; AI; Intelligent Court

Abstract: Court Informatization is an important part of national informatization work as well as a key to upholding social fairness and justice and satisfying people's judicial needs. Assessment of court informatization in China is conducive to summarizing the experiences gained and achievements made in the process of court informatization, identifying the problems and difficulties encountered in this process, and exploring the direction of its future development. This report assesses the effect of court information in China in the four dimensions of adjudication, enforcement, supervision and administration, and litigation service. The assessment shows that, in general, China has made rapid progresses in court informatization in 2017, continuously raising the level of intelligence of the case-handling services to judges and innovating on the measures for facilitating the people's access to judicial services. Meanwhile, more efforts still need to be made by China in some aspects of court informatization, including deepening the application of electronic case file, promoting the integration of different systems, strengthening the support to the enforcement work, improving litigation service and guidance, and enhancing the overall planning and coordination in the whole country.

Keywords: Court Informatization; Third-party Assessment; Big Data

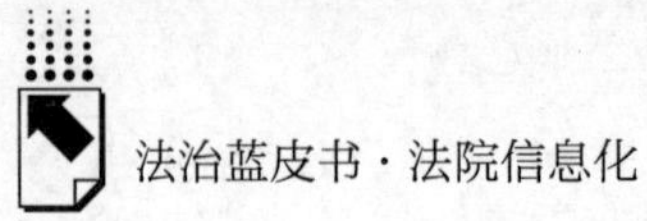

Ⅱ Special Reports

Abstract: Deepening the reform in a comprehensive way and advancing court informatization in a comprehensive way are the only two roads to the modernization of the trial system and trial capacity. They are like the "two wheels of a cart and two wings of a bird" in the development of administration of justice. In recent years, court informatization has provided technological support to and achieved remarkable results in every aspect of judicial reform, especially in strengthening the intelligent supervision over the implementation of judicial responsibility system, enhancing the efficiency of trial, promoting judicial openness, advancing trial-centered reform of the criminal procedure system, and improving the case-filing registration system. In the future, court informatization will play an even more important role in the development of supporting institutions of judicial reform, such as assisted trial, silent administration, standardization of the openness work, and application of big data.

Keywords: Intelligent Court; Judicial Reform; Trial Efficiency; Judicial Responsibility System

Abstract: Serveying the people is the primary content of the "three services principle" to be adhered to in the construction of the court informatization system in China. In recent years, people's courts at four levels throughout China, led and coordinated by the Supreme People's Court, have made concerted efforts to create a "three-in-one" litigation service platform consisting of litigation service halls, litigation service websites, and the "12368" litigation service hotline and continuously explored new media and mobile litigation service channels, so as to provide online, interactive, all-directional, and three-dimensional litigation services to the people. As a result of these efforts, a diversified online and offline, in-courtroom and outside-courtroom litigation service platform has already taken initial shape in China, which has greatly enhanced the capacity of people's courts for providing litigation service to litigants, lawyers, and the general public. In the future, China should continue to focus on the construction of Version 3.0 of the People's Court Informatization System, so as to provide the people with one-stop, whole-process, integrated litigation service, reduce their litigation burden, and enable them to have more timely and comprehensive interaction with courts.

Keywords: Court Informatization; Three-in-One; Administration of Justice for the People

Abstract: Before 2017, China had focused on the development of platforms in the construction of the judicial enforcement informatization system and gradual realized online transparent enforcement of judgments. In 2017, the focus has been shifted to the optimization and application of the system and to the intelligentization and visualization of enforcement. More specifically, focus has been laid on the following work in 2017: first, continuously optimizing the online enforcement platforms by strengthening its control function and the function of online inquiry and control of real properties subjected to enforcement, and establishing separate modules for the unified administration of non-locally entrusted cases and cases of termination of current proceedings; second, realizing the whole-process online handling of enforcement cases; third, improving the social credit system and strengthening the joint punishment of acts of dishonesty by replying on national data sharing platforms; and fourth, emphasizing intelligent enforcement, and realizing the scientific classification and separation of cases, intelligent association, in-depth exploration of enforcement big data, and intelligent analysis and decision-making. In the future, China should advance in an all-round and deep-going way the construction of the intelligent court system and intelligent enforcement system while at the same time continuously enhancing the precision and the user-friendliness of the enforcement system.

Keywords: Court Informatization; Intelligent Court; Big Data; Intelligent Enforcement

B. 6 Judicial Big Data: Development, Application and Prospect (2017)

Team of Innovation Project on Rule of Law Index, CASS Law Institute / 115

Abstract: The construction of judicial big data in China has undergone a process of evolution from internal data to external data, from local data to national data, and from statistics of data to analysis and application of data. Big data can not only helps courts to reduce miscarriage of justice and realize accurate administration of cases, but also becomes an important tool of dispute resolution and social governance. Currently, China is still faced with many problems in the quality, the analysis and the exploration of judicial big data and information islands still exists in the internal and external data of Chinese courts. In the future, China should further improve the quality, promote the application, and strengthen the top-level design of judicial big data, so as to ensure its healthy development.

Keywords: Judicial Big Data; Trial Administration; Social Governance

Ⅲ Informatization of Local Courts

Abstract: In April 2017, the Supreme People's Court of China issued the Opinions on Accelerating the Construction of Smart Courts, which point out the direction for the construction of smart courts in China—a new form of organization, construction, and operation of people's courts aimed at enabling the courts to adapt themselves to the new trends of development in the informatization age and meeting the people's expectation for impartial administration of justice. To implement the Opinions, the Higher People's Court of Chongqing Municipality has fully utilized available resources, adhered to the Internet thinking, actively explored ways of using such technologies as artificial intelligence and big data to reform e-courts and improve the production, delivery and assessment of judicial products of people's courts, so as to create smarter and more efficient courts with "Six Es", namely e-litigation, e-service of court documents, e-mediation, e-court trial, e-openness, and e-enforcement.

Keywords: "Six Es"; the Internet Thinking; E-Courts

Abstract: The construction of intelligent maritime courts is an inevitable requirement of the implementation of major national strategies and of the five-year plan of informatization of people's courts, and the construction of International Maritime Justice Center. In recent years, Shanghai Maritime Court has made some new experiments on court informatization in light of the characteristics and actual practice of maritime trial and enforcement and achieved positive results. In view of the common problems of maritime trial and the difficulties in the enforcement of maritime judgments, the Court has conducted thorough investigation and put forward a plan for the construction of the "AI plus" work mode of maritime courts.

Keywords: Intelligent Court; AI Plus; Maritime Trial

B.9 Advancing Court Informatization by Strengthening the Internet Thinking

Project Team of the Intermediate People's Court of Nanyang City / 157

Abstract: Based on the practice of the Intermediate People's Court of Nanyang City, this report analyzes the problems and difficulties in the application of information technology in court work and comes to the following conclusions: in the process of informatization, a court must always adhere to the principle of being problem-and demand-oriented, update in a timely manner the relevant ideas, and use the Internet thinking to promote informatization; strike a proper balance between the instrumental rationality of information technology and the judge's individual wisdom, so as to ensure the fairness and efficiency of administration of justice; strengthen the standardization of information technology, improve the data safety and protection mechanism and the mechanism for the assessment of the effect of application of information technology, so as to raise the compatibility between information technology and the judicial work; and attach importance to the building of a team of professionals and talents in informatization, so as to ensure that the work of court informatization can be carried out in an effective and orderly way on a long-term basis.

Keywords: Internet Thinking; Informatization; Judicial Work

Abstract: The construction of "intelligent court" is not only a technical issue, but, more importantly, also an issue of profound reform of the working ideas and methods of people's courts. In the construction, attention must be paid to establishing correct ideas, mastering scientific method, and avoiding impractical informatization projects, disconnection between construction and application, repetitive construction and waste. In the construction of the informatization system, the People's Court of Yantian District, Shenzhen City has adhered the principle of focusing on judges' needs, actively cooperated with relevant technological companies, set up a JEC development team to construct a new-type case-handling application system, and used information technologies to overcome difficulties in enforcement, provide effective services to the masses of the people, and improve judicial administration. In doing so, it has opened up a new road to the construction of "intelligent court" with unique characteristics.

Keywords: Intelligent Court; Focusing on Judges' Needs; JEC Mode

Ⅳ Assisting Trial with Informatization

Abstract: This report introduces the background, the significance, the guiding ideology, the principles, the objectives, the tasks, and the content of the construction of the intelligent criminal case handling assistance system in Shanghai, giving a detailed description of the 13 basic functions of this system and focusing on the five innovative new functions that embody the deep application of AI in the judicial field. Through the analysis of the data collected from this system since the beginning of its operation, the report summarizes the results of the application of this system from four different angles, analyzes the shortcomings of this system with respect to online platform, functions, application, popularization, operational mechanism, and technical support, and puts forward suggestions on the upgrading of the system from four different perspectives.

Keywords: IA; Case-handling Assistance; Achievements of Construction

Abstract: The fast-track criminal case administration system of people's courts in Tianjin Municipality adopts such methods as guidance, standard process and interaction to streamline the work process of courts, provides intelligent guidance to case-handling personnel, and helps judges to keep current of the progress of their cases and of their task lists. By establishing a linkage with intelligent trial platform, the system has realized the automatic analysis of indictments and thus reduced the amount of information input. The standardized normative fast-track trial system has realized the automatic SMS reminding, batch operation, automatic generation of various documents and tables, automatic e-signature, and transformation of electronic case files, thereby reducing judge's repetitive procedural work, realizing the speedy trial of simple cases, and saving judicial resources.

Keywords: Fast-track Trial of Criminal Cases; Classification and Separation Between Simple and Complicated Cases; Guidance-Type; Standard-process Interaction

B. 13 Practice of Sichuan Courts of Solving the Problem of "Having More Cases Than Judges Can Handle" through Element-Style Intelligent Trial

Liu Nan, *Zeng Xueyuan* / 215

Abstract: The Key-Elements Intelligent Civil Trial Assistance System was developed by courts in Sichuan Province by relying on the unified civil trial database of three levels of courts in the province, exploring in a deep-going way judicial big data, and integrating AI technologies. This system, as the result of the exploration in intelligent trial by courts in Sichuan Province, has greatly raised trial efficiency and provided judges with whole-process intelligent assistance in the trial of cases. Before the trial of a case, the system automatically identifies and analyzes the claims of the parties to the case and the key elements of the case. In the process of court trial, it automatically generates outline of the trial on the basis of the table of key elements, and helps the judge to give trial guidance, thus reducing the recording work of court clerks; after the court trial, it intelligently generates judgment, thus reducing the paper work of the judge. The application of this system has solved the problem of heavy caseload and lack of staff faced by courts in

Sichuan Province, solidified and popularized the trial experience of an excellent contingent of professional judges, and promoted the unification of the criteria of trial.

Keywords: Key-elements Trial; Big Data; AI; Criteria of Trial

Abstract: To implement the Supreme People's Court's requirements on the synchronized generation of electronic case files and the construction version 3. 0 of the Intelligent Court System, the Higher People's Court of Hebei Province has made the automatic generation of electronic case files an important part of court informatization, set up a technical team, carefully summarized existing experiences, adopted a set of unified norms for the whole province, made continuous innovations, applied frontier technologies, and successfully realized the automatic collection, intelligent classification and automatic ranking of electronic case files, thereby constructing a complete set of court document classification system, laying a solid foundation for the deep application of electronic case files, and effectively realizing precise and efficient judicial administration.

Keywords: Electronic Case File; Automatic Generation of Electronic Case File; AI; Intelligent Court

Abstract: Since March 2016, people's courts at two levels in Quanzhou City, Fujian Province have set the solution of difficulties in the service of court documents as their goal, adhered to the idea of "collaboration, participation, and shared interests", and taken the "comprehensive management of dataflow, comprehensive treatment of false litigation, comprehensive integration of internal and external resources, and comprehensive provision of internal and external servicces" as the general approach to the construction an "integrated, gridded, constrained, and informatized" new service mode, thereby gaining useful experiences for the overcoming of difficulties in the service of court documents and for the realization of deep integration of court informatization with judicial reform and social governance innovation in the whole country.

Keywords: Service of Judicial Documents; Urban Integration; Gridded; Constrained; Informatization

V Informatization and Litigation Service

Abstract: In order to effectively solve the problems of heavy caseload and lack of staff, weak public trust in the judiciary, and poor litigation service, courts in Zhejiang Province have carried out in a deep-going way the construction of "three major mechanisms", namely mechanisms for "big case filing, big service and big mediation", taken informatization technology as the support to strictly implement the case-filing registration system, to build a bigger and stronger "Internet Plus Judicial Service System", and to actively explore the case-handling mode of "filtering cases through three layers of nets", namely resolution of disputes before litigation, mediation of disputes at the time of case-filing, and fast-track trial of simple cases, thereby resolving 80% of the cases in litigation service center, realizing the "speedy solution of simple cases and intensive trial of complicated cases", improving the fairness and efficiency of trial work, and effectively enhancing the people's sense of gain in litigation, their satisfaction with the judicial work, and their trust in judicial organs.

Keywords: Internet Plus; Judicial Service; Big Mediation; Big Case-Filing

Abstract: The theory and practice of diversified resolution of disputes embody the trend of development of the rule of law. Based on many years research on the concept and the development of diversified dispute resolution mechanism, this report compares and analyzes the innovations made and experiences gained by judicial organs in various areas of Meishan City, Sichuan Province in diversified resolution of disputes as well as the actual operation and service scenario of the diversified dispute resolution platform in the city, with a view to contributing to the further improvement of the mechanism through the application AI and big data.

Keywords: Diversified Dispute Resolution Mechanism; AI; Judicial Reform

Ⅵ Enhancing Enforcement Capacity through Informatization

B. 18 Relying on "Intelligent Enforcement" to Open up "the Last Kilometer" of the Road towards the Realization of Fairness and Justice: Promoting the Basic Solution of Difficult Problems in Judicial Enforcement through the Double Engine of "Informatization + Big Data"

Intelligent Enforcement of Cuangzhou Intermediaxe People's Court / 290

Abstract: In recent years, courts in Guangzhou City have adhered to the principle of being goal-oriented, firmly established the "Internet plus" thinking and "big data" thinking, seized the opportunity of the construction of Version 3. 0 of People's Courts Informatization System and Guangzhou Intelligent Court System to create the "Balance Scale" Enforcement Surveillance Network of Guangzhou Courts aimed at overcoming the difficulties in the investigation and control of property subjected to enforcement and in credit punishment, an intelligent enforcement process nodes control system aimed at regulating enforcement activities, a visualized comprehensive enforcement management platform aimed at realizing fine management and solving the problem of heavy caseload and lack of staff, and a WeChat applet and a mobile phone app aimed at overcoming the communication difficulties in enforcement. Today, Guangzhou courts have basically completed the construction of an intelligent enforcement system with "informatization + big data" as its double engines and "one Internet, one WeChat app and one platform" as its support, thus providing safeguard to the realization of the objective of "taking the lead in basically overcoming the difficulties in judicial enforcement".

Keywords: Intelligent Enforcement; Court Informatization; Big Data; Overcoming Difficulties in Enforcement

Abstract: The "difficulties in enforcement" is caused by many complicated factors and involve various aspects of society, but its root cause is the imperfection of the social credit system and low cost of dishonesty. Based on this understanding and in accordance with the CPC's strategic arrangement of "basically overcoming difficulties in enforcement within two to three years", people's courts in Jiangxi Province have constructed the "Dishonest Judgment Debtors Exposure Platform" by applying the Internet plus thinking and in light of the actual conditions in the province. The platform takes the exposure and punishment of dishonest judgment debtors as it focus, unites courts, the mass media, banks and other relevant social entities both inside and outside the province in a joint effort to ensure the enforcement of court judgments, gives full play to the supervisory role of public opinions, and continuously improves its functions and deepens its application, thereby becoming an important platform for courts in Jiangxi province to carry out their enforcement work. Taking this platform as the support, courts in Jiangxi Province have created a new approach to overcoming "difficulties in enforcement" and constructing the social credit system.

Keywords: Dishonest Judgment Debtors Exposure Platform; Punishment for Dishonesty; Internet Plus

Abstract: This report explains the necessity of developing the "Big Data Analysis System" by analyzing various difficulties and problems faced by Chinese courts in judicial enforcement, such as the contradictions between the heavy caseload and the shortage of staff and between the development of information technology and the people's understanding of it, the lack of understanding of cases of enforcement failure by parties to such cases, and the difficulties in dealing with crimes and other violations of law. It further demonstrates the feasibility of establishing the "Big Data Analysis System" on the basis of the policy requirement of developing big data and the current advantages of Wuxi City in the development of big data, points out that the operational principle of the system lies in the utilization of big data, reveals the objective law and the trend of development of big data, introduces through the demonstration of the functions of the system the achievements made by courts at two levels in Wuxi City in the enforcement work, and analyzes the existing defects and problems in this system.

Keywords: Big Data; Enforcement Capacity; Difficulties in Judicial Enforcement

Ⅶ The Application of Judicial Big Data

Abstract: The "Smart Judge System" was innovatively constructed by people's courts in Beijing by relying on the unified trial database of three levels of courts in the city, integrating various data resources, including judicial adjudication databases, judicial personnel management databases, judicial administration databases, and shared databases, basing on the core case-handling needs of judges, and applying such new technologies as big data, cloud computing, and AI. The system provides unified criteria, unified guidance and full-process intelligent support to judges in their handling of cases. It connects seamlessly with judges' daily trial work, and provides them with trial assistance and decision-making support in such links as case-filing, court trial, deliberation by the collegial panel, and writing of judicial documents.

Keywords: Unified Trial Criteria; Case-handling Guidance; Full-process Intelligent Support

Abstract: The "Different Sentencing for Identical Cases Alert Platform" was established by the Judicial Big Data Research Base of the Supreme People's Court by relying on the big data of court judgments in the whole country and in accordance with the basic steps of "linkage map construction → circumstance deconstruction → weight sequencing → identification of similar cases → model training → sentencing prediction → deviation alert" for the purpose unifying sentencing criteria. The platform integrates the following five functional modules: recommendation of similar cases, pushing of legal knowledge, intelligent assistance in sentencing, intelligent correction of errors in written documents, and warming about deviation in sentencing. It provides judges with not only intelligent assistance in their trial of cases, but also precise references for the management of case-handling quality. The development and application of the alert platform has promoted the unification of sentencing criteria through silenced management of case-handling quality while at the same time safeguarding the independent trial of cases by judges in accordance with law, thereby providing a solid safeguard for the modernization of the trial system and trial capacity of Chinese courts.

Keywords: Different Sentencing for Identical Cases; Court Informatization; Judicial Big Data; Judicial AI

Abstract: Since Guizhou became one of the first batch of pilot provinces for judicial reform in China, courts in this province have taken technological innovation as the key to the realization of the objectives of judicial reform and relied on big data technology to solve difficult problems at the organizational and institutional levels, so as to improve the efficiency of judicial reform and realize the dual objective of fairness and efficiency. The significance of big data lies not only in the control of a huge amount of data, but more importantly, also in the value produced by the professionalized processing of meaningful data. Judicial big data is the precious resource supporting the scientific development of people's courts. The purpose of this report is to utilize big data technology to analyze and extract judicial data, and to apply big data technology to the actual scenario of evidence analysis. Through the logical reasoning and analysis of evidence, it reveals that the relevance of big data emphasizes the connection between data and scale data processing is a task that cannot be accomplished by human beings relying on their experience and rationality, whereas the relevance of evidence emphasizes human experience and logic rationality. Courts in Guizhou Province have seized the opportunity to accelerate the construction intelligent courts with big data as its core, and used big data in their argumentation, decision-making, management, innovation, and provision of service, thereby redefining and upgrading the work of people's courts.

Keywords: Big Data; Guidance by Evidence; key Elements; Analysis

Ⅷ Appendix

❖ 皮书起源 ❖

“皮书”起源于十七、十八世纪的英国，主要指官方或社会组织正式发表的重要文件或报告，多以“白皮书”命名。在中国，“皮书”这一概念被社会广泛接受，并被成功运作、发展成为一种全新的出版形态，则源于中国社会科学院社会科学文献出版社。

❖ 皮书定义 ❖

皮书是对中国与世界发展状况和热点问题进行年度监测，以专业的角度、专家的视野和实证研究方法，针对某一领域或区域现状与发展态势展开分析和预测，具备原创性、实证性、专业性、连续性、前沿性、时效性等特点的公开出版物，由一系列权威研究报告组成。

❖ 皮书作者 ❖

皮书系列的作者以中国社会科学院、著名高校、地方社会科学院的研究人员为主，多为国内一流研究机构的权威专家学者，他们的看法和观点代表了学界对中国与世界的现实和未来最高水平的解读与分析。

❖ 皮书荣誉 ❖

皮书系列已成为社会科学文献出版社的著名图书品牌和中国社会科学院的知名学术品牌。2016 年，皮书系列正式列入“十三五”国家重点出版规划项目；2013~2018 年，重点皮书列入中国社会科学院承担的国家哲学社会科学创新工程项目；2018 年，59 种院外皮书使用“中国社会科学院创新工程学术出版项目”标识。

权威报告·一手数据·特色资源

皮书数据库

ANNUAL REPORT(YEARBOOK) DATABASE

当代中国经济与社会发展高端智库平台

所获荣誉

- 2016年，入选“‘十三五’国家重点电子出版物出版规划骨干工程”
- 2015年，荣获“搜索中国正能量 点赞2015”“创新中国科技创新奖”
- 2013年，荣获“中国出版政府奖·网络出版物奖”提名奖
- 连续多年荣获中国数字出版博览会“数字出版·优秀品牌”奖

成为会员

通过网址www.pishu.com.cn或使用手机扫描二维码进入皮书数据库网站，进行手机号码验证或邮箱验证即可成为皮书数据库会员（建议通过手机号码快速验证注册）。

会员福利

● 使用手机号码首次注册的会员，账号自动充值100元体验金，可直接购买和查看数据库内容（仅限使用手机号码快速注册）。

● 已注册用户购书后可免费获赠100元皮书数据库充值卡。刮开充值卡涂层获取充值密码，登录并进入“会员中心”—“在线充值”—“充值卡充值”，充值成功后即可购买和查看数据库内容。

社会科学文献出版社 SOCIAL SCIENCES ACADEMIC PRESS (CHINA) 皮书系列

卡号：361444781368

密码：

数据库服务热线：400-008-6695
数据库服务QQ：2475522410
数据库服务邮箱：database@ssap.cn
图书销售热线：010-59367070/7028
图书服务QQ：1265056568
图书服务邮箱：duzhe@ssap.cn

S 基本子库
UB DATABASE

中国社会发展数据库（下设 12 个子库）

全面整合国内外中国社会发展研究成果，汇聚独家统计数据、深度分析报告，涉及社会、人口、政治、教育、法律等 12 个领域，为了解中国社会发展动态、跟踪社会核心热点、分析社会发展趋势提供一站式资源搜索和数据分析与挖掘服务。

中国经济发展数据库（下设 12 个子库）

基于"皮书系列"中涉及中国经济发展的研究资料构建，内容涵盖宏观经济、农业经济、工业经济、产业经济等 12 个重点经济领域，为实时掌控经济运行态势、把握经济发展规律、洞察经济形势、进行经济决策提供参考和依据。

中国行业发展数据库（下设 17 个子库）

以中国国民经济行业分类为依据，覆盖金融业、旅游、医疗卫生、交通运输、能源矿产等 100 多个行业，跟踪分析国民经济相关行业市场运行状况和政策导向，汇集行业发展前沿资讯，为投资、从业及各种经济决策提供理论基础和实践指导。

中国区域发展数据库（下设 6 个子库）

对中国特定区域内的经济、社会、文化等领域现状与发展情况进行深度分析和预测，研究层级至县及县以下行政区，涉及地区、区域经济体、城市、农村等不同维度。为地方经济社会宏观态势研究、发展经验研究、案例分析提供数据服务。

中国文化传媒数据库（下设 18 个子库）

汇聚文化传媒领域专家观点、热点资讯，梳理国内外中国文化发展相关学术研究成果、一手统计数据，涵盖文化产业、新闻传播、电影娱乐、文学艺术、群众文化等 18 个重点研究领域。为文化传媒研究提供相关数据、研究报告和综合分析服务。

世界经济与国际关系数据库（下设 6 个子库）

立足"皮书系列"世界经济、国际关系相关学术资源，整合世界经济、国际政治、世界文化与科技、全球性问题、国际组织与国际法、区域研究 6 大领域研究成果，为世界经济与国际关系研究提供全方位数据分析，为决策和形势研判提供参考。